新橋譯叢　1

中國的宗教：儒教與道教

著者／瑪克斯‧韋　　伯

譯者／簡惠美

總主編／康樂

編輯委員　石守謙‧吳乃德‧梁其姿
／章英華‧張彬村‧黃應貴
葉新雲‧錢永祥

責任編輯／陳正益

發行人／王榮文
出版者／遠流出版事業股份有限公司
台北市10714汀州路三段184號7樓之5
郵撥／0189456-1
電話／(02)365-3707　傳眞／3658989
發行代理／信報股份有限公司
電話／365-4747

總策劃／吳東昇
策劃／允晨文化實業股份有限公司
台北市南京東路三段21號11樓
電話／(02)507-2606

電腦排版／正豐電腦排版公司
台北市仁愛路四段35巷7弄1號2樓
電話／(02)741-4749

印刷／優文印刷股份有限公司
電話／(02)262-2379

1989(民78)年8月1日　一版二刷
1991(民80)年11月1日　初版四刷
行政院新聞局局版台業字第1295號

售價390元

新 橋 譯 叢　中 國 的 宗 教 ： 儒 教 與 道 教

1

著者／韋伯　　　　　　　　　　譯者／簡惠美
　　　　　　　　　　　　　　　　校訂／康樂

1. *"Konfuzianismus und Taoismus"*
Gesammelte Aufsätze zur Religionssoziologie
（Tübingen: Mohr, 1978)

2. *The Religion of China*

（The Free Press, Collier-Macmillan,1964)

3.《儒教と道教》（東京創文社，1971)

總　序

　　這一套《新橋譯叢》是在臺灣新光吳氏基金會獨力支持下進行編譯的。其範圍廣及人文社會科學的幾個最重要的部門，包括哲學、思想史、歷史學、社會學、人類學、政治學、經濟學等。我細審本叢書的書目和編譯計劃，發現其中有三點特色，值得介紹給讀者：

　　第一、選擇的精審　這裏所選的書籍大致可分爲三類：第一類是學術史上的經典作品，如韋伯(M. Weber, 1864—1920)和涂爾幹(E. Durkheim, 1858-1916)的社會學著作。經典著作是經得起時間的考驗的；作者雖已是幾十年甚至百年以前的人物，但是他們所建立的典範和著作的豐富內涵仍然繼續在散發著光芒，對今天的讀者還有深刻的啓示作用。第二類是影響深遠，而且也在逐漸取得經典地位的當代著作，如紀爾茲(C. Geertz)的《文化詮釋》(*The Interpretation of Cultures*)、孔恩(T. Kuhn)的《科學革命的結構》(*The Structure of Scientific Revolutions*)等。這些作品是注意今天西方思想和學術之發展動向的中國人所不能不讀的。第三類是深入淺出的綜合性著作，如帕森思(T. Parsons)的《社會演進》(*The Evolution of Societies*)、契波拉(Carlo M. Cipolla)主編的《歐洲經濟史論叢》(*The Fontana Economic History of Europe*)。這些書的作者都是本行中的傑出學人，他們鉤玄提要式的敍述則可以對讀者有指引的功用。

　　第二、編譯的愼重　各書的編譯都有一篇詳盡的導言，説明這部書的價值和它在本行中的歷史脈絡，在必要的地方，譯者並加上註釋，使讀者可以不必依靠任何參考工具即能完整地瞭解全書的意義。

第三、譯者的出色當行　每一部專門著作都是由本行中受有嚴格訓練的學人翻譯的。所以譯者對原著的基本理解沒有偏差的危險，對專技名詞的中譯也能夠斟酌盡善。尤其值得稱道的是譯者全是年輕一代的學人。這一事實充分地顯示了中國在吸收西方學術方面的新希望。

中國需要有系統地、全面地、深入地瞭解西方的人文學和社會科學，這個道理已毋需乎再有所申說了。瞭解之道必自信、達、雅的翻譯著手，這也早已是不證自明的真理了。民國以來，先後曾有不少次的大規模的譯書計劃、如商務印書館的編譯研究所、國立編譯館和中華教育文化基金會等都曾作過重要的貢獻。但是由於戰亂的緣故，往往不能照預定計劃進行。像本叢書這樣有眼光、有組織、有能力的翻譯計劃，是近數十年來所少見的。我十分佩服新光吳氏基金會的深心和魄力，也十分欣賞《新橋叢書》編輯委員會的熱忱和努力。我希望這套叢書的翻譯只是一個新的開始，從初編、二編、三編，不斷地繼續下去。持之以恆，人文學和社會科學在中國的發展一定會從翻譯進入創造的階段。是為序。

余英時

1984 年 9 月 5 日

編 序

　　《新橋譯叢》編輯委員會決定編譯瑪克斯・韋伯的經典著作，蓋認
為將這些作品譯成中文，對國內人文與社會科學之研究，當大有助益。

　　編輯委員會經過多次審議，初步決定編譯一套《選集》，分別就政
治、宗教，及經濟史各層面選擇韋伯作品，俾初學者得有一入手把柄。
其次，為韋伯若干經典之全譯，如《經濟與社會》、《中國的宗教》、，以
便讀者得窺韋伯學術之全貌。諺云：「他山之石，可以攻錯」。本此原
則，編輯委員會最後擬再精選最近西方學界有關韋伯學術之研究，或
譯為專書，或滙為論文集出版，供國內學界參考。藉此三項工作，《新
橋譯叢》希望能將韋伯學術有系統而完整的貢獻給中國讀者。

　　韋伯學術之博大精妙，其德文原著之艱深複雜，已為世所公認。
編譯小組工作同仁中，能深諳德文，直接從原著翻譯者，不得一二。
不得已，乃以英譯為底本，並參照日譯本或法譯本，有牴牾處則逕取
德文原作校訂，務求於傳述原意方面達最可能之精確。雖然如此，《新
橋譯叢》編輯委員會仍極盼他日能有學者再就德文原作重譯，庶幾國人
終能得有一更完善之韋伯譯本。

　　翻譯是一種事業。或者，套個韋伯常用的辭彙，翻譯更應該是一
種"志業"。《新橋譯叢》秉此精神從事譯事，並將成果貢獻給社會。是為
序。

康樂

1985 年 2 月 17 日

目　錄

總序 ··· 余英時

編序 ··· 康樂

導言：韋伯與《中國的宗教》／康樂 ·············· 1

導論／楊慶堃 ······································· 25

第一篇　社會學的基礎 ······························· 65

  I　城市、君侯與神祇 ···························· 67

    1.貨幣制度 ···································· 67

    2.城市與行會 ·································· 76

    3.諸侯的行政與神的觀念：與中東相比較 ···· 84

    4.中央君主的卡理斯瑪祭司地位 ············ 94

  II　封建國家與俸祿國家 ························ 97

    1.封建的世襲性卡理斯瑪性格 ·············· 97

    2.統一的官僚體制國家之復興 ·············· 106

    3.中央政府與地方官吏 ···················· 110

    4.公共的負擔：徭役國家與租稅國家 ········ 114

    5.官吏階級與按配額徵收的賦稅 ············ 119

Ⅲ　行政與農業制度 ………………………………127

　　1.封建制度與財政制度 …………………………128

　　2.軍隊組織與王安石的改革嘗試 ……………139

　　3.國庫對農民的保護,及其對農村社會所造成的結果142

Ⅳ　自治、法律與資本主義 …………………………149

　　1.資本主義關係之闕如 …………………………149

　　2.氏族團體 ………………………………………151

　　3.氏族組織 ………………………………………153

　　4.中國村落的自治 ……………………………156

　　5.氏族對經濟的羈絆 …………………………159

　　6.家產制法律結構 ……………………………165

第二篇　　正統 ………………………………………171

Ⅳ　士 …………………………………………………173

　　1.孔子 …………………………………………178

　　2.考試制度的發展 ……………………………181

　　3.儒家教育的類型 ……………………………184

　　4.士的身分榮譽 ………………………………194

　　5.君子理想 ……………………………………197

　　6.官吏的威望 …………………………………199

　　7.經濟政策的見解 ……………………………201

　　8.士的政敵——蘇丹制與宦官 ………………203

Ⅵ　儒教的生活取向 …………………………207

　1.官僚制與教權制 …………………………207

　2.缺乏自然法與形式法理思想 ……………212

　3.自然科學之闕如 …………………………215

　4.儒教的本質 ………………………………217

　5.形上學的擺脫與儒教的入世的本質 ……220

　6.禮的中心概念 ……………………………221

　7.恭順 ………………………………………222

　8.儒教對於經濟的態度與儒教對於專家的排斥 …224

　9.君子理想 …………………………………226

　10.經典的重要性 ……………………………228

　11.正統教義的歷史發展 ……………………230

　12.早期儒教的"激越" ………………………232

　13.儒教的和平主義性格 ……………………234

第三篇　道教 …………………………………237

Ⅶ　正統與異端 ………………………………239

　1.教義與儀式在中國 ………………………239

　2.隱逸思想與老子 …………………………244

　3.道教與神秘主義 …………………………245

　4.神秘主義的實際結果 ……………………246

　5.正統與異端學派的對立 …………………247

　6.道教的長生術 ……………………………257

　7.道教的教權制 ……………………………258

8.佛教在中國的一般地位 ……………………………261

9.巫術之系統性的理性化 ……………………………262

10.道教的倫理 ………………………………………269

11.中國的正統與異端的倫理之傳統主義性格 ………271

12.中國的教派與異端迫害 …………………………279

13.太平[天國]之亂 …………………………………285

14.發展的結果 ………………………………………290

VIII 結論：儒教與清教 ……………………………293

註釋 ……………………………………………………319

索引 ……………………………………………………399

西中名詞對照表 ………………………………………409

〈導言〉
韋伯與《中國的宗教》

康樂

一、

　　《中國的宗教》一書問世至今已超過七十年。韋伯在 1904-5 年發表《基督新教倫理與資本主義精神》後，本擬進一步研究整個西方基督教文明中，宗教與社會經濟諸關係的發展與演變，以探索現代西方人性格的文化源流。然而，當他獲悉友人托洛爾區(Ernst Troeltsch)已著手研究基督教的社會教育時，認爲兩人的研究可能會有重疊，因而轉以其他文明爲探討對象 ❶。這也就是後來在"世界諸宗教之經濟倫理"此一標題下，陸續發表的一系列比較宗教社會學著作；其中，以《儒教與道教》(即《中國的宗教》)、《印度教與佛教》、《古猶太教》爲最主要且篇幅較大而完整的三部著作。至於計劃中有關回教的部分則始終未完成。1919 年，由於各方要求，韋伯才決意把"世界諸宗教之經濟倫理"一系列作品與《基督新教倫理》、以及其他一些相關的論文合輯爲三卷本的《宗教社會學論文集》，而於 1920 年，也就是他去世的那年出版。

---

❶ 見 Marianne Weber, *Max Weber: A Biography* (New York, 1975) pp.330-3;托洛爾區的論文初版發表於 1908 年的 *Archiv Für Sozialforschung,*英譯本 *The Social Teaching of the Christian Churches* 於 1931 年出版。

全書目錄及各篇首次發表年代如下❷：

第一卷：

序言(1920)

基督新教倫理與資本主義精神(1904-5)

基督新教諸教派與資本主義精神(1906)

世界諸宗教之經濟倫理：

導論(1915)

儒教與道教(1915)

中間考察──宗教拒世的階段與方向(1915)

第二卷：

世界諸宗教之經濟倫理(續)：

印度教與佛教(1916-7)

第三卷：

世界諸宗教之經濟倫理(續)：

古猶太教(1917-9)

據此，我們可以了解，《中國的宗教》實在只是韋伯對於"世界諸宗教之經濟倫理"研究的起首部分。這整部著作的目的在於：透過對世界諸大宗教(表面上看似由東向西的地理順序，實際上有其宗教社會學上

---

❷其中《基督新教倫理與資本主義精神》有張漢裕的中譯本(台北，1960)，其中略有刪節
(特別是第4章有關清教各教派的部份)，註釋也沒有譯出。大陸最近則有包括註釋在內
的全譯本問世。此外，張漢裕曾節譯〈序言〉一文，以〈著者補論〉收入《基督新教倫理》一
書。此一〈序言〉經修訂補譯後，與〈世界諸宗教之經濟倫理：導論〉，〈中間考察──宗
教拒世的階段與方向〉，收入康樂、簡惠美編譯，《宗教與世界：韋伯選集(II)》一書。

的內在論述理路可循）❸──更嚴格說來，各大文明──的探索，來突顯西方基督教文明的特色。以此而言，韋伯似乎很夠資格冠上"民族優越論者"的頭銜了。觀諸其行文中慣用的套語（以此一論文集的〈序言〉為例）：「只有在西方」諸如國家、法律、經濟、乃至音樂、建築、繪畫等各層面「才有理性化的發展」；只有在西方產生了一些文化現象，「其發展方向──至少我們西方人樂於如此想像──具備了普遍的、放諸四海而皆準的意義及效果」……；乍看之下，莫不是引人指認其偏狹的白紙黑字。

不過，且讓我們別太輕率地就下這樣的判決，因為：在突顯西歐近代文明特色的同時，韋伯其實（反面觀之）也已點出各異文明的特色來，此其一；其次，韋伯個人對近代西方"理性化"的全面發展，即世界的徹底"除魅"後所呈現出來的文化現象，實際上懷抱著相當悲觀的態度，其憂懼之情清楚地表現在諸作品的字裡行間❹。

此外，韋伯所著手探討的，特別是中國與印度，都是既龐大複雜而又源遠流長的文化體（中國一部二十五史，都還不知從何說起！），所以，他勢必要找一個可以入手的"把柄"。身為西歐近代文明之子的韋伯遂以"理性化"作為其觀照世界各文化進展的利器。他的著眼點在於：宗教與社會的其他層面、理念與利益（包括精神與物質）在人類文明的整體發展上究竟有著什麼樣的互動關係，在種種的互動關係下，呈現出怎樣的理性內涵。換言之，在韋伯看來，每一個文明自有其獨特的理性內涵，並且由其政治體制、社會結構、經濟運作等等機制及活躍

❸見《宗教與世界》，第 2 章註❸。
❹例如他在《基督新教倫理》一書結尾時說：「依 Baxter 之見解，對外物的顧應『該像一件單薄的外套那樣輕輕地披在聖徒的肩膀上，隨時可以脫下』。但命運卻使這外套變成像鋼一般堅硬的牢籠（iron cage）」。見張漢裕譯，前引書，p. 85。

其間的主導階層及異端份子所擔綱的倫理信念等，交融體現出來。因此，掌握住貫穿於文化整體中的理性要素這個線索，即爲韋伯作品的獨到之處；再者，釐析出此一理性要素後，再持之與他所熟知的西方近代理性特質相對照，即可突顯出西方近代文明之所以異於其他文明之特質所在。

於是，在《中國的宗教》一書中，韋伯長篇大論地分析了中國的國家、法律、城市、行會、士人階層、正統禮教、異端信仰等等，無非是想藉此構築出：中國人想的是什麼(例如：傳統主義的價值取向、巫術性的世界圖象)、做出的是什麼(例如：家產制政體、家族社會、家族經濟組合)，以及所想與所做的之間的辯證關係。其中，主導此一辯證關係之進行的儒教官紳知識階層，於韋伯所構築的傳統中國歷史舞台上，展現出使得中國整體文明進展之與西方大相逕庭的堅實活力。

由於所要解決的問題不同，韋伯的研究雖然仍屬歷史範疇，其取徑卻與一般史學者慣常採用的稍有出入。簡言之，韋伯較注重的是貫穿於整個文明中一些較爲不變的現象。因此，儘管王朝屢屢更迭，官制也代代有差，在韋伯看來，自秦始皇統一中國、建立家產制支配後，中國基本上就是個家產官僚制國家，具有家產官僚制的一般特性(而置諸如君權相權消長等問題不談)。又例如：中國的氏族與家族組織，在與世界其他文明中的氏族發展(多半是斷絕)相對照之下，不管其內在本身有多少變化(諸如單位大小、成員結構等變化，近年來中日學者已多有研究發表)❺，其中的氏族血緣紐帶(或擬血緣性的凝聚關係)，歷

❺有關這方面的研究可參見清水盛光，《支那家族的構造》，(東京，1932)；牧野巽，《支那家族研究》，(1944)；芮逸夫，"Changing Structure of the Chinese Family"，《台大考古人類學刊》，17/18期(1961)；杜正勝，〈傳統家族試論〉，《大陸雜誌》，65:2,3(1982)；陳其南，〈房與傳統中國家族制度──兼論西方人類學的中國家族研究〉，《漢

數千年，一直至近代，恒爲一切關係中極具支配性的一道鎖鏈。

　　當然，韋伯也並不就完全不注重歷史中的變，例如他也花了不少篇幅探討王安石的變法、太平天國的革命；然而，他眞正感興趣的，是這兩次變革所代表的意義——在他看來，前者代表著朝向合理的、中央集權的財政措施(相對於傳統上下其手的疏放賦役制)，以及合理的、專業化官僚行政發展的企圖；後者則有類似西方"淸敎革命"的傾向——以及，它們之所以失敗的意涵：意味著中國傳統社會文化之幾乎不可能動搖的穩固性。他認眞探討的是，支撐著這種穩固性的是什麼樣的組織、力量與精神；任何現象的變化及人事施爲，除非有撼動此一基礎的可能或具有其他意義，否則便無須多費心討論。例如，楊慶堃指出，韋伯在討論中國貨幣制度時，並沒有注意到自十八世紀以來即不斷增加的銀供應量——這應該可能激發出資本主義的。首先，韋伯並非不知道中國與歐洲貿易擴大後，銀供應量的大增(參見第1章註❼)，只是他並不認爲貴金屬供應量的增加即可激發出資本主義，否則，十六世紀新航路發現後，從美洲取得大量貴金屬的西班牙就該是資本主義最先出現的地區 ❻。其次，韋伯固然也承認，貨幣原料的經常性匱乏的確是造成中國貨幣制度不健全的重要因素，然而，俸祿官僚的利益、地方政府的收入，以及商人傳統的經營方式，其影響絕不小於原料不足一項，甚至，從韋伯的觀點看來，更是具有決定性的。

學研究》，3:1，(1985)；此外，讀者尚可參考費孝通《鄉土中國》一書，特別是〈差序格局〉，〈繫維著私人的道德〉，〈家族〉，〈長老統治〉，〈血緣與地緣〉等。

❻ 韋伯在《經濟通史》(即鄭太朴譯，《社會經濟史》)一書中，除了舉西班牙爲例以證明單是貴金屬的流入並不足以產生資本主義外，還舉印度爲例：羅馬帝國時期，每年有2500萬以上的銀幣(Sesterzen)流入印度以從事貿易，然而其結果除導致極小規模的商業資本主義外，並沒能激發出近代的資本主義來。參見康樂編譯，《經濟與歷史：韋伯選集(Ⅳ)》，第17節。

因此，在韋伯來說，貴金屬的流入不但構不成激發資本主義的充要條件，連構成健全貨幣制度的充要條件都談不上。更何況，貨幣經濟在中國只是爲支配階層創造了特殊的利得機會，使他們更易以貨幣的方式來積聚俸祿利得，俸祿與貨幣經濟的結合，更加強了他們作爲"坐食者"(rentier)的心態，使他們更注重維持俸祿利得所在的原有經濟條件，這反倒強化了俸祿結構裡的傳統主義特徵❼。

正因爲對傳統中國之穩固性的強調，一般人認爲韋伯仍脫離不了西方學者素來所謂"不變的中國"之偏見。其實，身爲十九世紀德國著名史學家蒙森(T. Mommsen)得意高足的韋伯，絕不會天眞到認爲人類社會——無論是哪一個——有毫無變遷之可能，中國當然也不會是個例外(儘管黑格爾這麼說：中國是一切例外中的例外)。問題是，他所要了解的，並不是中國的社會、文化自身有何演變，而是中國到底是怎樣異於近代西歐的一個社會。這可以從我們上面所提及的一些研究重點，亦即韋伯取以爲參考架構的要點：西方資本主義運作中種種理性化的機制，以及宗教倫理影響下的操作機制之"心態"等，作爲剖析傳統中國之利器，從而看出爲何韋伯的論述難以擺脫讓人有"不變的"、或"靜態的"感覺，正如他其他的作品乍看之下所給人的印象是一樣的❽。

這點實在與韋伯所習用的、獨特的研究方法——"理念型"(ideal type)的建構——有關。根據韋伯的解釋，理念型乃是一個純粹的心靈建構(因此，他有時也稱之爲"純粹類型")，這樣的一種類型從來沒有

---

❼參見本書第 2 章結語。

❽莫姆森(W. Mommsen)在介紹韋伯"正當支配的類型"時就說：「乍看之下與世界史毫不相干，好像完全是靜態的」。見康樂編譯，《支配的類型：韋伯選集(Ⅲ)》，p. 1.

在歷史、社會的眞實裡眞正存在過，頂多我們只能發現有極相近的情形而已 ❾。然而，韋伯認爲，只有透過這種淸晰的理念型之建構來檢視經驗界的事實，社會科學家才有可能從經常是互相牴牾的、混沌的經驗材料中走出一條路來，從而精確地彰顯出事實的最關鍵性的層面來。就拿比較宗教社會學的研究爲例，韋伯首先著手的是分析中古以來西歐歷史的演變，從中抽離出一些他**認爲**是促成西歐近代資本主義之發達的主要因子，再將之有系統地組合起來──「取出若干就其本身而言有意義的性質整合到一個統一的思維圖象中去」──這就有了一個西歐資本主義之形成的"理念型"❿。再次，則進一步檢視其他異文明的相關成素，將之有機地構築成那個異文化社會的"理念型"，再持之與西歐近代資本主義社會的"理念型"做比較，希望能爲「近代資本主義爲何只在西歐產生出來」這個問題，提供較滿意的解釋。

　　說韋伯所提出的西歐資本主義的發展，乃至於他所理解的中國及其他異文明社會，都只是一些"理念型"，似乎有點過分推衍韋伯對"理念型"研究方法的運用。不過，若說他的比較宗教社會學研究是運用了大大小小的諸種理念型建構，以充分地詮釋出各文明之內在的統一性與理性內涵，並因此而突顯出各個的獨特性，應當是沒有疑問的。畢竟，要做好不同歷史經驗事實的比較研究，在方法上就必須採取與描述性的概念分析法極爲不同的抽象綜合，換言之，不只是各種類的經驗現象在共同面貌上的歸結，而更是「某種觀點，或更多觀點，側重於某一面的強調」。在此種理念型的概念建構中，時間的變動因素就只能

---

❾有關"理念型"（或譯"理想型"）可參見錢永祥編譯，《學術與政治：韋伯選集（Ⅰ）》，〈韋伯的學術〉第 1 節。

❿這只是韋伯以"價値參照"法來建構理念型的簡單說法，至於其詳細的方法論論述，參見 M. Weber, *The Methodology of the Social Science*（以下 *MSS*），pp. 89-91.

在有限的範圍之內考慮了。這種會使人感覺是"靜態的"研究手法，韋伯深知其利弊所在；在他的著作中，我們經常可以看到如下的聲明：「純粹的這樣一種類型，從未在歷史上出現過」、「然而本書作者也絕不認爲，下文所要談到的一些架構，可以涵蓋整個具體的歷史事實❶」；而針對"世界諸宗教之經濟倫理"一系列著作，韋伯在〈導論〉中更明白地說：「我們並不宣稱對世界宗教提出一完完整整的面貌」，爲了達成諸宗教之理性化過程的分析目的，「作者非得有選擇"非歷史的"途徑之自由不可。所謂"非歷史的"是指有系統地將各個宗教倫理敍述成本質上較具統一性的個體，而不是呈現出其實際的發展過程……❷」。

此外，《中國的宗教》最爲一般漢學家及中國史學家懷疑的地方，就是它的作者居然不懂中文，一切都只能靠轉手的翻譯或西文著作，在講究"原始資料"的史學工作者眼中，這樣的歷史研究成果顯然大有商榷餘地。這樣的質疑自然是有道理的，韋伯也非常清楚他所受到的這層限制，在本書第一章註釋中，他詳細介紹了引用的資料之後說：「諸多文獻資料與碑銘，被迻譯過來的只不過是其中的一小部分，對於一個非漢學家而言，這眞是個大障礙。遺憾的是，我並沒有一位漢學專家來參與合作原典的考證。以此之故，筆者謹懷不勝惶惑遲疑之心，以最爲保留的態度將本書交付印行」。在此條件下，本書會出現一些十分明顯的史實錯誤(我們已盡可能在譯註中指明)以及一些出人意表的歷史解釋，似乎也是件十分可以理解的事了。

然而，韋伯對於歷史研究的表達，有如下的自覺：「歷史學家所說的言語，包含著許多語意含混的字句，這正好用來配合他們下意識裡

---

❶《支配的類型》，p. 27。
❷《宗教與世界》，p. 89。

想要恰當地表達己見的需求，結果是，他們的意思的確被感覺到了，然而却無法讓人想個通透 ❸」，而在自覺其方法上的運用時(即上述以理念型分析來代替描述性分析)，韋伯可能已預料到中國讀者所會產生的反應，所以他特別強調：

> 在社會科學的領域裡，一項在方法上正確無誤的科學證明，如果要達到它的目的，必須連一位中國人也承認其正確性才行。這個目標雖然有時候由於實際條件的不足而無法達到，但還是必須以此爲目標。再者，對於一個理想的內容及其終極公設的邏輯分析，以及發覺由此理想而來的邏輯上與實際上的後果，也必須對中國人有效才行。雖然這位中國人也許不了解我們的倫理觀念，甚至摒棄(他的確經常會如此)該理想本身及由此而來的具體評價，但他無法否認理論分析的科學價值 ❹。

我們頗可以拿這番"豪語"來檢證《中國的宗教》一書，看看韋伯是否在"實際條件不足"的情況下，仍然達到他認爲必須努力去達成的目標；或者中國人是否眞的會因爲"不了解其倫理觀念"，而摒棄了他由科學分析理想而得來的"具體評價"。全書旣已譯妥，這個問題當然就該交由讀者自行判斷。

---

❸ *MSS*, pp. 92-3。
❹ *MSS*, pp. 58-9。

二、

　　以上，我們已對韋伯包括《中國的宗教》在內的一系列比較宗教社
會學著作之寫作動機、研究方法與探討重點作過一番概述；我們也指
出：“理性化”的問題是貫穿韋伯著述的主脈。然而，這種簡約的說法，
是否會引人誤以為韋伯最終的目的是在於以側重精神層面的手法來對
馬克思的歷史唯物論作反駁？的確，自二〇年代以來，以理性化來作
為闡釋韋伯作品之中心概念的西方學者，不僅基於重新承認韋伯作品
中方法論及歷史研究間的連繫，而且圍繞在韋伯與馬克思的主題對比
上 ❺。其中，對於韋伯著作能在美國廣為流傳居功至鉅的帕森思(T.
Parsons)，其韋伯詮釋更是影響深遠，直至楊慶堃為《中國的宗教》英
文譯本作序時，仍奉以為圭臬。帕森思的韋伯詮釋近十餘年來已逐漸
遭受批評 ❻，而我們此處又已將楊氏的序文譯出，因此有必要在此簡
短地檢討一下帕氏的觀點，並澄清在此觀點下所可能引起對韋伯作品
的誤解。首先，我們先徵引一段帕氏在其著名的《社會行動之結構》
(*The Structure of Social Action*)一書中的論述：他認為韋伯的比
較研究——

　　　　扣緊在馬克思式的二分法則上：“物質的”因素與“精神的”因
　　素。而其所得到的一般結論則為：從發展資本主義—官僚體制的
　　潛在能力上來說，在文化發展的相關階段裡，中國、印度及以色

❺ Schluchter, *Rationalismus der Weltbeherrschung*, 顧忠華譯，《理性化與官僚化》(台北，
　1986)，p. 45 註❼。
❻ 同前書，p. 44 註❹。

列等地的物質環境，比較起來實優於我們(西方)的中古及近世時期，然而他們每一種文化裡的主要宗教傳統之"經濟倫理"皆直接與此一發展相衝突。另一方面，在新教(就整個基督教而言，程度則略遜)裡的經濟倫理則是直接有利於此種發展的。這樣的結論即已肯定了新教與資本主義之間的因果關係❼。

換言之，在帕森思看來，近代資本主義雖然首先出現在西歐，然而證諸史實，西歐的物質環境並不比中國、印度等地更適合資本主義之蘊生，甚至更不適宜；西方之所以產生出資本主義，主要是因爲西方擁有其經濟倫理可與資本主義相配合的基督新教。在帕森思及其追隨者的觀點下，如果韋伯(在他們理解下)的論證確實可信，那麼馬克思對資本主義的唯物論式解釋，豈不是再也站不住腳了？

　　的確，在《基督新教倫理》一書中，韋伯是極強調新教倫理與近代資本主義之間的親和性；在《中國的宗教》一書的結論裡，也列舉了中國有利於(而西歐不利於)資本主義發展的一些因素；以此，強調在近代資本主義發展過程中，"心態"所扮演的關鍵性角色。問題是，韋伯雖然強調：理念或價值取向並非總是受物質環境的制約而具有其獨立自發的影響力，並想以此觀點來平衡一下馬克思的解釋；然而，他也沒有偏頗到純然落入唯心論的窠臼，而一味強調理念或觀念對物質環境的主導或制約的力量❽；更說不上是證成精神與物質之間的"因果

---

❼ T. Parsons, *The Structure of Social Action*, pp. 512-3。

❽ 例如他在《基督新教倫理》一書的結尾還特別提醒讀者：「我的目的當然不在以片面的唯心論的文化、歷史因果觀來代替同等片面的唯物論的文化、歷史觀。這兩者都同樣地可能，但每一種，倘不用作研究的準備工作，反而充作研究的結論，則對於歷史真相的了解，是同樣地一無所成」。張漢裕譯，前引書，p. 87。

關係"了。

　　我們在上文中已說明韋伯是如何以人爲的"機制"與操作機制背後的"心態"之間的辯證關係來解釋文化之理性化的問題，而實際展示出此種辯證關係的，正是在歷史舞台上活生生的"人"。成功的歷史研究無不使得其中的"人"鮮活地展現於讀者眼前。在"世界諸宗教之經濟倫理"的一系列比較宗教社會學著作中，韋伯一再突顯宗教之"擔綱者"在各文化之發展歷程中的"演出"，他認爲：

> 　　直接支配人類行爲的，是(物質上及精神上)的**利益**，而不是理念。但是，由"理念"所創造出的"世界圖象"，常如鐵道上的轉轍器，決定了軌道的**方向**，在這軌道上，利益的**動力**推動著人類的行爲[19]。

秉此見解來詮釋人類行爲與文化現象的韋伯，根本上就不是個一元論者，而只是在鋪展多元因素的同時，以其獨特的方法學技巧，達成「側重於某一面的強調」罷了。即以其《經濟通史》爲例，在〈近代資本主義之起源〉這一章(第4章)裡，韋伯探索了合理的國家(行政與司法)、市民身分、工業技術等諸多"理性的資產階級資本主義"之形成的因素，當然也另闢一節來討論經濟倫理與資本主義發展的關係，這其中或有其側重與強調的層面，但即使再粗心的讀者也不會將之誤解爲某種截然因果關係的化約論證。

　　此處，實不宜再多加舉證韋伯的研究方法與立場，我們的重點在於：讀者若能先摒棄韋伯之撰述目的在於證成上述因果關係的這個看

[19]《宗教與世界》，p. 71。

法，那麼，在閱讀《中國的宗敎》一書時，就較不會被書中的論述次第與章節安排所誤導。在本書的前半部裡，韋伯的論述給人初步的印象，似乎只是在例舉傳統中國的內部機制，有某些是有利於，而某些則不利於資本主義的發展，這與後半部討論正統與異端宗敎倫理的部分好似截然劃分開來。究其實，當韋伯探討傳統中國之具有最高祭司長、家父長性格的君主與家產制政體，強調人文素養(而非專業訓練)的家產官僚制與俸祿結構，具有支配性地位、強調個人血緣關係的強制性(而非非個人的、自願的)的組織，沒有獨立運作自主權的城市，發展不夠成熟穩定(而無法充分擴展合理的營利運作)的貨幣制度，傾向實質公道(而非形式)的法律體系，以國庫財政爲中心的賦役制(liturgy)等各種與發展理性的資產階級資本主義所須要件背道而馳的機制時，同時也將蘊涵於此等結構之中的巫術性卡理斯瑪信仰(祖先神靈的卡理斯瑪，皇權的卡理斯瑪、鬼神的卡理斯瑪)與巫術的世界圖象(包括將巫術泛靈論調和到"天人合一觀"體系裡的"巫術的系統性理性化")，主導階層(士)的身分性倫理與生活取向(知命與知禮)，以及傳統主義的人倫規範與二元道德經濟倫理等等，一一扣合起來，它們一方面支撐著中國社會結構的特質與運作，另一方面也受到此種社會結構的制約而更形牢固。其間的有機關係，我們以下頁這張按書中脈絡整理出來的附圖，提供讀者作爲參考❷。就拿其中血緣組織(氏族)與孝道(或恭順)的關係而言：孝道與祖先崇拜，是家產制政權下，被認爲不可或缺的基礎，這兩者在有心的護持與提倡下助長了氏族的維繫與發展；

---

❷本圖主要根據簡惠美，《韋伯論中國》，(台北，1988)，p. 127 附圖繪製。

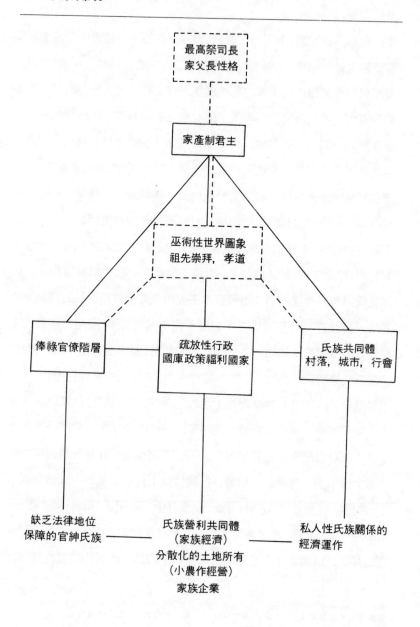

然而，反過來，氏族組織的持續存在發展無疑也促使孝道與家內道德、家族倫理成爲內化於中國人心中的價值判準，亦卽韋伯持之與淸教之無差別主義，對事不對人的處世"心態"相對照之要點。家內道德的擴充與家產制政體的綿延，也是相應於此的依存關係。據此而論，豈有所謂於"物質的"方面有利，而於"精神的"的層面不利的道理可言，這種嚴重的誤解是我們要特別提醒讀者避免的。

三、

儘管韋伯此書之寫作，如前所述，自有其用意及目的，此處我們卻想嘗試從另一個角度，亦卽就純粹了解中國之歷史與社會——不管是傳統，還是現代——的角度，來看看韋伯是否能給我們些什麼樣的啓發。

中國是個特別喜歡"強調"歷史之重要性的社會，這點不論在今日台灣或中國大陸皆然。對於飽受歷史**教育**的國人而言，初讀《中國的宗教》一書時內心的詫異是可以想見的：其中沒有秦漢、隋唐等等朝代的興替，也沒有從奴隸制、封建制到"資本主義萌芽期"的階段轉移；沒有聖君堯舜或暴君桀紂等等"有爲"或"昏庸"的君主，也沒有奴隸主與奴隸、封建領主與農奴之間苦痛而又悲壯的"鬥爭"。取而代之的是：家產制政體、俸祿官僚、賦役制（liturgy）、氏族、講究身分倫理乃至**身段**的"士大夫"、巫術的"世界圖象"等等。換言之，韋伯所提供給我們的是一幅大不同於我們慣常所見的中國的"歷史圖象"。在這幅圖象裡，所有我們熟悉的、見之於一般歷史著作中的人物、制度、事件幾乎都退居幕後，代之而起的是一些旣似陌生、卻又與我們日常生活息息相關的現象與觀念。之所以如此，是因爲「歷史的步伐時快時慢，然而其深層的結構(deep structure)或力量卻只能從一個長時期中來了解及掌握❹」，因此，韋伯在研究中國社會時，採取的是——借用年鑑史家布勞岱(F. Braudel)的說法——"長時段"(longue durée)的研究法。透過這樣方式所描繪出來的中國歷史圖象，跟我們的"常識"有所扞格不入自然是不足爲奇的。然而，正因爲韋伯的觀照點的不同，他對中國歷史現象的一些解釋，無疑也爲我們開啓了一扇新的了解傳統中國的門戶。

試以中國歷史上的賦役制度爲例，由於攸關國計民生，歷來史家皆頗爲重視。不過，一般而言他們研究的重點主要是放在制度的演變上，從先秦的"徹、助、貢"，漢代的口賦、更賦、田租，晉代的戶調式、北魏、隋唐的租庸調到兩稅法，乃至明代的一條鞭；着重的是制度產生的背景與崩壞的緣故，比較制度的優劣與人民負擔的輕重合理與否，晚近的學者則更進一步分析從徭役地租到實物地租，從實物稅到貨幣稅的推移。韋伯則嘗試從另一個角度來觀察此一問題：儘管傳統中國的賦役制度屢有更易，在韋伯看來，基本上都可以從"賦役式供應"(liturgical provision)此一概念來加以理解。換言之，在既有實際條件——疆域的遼濶、交通、通訊、行政管理的技術不足，以及貨幣經濟的不發達——限制下，爲了應付"國庫"(即家產政權的"家計")的需求，中央單位只能採取下列兩種方式：1.責成各地方單位徵集所需的物資及人力，各種地理志書常載的各地"土貢"，就是原初此一制度遺留下來的痕跡；2.中央單位直接"經營"生產事業，例如控制一些諸

---

❹見梁其姿譯，〈新歷史〉，《食貨》，13: 1,2(1983)，p. 91；F. Braudel, "History and the Social Science: The Longue Durée", *On History*, (1980)。

如鹽、鐵、酒等的財源，官府手工業，皇莊等等（韋伯稱之爲“莊宅式”[oikos]經濟），這些措施，歷代皆有，規模大小則視環境而定，一般而言，當中央政府對地方控制力較薄弱時，例如異族王朝或分崩割據時期，則此種收入在“國庫”所占之比例卽愈高，三國曹魏的“屯田制”大概可算是最大規模的“莊宅式”經營的例子了**㉒**。

　　由於歷代中央政府對地方之控制力一般性的不足（韋伯稱之爲“疏放性的行政”），地方單位所負擔的“賦役”義務，經過一段時間之後，往往就在**傳統上**固定下來，而成爲“配額”，此一現象卽使在實物稅已逐漸轉變爲貨幣稅的明清時期亦然。中央對賦役的徵求一旦超出**傳統的“配額”**太多，就極易招致民怨。而只要各地應繳的賦役數額能如數進入“國庫”，中央旣無心——實際上亦無力——過問各地區的賦役“配額”是否公平地由當地人分攤；同時也無意於推動積極的經濟政策，因爲這跟“國庫”的收入並不相干。這是經濟政策受到傳統主義制約的一個例證。在此制約下，中國的皇權就只能是相對地“無爲而治”，這也是作爲正統意識形態的儒家之所以在政治層面上傾向“保守無爲”的根本因素之一。王安石的“變法”中，經濟政策之所以從財稅制度著手，正因爲他希望能有效地**動員**所有的經濟資源；而這正是他之所以遭受到極大阻力——不管是來自意識形態，還是旣得利益——的根本關鍵所在。“莊宅式”的經營固然在短期內顯得較爲有效，然而由於同樣實

㉒有關“賦役式供應”及“莊宅式經濟”可參見《支配的類型》第Ⅲ章註**⑭**。有關曹魏的屯田制，唐長孺在〈西晉田制試釋〉（載《魏晉南北朝史論叢》）中曾扼要説明：「這種屯田制度的主要特點首先是所有屯田户都是政府的帶着農奴性質的佃農。他們由政府配給土地、農具，一部分還配給耕牛，每年要向政府繳納總收穫量的百分之五十至六十的租課；其次屯田户直屬農官，不屬地方官管理；他們也不服兵役」。(p. 37)。“農官”即中央政府內負責農業的部門（“大司農”），最高的官吏是“典農中郎將”。

際條件的限制，時間一長，對這些"企業"的控制往往就會無法如初期時那麼嚴密；再者，一旦皇權直接插手經營經濟事務，即容易導向壟斷之途，以是，「市場的發展──按其壟斷的形式──或多或少受到非理性因素的嚴重限制。重要的利潤之門是掌握在統治者及其行政幹部手中。資本主義於是直接受到阻撓，或者被導向政治資本主義❷❸」。

韋伯對中國賦役制度的理解是否得當，當然還有商榷餘地，不過，他將賦役制度與家產制政權下的"國庫"政策、以及經濟上的傳統主義等因素聯繫起來，似乎可以提供給我們一些新的觀照點。更值得注意的是，由於韋伯關注的是中國傳統社會較基本、也較持久的因素，他所觀察到的一些現象，對於我們了解今日蛻變中的中國社會──特別是正急速"資本主義化"的現代台灣社會 ❷❹──而言，或許可以提供更多的思考線索。下面我們就拿目前台灣社會上大家所習見的"家族企業"作個例證來說明。

根據韋伯的理解，氏族(或家族)是傳統中國社會裡最具自主性、活力充沛且"無所不能"的一個組織，是少數可以抵制家產制政權支配的力量，氏族對其成員不但擁有**超越法律**(praeter legem)的權力，在一些諸如宗教慣習的問題上，甚至還具有**抗拒法律**(contra legem)的權力；其凝聚力強固的程度，不但遠超過中古西歐，連印度都望塵莫及。這麼強大的有組織團體，對經濟運作必然有其影響，這點也確實

❷❸《支配的類型》，p. 59。

❷❹ 韋伯給"資本主義時代(或社會)"所下的定義是：「日常所需均以資本主義的方式來滿足，……只有需求的供應方式已資本主義化到如此程度，以致我們會設想一旦這種形式的組織消失，則整個經濟制度就會崩潰」。《經濟與歷史》第14節。據此定義而言，台灣應當是已達到(或至少是接近)此一程度。

表現在賦役義務的共同承擔，以及土地買賣繼承的權利要求上，並且也可以擴大成「一種生產組合的氏族共同體、累積性的家共同體」，換言之，一種"營利共同體"——類似於西方中古末期的家族連合體，為後來(至少在意大利)孕出生"貿易公司"的母體。然而，在傳統中國，這樣的一種家族營利共同體並未如近代西方那樣走上理性的經營共同體之路，反而妨礙了資本主義的萌芽，何以如此？

從外在環境而言，韋伯的解釋是，在傳統中國社會裡，官吏擁有最大的累積財富的機會，也是爭取家族社會身分的最有效手段，因此，家族營利共同體的目標即被導向：培養族中優秀成員入學、中舉、捐官(這些都需要大量投資)。等到這些人出任官職後，他們也會回過頭來，設法增加家族的財富(一般而言，土地資產)，拔擢家族其他成員任官。即使這個家族由於經營工商業致富，對下一代的期望仍在中舉作官，而土地更是被當作一切財富中最為可靠的一種。這種模式的"經營"，在韋伯看來，只能算是"掠奪式的資本主義"，而與西方近代理性的、資產階級的資本主義恰好背道而馳。

其次，就內在因素而言，韋伯認為由儒家倫理所衍生出來的家族倫理，實際上支配了整個中國社會的人際關係：「在那兒，所有的共同體行為(Gemeinschaftshandeln)都為純粹私人的、尤其是親屬的關係所淹沒與約制」。儒家倫理所強調的"親親"的原則即具體地呈現在這樣的一種社會格局——用費孝通的說法，"差序格局"——之中❷。在強烈的家族倫理的規範下，個人被歷久彌新的與其家族成員牢繫在一起，換言之，他是被繫於"人"(person)，而非功能性的職務——"企業"

❷費孝通，前引書，pp. 22-30。

(enterprise)。作爲一切企業經營基礎的"信賴"，在中國，基本上也就只能奠基於一種純粹的個人、家族或擬家族的關係上。這樣的一種家族營利共同體與作爲近代西方資本主義之基石的非個人化、理性的經濟經營共同體是截然不同的：簡言之，它缺乏一種抽象的、超個人的目的取向的團體性格。

西方社會的這種結合體關係(Vergesellschaftung)——費孝通稱之爲"團體格局"——的出現，是否如韋伯所言，源自於基督教的、由於信仰一個超世俗的上帝而發展出來的、打斷氏族紐帶的信仰共同體，以及清教徒對純粹個人生物性關係的懷疑；或反過來，如費孝通所說：是「在這樣一種"團體格局"的社會中才發生籠罩萬有的神的觀念 ❷」，當然還有爭辯餘地。不過，西方的這種非私人性的、超越家族關係的自願性團體的存在，應當是不成問題的。的確，西方的資本主義企業——不管是十九世紀，還是今天——有不少是由家族所擁有的，然而，在這樣的一種社會關係下，一切個人的、血緣性的關係皆消融爲"純粹的事業關係"，也只有在這樣的關係下，才能發展出"所有者"與"經營者"分離的企業體來。反觀中國，在傳統企業裡，"夥計"多半來自親族子弟或奴僕(也可算是家共同體的成員) ❷，即或有外人，服務長久、受信賴的也往往被當做"自家人"——換言之，一種"擬家族關係"的建立。

話說回來，儘管韋伯認爲中國社會家族倫理的強固存在，是妨礙資本主義萌芽的重大因素之一，他並沒有說這樣的一種組織及其倫理就**不能**接受資本主義——至少在技術層面上。相反的，由於家族——一

---

❷同前書，p. 32。

❷"夥計"多半來自親族子弟一事，見余英時，《中國近世宗教倫理與商人精神》，pp.153-4；奴僕替主人經營商業，在中國史上是源遠流長的傳統，見楊聯陞替前引書所寫的序〈原商賈〉。

直到最近爲止——還是台灣社會裡極強而有力的"有組織團體"(儘管其包含範圍有縮小的趨勢)，因此，在台灣社會資本主義化——"學而優則仕"的價值觀轉變爲"商而優則仕"，工商企業取代土地資產——的過程中，家族無可避免地仍然扮演着擔綱者的角色。在這些企業裡，領導階層主要仍然是由家族成員——兒子、女婿、甚至義子(擬血緣關係)❷❽——所構成，換言之，本該是一種"純粹的事業關係"，在此卻被消融爲一種"家族血緣的關係"。"家族倫理"，仍如韋伯所說的：「在自

❷❽我們當然也得注意到在今日台灣，家族的規模已無法與傳統社會相比。同樣的，企業的規模一般而言亦非傳統時期所能相比。因此，台灣的"家族企業"只能就企業的領導階層而言，才有意義；就此而言，日本企業的結合基礎倒頗値得我們略作探討。自從台灣繼日本而發展爲"新興工業國"之後，世人對這兩個地區的經濟發展與其社會文化的結構之間的關係，莫不抱有極大興趣，有趣的是，韋伯亦曾對日本及中國的"資本主義的發展"作出前後矛盾的兩個結論，當然，台灣並不能完全等同於中國，不過，就其社會文化的基礎而言，韋伯對中國的論斷，就台灣的經驗而言，還是極有參考價值的。在《中國的宗教》一書結尾，韋伯曾說：當資本主義在技術上與經濟上已獲得充分發展時，「中國人大概相當有(可能比日本人更有)加以同化的能力」。然而，在《印度的宗教》中，韋伯卻又說：「在一個民族(按：日本)中，如果像武士這種階層在扮演決定性的角色時，此一民族——即使將其他一切情況(特別是閉關自守的態度)置之不論——是不可能靠自己的力量達到理性的經濟倫理的。儘管如此，封建的關係下那種可取消的、但又是有固定契約的法制關係，對培養西方所謂的"個人主義"而言，卻提供了比中國的神權政治更爲有利的基礎。日本雖未能從自己的精神中創造出資本主義，但是比較容易將資本主義視爲一種人工製品，而從外部接受進來」(《支配的類型》, p. 219)。韋伯認爲日本人較易培養西方所謂的"個人主義"的說法，今天看來，大概是站不住腳的，不過，他所提到的日本封建社會傳統中"可取消的、但又是有固定契約的法制關係"，倒是很值得我們進一步思索。

　　根據李永熾的說法，從德川時代開始，兵農分離，武士均失去土地，靠諸侯(大名)的薪俸維生。既食諸侯之祿，爲使諸侯之食邑不致被幕府削封、廢封，就必須戮力向諸侯報恩效忠。因此，諸侯常以"家"自稱，而武士則是諸侯的"家人"。由此觀之，日本的"家"是一種非血緣形成的"場"。我們當然也可以說，這是一種"擬血緣"的關係，不過，如果我們考慮到作爲其基礎的封建的主從契約關係，就可以知道這跟中國的"家族"或甚至"擬家族"的概念與內容是大不相同的；簡言之，他們的"家"是"可以擴張到極大的。日本的企業經營，即是成功地將此種擴大化後的"家意識"植根於公司，使經營者與所有的員工皆建立"家人"的關係(李永熾，〈儒家與日本近代化〉、〈文化與經濟〉，載《歷史的跫音》)。也就在這種"家意識"的差異上，我們可以發現今日台灣的家族企業與日本企業結合基礎的最明顯的不同。

然生成的個人關係團體的環境裡, 發展出其最強烈的推動力」。明乎此,
我們對於今日台灣經濟發展過程中, "家族企業"所扮演的普徧而又重
要的地位, 或許就不會感到太過驚訝。而此一現象, 恰好又可爲韋伯
在《中國的宗教》裡所說的一段話, 做個註脚:「超越個人營業範圍之外
的經濟組織, 幾乎全部奠基於眞正的、或摹擬的私人性氏族關係上。」

　　家族企業在台灣今後的經濟發展上, 是否仍能如過去一般扮演擔
綱者的角色, 或者反過來, 成爲台灣經濟與社會發展的絆脚石, 當然
還有待更進一步的觀察與研究。然而它對過去數十年來台灣經濟成長
的貢獻, 終究是不能一筆抹煞的。參照韋伯對中國家族的理解, 我們
似乎可以如此說:「在此處, 傳統與現代之間有了一個巧妙的接筍」。

　　家族企業只不過是我們可以援引韋伯的觀點來思索的、台灣目前
社會經濟發展的現象之一。其他諸如龐大的公營企業(估計約占國民生
產淨值的 40% 以上), 除了從市場價格機能等純經濟理論的角度來探
討外, 是否也可嘗試從"莊宅式的經營"——滿足傳統家產制政體下"國
庫"需求的措施之一, 另外也兼顧到傳統中國"福利國家"的理念——的
角度來加以考慮。台灣各大都市蔚爲奇觀的"地攤"景象, 以及近年來
蓬勃發展的"地下投資公司", 除了抱怨人民不守法、急功好利、貪小
便宜的心態與財經失序外, 是否也可嘗試從中國人傳統的"儉約"精神
——另一個常被視爲儒家倫理有助於台灣經濟發展的要素, 韋伯則稱
之爲一種「強烈到無可比擬的精打細算的心態, 一種分文必爭、錙銖必
較的"小販式經營"的心態」——來重新思索。大家樂、六合彩賭徒的到
處求神問卜尋"明牌", 除了從心理學的角度來分析外, 是否也可與韋
伯所說的、傳統中國人的"巫術性的世界圖象"聯繫起來理解。

　　孔恩(T. Kuhn)在《科學革命的結構》一書中曾說過:「典範一改

變，這世界也跟着改變了」。或者，他也用另一個所謂"視覺蓋士塔(gestalt)"的實驗來說明這種轉變：「在[科學]革命之前科學家世界中的鴨子，到了革命之後就成了兔子」。我們當然還不敢說韋伯對中國傳統社會的研究就會成爲中國歷史研究的一個新"典範"，或者會掀起一場"史學革命"，這似乎都太誇張了；我們更不能說，要了解中國的社會——不管是傳統的、還是現代的——就必須透過韋伯的觀點，韋伯自己首先就要對此主張提出抗議。然而，不可否認的，透過《中國的宗教》，他爲我們提供了一幅既是朦朧、卻又似曾相識的歷史圖象；朦朧也罷，似曾相識也罷，都還須要我們更進一步地去思索、澄清以及驗證，這是本書最具挑戰性的地方，也是我們決定翻譯出來，並鄭重推薦給讀者的主要緣故。

後記：《中國的宗教》一書是由簡惠美根據葛斯(H. Gerth)的英譯本，以及木全德雄的日譯本(《儒教と道教》)譯出，經康樂修正定稿。在翻譯過程中曾參考溫克爾曼(J. Winckelmann)所編的韋伯德文原本，以校訂英、日譯本互異之處。韋伯行文慣用長段，葛斯在翻譯時將之截爲較短段落，並將韋伯的一些註釋放入正文。爲了便於閱讀起見，本書段落劃分基本上仍依照英譯本。

導　論

楊慶堃

　　有關中國的社會及其主要的價值體系，韋伯(Max Weber)所著之《中國的宗教：儒教與道教》(*The Religion of China*：*Confucianism and Taoism*)實不失爲一深具特色的經典之作。韋伯以其現代西方知識份子的偉大心靈，有系統地勾勒出中國的特色。雖然此書之初刊距今已有半個世紀之久，而且其間的社會科學也有了長足的發展，但是，在繁複的社會體系之比較研究方面，此書不但仍具刺激性，而且在有關中國社會及其經濟發展方面的研究上，它依然是具有啓發作用的理念泉源。此外，在韋伯經驗性研究的皇皇巨構中，這本書不但有助於社會科學領域中之行爲學派的奠立 ❶，而且在測試社會假說之有效性的比較研究取徑上，它也展示了豐碩的成果。韋伯在其跨文化(crossculture)的廣泛研究裏所呈現的極端複雜性，乃是其心靈矯健的表現，而他天縱的聰敏更表露在對傳統中國社會及其支配價值的嚴整分析上──以當時研究中國的學術環境來說，可以用來作科學性研究的資料是相當缺乏的。有關這點，回頭我們還會再談到。

　　對於非專攻此一學科的讀者來說，想要對本書加以理解，恐怕會

---

❶ Talcott Parsons, *The Structure of Social Action*, 2nd ed, Free Press of Glencoe, New York, 1961, P. B. 以下稱 *Structure*.

有一些問題。因爲韋伯這本書不但有理論的繁複，並且也有包容廣泛的實質內容，因此，可以從各方面來對它加以解釋。這也就是爲什麼我想就我所瞭解的範圍內來爲本書寫一篇導論，以祈有所助益於讀者。幸運的是我們已有了許多前導者，例如：帕森思(Talcott Parsons)、班狄克斯(Reinhard Bendix)，葛斯(Hans Gerth)，及其他許多人，他們已將韋伯的作品引介到英語世界裏來，而他們的翻譯與註解都極具參考的價值。對本書加以批判性的評估——尤其是在其所引用的經驗性史料的正確性方面——並非本導論的目的(雖然偶爾會稍微涉及)，因爲在當時的西方語文世界裏，一般說來，相當缺乏有關中國的正確資料，這點乃是韋伯所無法加以負責的。

　　如果一般讀者發現此書的某些部分實在難以瞭解，那麼，可能是基於以下幾個原因：部分是因爲韋伯原著的撰述方式——甚至班狄克斯都認爲其中某些句子「不但冗長繁瑣，而且又包含了限定的語詞與離題的枝節」。此外，班狄克斯還警告說：「(韋伯的文風)意圖將其主要的論證隱藏在需要加以仔細分疏的層層敍述中，或者他也會將其論證以大段分析的方式置於前後資料沒有明確相屬的特殊主題下，而令人無法分辨」❷。我們還可以指出，韋伯在論及歷史的發展時，有時也有時間錯置的現象。關於這一點，讀者實在應該感謝葛斯(譯按：此書之英譯者)，由於他的識見與翻譯技巧，使得現今的英譯本實在「比原著(在某部分來說)更加可讀」❸。

❷ Reinhard Bendix, *Max Weber, An Intellecture Portrait*, Anchor Books, Doubleday & Company, Inc., Garden City, New York, 1962, pp. 6 & xxi 以下稱 *Max Weber*.
❸見 Gerth 本書序言之註釋, p. x.

一、本書更廣泛的主題脈絡

想要掌握韋伯這本書的主題，其方法之一是要牢記以下兩點：第一，韋伯此書的主要目的是在證明：中國之所以沒能成功地發展出理性的資產階級資本主義(rational bourgeois capitalism)，其主要原因在於缺乏一種特殊宗教倫理作為不可或缺的鼓舞力量。第二，此一研究的目的在於支持他的主要論點──由於歐洲展現出其特有的禁慾新教倫理(the ascetic protestant ethic)以作為精神的動力，因此能發展出理性的資產階級資本主義。因此，我們若要對這本《中國的宗教》有一適切的瞭解，就必須對韋伯整個學術研究的廣泛脈絡有所認識，尤其是他所主張的這個論點：對於社會經濟的發展，宗教價值(religious values)具有其獨立自發的影響力。

韋伯(1864-1920)處於一個工業革命正以其新猛狂颮之勢翻覆整個歐洲生活，並同時將西方文明推向世界上最富裕高明且最具威權強勢的時期。此一強而有力的革命發生的原因，以及在此無可扼抑的力量控制、影響下，人類社會的命運又將如何等問題，在當時引起相當大的爭論。馬克思主義的歷史唯物論是其中最具主導性的一個理論，這個理論不但解釋了此一革命的緣由，而且也提示了它發展與衰竭的律則。當然，這樣一個具有時代性的中心論題──理性的資產階級資本主義之興起，及其所涵攝的社會、經濟及政治意義──對於在政治與經濟方面皆極有興趣 ❹、並兼具非凡的探索心智的韋伯來說，實在

---

❹ *From Max Weber, Essays in Sociology*, 由 Hans Gerth 及 C. Wright Mills 英譯, Galaxy Books, Oxford University Press, Fairlawn, New Jersey, 1958, pp. 46-50, 以下稱 *Essays*.

是非加以探討不可的。

韋伯受過法律與經濟學的訓練，他早期所討論的是有關歐洲的經濟和法制的歷史，以及當時的德國經濟問題等 ❺。當他在觀察德國東易北河地區的農場勞工外移他去的現象時，他注意到，其原因並非如馬克思學派所說的，完全是基於經濟利益的考慮，其實更重要的是，勞工們想要從任由地主支使的附屬地位中爭脫出來，得到自由並且改善社會地位。在他的研究報告裏，韋伯清楚地強調：對於自由理想的追求，而非物質的關注，才是影響農場勞工遷徙的動機因素。「人類並非『只靠麵包』過活，那些農場勞工亦復如此」❻。

數年後，韋伯動手寫他那本日後集結成册的名著《基督新教倫理與資本主義精神》(*The Protestant Ethic and The Spirit of Capitalism*) ❼的部分篇章時，他將探討的重心轉移到「理性的資產階級資本主義之興起」這個論題上；並且，相對於馬克思學派有所偏廢的唯物論，他提出一套強而有力的不同見解：理念與理想並非總是物質環境的反應，它可以成為引發社會經濟變遷的真正獨立又自發的動力。《中國的宗教》一書既是他為驗證此一主題而作，那麼我們就有簡略地檢閱《新教倫理》中的主要論點之必要❽。

韋伯注意到，十六及十七世紀時，也就是理性的資產階級資本主義大幅度進展前的一段時間裏，有一股強烈的新教倫理氣氛彌漫著，其本質極有利於"資本主義精神"───一種與資本主義經濟的特殊運作

---

❺ Bendix, *Max Weber*, 第一章及第二章。

❻"Verhältnisse der Landarbeiter"引自前書，p. 23.

❼ Charles Scribner's Sons, New York, 1958. 以下稱 *Protestant Ethic*.

❽ *Protestant Ethic* 一書最精簡可用的整理文字，見 Talcott Parsons 的 *Structure*, pp. 516-33.

功能恰好相合的精神或"心靈狀態"──的發展 ❾。理性的資產階級資本主義或工業的資本主義，具有以下幾個有別於其他形式的資本主義的主要特點：1.資本主義企業以利潤的賺取爲其唯一的目標；利潤爲其成功與否或能否繼續生存的準據。2.以理性(rationality)、持續性(continuity)及道德上的自制(moral restrain)爲手段來達到利潤追求的目的。3.主要的勞動力來自於在法律上具有自由身分的受薪階級，而此階級並不擁有生產的工具。4.自由勞工在官僚體系(bureaucracy)──能將大批民衆組織起來以達到一般非個人功能之運作的最有效體制──的運作下，被理性地組織起來。5.它涉及現代的幾個工技特色，例如：生產技術、交換與分配的技術性手段、以及在開放競爭市場上的價格作用❿。

　　與以上這些資本主義經濟特色相配合的是一套價值觀念與態度，它們以如下這幾個特點構成了所謂"資本主義精神"：1.追求金錢的活動本身就是目的，並非爲達到其他目的的手段，也不是一種罪惡。2.利潤的賺取是永無止盡的，旣不受生活水準之需求的限制，也不受限於傳統的滿足感受。3.用以追求的手段與傳統的運作模式二者皆不具絲毫神聖不可更動的性格，它們隨時可被更改變革。4.努力工作被認爲是一種責任，也是一種道德義務。5.強調紀律與控制，著重「爲經濟上的追求而奮加進取，並具有有系統且持續不斷的理性的忠誠工作態

❾ *Protestant Ethic,* pp. 91ff,; Talcott Parsons, *Structure,* p. 517: Bendix, *Max Weber,* pp. 56ff.

❿ Parsons, *Structure,* pp. 503-507; 及 Weber, *The Theory of Social and Economic Organization,* 由 A. M. Henderson 及 Talcott Parsons 英評，Free Press of Glencoe, Illinois 1947, pp. 278-79, 以下稱 *Theory.*

度」⓫。

在資本主義的主要發展階段之前，對其具有影響力的幾個新教教義裏──這些禁慾的教義含有極親和於資本主義精神的特色──韋伯選擇了喀爾文主義(Calvinism)來作爲範例。喀爾文教義奠基於上帝預選說(predeterminism)：認爲這個世界以及這個世界裡的萬物之律則，每個人所受恩寵之多寡，皆由上帝以其絕對的權力所創生與預定，而無關乎「(人類)自己的合作，或……會因(人類)自己的信仰與意志之程度或成就而有任何不同」⓬。並且，上帝是「如此令人敬畏地高高在上，他乃是超乎所有人類所能祈求與理解的。在此上帝面前，人類孤零零地站立著」⓭。沒有任何人，甚至是教士或教會，能夠幫助他；從那「心靈的最幽深之處」，他都直屬上帝。在如此的情況下，人類只是服從於上帝以實現其意志的工具，人類不過是依其天職(calling)，努力地想要在此塵世之中建立起上帝的王國罷了。

這些喀爾文派的教義在現實的生活中與資本主義經濟的特色及資本主義精神有極其相契之處。上帝與人類之間那無可跨越的鴻溝，驅走了任何想藉冥思而與聖靈結爲一體的想法，並且於此塵世展現上帝意志的戒令，使他能堅定地獻身於積極、禁慾和此世的(this-world-ly)行動。上帝所創生的這個世界以及其中的萬物之律則，與巫術(magic)相反其道而行，因此，對這世界加以理性地瞭解則是認識上帝的一條可行的途徑。以積極的禁慾精神來服侍上帝的意志，可以抵減對儀式禮拜的熱衷，而免於走上消極的傳統主義之路。就其與資本主

⓫ *Protestant Ethic*, pp. 54-67; Bendix, *Max Weber*, pp. 51-55.

⓬ *Protestant Ethic*, pp. 99-118; Parsons, *Structure*, pp. 516-23.

⓭ Bendix, *Max Weber*, p. 59.

義精神的相關性而言,喀爾文教派對於經濟性勞動的態度尤具重要性。
在某種神召之下, 不休止地奮力工作, 被認爲是一種眞實信仰的徵示,
並且也是自信一己乃躋身於上帝所選之列的表示。其後, 工作的完善
與成功皆被解釋爲恩寵與救贖的徵兆, 財富是「值得讚賞的, 只要它乃
得自於一種責任的履行。人不應拒絕接受上帝的恩寵, 而應作爲他得
力的助手:『你當是爲了上帝而勤勞致富, 而不是爲了肉體與罪惡』」
⓮。因爲害怕浸淫於肉體的享樂, 因此奢侈的消費便大爲減少, 從而產
生了節儉的禁慾情操⓯。

　　喀爾文教規並不像「天主教的赦罪之環(Catholic cycle)──犯
罪、悔過、贖罪、赦免、再犯罪」這樣輕易地就饒恕一個人的過惡⓰。
因此, 每個人在其合乎道德的行爲裏都要剔除那毫無計劃、沒有系統
的成分。此外, 至少還有兩個喀爾文教義的特點所促成的性格面貌,
契合於近代資本主義中官僚組織的需求。個人爲了一非個人的目的而
過其勞苦一生的喀爾文式奉獻(Calvinist commitment), 會導引出一
種非基於個人利得而盡責的工作態度。同時, 個人與其同伴(包括其
最親密的血族)的內在疏離(inner isolation), 促成了個人主義的發
展。這使得在一競爭的情境裏, 理性地組織起勞工的工作, 更加容易
完成⓱。

　　在他的《新敎倫理》一書中, 韋伯試圖透過下列幾個步驟來確立新
敎倫理爲導致近代資本主義發展的獨立因素 ⓲: 首先, 他列出統計數
字, 證明在資本主義企業的擁有及領導上, 新敎徒的人數遠超過舊敎

⓮ Baxter, *Christian Directory* 49 *Protestant Ethic*,引自 Bendix, *Max Weber*, p. 62.

⓯ *Protestant Ethic*, p. 172.　⓰同前書, pp. 117-18.

⓱ Parsons, *Structure*, pp. 525-26.　⓲同前書, pp. 511-12.

徒之上，而且在受過高等教育的科學、工技及商業等領域裏，情形亦復如此。其次，透過分析性的陳述，他證驗了新教倫理與資本主義精神在特性上的密切關連與相互契合；此處，兩個複雜的價值體系間的大量契合之點，顯示出二者有極密切的因果關係，而不僅是偶然的因緣際會而已。接著，韋伯援引史實發生先後次序來加強此一論點──新教倫理的發生先於資本主義精神，以及資本主義的實際結構。第三，韋伯透過新教的文獻──此類文獻顯示出：無止盡的利潤追求活動逐漸地被認可，只要所作所為合於義──來探求此一轉變的過程。除了在《新教倫理》裏的這幾個證明步驟外，韋伯更著手進行

極具野心的一系列的比較研究，想從各方面來探討這樣的問題：為何作為一主導現象的現代理性的資產階級資本主義**只有**在近代西方世界裏出現？是什麼差別因素使得此種現象未能成功地在其他文化中開展出來？其比較研究主要是扣緊在馬克思式的二分法則上：“物質的”因素與“精神的”因素。而其所得到的一般結論則為：從發展資本主義─官僚體制(capitalistic-bureaucracy)的潛在能力上來說，在文化發展的相關階段裏，中國、印度及以色列等地的物質環境，比較起來實優於我們(西方)的中古及近世時期，然而他們每一種文化裏的主要宗教傳統之“經濟倫理”皆直接與此一發展相衝突。另一方面，在新教(就整個基督教而言，程度則略遜)裏的經濟倫理則是直接有利於此種發展的。這樣的結論即已肯定了新教與資本主義之間的因果關係⑲。

---

⑲同前書，pp. 512-13.

帕森思所說的一系列比較研究乃是指《世界諸宗教之經濟倫理》("Die Wirtschaftsethik der Weltreligionen" *Gesammelte Aufsätze zur Religionssoziologie*)一書(三冊)，包括對儒教與道教，印度教與佛教及古代猶太教的研究。

二、中國社會結構的特性

在這本《儒教與道教》裏——葛斯將之改名爲《中國的宗教》爲的是避免落入意識形態的窠臼裡(the isms)——韋伯繼續他在《新教倫理》中的主題，試圖就傳統的中國社會、以及儒教與道教的特殊面貌，來與資本主義經濟和資本主義精神的特點相對照。閱讀此書時，如果讀者太將注意力盯牢在此一經過翻譯的書名——《中國的宗教》——上的話，那麼他必定會感到相當的困惑，因爲本書所處理的範圍要遠超出宗教的領域。其實，在英譯本的二百四十九頁裏，有一百四十一頁，或說有一半以上的篇幅，主要是在描述中國社會各個不同層面的特性，並將之比對於西方及其他社會的相類層面，而僅在某些段落中偶一提及宗教。只有在本書的後半段裏，宗教的理念與價值才是被集中討論的主題。況且，韋伯並不將儒教視爲一奉神的宗教(theistic religion)，而僅是某種倫理學說，因爲它雖然容忍巫術的施行，然而卻缺乏形上的基礎。若視本書爲一種對中國的社會結構、倫理價值及宗教的研究，並注意這些方面特別有關於理性的資產階級資本主義之發展的特性，將更有助於讀者去掌握韋伯的主題。

關於中國社會結構之特性，之所以要花那麼大的篇幅(第一章到第四章)來加以描述，顯然是因爲韋伯想要仔細地檢視過"物質的"因素之後,再將重點擺在致使理性的資產階級資本主義無法在中國萌生的"精神的"因素上。下面幾頁裏,我並不試圖為本書作個適切的摘要;而是想就我所瞭解的範圍之內,將韋伯在主題上的論證作一番疏理澄清,並將其中的某些論題,就現今在中國的社會研究上所得的成果加以討論。

本書共分為三部分,這明白顯示出韋伯在論證上的邏輯統一性。首先,韋伯檢驗了中國社會的經濟、政治及社會等各層面,描繪出各層面相互交融影響後的結構的或"物質的"特性,其中各點或有利於或不利於資本主義的發展;換言之,以資本主義的發展之特性來說,中國與西方的社會在"物質的"條件上並無重大的差別。其次,韋伯將儒家的價值體系與基督新教的倫理作一明顯的對比,認為前者缺乏後者所有的發展資本主義的有力動因(dynamic motivation)。在第三部分,韋伯指出道家負面的、保守的價值系統,無法發展出一強而有力的社會取向之態度,以走向資本主義之路。以此,韋伯將決定性的差別因素歸之於儒教與道教在價值上的消極與傳統特性,並用以解釋何以資本主義發展於西方而不展現於中國。

然而,每一部分及每一章裏的資料處理,在邏輯上都同樣的不夠清晰。韋伯的興趣並不在於有系統地呈現中國的社會結構及其價值體系;反之,他的主要目的是在將這些層面與西方社會的類似成分作一對比。問題就在於:他並沒有明白交待,他用來選擇與安排各比較項目的理論根據為何?他的主要論點因此經常變得模糊不清,尤其在第一部分裏更是如此:他處理的是中國社會結構的特性,卻冠之以"社會學之基礎"的名目。

按照他自己在第一部分裏所安排的順序,韋伯在中國的社會體系裏選擇了五個與近代資本主義要件有關的主要具體項目：貨幣制度、城市與行會、家產制國家與血緣組織以及法律，來加以討論。如果我們將結構因素當作是一個範疇的話，我們可能還應該再加上，韋伯在第二部分第一章裡所論及的，作為一身分團體的知識分子。

韋伯以貨幣制度與城市作為討論的起點，可能是因為這兩個因素與西方歷史上資本主義經濟之蘊生特別有關係。其次，他轉而討論中國社會的兩個特出層面：家產制國家與血緣組織——以大小來說，是為組織結構上的兩極。緊接著的主題是法律，也許是因為其特性受到國家與血緣兩大系統之本質所影響。其他的許多主題，尤其是制度在歷史上的發展，皆散置於以上幾個主要的項目裡被論及。

韋伯以錢幣為主題來開始他的研究，正因為他充分了解到錢幣在他的經濟社會學裏所扮演的重要角色：錢幣能擴展經濟交換的領域，有助於財富的追求與累積，並可作為經濟價值的衡量標準，以評量不同性質的物質與勞務的相關經濟意義，因此，在訂定預算時便能計出利得或損失 ⓴。由於錢幣有以上這些重要的功能，因此，中國在歷史上無法建立起一套有效率的錢幣制度便是缺乏資本發展的徵兆，而且也阻礙了任何有意義且大規模的理性資本主義之發展。然而韋伯並未指出，十八世紀以來，銀的供應量即不斷地增加，這便可能激發資本主義的發展(雖然實際上並未發生)。

城市蘊生了西方的資本主義，但在中國卻不具相同的功能，其原因是中國的城市缺乏政治上及軍事上的自主性(autonomy)，而且也缺乏作為共同體(corporate body)組織上的統一性(organizational

---

⓴ Max Weber, *the Theory*, pp. 173-90, 280-308.

unity)，而西方的資產階級資本主義經營之理性發展所依恃的財政與法律背景，即是靠著此種自主性與統一性才得堅實穩固的 ❷。韋伯知曉行會在中國城市的社會經濟結構裡有其中心地位的重要性，他並且認為行會在組織上的自主性是個有利於資本主義發展的因素。但另一方面他又認為，由於行會的特殊權益未能受到法律的保障，因此不得不發展成具有極端自足性功能的型態，而無法像西方那樣，發展出一套正式的法律，以作為「一旣自由且能共同規範的工商組織」之形成基礎❷。

　　強調錢幣與城市乃是影響一個社會走向資本主義發展的戰略性因素，韋伯自然有其充分的合理說法——不論是在理論上，或者徵諸於歷史。雖然最近有資料顯示 ❷，某些政府保障行會的壟斷與特權的現象確曾出現，而與韋伯的論斷相違，然而還是有些作中國都市社區研究的學者支持韋伯的說法，認為中國的都市社區並不具有作為一個共同體的功能。自韋伯時代以來，傳統中國的都市社區研究實在乏善可陳，因此還未能有旣充分又可靠的資料可對韋伯的觀察所得——以極不充分的資料而得出驚人的敏銳判斷——加以系統性的評論。一直到五〇年代的中期，我們才看到有某些中國大陸的學者開始對中國的都市經濟及"資本主義"的發展作有系統的研究 ❷。一些關於傳統商人階級和工商行號、工匠技藝之特質——一些韋伯所沒有機會加以檢驗的重要層面——等極具意義的資料也已經出版了。

　　韋伯將中國城市之缺乏軍政自主性(politicomilitary auton-

---

❷《中國的宗教》，pp. 77, 78, 79, 83-4。
❷同前書，p. 81, 84, 127。
❷參見孟元老，《東京夢華錄》，香港，商務重印，1961，第二、三、四章。
❷參見傅衣凌，《明代江南市民經濟新探》，上海，人民出版社，1957。

omy)歸因於帝國一統的過早形成——所有的民政、軍事皆置諸國家官僚體系的集中掌握之下㉕。封建制度瓦解之後，此一大一統的帝國所具的軍政力量是如此的完整無缺，以致於個別城市所能自其中獲取資源以資自主的機會，實在非常有限。就中國發展資本主義的機緣來說，這個中央集權的帝國所蘊含的社會經濟意義便成為一值得研究的問題。韋伯是從以下這些有利的觀察點來檢驗此一帝制國家並對其所蘊含意義加以分析：一般的特性、國家與宗教的關係，中央—地方關係與家產制官僚體系，農業政策與鄉村管理。

　　帝國的一統與和平有其利於資本主義發展的一般特性，亦有其不利的一面。人口與物資能夠在像歐洲一般遼闊的領土上自由地遷徙、流通，而沒有任何政治上的阻礙，這顯然即是其所蘊含的有利條件。就其不利的一面來說，包括：城市缺乏其政治的自主性———一種能為資本主義企業提供既適切且富刺激性的環境之自主性。以一統與和平來取代封建國家間的敵對與爭鬥，也意味著不再有競爭的壓力迫使各國相競以理性化的手段來改進國家利益與生存所必須的官僚與經濟組織㉖。此外，由於國內的和平，使得促成西方政治資本主義發展的戰債與作戰佣金也就無由產生了㉗。

　　帝國之一統與和平的建立與維持有許多影響力，這些也都關係到資本主義的發展。其一是在中國的封建諸國間很早就發展出統一的文化。而更重要的是皇帝與他的官員執掌了宗教的功能 ㉘。這就削弱了足以與俗世政權相抗衡的教士階級的有力地位，使其無法威脅到帝國內部的統一。就是這種對和平、秩序與寧靜的強調，使得狂喜與悲怨

㉕《中國的宗教》，pp. 84-9.　㉖同前書，pp. 97-110, 124-5
㉗同前書，p. 168.　㉘同前書，pp. 84-96.

等感情上的過激都可不斷地透過官方的儀禮而剔除盡淨。不具任何官方地位的民間宗教則總是趨向多神的信仰 ❷，這是使得民間宗教無力向國家一統力量挑戰的關鍵因素和不利影響。以上種種緣由造成了一種情形：既沒有一個教士階層，也沒有一支獨立的宗教力量，能夠為社會經濟秩序帶來激烈的變革，而促成資本主義的發展。

然而，帝國的一統與和平並不意味著高度中央化的行政體系能夠通貫於整個帝國。一部中國史裡多的是中央政權與地方利益不斷爭鬥的記錄 ❸。中華帝國最具特色的家產制官僚體系與源遠流長的組織無法完全解決中央與地方政府間的衝突，也無法有效地理性化二者的行政體系。

官僚人員的遞補是由士人經過考試而來的，因此，官僚地位的形成既不基於出身，也不基於超自然的考慮或神靈的恩典。這種普遍無私的現象有助於官僚體系的理性化。其他的層面還包括：三年一換的公職任期制，不得任官於鄉里的限制，中央可任意召遣官員的充分主動性——以防制官員在地方上發展其久遠的利益而對中央政權有所損害。

但是此種中央化的措施卻有其反效果：它會削弱正式的官僚統治與民間生活之間的關係 ❸。並且由於中央權威的膨脹，致使地方行政體系無法理性化。配額的稅收制度使得官員不但可以應付行政的花費，而且只要交出分配的稅額，他就可以從官方的稅收以及非官方的收費和"贈禮"中謀利。公家與私人的財產間並沒有嚴格的區分 ❸。結果使得「整個帝國就好像一個由大祭司帶領著許多地方老大所組成的聯邦

❷同前書，pp. 84-110.　❸同前書，第二章，一--三段。　❸同前書，pp. 111-4.
❸同前書，pp. 111-2, 119-25, 128-38.

體 ❸」，中央企圖統一與合理化地方的行政單位的努力自然要受到挫折。再則，儒家君子不器的觀念使職業的分工難以形成而減低了官僚體系的合理效率 ❹。據韋伯看來，官僚份子都是些不器的君子，那些專門的工作便都委之於吏役與幕府做去 ❺。這些官僚體制上的特質，再加上缺乏現代運輸與通訊設備下的廣袤領土 ❻，在在使得中央對地方的正式行政管制力量降到最低點，而且通常幾乎等於沒有。此種情形所蘊涵的經濟意義即是：地方上在形式的社會政治秩序方面的薄弱，不足以構成發展資本主義企業的法制基礎。

在本書的許多部分及他的其他許多著作中，韋伯對中國的官僚體制與士人都做了相當精彩的描述 ❼。此後，將官僚體制與士人 ❽ 認定爲影響中國社會本質的兩大要因，並以之爲研究主題的學風大盛，而這些晚近的研究也大多贊同韋伯的觀點與論斷。韋伯對於中央官僚系統設法防制官員與地方利益勾結相連的分析尤其是非常深刻而精確的。這些防制的措施使得當政的官員無法直接有效地掌理地方的事務，

---

❸同前書, p. 111-2.　❹同前書, pp. 225-34.
❺關於中國官僚體系的這個特性, 我有一個稍微不同的解釋, 見"Some Characteristics of Chinese Bureaucratic Behavior",此文收於 *Confucianism in Action*, David S. Nivison 及 Arthur F. Wright 編, Stanford University Press, Stanford, California, 1959, pp. 134-64.
❻同前書, p. 47.
❼參見"Bureaucracy"於 *Essays* 一書中, pp. 226ff.
❽例如: Edward A. Kracke, *Civil Service in Early Sung China*, Harvard University Press, Cambridge, Massachusetts, 1953; Hsiao-t'ung Fei, *China's Gentry*, University of Chicago Press, Chicago, Illinois, 1953; Chung-li Chang, *The Chinese Gentry*, University of Washington Press, Seattle, Washington, 1955, 以及他的 *The Income of Chinese Gentry*, University of Washington Press, 1962; P. T. Ho, *The Ladder of Success in Imperial China*, Columbia University Press, New York, 1962; Robert M. Marsh, *The Mandarins*, Free Press of Glencoe, New York, 1961; S. N. Eisenstadt, *The Political Systems of Empires*, Free Press of Glencoe, 1963.

並因此而增加了介乎官員與民衆之間的非公職的幕僚、佐員與吏役等角色的重要性❸。

　這種中央正式行政權無法直接達於地方百姓的情形，最近已大致爲對中國地方政府甚有研究的瞿同祖加以證實 ❹。瞿氏證之史實而明白指出，府縣級的傳統中國地方政府是由少數中央任命的官員主持的正式官僚組織，以及主要由知縣私人幕友組成的非正式組織共同治理，而由後者直接處理地方問題，然而其方式通常卻踰越官僚組織之正式法規。由中央任命的官員發現想要穿透地方勢力的緊密控制，或是以正式法規來取代他們的治事方式，是非常困難的，甚而簡直是不可能的。這基本上與韋伯所分析的情形不謀而合。

　韋伯分析中國史上的農業政策與鄉村管理所採用的資料似乎甚爲不妥，而且在事件的邏輯關係與時間先後順序上，他的資料處理方式也相當令人困惑的。關於王安石於十一世紀所推行的"國家社會主義"改革，韋伯的主要資料來源顯然只限於俄人伊凡諾夫（A. J. Iwanoff）早期在這方面的研究❹。許多新近的研究已使得鄉村社區的政治秩序、或王安石的變法呈現了更清楚的面貌 ❹，而不只是像韋伯所提出的簡單景象：以常平倉或集體責任體系（保甲，或如韋伯的用語：連帶責任社團）來勾勒出中國鄉村社會政治秩序的特色。不過，在歷史上的土地改革，及其影響所及的農業生產方式方面，韋伯雖然受到材料不足的

❸《中國的宗教》, pp. 111-4.

❹ T'ung-tsu Ch'u, *Local Goverment in China under the Ching*, Harvard University Press, Cambridge, Massachusetts, 1962.

❹ A. J. Iwanoff, *Wang-An-Schi i jevo reformy*, St. Petersburg, 1906.

❹例如：Henry R. Williamson, *Wang An-shih*, A. Probsthain, London, 1935; James T. C. Liu, *Reform in Sung China*, Harvard University Press, Cambridge, Massachusetts, 1959.

限制，但是其研究成果卻是相當具有挑戰性的。

　　激進的共產主義赤幟通常會使人們誤以爲中國共產黨在 1950 年代早期所進行的土地改革，在似乎顯得較爲保守的中國農業政策上，是相當獨特的現象。但是韋伯卻指出中國農業史上的一項根本事實：歷史上曾不斷發生農業危機，而且經常經由土地的重新分配、限田和自由墾荒(可與孫逸仙先生的"耕者有其田"政策作比較)等措施來加以補救❸。

　　歷史上的土地改革現象雖然在西方未獲重視，但最近幾十年來卻廣泛受到中國學者的注意❹。然而無論是中國或是西方，凡是注意到這個問題的學者，無不以人道主義、平等主義、以及農村經濟政治秩序之穩定等觀點來解釋歷史上的改革辦法。唯獨韋伯提出這樣一個不同的看法：過去兩千年來許多土地改革的成功，致使農地被分割爲無數的小型耕地，構成中國農村經濟的特殊面貌❺。對韋伯來說，這正可解釋資本主義在中國無可發展的原因：「由國家所推動的各種土地改革措施導致……中國無法產生合理而大型的農業經營……。土地的不斷分割阻礙了技術的進步；即使貨幣經濟已有所發展，然而傳統仍占上風」❻。

　　中國的血緣體系正如帝制國家一般，在許多方面阻礙著合理經營

---

❸《中國的宗教》, pp. 142-7.

❹參見陳登原，《中國土地制度》，上海商務，1932。

❺除了改革所造成的影響外，韋伯也相當注意到使中國農地分割爲小塊的複雜因素。例如他提到，由於人口的增加，以及長子繼承制的廢止，人民必須把農地劃爲小塊分給衆子女的情形。見《中國的宗教》, pp. 118-9. 以小農制爲中國農村經濟的特色，參見作者所著 *A Chinese Village in Early Communist Transition*, Technology Press, Cambridge, Massachusetts, 1959, 第四章，亦見葛斯在此書中 p. 353, 註 38。

❻《中國的宗教》, pp. 142, 147.

的發展 **❹**。追求財富的一個重要的模式即是：透過家族的支助，培植
家中的一員接受教育、中試爲官，以行其內地的"掠奪式的資本主義"
(booty capitalism)。此種家庭投資的方式不會發展成爲「合於經濟理
性的合作企業」。龐大的血緣組織具有許多因應個人社會與經濟需求的
功能，因而阻礙了個人的獨立性與個體性 **❹**。家庭副業(如紡織)的普
及也阻礙了獨立工業生產方式的發展。血緣組織強固的凝聚性、族中
長老極具效力的威權、以及鄉村的自治階層等，在在將有效率的正式
行政當局限制在城市的範圍內，行商於廣大領土上便得不到法律與秩
序的保障，而此種保障正是發展資本主義所必具的條件。血緣關係也
保護個人不受外界的歧視與屈辱，這也有礙於現代大型企業所要求的
工作紀律與開放市場上的勞工選擇。準此，「大型的私人資本主義工廠
便無由於歷史中覓其根源 **❹**」。

　　中國社會裡的家族特色，自韋伯的研究之後，引起了相當廣泛的
學術注目與繼起研究 **❺**。一般說來，近人的研究成果大體與韋伯的解
釋並無牴觸之處：中國的血緣體系對資本主義的發展有不利的影響。
不過，韋伯所運用的資料存在著地區錯置的問題。他所論及的血緣關
係現象大多發生在鄉村地區，然而，城市才是資本主義所應發展的地

---

❹同前書，pp. 151-162.

❹這點與許多中國學者的觀點相契合：可參見麥惠庭，《中國家庭問題》，上海，中華出版
　　社，1930。 **❹**同前書，p. 97.

❺例如：Hsien-chin Hu, *The Common Descent Group in China and Its Functions*,
　　Viking Fund, New York, 1948; Morton H. Fried, *Fabric of Chinese Society*, Freder-
　　ick A. Praeger, Inc., New York, 1953; Olga Lang, *Chinese Family and Society*,
　　Oxford University Press, Fairlawn, New Jersey, 1946; Yao-hua Lin, *The Golden
　　Wing*, American Institute of Pacific Relations, New York, 1948; C. K. Yang, *The
　　Chinese Family in the Communist Revolution*, Technology Press, M. I. T., Cambrid-
　　ge, Massachusetts, 1959.

區；在城市裡，血緣組織扮演著不同的角色。在都城體系裡，我們不知道血緣組織是否也會像韋伯所斷定的那樣有礙於資本主義的發展。不幸的是我們並沒有恰當的資料能夠顯示中國的家族在都市中心所具有的功能與特色，所以這個問題自然也就得不到解答。至於中國史上是否有過大型的私人資本主義企業，根據晚近的研究顯示，至少在許多傳統工業方面，例如絲織業與陶瓷業，其企業的規模與組織的複雜性已有相當程度的發展 ❺。不過，至今在這問題上所能應用的資料仍然非常有限，是故亦不能對韋伯的解釋有一可靠的評估。

在中國社會結構的衆因素裡，支配著傳統中國的實質倫理法律，對於資本主義的發展來說，很明顯的具有負面的影響。現代的資本投資需要有理性的、以及可估量的法律與司法程序來運作。但是富有理性及可估量性的形式法律在中國這個家產制國家並不發達，因爲任何形式的律則與固定的程序都將限制了世襲的權力與特權。中國的律令「毋寧是編纂的倫理規範，而不是法律規約 ❺」。韋伯的這一項觀察，已全然爲瞿同祖所證實，瞿氏指出倫理的以及禮儀上的規範，在中國法律的建構上具有絕對的重要性 ❺。實質倫理法律相當有利於世襲君主在政治上的權宜與倫理上的要求。但是實質倫理法律無法發展出明確的形式與程序。形式法之所以無法在傳統中國獲得一個有利的發展環境，有部分是因爲血緣組織具有特別高度的影響優勢，以及缺乏一個對法律的訂定特別感興趣的策略性團體，亦即職業的法律專家；因爲行政與司法都已被吸收到公務系統的職權裡。

❺參見《中國手工業之資料》，彭澤益等編，北京三聯出版，1957，尤其是第一、二冊。

❺《中國的宗教》，p. 166; Bendix, *Max Weber*, pp. 398-99.

❺ Tung-tsu Ch'u, *Law and Society in Traditional China*, Mouton, The Hague, Netherlands. 1961.

　　韋伯雖然看到中國有許多不利於資本主義發展的條件，但他也提出了許多有利的因素：例如沒有以出生爲準的身分限制、自由遷徙和在自己的家鄉之外定居、職業自由、沒有義務教育與義務兵役，以及沒有借貸與貿易上的法律限制。「就一個純粹的經濟觀點而言，眞正的資產階級資本主義已有可能發展……❻」。資本主義之所以無法在中國出現，基本上還是由於缺乏一種像禁慾的新教教義那樣的"特殊心態"。

三、作爲決定性抑制因素的
　　儒教傳統主義

　　在將中國社會的結構性面貌作爲影響資本主義發展的物質因素，作過分析之後，韋伯的作品進入第二部分，對可能是使資本主義在中國無法出現的"心態條件"或"精神的"因素加以描述。也就是說對作爲主要價值體系的儒教，和對作爲其擔綱者的士人團體，進行檢視。對韋伯而言，能夠對一個價值體系的實際意旨有最佳了解的一個辦法是，要對它的社會擔綱者在物質上與精神上的興趣所在——作爲影響社會行動的主要力量——有所了解。士的性格描述因此成爲了解儒教意旨的一個必要的步驟❺。

　　士的性格最突出的一點，是他們成爲中國兩千年來毫無爭議的統治階層的這個優越特性。他們以其在官僚職務上的非常興趣、在社會上享有的高度特權地位、他們非世襲的身分、他們透過古典人文教育的承受所形成的資格制度、他們的源自於世俗封建貴族而非任何教士

---

❺《中國的宗教》, p. 164.
❺同前書, pp. 173ff.

階級等特性，而不同於其他文明的知識分子。就此而言，士乃是將其興趣根植於世俗的團體，致力於政治權力與社會特權，而且深受古典人文教育的薰陶。離開韋伯原書的內容，我們可以說中國士人的這些特性，使得他們非常的此世取向，對結構與制度的維持有濃厚的興趣，傾向正統與傳統主義而不喜更新與變遷，衷心於人文與保守的古典教育內容，以及他們對於經濟事務的嫌惡。他們對於秩序與傳統主義的一般傾向，反映在"君子理想"的特質上，這包括在言談之間具有引用古典經文的能力、純粹的人文心智、忠誠法則的嚴謹信守，不斷的自我節制以對環境有良好的適應、以及對黷武思想的鄙視 ❺❻。士的這些主要的關注，似乎與"儒教的人生取向"非常的相契。

　　近數十年來，關於中國文士的社會地位與性格，已有相當可觀的研究。例如顧里雅（H. G. Creel）在他那本傑出的《中國的誕生》（*The Birth of China*）中，就揭示了文士之興起的社會政治背景，因此解答了韋伯關於文士之起源的疑惑 ❺❼。我們現在已對考試制度的發展知道得更多。在"士紳"（gentry）——那些至少通過最低一級考試的士——這個一般性的稱謂下，已有大批的研究顯示出透過考試所能達到階級流動的程度 ❺❽。

　　雖然，這些"士紳"研究大部份都證實了韋伯的看法，不過卻是從一個較為靜態的觀點——士紳在傳統社會結構中的功能地位——來觀察。即使是對士紳研究最具眼光的費孝通 ❺❾，都未觸及韋伯所問的一

❺❻同前書，pp. 188-192, 197-8.　❺❼同前書，p. 176.　❺❽同前書，p. 110.
❺❾見他的"Peasantry and Gentry" 於 *American Journal of Sociology*, LII, No. 1, July, 1946, pp. 1-17.
※對"既有"世界的接受，這是韋伯所描述的儒家性格。韋伯的立場可以自儒者的行為裡得到驗證，但就理論的立場而言，就可能發生問題，以下我們會再討論到。

個動態的問題：士的地位與性格和中國的社會經濟發展模式之間，有何種關連？在這方面，韋伯的陳述在今天看來，或許不夠精確，但是他所提出的問題，以及他進行研究的方法，對於那些有意於對社會經濟發展模式作泛文化比較研究的人，仍然是個新鮮的挑戰。

韋伯關於士性格的描述，只是他全書主題──儒教(與道教)的傳統性格阻礙了像理性的資產階級資本主義發展這樣一種激烈的變革──的一個準備步驟。儒教(與道教)的教義核心是"道"，是涵藏於宇宙與人類社會背後的一個和諧、寂靜與均衡的不變法則。儒教要旨在教人與永恒的宇宙和社會律則作理性的協調。這種將世界當作"既有之物"而加以接受的儒教態度，與清教徒在神的旨令下拒斥世界的態度恰成一對照。對韋伯來說，「儒教的理性主義是去理性地適應於世界；清教的理性主義是去理性地支配這個世界[60]」。這是韋伯在敍述儒教倫理之所以無法發展出任何劇烈的變革以走向資本主義的一個根本立場。儒教的其他層面也都滙向於這個中心點。

儒教沒有任何形上的基礎；它的主要興趣是現世的；它有個宇宙的演進觀，但大都發展成以現世的事務為主的神秘玄說[61]。對於此世以外的種種，沒有嚴肅探討的興趣。儒教對於宇宙與社會秩序，保持著一種"極度的世界樂觀論"：由人為努力以締造完美人類及社會的可能性[62]。人的職責就是要誠心地去服膺於由傳統而來的宇宙與社會和諧之要求，以及修己以達成一"中正平和的人格"。後者乃是宇宙的縮影，必須小心謹慎的自我修持來減低緊張性，以及用以抑制由狂歡、

---

[60]《中國的宗教》, p. 315.

[61]同前書, pp. 220ff.

[62]同前書, pp. 278, 294-5, 302.

極喜的活動所引發的非理性情感，因爲那會破壞了和諧與平衡。由此，可以達到長壽、健康、財富，以及死後留名的目的，在韋伯的分析裏，這也就是儒教在今世的奮鬥上所欲完成的終極目的。

在這個"無與倫比的世界"裏，沒有原罪這種累贅的念頭，也沒有在一個罪惡的世界裏、因期待拯救而必須完成上帝的道德命令的壓迫。相對於清教教義的是，「所有倫理上的超越嚮往，所有在超俗世上帝的命令與凡俗世界之間的緊張性，所有此世以外的憧憬，以及所有關於惡根性的觀念，全然不見❸」。不像清教徒，儒者沒有驅使他根據上帝的道德命令來改造世界的這種感情上的緊張性。而且由於清教徒可以"入"世而不"屬"世 ❹，他可以發展出理性地改造這個世界的能力來。然而儒者則不但生於世，而且適應良好地屬於世，所以其客觀性與理性都大大地受到傳統主義的限制。旣無動機，也不鼓勵去違背旣有的社會秩序，甚或打亂了它的均衡。有可能干擾社會秩序之和諧，或者產生越軌之傾向的狂歡與極喜的因子，都完全被孔子剔除於經文之外，而且存在於民間信仰中的，也受到統治者的壓抑❺。「由於沒有此世之外的憧憬」，儒者也就「沒有透過一種內在力量自傳統與習律解放出來而影響其行爲的槓桿❻」。

儒家對於世界的肯定與它的調適，意謂著對於傳統的認定與對一般神秘信仰的容忍 ❼。而傳統與巫術都是發展理性的資本主義企業的絆腳石。另一方面，清教教義則拒斥傳統的神聖性，並且將巫術強烈地摒除於世界之外。帕森思說：「……社會發展的早期皆是以傳統主義

---

❸同前書，p. 295.　❹同前書，p. 314.　❺同前書，pp. 179-180.

❻同前書，pp. 303.

❼同前書，p. 296; Parsons, *Structure*, p. 549.

為其律則。它是如此的強固，以致於必須有格外強大的力量，即使是些許，才能將之突破，而且只有當這種突破發生時，某些社會發展，例如理性的資產階級資本主義，才有可能產生。儒教倫理……不僅無法做到這一點；相反的，它帶給傳統秩序一個直接而有力的認可❻」。在西方，此種"格外強大的力量"來自於清教徒想要經由理性而道德地統制這個充滿罪惡與非理性的世界，而得到救贖的宗教熱情。儒教既已接受這既有的世界，則沒有對這世界進行道德的救贖與理性的轉化之需要❻。反之，它對個人的最高要求，是去適應這世界。

在儒教觀點裏，這個"既有的世界"的結構核心，是所謂的"五倫"：既存在於君臣、父子、兄弟、夫婦與朋友之間的關係。在這些關係裏的根本道德義務是恭順。韋伯將這些人際的關係及其樣式描述為"有機的關係"及"有機式地既存"［樣式］；儒者把它們當作是既有的社會秩序之真實本質而加以接受。然而，那些恭順或倫理上的相互照應，都不適用於個人關係範疇(order of personalism)以外的他人社羣(impersonal community)。由這種倫理上的藩籬，構成一種"血緣的羣體"(community of blood)，而相對於清教的"信仰羣體"(community of faith)──共同的生命倫理被推展到血親與個人關係之外，而涵蓋了與所有人都有關的事務❼。這在根本上，是帕森思模型裏的兩項相對的變數：特殊主義(particularism)與普遍主義(universalism)。奠基於道德義務的相互信任，是被限制在血緣與私人關係的小圈子中，還是普遍的被推展到所有參與事務的各因子裏去，這對經濟

---

❻ Parsons, 同上註。
❻《中國的宗教》, p. 307-8.
❼ 同前書, pp. 275, 303-4.

發展的模式有很明顯的影響。此外，恭順的倫理與"私人性質的原則"是通往非私人性質的理性化與"非私人性的實事求是"態度之發展的障礙，因爲前者係將個人繫於具體的人物上，而非繫於客觀運作的事務上❼。

在韋伯對於儒教的分析裏，還有一些進一步的觀點需要詳加探討。其中之一是"以禮爲中心的概念"及其在社會經濟秩序上的涵意❼。儒家倫理要求一個受過教育的人，根據禮或傳統的規範法則——規定出每一種社會狀況下所應有的正確行爲——對自己在生活行爲裏的一舉一動加以控制。這意謂著將個人契合於宇宙與社會秩序之中，並壓抑可能擾亂均衡與和諧的情感。因此，禮的要求便成爲儒家接受既有世界的這個基調裏，非常重要的一部分。

韋伯爲儒家之強調禮，提供了一個解釋。在他看來，管束個人一生的無數禮法規約，每一條都與其他的沒有連續相屬的關係，而且受這些禮法所導引的儀式行爲大都是剔除了眞正感情內涵的外在行爲。這兩個行爲禮節上的特質，使得中國人缺乏一種以一中心價值立場爲基礎的"統一人格"(unified personality)以作爲一強而有力的內在核心，而這正是淸敎徒在其與世界抗爭時的一個自動的驅策力量❼。禮法將儒者固定在傳統的路線上。

韋伯的解釋似乎可以從現今爲人所熟悉的學說裏得到支持：瑞斯曼(David Riesman)的傳統導向人格類型與內在導向人格類型，或者相對於恥感文化(shame culture)的罪感文化(guilt culture)。但此處

---

❼同前書，pp. 303-4.
❼同前書，pp. 221-2, 301.
❼同前書，pp. 229, 302.

我們可以指出一點：從中國的材料裏，我們發現禮的規範背後是以一套概括性並且一致的倫理原則爲其基礎的，而且，雖然禮法要求個人控制一己的情感，但其行爲背後仍有一確切的感情根基的。禮的行止既不是出之無端且漫無組織的，也不是自絕於情感內涵的；在儒家的倫理原則裏有其統一的結構，而形成儒者人格的驅策核心。只要對這些有細心一點的研究，其解釋或許與韋伯有所不同。然而，在禮或禮儀規範這個重要的課題上，尚未有有系統的概念研究足以與韋伯的解釋好好相抗衡的。

此外，尚有一點也相當重要：由於儒家"君子不器"這個根本的立場，而使得職業的專門化受到排斥。在將自己調適於世界的過程裏，儒者是以一己的修爲爲目的，而不是以一己爲爲達某一功能目的的手段 ❼。君子是個各方通達的通人或達士，他排斥像專家──尤其在利益的追求上──這樣一種低級的角色。儒家的這個立場，阻礙了官僚體系功能的專門化，也阻礙了需要專門化的經濟企業朝向理性化的發展。這與清教徒的立場──以一專門化的天職來服侍上帝的意旨以轉化這個充滿生靈罪惡的世界──形成尖銳的對比。

對於韋伯認爲由於儒家的排斥專門化，遂阻礙了官僚組織與經濟企業的理性化發展這個觀點，我們無可置疑。但是，這種對於職業專門化的斥拒，是否眞如韋伯所解釋的那樣，乃是君子"不是個器具"而是以本身爲目的，這個儒家觀點所造成的結果，則大有商量的餘地。儒家對於個人在分工架構裏的功能位置，有清楚的體認 ❼，受過教育

---

❼同前書，pp. 225, 313.

❼孟子曾以統治者在行政功能專門化下的擔負來解釋爲什麼他無法同時從事經濟生產的活動。*The Works of Mencius*, James Legge 英譯, Oxford University Press, London, England 第三冊，第四章。上海，國際出版學會 1947 年重印。

的人並不斷被告誡以獻身於公職的責任、擔當來自上級的使命、以及
對於人類的道德責任。君子「以一己爲任」的眞正意思是，在他的完成
儒家道德使命的過程中，他只對自己一人負責⑯。因此，儒家對於專
門化的嫌惡，尤其在追求利得的經濟生產上的專門化，一般來說並不
是由於君子拒絕將自己視爲追求某種目標的工具。

　　反之，這更可能是由於儒家的道德標準，以及士人作爲一種身分
團體所旣得的利益，對於各種不同類型的勞動與功能角色，有不同的
價值評斷，所造成的結果。

　　在分析中國之所以沒有資本主義發展的原因時，缺少"道德先知"
以作爲一種革新的影響力，這一項必須加入以上述及的不利因素來加
以考慮。關於這一點，韋伯只提到「中國人的靈魂從未經歷過先知的洗
禮」⑰，那是由於沒有"自然與神靈"之間的張緊，也沒有來自於超凡之
神而與傳統和習律相對立的道德要求⑱。先知對於社會經濟發展的積
極意義，並沒有在本書中論及，而是在別的著作裏，尤其是《古代猶太
敎》(Ancient Judaism)以及法律社會學中，有所討論⑲。韋伯覺得，
在一個旣已建立且被傳統化的"物質"狀態裏，個人可以被強迫去依一
個規範化的模式而行動，卻不能夠解釋爲什麼會有新的狀態與行爲的
產生。必是有了先知出現，才能提出新的理念，打破傳統的因循，並
爲不同的行爲模式建立起一套新的道德規範。準此，則先知的未曾出

⑯見作者著 Religion in Chinese Society, University of California Press, Berkeley, California, 1961, 第十章。

⑰《中國的宗敎》, p. 207.

⑱同上書, pp. 296-7.

⑲Bendix, Max Weber, pp. 264-65; Max Weber on Law in Economy and Society, University of Harvard Press, Cambridge, Massachusetts, 1954, pp. 20ff; Protestant Ethic, pp. 54-55; Essays, pp. 62-64, 284-86; Parsons, Structure, pp. 510, 567-75.

現，實乃相應於儒教的傳統主義及其調適於既有世界而不主根本變革
的倫理；而韋伯認爲先知並非儒教之一端，實乃至論。問題是：中國
的民間宗教裏，尤其是折衷性的教派，有使命先知或道德先知的出現，
因爲在歷史危機時期或改朝換代之際的教團運動中，先知通常扮演著
重要的角色❽。

四、異端的道教無法給予革新的動因

　　韋伯研究中國的這部書，第三也是最後一部分是對作爲異端(譯
按：此處韋伯用 heterodoxy，以與儒教之作爲正統相對舉)的道敎，
作一番檢視。兩千年來，道敎以其異端的身分處於儒敎正統的官方優
勢之下，而爲非正統的主流。假如儒敎正統無法爲資本主義發展提供
有效刺激的話，那麼韋伯的問題便在於：作爲異端的道敎是否能夠成
爲「異於正統取向的一種合理生活方式的資源 ❽」，而導向資本主義發
展的路途。

　　這個問題的難處在於：作爲一種哲學思想的道家與作爲一種宗教
的道敎(譯按：韋伯皆用 Taoism 來指稱二者)之間，有極大的不同，
而且二者的關係通常不甚分明。韋伯對於道敎的這兩個層面並沒有首
尾一貫的分別，因此在他的行文中就產生了一些混淆。不過，韋伯的
一般立場仍是明顯易見的：雖然道敎有某些有利於革新的層面，但是
它的出世取向與傳統主義的特質所導致的社會結果，仍與儒家所導致

---

❽見作者著 *Religion in Chinese Society*, 第九章；例如白蓮教的宣示，包含了來自各教派
　的彌勒佛的道德誡命，很明顯的是屬於使命的或倫理的〔先知〕範疇內。事實上，很少好
　戰的教派如韋伯所說的有消極性的宣示。見 *Essay*, pp. 284-86.
❽《中國的宗教》, p. 240.

的一樣。

　　雖然道教在某些方面有引人跳脫塵世之影響(包括其中的習俗)的傾向。道教的神秘思想中，教人「以隱匿於世的方式」或者作個隱士離羣索居於山林，來保全「一己的純眞與謙遜」。「這使得神秘主義者特別與世界發生斷絕⑧」。道教在宇宙秩序的終極原則上尋求啓發，而認爲儒教所追求的現世知識、人文修養、禮節與自制，都是足以妨礙此種啓發之獲得的障礙；得道之途即是「放任生靈萬物於自在」⑧。道教清靜無爲的原則，與中央化的官僚國家相抵拒，而較利於小而隔絕、自足而原始的社羣——以其最易於使人安適——的形成。與儒教相反的是，道教的各教派保留了狂喜、迷醉的成分；這能夠將個人從習俗的束縛裏解放出來，而引領他進入新的理念領域裏。道教的這些方面都傾向於對既有世界的貶斥，也在於減低文明社會裡繁瑣的社會規則對於個人的控制。它們較偏執於創造性與個體性的發展，而這可導向社會的變革。但在歷史上，道教並沒有爲社會秩序展現出此種革命性的功能，這是由於道教的否定傾向太過強烈的結果。

　　道教神秘的冥思靜默既是在爲個人求得啓示與神秘的力量，它也就無心於世界的改造。由於道教的祈靈於神奇，使得世界變成一種充滿精靈神怪的奇妙而非理性的領域；道教這種非人文的特性與其神秘法術不可變易的程序，在在都比儒教要更傾向於傳統主義。「技術上與經濟上的巫術式型態……阻礙了本土之現代企業的產生⑧……」。

　　就像儒教一樣，道教也認爲「宇宙中存有自然與社會的永恒和諧的

----

⑧同前書，p. 248.
⑧同前書，p. 254.
⑧同前書，p. 265.

秩序」❽。而且，這世界上也沒有本質上真正的道德惡靈與缺陷的存在，故此，與世界也就產生不了緊張性。對道教而言，這世界似乎是個享受人生的奇妙之境，而不是個要對它加以鬥爭、改造的好對象。道教的神秘追求的兩大目標：長生不老之藥與點石成金之術，在在顯示了其對既有世界的完全饜足，因為這表示其所祈嚮的乃是以其長生不死之身來享用源源不盡的金銀。因此，道教無力扭轉儒教所趨向的傳統主義。

　　在這點上，李約瑟（Joseph Needham）可能要指出這是由於幾個世紀以來儒教將道教壓制為異端的緣故。在他最近對中國的科學與文明所做的龐大研究計劃裏，李約瑟發表了一份關於道教在科學與技術上的貢獻的驚人報告 ❽。他對於道教裏的"道"的解釋，與韋伯大相逕庭：「"道"是指自然的法則（Order of Nature），它蘊生了萬物並管制著他們的行動，而且多半並非強力驅使，而是透過一條時空所交織成的自然管道。……聖者是仿"道"之人，仿其"道"運無形而不制其所生。服膺於自然，而不是將一己之偏見強置於自然，那麼便能觀察、理解，能掌理與控制自然❽」。但是由於儒教的傳統主義長期不斷的壓抑，道教所有發展變革的潛力都被窒息了。李約瑟的著作是近來少數能對道教這個被誤解而具重要性的課題，提出新解釋的代表之一。

---

❽同前書，pp. 265-6.

❽ Joseph Needham, *Science and Civilization in China*, Cambridge University Press, London, 1956, Vol. II, pp. 34-164.

❽同前書，p. 37.

五、評論

　　讓我們回顧一下韋伯的基本論點：禁慾的新教精神是西方發展出理性的資產階級資本主義的主要動因，而中國缺乏這種優勢性的宗教價值，致使資本主義無法發生。就我們上述的長文討論裏，可以看到韋伯試圖以三個步驟來證明他對中國的這個看法：(1)就“物質的”條件而言，中國的社會結構同時包含了有利與不利於資本主義經濟與資本主義精神的混合因素。因此，結構上的特性並不是中國沒有發展出資本主義的決定性因素。(2)儒教，作爲支配性的終極價值體系，始終是傳統主義取向的，對於世界所採取的是適應而不是改造的態度。(3)道教，作爲異端的主流，因爲本身的彼世神秘主義與巫術的傳統，而無力扭轉儒教的傳統主義。結果是儒教的傳統主義把持住它支配的地位，連同士對經濟生產經營的興趣缺乏，使得社會經濟無法朝向西方資本主義之途演進。

　　雖然對此書加以批評性的評估並非本篇導論的目的；但我們仍可以問，韋伯是否已提供了令人滿意的答案來回答：中國既有悠久的歷史與文化的成就，爲何未能發展出資本主義來這樣的一個重大問題。在以上論點的回顧裏，顯示出韋伯此書至少有兩點是堅固牢靠的：儒教強烈的傳統主義本質是一個支配性的終極價值體系，以及此一本質與中國社會的一般傳統特性是相合的。儒教與中國社會的傳統主義性質是個顯而易見的事實，如果韋伯能夠利用現今關於中國的材料，他會在這條線索上提出更強而有力的立論來。依其所建構的“理念型”──中心價值立場左右了行動過程──儒教所可能引發的行爲類型，大爲相應於中國社會的眞正本質。儒敎對於資本主義發展的阻礙，可證之於其傳統主義性質與資本主義經濟、資本主義精神之理性特質——可於新敎倫理中發現的特質——之相對比。對韋伯而言，沒有任何理性的資本主義會是一個在傳統主義式的社會秩序裏、具有支配地位的傳統主義終極價値體系的產物。

在理論上我們可以用另外一種對儒家本質的解釋，來反駁韋伯的立場。在面對這個世界時，儒敎（與道敎）所訴求的是"道"——統理宇宙與社會秩序的原則——的理想本質與"大道"曾行於天下的"古典黃金時代"。這表示現有的世界在倫理上已偏離了"道"及"古典黃金時代"。歷代的中國士人，無論是公開的或者私下的，對於社會政治的批評控訴，史不絕書，從無任何接受"旣有"世界的跡象。儒家所接受的世界是儒家正統所"詮釋"的世界。同時，"道"與"古典黃金時代"的具體形式與本質，是經由可靠的知識權威之士來加以詮釋的（可證之於孟子之將民主的本質賦之於堯帝與舜帝的傳說中），就像上帝的意旨經由希伯萊先知加以各種不同的詮釋一般。

儒敎的理性主義與禁慾主義源自於"道"與現實世界間的緊張性與乖離，尤其是在有大災難流行的歷史危機時期裏。在中國文化裏，有神的宗敎早就失去了它在政治上的支配性，具有知識的凡人扮演了先知的角色，提出各種控制與改造世界的主張，以與"道"所要求的倫理或對"道"的各種理想的詮釋相配合，就像我們在封建晚期歷史裏所看到的"百家"一樣。因此，在儒敎以及一般的中國道德傳統裏，存在著將旣有的世界轉化爲理想之境——往往隱身於"道"或"古典黃金時代"的名目下——的壓力。這乃是個宇宙與社會秩序的抽象概念，而非具體形式。

　　然而，這個可能的論證，也許不過是個學院式的推論罷了。在歷史眞實裏，是傳統主義，而不是"道"或"古典黃金時代"的理想所蘊涵的改革潛力，成爲儒教與中國社會的主導性取向。對韋伯而言，重要的是這個對資本主義發展有不利影響的傳統主義的歷史事實。韋伯對於社會的結構性層面，在中國無法發展出資本主義這件事上所扮演的決定性角色，有犀利的觀察。然而因爲關於中國社會結構的科學性知識還不夠充足，所以無法對韋伯著作的這個層面做適當的評估。尤其缺乏的是關於傳統中國城市共同體——資本主義發展的可能蘊生之地——的資料。在他刻劃中國社會結構時，韋伯經常將鄉村與城市的特徵混爲一談，因此他往往不能說出任一特定形式(無論是鄉村或城市)社區生活的實況。我們對於血緣組織在城市經濟裏所扮演的角色，商人與工匠團體相對於政治上的士人所擁有的權力，這些城市團體的價值體系及其與儒教的關係，以及科學與技術所扮演的角色等種種現象，都還相當的無知。在韋伯的時代裏，關於這些重要問題的資料，要比我們現今所能採用的這一點點還更爲有限。

　　也許我們該看看韋伯所必須援引的是那幾類的資料。一般說來，現今已翻譯爲西方文字而可資參考的中國基本經典，與大部分的基本史書，韋伯的那個時代也都有了。李格(James Legge)當時已翻譯出大部分的經典，而百科全書式的歷史著作《資治通鑑綱目》也經狄拉瑪瑞(Delamarre)迻譯爲法文而於 1865 年在巴黎出版。在基本經典與史書上，韋伯所擁有的條件並不比現今的漢學家差。這些材料裏包含了中國傳統價值之本質——對韋伯的分析具有根本的重要性——的基本資料。但是關於另一個範疇——當時的中國——的材料，韋伯所能得之於專家的實際見聞或者一手、二手的資料，都少之又少。他已能看

見《京報》──當時北京政府的官方"報紙"──這份絕佳資料來源的譯
文。他也利用了常有漢學家像夏凡尼(E. de Chavannes)等人的好文
章登錄的 *Journal of Peking Royal Society*。然而大致上，他必須仰
賴傳教士、旅行者、以及西方的外交官員的報導，而這些人大都沒有
受過社會科學的訓練，也缺乏可資信賴的觀察與分析所必須具備的客
觀性。往往，韋伯關於中國人眞正的個人與社會生活的唯一資料來源
是像史密斯(A. H. Smith)之流的傳教士觀察(例如他的《中國的鄉村
生活》*Village Life in China*)。這方面資料的欠缺，必然相當嚴重的
影響到他的著作，尤其是在中國社會結構的分析上，而使得他的這本
書裏有著許多事實細節上不夠精確之處。

　　雖然如此，韋伯還是儘量地運用他的洞察力來善加利用他的材料。
關於宗教生活，他必須廣泛地採用帶有敵意的荷蘭傳教士狄格勞特(J.
J. M. de Groot)的作品，不過他也毫不猶豫地稱狄氏的兩大本鉅著
《中國的教派之爭與宗教迫害》(阿姆斯特丹，1903)爲一部"情緒性的小
書"[88]。但是依賴這類資料的結果，卻使得他的實際研究有時候不夠精
確，例如他判斷在中國沒有以個人爲基礎的命運預定論 [89]。這類論斷
的修正，很可能會影響到韋伯對儒教與道教在某些特性上的解釋。

　　不過縱使有材料上的缺陷，韋伯仍處處顯露出對於事實的洞視力。
說到中國人沒有原罪這個概念時，韋伯寫道：「……一個有教養的中國
人同樣會斷然拒絕去不斷地背負"原罪"的重擔。並且，凡是儒雅士人，
都會覺得"原罪"這個概念，實在有點過分，而且有損尊嚴[90]」。只有一

---

[88]《中國的宗教》, p. 391. 註81。
[89]同前書, pp. 272-4 廣泛的個人命運預定論，見作者之 *Religion in Chinese Society*, pp. 247-74。
[90]《中國的宗敎》p. 295.

顆具有極敏銳的想像力與理解力的心靈，才能夠有如此的觀察，尤其是對於一個從未親臨中國的人而言。韋伯的陳述幾乎與以下這個真實的例子完全吻合：1933 年，一個年輕而高傲的中國大學生搭乘一艘航行於中國海岸的船隻旅行。當他趴在甲板的欄杆上觀賞日落的景緻時，一位美國的洗禮派傳教士走向他談論起宗教的話題，他突然宣稱：「年輕人，你充滿了罪，你需要悔改」。那年輕人感到相當的震驚，並且怒氣沖天的回敬道：「我出身於名門之後，具有良知良能，而且謹於道德責任與道德行為的信守。何謂我充滿了罪惡？也許你是充滿了罪惡，但我可不是」。這個口頭上憤怒的爭執，明白顯示出，即使在中國待過數年的傳教士還不如韋伯那樣洞識中國的形上學裏，並沒有原罪這個概念。從這個以及其他許多地方，我們都可以看出韋伯以其非凡的敏銳智識，大大地彌補了他在材料上的不利之處，而在此書中為我們提供了一些具有意義的現象上最圓融的解釋。

六、與現今研究趨勢的關係

這本書雖然寫於半個世紀以前，但是對於現今的中國社會的科學研究與宗教社會學的比較研究，仍甚有關連。我們早已指出，韋伯在這本書裏的研究，已大大超出了中國的宗教這個狹窄的範圍，而探討終極價值與資本主義這個更廣泛的課程。自此一觀點而言，我們發現這本書比其他現今可用的書籍，在對傳統中國的社會結構與價值體系上，都要更富於強而有力的觀念與假說。許多關於中國社會結構與功能的重要問題，都由韋伯在此處首次提出，並且其中的某些問題大部分至今還尚未得到解決。

　　例子之一是關於法律的類型與中國社會結構之本質的問題。韋伯
提出這樣一個假設：實質倫理法律的居於優勢與形式法律的缺乏，這
要不是源於律令上的一種設定，就是傳統思想體系裏的一個理念。直
到現在，對於韋伯的這個假說還沒有可靠的驗證，並且對於傳統中國
裏的法律的抽象本質，也未有進一步的其他理論著述，而這是一個想
要對中國社會有科學性的了解，多麼緊要相關的課題。即使瞿同祖的
著作(上文已引)，也未從類型學的理論觀點來探討中國法律的問題。

　　韋伯將其研究局限於傳統中國。他既沒有處理國民政府時期
(1911-1949)中國社會的轉變，也沒有意圖預測包括中國共產黨之興起
在內的轉變歷程。然而他對傳統社會特徵頗具慧見的詮釋，卻已為了
解可能出現的轉變方向提供了極有價值的指引。就此而言，一個頗有
意義的重點是，他觀察到中國官僚群(作為一個整體)集體的"上下其
手"的特權。這種既得利益的集體模式，使得整個官僚體系反對任何改
革或變遷，因為此等行動看來極有可能危及他們既得的特權。結果是，
「只有外來的軍事征服或成功的武力或宗教革命，才有可能動搖俸祿利
益的強固結構，只有這樣才能創造出全新的權力分配以及隨之而來的
新的經濟條件。任何內部革新的企圖，都不免為前面提及的障礙所破
滅」❾。

　　韋伯的論點是針對上(十九)世紀末慈禧太后時期的維新企圖而言
的。不過他的話也大可視為對國民政府時代，導致 1949 年共產黨革命
的歷史演變過程，所作的一個科學性的預測。官僚群集體的既得利益
注定了國民政府改革的失敗。一個國民政府官員在三〇年代參加了共

❾同前書，p. 125.

產黨，因為，他說：「只要傳統的官僚體系仍維持其權力地位，由於他們的集體抵制與勾結，任何漸進式的改革努力都注定要失敗。想建立一個新的社會與政治秩序，唯一的辦法是全面革命，只有這樣才能將整個傳統官僚體系的權力地位徹底掃除」。韋伯的觀點與這位有遠見的中國共產黨員的看法何其相似！

　　就研究共產中國的社會經濟發展而言，我們可以從韋伯的作品中得到至少兩方面的幫助。第一，韋伯所列舉的中國社會結構特質，以及與資本主義發展有關的主導價值，可以做為一個出發點，以研究目前可能改變的方向，因為中國共產黨現在正激烈的在清除許多這些固有的特質。韋伯有關理性的資產階級資本主義發展的問題，當然有別於共產黨社會主義式工業化的問題。然而兩者卻也有極為廣濶的共通基礎，例如強調技術與組織的理性，以及現代官僚式管理行政的發展。

　　其次，正由於中國與西方共產主義陣營在社會經濟結構上都具有重要的共同特徵，韋伯其他討論社會主義與馬克思主義的作品，也可以提供給我們有用的指引。例如，韋伯認為社會主義只不過是官僚組織從政治走向經濟領域的一個延伸，以此大大擴展了國家及其官僚制的權力 ❾❷。由於[中國]政治官僚制的長期歷史發展，以及官方經常地干涉經濟行為，此一觀點尤其與中國共產主義相關。

　　正如我們一開始就指出的，韋伯想要將這本書作為他對於中國、印度、中東以及歐洲的一系列比較宗教研究的第一本。是故，此書的意義則不止限於中國，而是擴展到比較宗教社會學的一般領域上。然而在他這一系列的研究裏，韋伯並沒有意思要提出一套概括性而有系

---

❾❷ *Essays,* pp. 48-50: Parsons, *Theory,* p. 37.及第二章各處。

統的"宗教社會學"來。相反的，他的主要目的特別是在將「其他宗教的倫理拿來與資本主義精神和禁慾的新教倫理，做比較研究❸」。就著此一取徑，韋伯從他的比較研究裏，產生了一套關於宗教因素的類型學概念，而對於一般社會經濟變遷的研究，或者尤其在資本主義發展的研究上，都非常有用。

想要在這裏呈現出韋伯在他廣泛的比較研究裏所發展出來的整個類型學概念，顯然是很不切實際的。而關於本書所涉及的部分，其類型學概念已隱涵在儒教與禁慾的新教精神二者的特性對比上。冒著復述的不諱，我們要舉幾個例子，來說明這些類型學概念的本質，及其在比較宗教社會學的一般領域裏的用處。

韋伯在比較研究上的一個基本出發點是，宗教價值與既有世界間的倫理斷層。從這個取向上出發，我們可以根據宗教對世界的拒斥或接受、與世界間有或無緊張性的產生、有無改造世界的心志、或僅是去適應它或逃避它，等等這些現象，來對宗教加以分類。以宗教救贖的歷程而言，宗教行為可以趨向於世界的控制(禁慾主義)，也可以是貶斥這個世界而對它採取漠視的態度(神秘主義)。禁慾主義與神秘主義之中，都可各自再分為入世的與出世的兩種類型。

以此觀之，儒教就是個入世的禁慾主義的具體例子❹，它的目標在於控制自己與他人的行為而達到適應於這個既有世界的目的。這與清教的出世禁慾主義形成對比，它所追求的是在另一個世界裏的得救。就受巫術的影響程度而言，儒教這個理性倫理的類型，容許巫術及傳

---

❸ Parsons, *Structure,* p. 540.
❹譯按：這是個錯誤的論斷。儒教是極端入世取向的，但並不是一種救贖宗教，更非"禁慾主義"的。有關韋伯對救贖宗教的類型及區分定義，參見《世界諸宗教之經濟倫理》的〈中間考察〉，中譯文收入《韋伯選集(II)：宗教與世界》(台北：遠流，1988)，第三章。

統主義的存在，而不像清教的那個類型，將巫術視爲一種不聖潔之物而嚴厲地去除，以使理性從巫術的影響裏解放出來。

上述的韋伯的類型學概念，對一般的比較宗教研究甚具意義。例如它們可以做爲一種假設性的判準，來揭示出某個宗教或某個終極價值體系，對於社會經濟變遷的意態，尤其是在理性的資本主義發展這個方向上的向背。就此而言，韋伯的類型學概念，對於與宗教相關連的社會經濟發展之動態研究，其所具的意義，比其他許多比較宗教領域裏的人所做的貢獻，還要來得大。

例如涂爾幹將宗教分爲神聖的與凡俗的，並認爲宗教的象徵集體意識等，都比較傾向於對宗教在一個社會體系裏的結構功能的了解，而不是去了解宗教對於社會經濟秩序所具有的動態意義。這在我們將涂爾幹的“聖者”(sacré)與韋伯的“卡理斯瑪”(charisma)置於宗教先知的脈絡來加以比對時，就更爲明顯了。類似的歧異還可見於韋伯的類型學概念與馬凌諾斯基(Malinowski)的巫術概念——強調它對於社會行爲之制度化模式的積極功能——的比較上。此外，涂爾幹與馬凌諾斯基都將他們的研究重心置於原始社會上，而韋伯則採取一個較廣泛的研究途徑，有系統地比較世界四大文明——歐洲、中東、印度及中國——裏，龐雜的支配性宗教體系。

由此觀之，這本關於中國宗教的書，對於比較宗教社會學的一般領域而言，實具意義。這乃是因爲它爲韋伯一般化的類型學概念提供了具體的例證，並且這些概念能夠動態地應用於社會經濟變遷的研究上，因此，對於一個作比較宗教研究而又身處於一個革命性變動世界中的學者而言，此書不愧是富於挑戰性的理念與概念建構的泉源。

第 **1** 篇

社會學
的基礎

第1章
城市、君侯與神祇❶

一、貨幣制度

　　與日本強烈對比的是，中國在相當於我們[西方]的史前時期就已經是個有大牆垣城市的國家。只有城市方有其受衆人認同且祭祀的地方守護神，而諸侯主要是城市的支配者。即使是大諸侯國間的官方文書裡，仍然以"貴都"或"敝邑"來指稱"國家"。甚至到了十九世紀的最後三十餘年(1872)，苗族的完全底定，還是用古羅馬一直採行到西元三世紀一樣的辦法來完成——強制性的聚落(synoecism)，將苗人集體遷徙到城市中居住。事實上，中國行政中的租稅政策極度有利於城市居民，所犧牲的是廣大的農村地區❷。自古以來，中國主要是個內地貿易的國家，這對於提供廣大地區的需求乃是不可或缺的。然而，由於農業生產重於一切，是以貨幣經濟直到近代幾乎都還比不上埃及托勒密王朝時的發展程度❸。從貨幣制度上就足見如此——無論如何，部分可解釋爲貨幣制度崩壞的結果：銅錢與銀兩(貨幣鑄印是操縱在行會的手裡)的兌換率不斷地波動，不僅時時不同並且也因地而異❹。

　　中國的貨幣制度揉雜了極顯著的古代與現代的特徵 ❺。"財"這個字，仍包含有"貝"的原義。直到 1578 年，雲南(一個產礦的省分!)還以貝幣為土貢。代表"貨幣"的一個文字，原義是"龜甲"❻。"布貝"聽說在周代時就有，以絲絹來付稅通行於各個時代。珠玉、寶石和錫，在古代也都具有貨幣的功能。甚至那位篡位者王莽(西元 7 年之後)還徒然地想要建立起一個以龜甲、海貝和金銀、銅鐵並行為支付手段的貨幣等級制。相反的，根據一則公認不大可靠的記載，理性主義的帝國統一者始皇帝下令以銅和金來鑄"圜錢"(鎰與錢)，其他的交換或支付手段一概禁止，不過還是沒有成功。銀似乎要到較晚的時期([漢]武帝，西元前二世紀末時)才具有成為通貨金屬的重要性，而一直要到 1035 年，才成為南方諸省的租稅支付手段。這無疑是由於技術上的因素所造成：金來自砂金，而銅原先是以一種相對而言簡單的技術採得。但是銀必須經由一套完備的開礦技術來開採，而中國的採礦技術與鑄幣技術却一直停留在相當原始的階段。傳說早在西元前十二世紀就有錢幣的鑄造(而實際上可能要晚到西元前九世紀)，約在西元前二百年，首次有文字的記載。與其說是鑄造，倒不如說是打刻的。因此，很容易偽造。其內容成分也有極大的差異，甚至比歐洲十七世紀時的錢幣成分差異還大(例如英國的五先令銀幣 crowns，純度差異約百分之十)。有十八枚同時發行於十一世紀的中國銅錢，根據比歐(Biot)的測量，重量有從 2.7 克到 4.08 克之間的各種差別，六枚西元 620 年發行的銅幣，重量則從 2.5 到 4.39 克之間。光就此，這些貨幣就不足以成為明確且可通行的交易基準。黃金的存量，時而因為蒙古人的劫掠所得而突然增加，但隨即又復低落。以此，金與銀早就是非常稀有的，雖然以既有的技術而言，銀礦還是很有開採價值的 ❼。銅依然是日常交易的通貨。西方貴金屬的廣大流通量，是[中國的]史家所熟知的，尤其是漢朝的史家。事實上，許多年來年往負責運送實物貢租中之絲綢的大規模商隊，將西方的黃金帶入國內，這點從所發現的羅馬金幣便足以證明。當然自羅馬帝國滅亡之後，黃金的流入便中斷了，直到蒙古帝國的時期，通貨的狀況方才好轉。

　　與西方貿易，在墨西哥與秘魯的銀礦被開採之後，進入一個轉捩的時期，那兒所產的銀大量湧入中國，用以交換生絲、陶磁與茶葉。從以下的金銀兌換比中，顯見銀價的下跌：

1368……　4：1	1840……18：1
1574……　8：1	1850……14：1
1635……10：1	1882……18：1
1737……20：1	

但是由於銀通貨的需求量增加，銀的價位攀升，致使銅對銀的比價下跌。採礦與鑄幣都是政治當局的特權❽；甚至在《周禮》中所提到的九個半傳說性的官方部門［九府］，都包括有執掌鑄幣者［泉府］。礦產部分是官方利用徭役來開採❾，部分則交由民間開採，但所產礦物則由政府壟斷收買。價格與成本間的差距［之小］，足以解釋為何產量如此稀少。

　　將銅運往北京鑄造局的高昂運費——鑄造局將國家鑄幣需求所剩者全部出售——大大地增加了鑄幣的成本。這些成本本身就非常龐大。西元八世紀（據馬端臨［之《文獻通考》］所記，西元752年），既有的九十九個鑄幣廠，據報每年每廠大約出產3300緡（每緡1000枚）的銅錢。這需要使用30個勞動者，21200斤（每斤550克）的銅，3700斤的鉛，500斤的錫。每1000錢的鑄造成本高達750錢，亦即百分之七十五的成本。此外，還要加上壟斷性的鑄造局所要求的高昂鑄造利潤 ❿，常規是百分之二十五。這使得十幾個世紀以來不斷進行的制止盜鑄——利潤高得驚人——的鬥爭，毫無希望可言。

　　礦產地區常受到外敵入侵的威脅。政府向外國(例如日本)買進銅來鑄幣，或者沒收私人所持有的銅以確保充分供應龐大的貨幣需求，可說是司空見慣的事。官方干涉與特權實際上往往擴張到所有的金屬礦產。銀礦的開採要支付一筆巨額的礦區使用費給有關的官吏(十九世紀中葉，在廣東省這筆使用費高達 20%～33 ⅓%，連帶鉛礦，則達 55%)。這些官吏除了將一定的數額繳交政府外，這些歲捐就是他們收入的主要來源。金礦主要在雲南省，和其他礦產一樣，劃分成小地區分配給職業的採礦工匠去做小規模的經營，每人依產量繳交使用費，最高可達 40%。直到十七世紀，據聞這些礦區，從技術的觀點而言，還開發的非常有限。除了堪輿師所造成的困擾外 ⓫(見第七章，第九節)，原因在於中國的政治、經濟與意識形態結構中的一般性傳統主義。此種傳統主義一再地導致所有認眞的貨幣改革無從實現。關於貶低貨幣成色，史書中曾進一步提到早在楚莊王的時代，就有強制使用劣質貨幣却未成功的故事。傳說[漢]景帝時，首次貶低金幣的成色——但絕非最後一次——而導致交易上的大混亂。

　　顯然，主要的禍根在於鑄幣金屬供應的不穩定 ⓬。必須抵擋草原蠻族入侵的北方，要比南方更深受此一因素的困擾，後者因其爲貿易重鎮，通貨的供應要比北方充裕得多。每當有戰事發生，財政上的調度都不免迫使貨幣有所變革，銅幣則被改造爲武器(情形類似德國於第一次大戰時之使用鎳幣)。當一切恢復和平時，銅則到處充斥，因爲“復員”的士兵任意地使用軍用物資[銅質武器]。任何政治的動亂都可能迫

使礦場封閉。貨幣的不足或過剩所造成的物價波動，根據資料看來
——即使這些資料不免有所誇大——委實相當驚人。無數私人僞造貨
幣的現象一再發生，無疑是受到官吏的容忍。各地督撫也經常抵制政
府的獨占政策。正因爲每一次的壟斷嘗試都受到挫敗，政府才一再地
允許人民根據一定的標準私鑄貨幣。第一次是發生於[漢]文帝之時
(175 B.C.)，結果自然是貨幣制度的一團混亂。在這第一度的實驗之
後，武帝確實很快地又恢復鑄幣的獨占。他除了根絕貨幣私鑄之外，
並以提高鑄造技術的手法(錢幣附有細緻的輪廓[按："周廓"是爲防止
銷磨錢而取銅屑])，成功地提高了國鑄貨幣的威信。不過由於對匈奴
征戰所需的資金調度——總是造成貨幣混亂的一個原因——他不得不
發行白鹿皮製的信用貨幣。再者，他所發行的銀幣也容易被做造，結
果這次的努力最終也不免於失敗的命運。

　　可能由於政治上的不安，元帝時(約 40 B.C.)鑄幣金屬空前短缺
⓭。隨後篡位者王莽嘗試實施貨幣等級制的實驗(貨幣種類竟達二十八
種!)⓮，卻徒勞無功。從此以後，似乎沒再見到政府恢復鑄造金幣或銀
幣的記載——有的話也是一時的現象。不過，自 807 年起政府倣效銀
行的流通手段⓯，開始發行交換票據⓰，此一措施在蒙古王朝治下，
特別發達。起先，國家也和銀行一樣，以金屬爲準備金而發行票券，
但後來却越來越少如此做。貨幣成色貶低與紙幣貶值無法兌換的記憶，
致使銀行本位(Banko-Währung)⓱崛然確立。銀行本位是以存入銀
塊做爲大宗買賣交易手段的基礎，以"兩"爲計算單位。雖然銅通貨有
其價格低廉的優點，但由於前述鑄造成本的大幅增加，加上高昂的貨
幣運輸費用，使得它成爲一種不便交易的貨幣形式，並且也是貨幣經
濟發展的一種阻礙。

原先，每串共計一千枚銅幣(錢)的緡，相當於一盎斯(ounce)的銀，後來則爲半盎斯。可資利用的銅，在數量上的變動——由於工業用途，以及工藝上(造佛像)的消耗——即使是在和平時期，也相當大，這顯然會影響到物價與租稅。鑄幣成本的大幅變動及其對物價的影響，往往使得想在純粹(或大體純粹)的貨幣租稅基礎上建立起統一預算的企圖終歸失敗。結果必然是一再回歸到(至少部分的)實物租稅及其經濟上各種自然的定型現象❶。

除了直接的軍費與其他純國庫上的考慮之外，中央當局於貨幣制度裡最爲重視物價政策。爲了刺激銅錢生產量，政府會解除國家鑄幣的獨占權，但是如果因此一行動而導致通貨膨脹的傾向，則政府又會採取封閉部分鑄幣所的反通貨膨脹措施❶。尤其是對海外貿易的禁制與監督，通貨的考慮也是其中的原因之一：若是開放進口，則有流失貨幣的顧慮，若是開放出口，則又憂慮外國貨幣的大量湧入❷。對於佛教與道教的迫害，本質上當然是基於宗教政策的緣故，不過國家的通貨考慮也是個決定性的因素。在寺院藝術的刺激下，貨幣原料被轉用於藝術的用途上——造佛像、供瓶、與儀式配飾——一再地造成通貨的危機。錢幣被大量熔解，導致通貨的極度缺乏、銅的囤積與價格的滑落，結果是實物交換經濟肆行❷。國家於是有計劃地掠奪寺院、對銅製品課稅❷，最後則試圖壟斷靑銅器與銅製品的製造❷。爾後，此種國家壟斷措施擴張到每一種金屬製品上，爲的是要抑止私下的貨幣偽造。不過這兩個措施終告失敗。由於禁止土地集中(下面我們會談到)，此一嚴格訓令的有效性視執行官吏而定，而官吏則不斷地聚集大量的銅貨。當貨幣短缺時，貨幣財被課以高度的稅率。基於物價政策與國庫財政的考慮，擁有貨幣的最高限額愈來愈受限制❷。以鐵錢來代替(一度與之並行的)銅錢一再試行，結果並不能使情形有所改善。見於[後周]世宗時代(十世紀)的一份官方請願文書裡，便要求放棄鑄幣的利潤與解除國家壟斷金屬利用的禁令——爲了避免金屬製品的價格壟斷以及因此而對其工業利用所產生的刺激。但此一建議並未實行。

紙幣方面也大致如此。銀行券的發行原先顯然帶有證券的性格，後者特別是在通貨混亂的時期，躉售商業所慣用的交易手段；爾後銀行券本質上即成爲便利地方間互相匯兌的流通手段。不過這些銀行券也遭到仿造。其印造的技術性前題是於西元二世紀時所引進的製紙工業，以及一種適用的木板印刷術❷，特別是凸版印刷，而不是原來的凹版印製。早在第九世紀，國家就開始將票據交換的利得機會從商人的手中奪過來。原先採取的¼到⅓交換準備金的原則被接管。後來則以獨占性的國庫銀行儲金爲基礎發行兌換券。這當然只是一部分措施。起初以木版，稍後則用銅版印刷的兌換券，由於紙質粗劣，很快就破損不堪。由於戰時鑄幣金屬短缺，兌換券在使用量大增的情況下，券面變得難以辨認。這使得硬幣的面額縮減到最小，難以辨認的紙幣則遭到拒兌的命運，印製新鈔以替代舊鈔之際，則需課徵工墨錢❻。尤其是，這導致金屬儲備的廢止❼，或者至少使得紙幣的兌現更加困難——當交換所轉移到內地時❽。起初紙幣的回收是限定在較短的時期內[三年一兌]，後來却延伸到二十二至二十五年❾。用來替換回收之舊鈔所發行的新鈔，大部分往往是面額較低❿。而政府則一再拒絕接受用以繳納各種租稅的舊鈔。這些措施使得紙幣的信用一次又一次地滑落。政府雖一再下令，規定巨額的付款中必須在一定比率上以紙幣支付⓫，或者時而全面禁止金屬的支付手段，但自然是無補於事。

一次次將紙幣徹底收回，則導致通貨不足與物價下跌的結果。一

再想要有計劃地增加流通手段的企圖，每每由於全面性通貨膨脹
——基於國家財政的緣故——的急遽惡化，而皆告挫敗。在正常的情
況下，紙幣與金屬貨幣的流通比率，大約相當於十八世紀時的英國(一
對十，或者更少)。通貨膨脹的起因主要是戰爭，以及礦產區爲夷狄所
侵占。其次，當財富被大量累積與佛教寺院興築的時代，金屬被用在
工業(或者毋寧說是工藝)用途上，對於通貨膨脹也不無推波助瀾之效。
伴隨戰爭而來的，總是通貨制度的崩潰，這讓人想到法國革命時發行
的紙幣(assignat)。蒙古統治者(忽必烈)即曾試圖發行不同等級的金
屬證券(?)❷，衆所周知的，此一措施令馬可波羅驚慕不已❸，不過却
導致巨幅的通貨膨脹。早在 1288 年，通貨就已貶值了百分之八十；隨
後由於銀的大量流入，才使之恢復流通。當時曾試圖訂定金、銀與銅
的兌換比(金銀比是 10:1，實際上是 10.25:1。一盎斯的銀相當於 2005
錢，所以銅是貶值了百分之五十)。私人禁止擁有金條銀塊，而貴重金
屬只被用來當作證券的準備基金。貴金屬與銅的工業，都收歸國有，
並且不再鑄造錢幣。實際上，這造成純粹紙幣本位的局面。隨著王朝
的傾覆，此制也就廢止了。

　　明朝恢復有秩序的貨幣鑄造❹。據聞金銀的兌換率是 4:1，此乃貴
金屬價位比率之不穩定的一個典型例子。不久，明朝即禁行金、銀
(1375)、然後是銅(1450 年)作爲通貨，因爲同時流通的紙幣發生貶值
現象❺。以此，紙幣本位政策似乎從此確立了。然而，1489 年却是史
書上言及紙幣的最後一年。十六世紀時，還看到大力推動銅幣鑄造的
嘗試，不過這些努力也同樣沒有成功。

　　十六世紀時，與歐洲人進行直接貿易的結果，銀大量地湧入，使
惡劣的情況好轉。到了十六世紀末，秤量的銀本位(銀塊，實際上是銀

行本位)爲躉售貿易商所採用。銅錢也恢復使用，不過銅銀比率大幅度變動下，對銅錢大爲不利❸。各種紙幣在明朝於 1620 年禁行之後，即遭全面性的裁抑；此一禁令也爲滿清所承襲。金屬儲量緩慢但却可觀的增長，顯見於國家預算裡逐漸增長的貨幣經濟結構中。國家於太平天國之亂時所發行的紙幣，最終仍是以類似法國革命紙幣的命運——貶值、兌現無門——爲結局❸。

不過，以銀塊來流通還是招來很大的困擾 ❸。每一次交易都得秤量，而且地方的銀行業者所使用的秤並不是海港城市所慣用的，他們必須設法塡補其間的巨大差額，這被認爲是合法的。銀的純度也必須經由銀匠的測試。由於以銀作爲支付手段的比率大幅增加，中央政府便要求每一塊銀錠都要出具註明原產地與檢驗局的證明。銀塊是被鑄成靴形的，並且成色是因地而異。

由這些情形看來，必然要走向銀行本位是顯而易見的。在大商業都市裡，銀行業者的行會[錢莊]所發行的交換票據到處通行無阻，他們贊助[其他都市之]行會組織的設立，並且強制執行以銀行貨幣來支付所有的商業債務。當然，十九世紀時仍然有提議再施行國家紙幣的建言(1831 年奏議)❸。議論之陳腐，和十七世紀之初及中世紀時如出一轍：亦即，銅的工業用途被認爲會危害貨幣的通行，連帶也會危害到物價政策，而且銀行本位被說成是將貨幣管理權讓給了商人。不過，此一發行紙幣的議論並未獲得採行。官吏——最強而有力的利益團體——的薪水，基本上是以銀來支付的。正因爲他們的利得機會有賴於商業，因此他們與商人利害一致地反對北京政府在貨幣制度上的干涉。無論如何，所有的州省官吏都同聲一氣地反對中央政府任何強化財政權，尤其是財政管制監督權的措施。

　　小市民與小農民對於改變現狀並沒有多大、甚或一點也沒有興趣。
儘管(部分也是因為)銅的購買力大為降低——數個世紀以來緩慢而持
續地降低——他們也是如此。此處我們對於中國的銀行本位信用與票
據交換的技術,不擬詳加討論。我們想要談談作為秤量計算單位的"兩"
的三個主要形式[按:即海關兩、庫平兩與漕平兩],及其若干從屬的
形式。此外,附有銀行印記而鑄成靴狀的銀塊,成色之非常不足以信
賴的情形也要提提。政府不再強制徵收銅幣的關稅已有相當的一段時
間了。在內地,銅本位是唯一有效的一種[流通手段],但銀的存量,
特別是自 1516 年以來其流通比率的增長,還是相當重要的。

　　現在,我們面對著兩個特殊的事實:

　　1.貴重金屬大量增加的財富,無疑是導致了貨幣經濟的大幅發展,
特別是在國家財政方面。然而,這發展強度並不足以動搖傳統主義,
而毋寧是更強化了它。就我們所能得知的,資本主義的現象,是一點
也沒被激發出來。

　　2.人口的巨幅增長(下面我們會討論到),並未受到資本主義發展
的刺激,也沒有刺激資本主義的形成。我們更毋寧說(至少!)它是與一
種停滯的經濟形態相結合的。

二、城市與行會

　　西方古代的城市、中世紀的城市與教廷集會(Kurie)❹以及據此而
興起的國家,乃是財政理性化、貨幣經濟、以及政治取向的資本主義
的帶動者。但是在中國,我們已看到佛道寺院被當作是[貨幣]金屬本
位的危害者。中國並沒有像佛羅倫斯(Florence)這類的城市,創出一

種標準的貨幣，並導引國家的貨幣政策。而且，如前文所述，中國在通貨政策上，以及實施貨幣經濟的試圖上，也都失敗了。

　　寺祿與其他許多俸祿直到最近都還以實物支付爲其主要方式 ❹。以此，中國的城市縱使與西方的城市有其類似之處，却也有其決定性的差異。漢文中的"城"字，包含有"寨"的意味，這和西方古代與中世紀的城市含意是一樣的。中國城市在古代是指君侯所居之處 ❹，而直到現代仍然主要是總督或其他官府要員居停之所。在這類城市裡，就和(西方)古代的城市(例如農奴時代的莫斯科)一樣，主要的消費來源是定期金(Rente)———一部分是地租，一部分則是官俸及其他直接或間接借政治力量而取得的收入。當然，城市往往也是商業與手工業的中心，而後者發達的程度顯然要低於西方中世紀的城市。村落也有在村廟的保護下開市的權利，不過並沒有在國家特權的保證下的都市市場獨占的情形存在 ❹。

　　和西方不同的是，中國以及所有東方的城市，都沒有政治的自主性。東方的城市並非[西方]古代那樣的"城邦"(polis)，也沒有任何中世紀時那樣的"城市法"，因爲它並不是個自有其政治特權的"共同體"(Gemeinde)。城市裡沒有西方古代出現的市民階級———自己武裝的軍人階層。也沒有像熱內亞(Genoa)的 Compagna Communis 或其他像 coniurationes 那樣的軍事誓約團體，成爲城市自身的防衛武力，可與城市的封建領主開戰或結盟，以爭取城市的自主權。沒有參事會、議會、或由商人與工匠所組成的政治組織———像以城市地區之軍事獨立權爲基礎的商人行會(Mercanza) ❹———之勢力的興起。[中國的]都市居民以暴動迫使官吏逃入內城避難，是當時慣常的作法。但是他們的目的僅在於驅逐一個特定的官吏，或排除一項具體的法令，特別是一項新稅，而從來不是爲了爭取一紙特許權狀，以確保(相對而言)城市的自由。中國的城市之不可能走向西方的格局，也因爲氏族的紐帶未曾斷絕。城市的新居民，尤其是那些新發跡者，與其氏族、祖產、祖廟所在的故鄉，一直保持著關係。因此與其家鄉所有重要的祭典及人際關係都維持著。這就好比俄國的農民，即使長久定居於城市，成爲工廠的工人、[學徒期滿的]職工、商人、製造業者、或文人，他們仍然保有其村落共同體(mir)中的公民權(及所有附帶的權利與義務)。

在西方，古雅典阿提喀(Attic)公民的宙斯神祭祀(Zeus Erkeios)❹，克萊斯提尼斯(Cleisthenes)之後的聚落區(Demos)❻，或者薩克森人的自由人世襲財(Hantgemal)❼等，都是類似狀態的痕迹❽。但是[西方的]城市是個"共同體"──在古代是祭祀的團體(Kultverband)，在中世紀則爲誓約兄弟團體(Schwurbruderschaft)。這類的團體在中國只有萌芽，而未發展成熟。中國的城市神不是個團體的神，而是聚落的守護神，並且往往是由城市的官員神格化而來的❾。

在中國這是由於沒有由一個武裝的市民階層所形成的政治性誓約團體。一直到現在爲止，中國都有外形上類似英國的商人基爾特(gilda mercatoria)的手工業者與商人的行會、城市聯盟會、以及有時甚至是一種"城市基爾特"。確實，帝國的官吏不得不對各式各樣的都市團體相當有所顧慮。而實際上這些團體也廣泛地握有支配都市經濟生活規制的實權。事實上，它們的支配強度大大地凌駕於帝國行政之上，並且其支配性在許多方面比西方一般所見的團體都要來得強固。就某些方面而言，中國城市的狀態，令人想到英國城市在包稅市鎮(firma burgi)時代❺與都鐸王朝(the Tudors)時代的狀態。然而最顯著而緊要的不同是：即使是在當時，英國的城市擁有保證其"自由"的"特許權狀"。而在中國則從未見有此等情事⑤。與西方形成強烈對比而與印度的狀態却相侔合的是，作爲帝國堡壘的[中國]城市，受到法律所保障的"自治"比村落還要少⑥。城市在形式上是由各個在不同地保(長老)治理下的"里區"所構成的⑤。它往往隸屬於數個由各別的政府部門所治理的轄區⑥——層次較低的縣，有時是較高層次的府——這對盜賊相當有利。[中國的]城市並不像村落那樣得以締結純粹形式的契約——無論是私法的還是政治的；也不能逕自舉行訴訟，總之一般而言是無法像一個團體(korporativ)那樣地運作。有力的商人行會有時確實能支配某個城市，就像在印度和世界其他各處皆能見到的情形一樣，然而這也無法扭轉上述的事實。

東西方城市之不同，可以由其起源的差異來加以解釋。[西方]古代的城邦，無論其依附於土地貴族的程度有多強烈，基本上是從海外貿易發展起來的，而中國主要是個內陸地區。純就航海方面而言，中國平底帆船的續航力之大有時可以航行到相當遠的地方，而航海技術(羅盤針)也高度發達⑤。然而，與幅員廣大的內陸本體相較之下，海上貿易就微不足道了。況且，中國數百年來已放棄成爲一海上強權，此乃對外貿易所不可或缺的基礎。最後，衆所皆知的，中國爲了維護其傳統，對外接觸限制在唯一的一個港口(廣州)，並且只限於一小群特許的商行，也就是十三行。此種結果是其來有自的。甚至連"大運河"，如所有的地圖與保存下來的記載所顯示的，修築的唯一目的只是爲了避免由海路來轉運南方的米糧到北方，因爲海上不僅海盜猖獗，特別還有遭受颱風侵襲的危險。直到最近的官方報導中還指出，經由海路運輸所損失的錢財足可抵得上重修運河所需的巨額費用。

　　另一方面，典型的西方中世紀的內陸城市，和中國與中東的城市一樣，通常是由諸侯及封建領主所建立的，爲的是要收取貨幣租金與各種稅賦。不過很早以來，歐洲的城市就已轉變成具有固定權利的高度特權團體。這些權利(而且之所以可能)被有計劃地擴張，因爲當時的城市領主缺乏管理都市的技術，再加上城市本身是一個軍事團體，有能力關起城門成功地抵抗騎士軍隊。相對地，中東的大城市，例如巴比倫，早就因爲運河的修築與行政體系而完全處於王室官僚體的管制之下。中國的城市也是如此，儘管中央行政力相當微弱。中國城市的興盛，主要並不是靠著市民在經濟與政治上的無畏的企業精神，而是有賴於帝國的行政，特別是治河的行政管理。(就像埃及的"統治"象徵是法老執"鞭"以統御，中國文字裡表示"統治"之意的"政"字，則象徵統治者持"棒"以治[按：政字的偏旁"攵"在象形文中爲攴，是手持棒狀]。按古代的術語，此即"治水"之意，而"法"字則意指"去水"——疏放河水)❺❻。

　　我們西方的官僚體制源自近代，部分是從自主城邦的經驗中學習而來的。中國的皇權官僚制則歷史悠久。中國的城市，就其形式上所顯示的，主要是理性行政的產物。其一是皆有圍柵或牆垣。其次，通常是散居的人民被集聚到城牆之內的地區，有時或許是強制性的 ❺❼。和埃及一樣，改朝換代即意味著遷都或至少是更換都名。定都於北京最後總算成爲定案，但直到晚近，其作爲一商業及工業品輸出中心的程度，仍然非常有限。

　　帝國行政力的微弱所代表的意義是，實際上中國的市鎮與鄉村"各治其事"。就像氏族在鄉村地區所扮演的角色一樣，城市裡的職業團體對其成員的生活方式握有絕對的控制權。在這點上，它們和氏族並立，並且將那些不屬於任何氏族者，或至少不屬於任何古老且有力的氏族者，都納入控制的範圍。除了印度的種姓制度及其各種不同的形式外，世界上再沒有任何地方像中國一樣，個人如此毫無條件地依存於手工業與商業行會(Gilde 與 Zunft 這兩個術語在中國並沒有分別)❸。除了少數[官方認可的]獨占性行會外，其他行會儘管未經政府認可，事實上對其成員往往也握有絕對的裁判管轄權。形式上，來自其他州省的官吏與商人在各地所組成的會館基爾特，特別是如此(可比之於日耳曼的漢撒[Hansa])。它們的興起至遲在十四世紀，或許甚至早至八世紀，成立的目的是要保護這群人以對抗當地商人——有時寫明在條文的前言裡；雖然實際上沒有強制入會的要求(想要從事買賣的人，計及其生命的危險，便不能不加入)。行會擁有會館，會費則依官員的薪俸及商人的成交量多寡而定。會員若有互相控訴的情事，便會遭受懲罰。它們也提供一塊特別的墓地來替代故鄉的土地，並且負擔其成員與會外人發生紛爭時的訴訟費；若與地方當局發生爭執，它們則設法訴諸中央當局(當然，也提供必要的賄賂)。1809 年，它們即抗議地方當局禁止稻米的輸出。除了非本地人的官員與商人之外，也有非本地人的手工業者所組的行會：在溫州，有出身江蘇與台州的製針業者所組的行會，而金箔行會的成員則全部來自寧波一地。這些組織都可說是部落工業組織及部族工技專門化的殘餘。從金箔行會之拒絕當地人入會及傳授當地人此一技術，便可看出這點來。在所有這些事情上，行會所顯現的絕對權威，乃是由於其成員處於陌生部族的環境下總是朝不保夕的情況，而自然產生的一種反應。這和在倫敦與諾夫格羅(Novgorod)的漢撒所具有的嚴格(但遠非如此苛酷的)紀律是一樣的。不過，本地的手工業與商業行會(公所)也透過斥逐、杯葛與私刑等方式，對其成員行使絕對的支配。十九世紀時，有一個行會成員就因為觸犯了收受學徒最高限額的規定，而被鞭笞致死！

行會控制了所有與其成員有關的經濟事務，例如採用的度量衡、貨幣(打印的銀塊)——例如牛莊的總行會所做的。它還提供道路的維修與會員信用的監督。特別是會館基爾特(漢撒同盟)這種"條件性的卡特爾"(Kondionenkartell)，壟斷了交貨、倉儲、付款、保險與利率等條件的制定。以此，像梧州的鴉片行會就能決定鴉片上市的日期；寧波、上海及各處的銀行業者行會決定利率，上海的茶商行會則制定倉儲費與保險費。行會並抑止偽詐的、或者說非法的交易，他們在營業讓渡的情形發生時為債權人提供行之有素的賠償(例如溫州的藥商行會)，銀行業公會則調整貨幣的交換滙率。行會也預貸長期庫存品(例如鴉片行會，為了上面已提及的上市季節的調節)。

關於手工業方面，值得注意的是行會對於學徒人數的規定與限制，甚至連自家的子弟都在限制之列。有時行會則保管技術機密❺。

有些行會能夠自由運用的資產高達數百萬，而這筆財富往往被投資到共同的土地所有上。它們向成員徵稅，並向新入會者收取入會保證金。它們為貧困的會員提供保釋金與喪葬費，同時也贊助戲劇的演出。至於慈善組織與共同的宗教崇拜，就我們所了解的，並不像歐洲的行會那麼發達。如果會員入會金是支付到一位神明的名下(寺廟的庫存)，那麼此一安排(原先)是為了避免被政治當局所掠奪。只有那些未能擁有自己的會館的窮困行會，會例行地用寺廟來作為集會場地。劇團所上演的是通俗劇，而不像西方是演出"宗教劇"。宗教性的兄弟(會)並未發展出夠強烈的宗教關注。

大多數的職業團體是對所有該行同業者開放的，而且入會通常是一種義務。在中國還殘存有許多的古老氏族與部落工業。實際上它們所代表的，是世襲性的獨占，或甚至是祖傳的秘方秘術 ❻。不過也有些獨占性的商人行會是國家基於財政上的利益或排外政策而創立的。我們要特別一提的是廣州的公行基爾特。直到南京條約締結之時，廣州的十三行還壟斷著整個對外的貿易。這是以政府所賦予的官方特權爲基礎的少數行會之一。

中國的政府在中世紀時，一再試圖以賦役的(liturgical)方式來應付公共事務的需求 ❻。我們似乎可以認爲，這代表一種從遷徙流動的氏族與部落工業(族與族之間的專業分工)向定居手工業——准許自由招收學徒——轉化的過程。此一轉變過程可能是政府藉著強制性的商業組織而達成的。而這種強制性的商業組織則是爲了執行政府的任務而編組起來的。結果，一大部分的工業本質上仍保留了氏族與部落工業的性格。

在漢朝時，許多工業經營仍然是嚴格的家族秘密。例如福州漆器的製造技術，在太平天國之亂中整個亡失了，這是因爲保有此一秘密的氏族被滅絕的緣故。一般而言，中國並沒有都市性的工業獨占。城市與鄉村的地區性分工，即我們所謂的"城市經濟"，也和世界其他各處一樣有所發展，也有個別城市經濟的政策。西方在中世紀時，行會一旦掌握支配權，就會實際地尋求實現"城市經濟政策"。在中國，儘管有過許多這類有組織的城市政策的萌芽，但卻從未臻於開花結果的境地。確實，中國的官方當局也曾一再地想回復到賦役式的控制，但卻無法創建出一套可與西方中世紀相比擬的行會特權制度。就因爲缺乏這樣一種法律的保障，致使中國的職業團體走上那嚴酷而無可比擬的自助之道。同時這也是由於中國缺乏像西方那樣爲合股經營的自由工商組織所規制的一套穩固的、被公開承認的、形式的、並且可以信賴的法律基礎。正是這樣的法律基礎，助長了西方中世紀手工業裡的小資本主義的發展，而中國之所以缺乏這些，乃是由於城市與行會並未擁有自己的政治與軍事力量的緣故。而後面這個事實，又可以用軍隊與行政之官僚組織(與士官組織)的早熟發展來加以說明。

三、諸侯的行政與神的觀念：
　　與中東相比較

　　治水的必要性，在中國，和埃及一樣，是合理經濟的前題條件。此一必要性乃是存在於整個中國歷史上、中央政權及其家產官僚制之所以成立的關鍵所在。明顯的一個例證是在《孟子》一書中所提到的一項諸侯會盟的協定，時當西元前七世紀 ❻。水利灌漑在文字產生之時就已有發展，或許後者正與前者的行政管理需要有關 ❻。不過，與埃及和美索不達米亞相反的是，至少在中國北方——帝國的核心地區——首要的工作是築堤以防止洪水，或開鑿運河以通內路水運，特別是輸送糧秣，灌漑的目的反倒在其次。而後者在美索不達米亞則是沙漠地區開墾的先決條件。治水官吏與"警衞"構成以文治世之前的純粹家產官僚制的核心。古老的文獻中提及，警衞在當時是位於"生產階級"之下而在"宦官"與"搬運夫"之上的一個階級 ❻。

　　問題是這些狀況在何種程度上，不只是政治因素——這是毫無疑問的——而且也是宗教因素所造成的結果。中東的神是以地上的王爲樣本而形塑的。美索不達米亞與埃及的人民對於雨鮮有所知，而吉凶禍福，特別是作物收成，都依其國王所進行的活動及其行政而定。國

王直接"創造出"收成。中國南方的某些部分，治水的重要性也多少類
似於此(雖然絕非等同)——灌溉使得粗放耕作的方式直接轉變為園藝
耕作。然而，中國北方，儘管灌溉相當發達，自然的因素，特別是降
雨的問題，對收穫而言是重要得多。中東古老的中央集權官僚行政，
無疑有助於一個天上之王的最高神觀念的產生，這位最高神從空無中
將人類與世界"創造出來"，並且也是一個超俗世的倫理的支配者，他
要求每一個被造物都要來做他的工。只有在中東，這樣的一種神的觀
念才能如此地強而有力。不過，必須即時附帶的一點是，這個事實不
能純粹歸諸經濟的條件。在中東，天上的王同樣也被置於最高的權力
地位，而最後——雖然自記載放逐期的〈申命記〉中才開始出現——躍
升為一位絕對超越於俗世之上的最高神。在巴勒斯坦，與沙漠地區相
對比的是，雨水、陽光與沃土之源，都是這位神的恩典所賜。關於這
點，耶和華曾明白地告誡過以色列人。顯然，在經濟因素之外的因素，
亦即對外的政治因素，在這些相對比的神觀上，扮演了一角。這還須
要再詳述。

　　中東與遠東地區的神觀，二者間的對比絕非總是那麼尖銳。一方
面，中國古代，每一個地方團體都有一位二元體的農民神祇(社稷)；
它融合了沃土之神(社)與收穫之神(稷)於一身。這位神祇已具有施行
倫理性懲罰的神格。另一方面，祖先神靈的廟宇(宗廟)也是祭祀的對
象。所有這些個神靈(社稷宗廟)便是農村地方祭典的主要對象。作為
鄉土的守護神，原先它或許是自然信仰形式下一種半物質性的巫術力
量或實體。其地位與西亞的地方神大體相同，只不過後者本質上很早
就更為人格化。隨著諸侯權勢的增長，農耕地神祇便轉變成諸侯領地
的神祇。如一般慣例，當中國發展出一個貴族英雄階層時，自然也產

生出一位人格性的天神，大體相當於希臘的宙斯(Zeus)。周朝的締建者[武王]所崇拜的，便是這位天神連同地方神的一個二元組合體。起初，皇帝的權力是建立於諸侯之上的封建宗主權。此外，獻牲粢盛的祭天之禮便爲被當作"天子"的皇帝所獨占。諸侯所祭祀的是領地神與列祖列宗，而家族之長則祭祀其血族的祖先。諸神的性格通常都摻合著泛靈的與自然崇拜的意味。這對於那位天上之神(上帝)而言，特別是如此：它可被當作是上天本身，也可被看作是天上的王。以此，中國的神祇，特別是那些強而有力且受普遍信仰的，逐漸具有一種非人格化的特性 ❻。這與中東地區的情形恰好相反，在那兒，那位具人格性的超俗世創造者兼世界之王的統治者，被抬高到所有泛靈式的半人格神與所有的地方神之上。

　　長久以來，中國的哲學家對於神的觀念就異常分歧。對王充而言，神不是以擬人的觀點來加以理解的，它毋寧是具有"本體"——顯然是一種流動性的實體。另一方面，他又指出神祇徹底的"無形無狀"(for-mlessness)，而人的精氣——類似以色列人的"氣息"(ruach)——在人死後就會回歸到那兒，因而否定有所謂的不死。類似的觀點也可在銘文中見到。但是，超俗世之最高力量的非人格性，越來越被強調。儒教哲學中的人格神觀念，在十一世紀時曾一度受到擁護，但於十二世紀後又旋即消失。這是由於唯物論者朱夫子的影響——作"聖諭"的康熙皇帝，仍以朱夫子[所言]爲權威。雖然在此一趨向非人格神觀的發展中 ❻，人格神的概念並非沒有留下綿延不絕的餘迹，這點我們下面會談到。但是，在官方崇拜裡，非人格性還是占優勢的。

　　同樣的，閃族(Semite)所在的東方，肥土沃壤與天然水源所布之地，乃是"巴爾神(Baal)的土地"[按：巴爾神乃古代閃族撒姆人的主神], 同時也是他所居之處。農民的土地神巴爾——就可以獲取收成的土壤而言——同時也成為故鄉政治團體的地方神。但此處, 土地被認為是神的"財產"; "上天"並不是像中國那樣被構想為非人格性但又具有靈氣的, 也就是說, 可與一位天上之主相匹敵的上天。以色列人的耶和華原先是一位居於山上的暴風雨神和自然災異之神。戰爭發生時, 他即透過雲雨、雷電來幫助戰場上的英雄。他是好戰的同盟邦的邦神, 同盟邦的結合是以祭司為媒介, 與耶和華訂立聖約而受其庇護。因此, 對外政策便一直是耶和華的專管領域, 也是其先知群中最偉大的那位所關心的——在美索不達米亞的強大侵略國家造成以色列人極大不安的時代裡, 他們(先知)都是政治評論家。耶和華最終的形象便是由此種局勢所塑成。對外政策就是其活動的舞台, 亦即戰爭局勢變化與民族命運上演的舞台。因此, 他是(而且主要是)一位主掌非常事故的神, 亦即其子民在戰爭中的命運之神。但是他的子民並沒有能夠創建出一個他們自己的世界帝國, 只成為世界列強中的一個小國, 最終且屈服於列強之下。以此, 耶和華也只能成為超俗世的命運操縱者, 一個"世界之神"。在他面前, 即使是他自己的選民, 也都只是被造物而已, 就算曾受祝福, 也可能因他們自己的作為而遭受斥逐。

　　相反的, 中國儘管頻有戰事, 但進入歷史時代後即逐漸成為一和平化的世界帝國。不錯, 中國文化原先的確是於我武維揚的主義下發展的。後來成為官吏的士, 起初是"武士"。根據禮儀, 皇帝親臨講解經典的場所"辟雍宮"原先似乎就是個"男子集會所"(Männerhaus)❻❼——幾乎存在於世界上所有的戰爭民族與狩獵民族。年青戰士的同志團依年齡階層, 遠離家族而駐紮於此處。在通過能力的考驗之後, 經由"冠禮"——現今仍保存著——而正式成為武裝的一員 ❻❽。有關典型的年齡階層制度到底發展到何種程度，當然還是個問題。根據語源學上的推定，婦女原先似乎只專管耕作之事，而從未參與家庭之外的典禮。

顯然，男子集會所乃是(卡理斯瑪)戰鬥首領的住所，外交活動(例如敵人獻降)在那兒進行，武器保管於此處，而戰勝紀念品(敵人的耳朵)也歸結到這兒。作爲訓練的場地，靑年戰士團在這兒練習射術，也讓諸侯能根據他們的弓射成績來拔取他的隨從與官吏(直到最近，射箭仍然帶有儀式性的意義)。可能祖先神靈也會駕臨指點。如果以上全部都屬實，那麼有關原初母系衍生的報導就與此相符。就我們所能肯定的，"母權制"似乎一開始幾乎沒有例外的，是由於爲人父者的尙武精神而疏遠了家庭生活所造成的結果 ❽。這些都是歷史時代裡非常久遠以前的事了。

將馬匹應用在單人的武士戰鬥裡——中國和世界各地一樣——導致以步兵爲主的男子集會所之瓦解。馬匹首先是用來拖戰車的，有助於武士在戰鬥中獲取優勢。受過高度訓練且身披昂貴戰備的個別武士就此登場。中國的這段"荷馬的"時代，也是歷史上很久遠以前的事了。中國和埃及與美索不達米亞一樣，騎士戰鬥的技術從未導致像荷馬時期的希臘或西方中世紀時那麼強烈的個人主義式的社會秩序。

我們認爲，對於治水的依賴，以及因此而來的王侯的自主官僚制經營，是主要的平衡錘。就像印度一樣，各個地區都有義務提供戰車與甲兵。所以根本沒有像西方封建團體那樣的個人契約。騎士軍隊的組成是基於各個地區有(根據戶籍登記)供應武士的義務。孔子所說的"君子"，原先指的是受過軍事訓練的武士。但是，靜態的經濟生活壓力，使得中國的戰神從來無法得到像奧林帕斯諸神那麼尊貴的地位。

中國的皇帝親行耕作的儀式［按：籍田之禮］；天子一旦成爲農民的守護神，他就不再是個戰士君主。純粹的大地神話信仰(die rein chthonischen Mythologeme)❼❶從來就不具有支配性的意義。隨著文士的支配，意識型態自然地轉向和平主義，反之亦然。

　　自從封建體制崩潰後，上天(和埃及的神一樣)就成爲人民抗議地上的在位者──上自皇帝，下至最低職級的官吏──的想像中的法庭。在中國，此一官僚制的觀念產生出一種對於被壓迫者與貧者的咀咒特別畏懼的結果。這同樣也發生在埃及與美索不達米亞──較不那麼明顯(此種對其鄰近的以色列人的畏懼之情，見 *Das antike Judentum, Tübingen*, 1921)。此一觀念──一種半迷信式的大憲章(Magna Charta)──是人民唯一能用來有效地對抗特權階級、官吏與有財勢者的相當嚇人的武器。這正是中國官僚體制的、同時也是和平主義心態的獨特徵象。

　　在中國，純粹的全民戰爭無論如何都是古老時代的事了。當然，中國(即使在)官僚制的國家體制下，也並不就跟過去的好戰時期截然劃分，它的軍隊也曾進入中南半島及中亞一帶。早期的文獻史料中特別稱揚武士英雄。然而，進入歷史時代後，根據官方的觀點，只有一次軍隊擁立過一位功勳彪炳的將軍爲皇帝(基督紀元前後的王莽)❼❶。當然，實際上發生的次數要多得多；只是出現的方式是透過儀式上必要的形式，儀式上受到承認的征服，或是對一位在儀式上有謬誤的皇帝的反叛。在西元前八到三世紀這一段中國精神文化形成的關鍵時期裡，帝國只是個非常鬆散的諸侯組織體。各國諸侯形式上承認在政治上已無足輕重的皇帝之宗主權，但卻不斷地爲爭取［霸主］宮宰(major domo)的地位而互相鬥爭。

帝國的君主同時也是最高祭司的這個事實，是中國與西方的神聖羅馬帝國二者間的分野所在。此一重要事件可以追溯到史前時代，而且可與西方的教皇(像包尼法斯八世[Boniface VIII]那樣)所要求的地位相比擬❼。最高祭司此一職務之不可或缺，正是皇帝宗主權之所以能維持下去的原因所在。扮演最高祭司角色的皇帝，是各諸侯國——幅員與勢力皆各不相同——之間文化結合的一個根本要素。而宗教慣習的同質性(至少就形式而言)是此種結合的接合劑。在中國，和西方中世紀一樣，這種宗教上的統一性，是貴族世家可以不受宗教慣習的困擾而自由移居列國的關鍵所在。貴族政治家得以自由出仕於此國又仕於彼國，而沒有宗教慣習的妨礙。

帝國自西元前三世紀以來的統一——儘管有短時期的中斷——所呈現出的是(至少在原則上)帝國內部的和平化。國內的戰爭不再有任何正當性的理由。對夷狄的防衞與征服，都只是政府在保安上的義務。因此，中國的"天"並不是一個英雄神——由其子民在對外關係上所遭受的非合理命運中來顯現出自己，並在戰爭、勝利、敗北、流放與思鄉中受到崇拜。除了蒙古的入侵外，在長城築成之後，此種非合理性的命運對中國就無甚意義。當寂靜的宗教思辨開展之時，這些故事顯得如此遙遠已無法企及。這種民族對外關係上的命運，並不是時時浮現在眼前的一種命定的威脅、被支配了的痛苦試煉、或人類生存之掌握的問題。尤其是這種攸關民族命運的事，與平常百姓無關。王位易姓或外族入主，只不過意味換個收稅者，社會秩序依舊不變(因此，法蘭克[Otto Franke]就非常強調一點：滿洲人的統治並沒有被當作是一種"外族支配"。不過對革命動亂的時代而言，這點就有修正的必要。例如太平軍宣言就是個明證)。

　　因此，國內政治與社會生活秩序幾千年來的未曾動搖，是在神的守護之下，而被認為是神的啓示。以色列神也關注其子民內部的社會關係；他利用戰場上的失利來懲罰其子民，因為他們破壞了他所制定的聯邦的原有秩序。不過，這些觸犯的行為只是許多罪過中的一端，最重要的還是偶像崇拜。然而對於中國的天威而言，古老的社會秩序是唯一僅有的一種。上天是維持此一神聖的社會秩序恒常不變與不受干擾的守護者，也是只要遵循合理規範的支配即可得到的穩定所在；而非被畏懼或被熱望的、非理性的命運急轉(Schicksalsperipetien)的源頭。這種急轉對中國人而言意味著不安定與無秩序，特別被認為是邪惡的起源。平穩與內部秩序，只有在一個本質上非人格性的、特別是超世俗事物之上的力量[天]的守護下，得到最好的保證。此一力量必須撤開激情，尤其是"憤怒"——耶和華最重要的屬性——等雜質。

　　中國人的生活的這些政治的基礎，有助於鬼神信仰(Geisterglauben)成分的佔優勢。此一信仰附著於所有與祭祀的發展有關的巫術(Magie)裡。在西方，此一發展受阻於英雄神崇拜，最終則受阻於平民階層對一人格性的、倫理的救世神的信仰。在中國，純正的大地信仰及其典型的狂喜，都被武士貴族及後來的文士所去除了❼❸。

　　無論是舞蹈——古老的戰舞已消失了——還是性的狂喜、音樂的狂喜，或是其他的陶醉形式，都不見踪影，甚至連一點痕跡也沒遺留下來。只有在儀式行為裡還帶有一絲"聖禮的"性格，不過那是相當非狂喜的(unorgiastisch)。此處，天神也是勝利者。根據司馬遷所撰的孔子傳❼❹，哲學家雖主張統治天下的是山川之神，因為雨是自山上降落的❼❺。然而，天神乃因其為天辰秩序之神而得勝，而非因其為萬軍之神。此種宗教意識的翻轉，是中國所特有的；而基於他種理由及以一種相異的方式，這也在印度保有優勢地位。此處，無時間性的、永恒不變的種種，取得宗教性的最重要地位。這是由神聖不可侵犯且一致性的巫術性儀式與月令結合而成的：巫術性儀式用來制服鬼神，月令則是農耕民族所不可或缺的。以此，自然法則與儀式法則一融於"道"的統一性中 ❻。被認爲終極的、至高無上的，並不是一個超世俗的創世主，而是一種超神的、非人格的、始終可與自己同一的、永久不滅的存在。這也就是對永恒秩序之妥當性及其不受時間約制之存在的崇奉。非人格的天威，並不向人類"說話" ❼。它是透過地上的統治方式、自然與傳統的穩固秩序——也是宇宙秩序的一部分——以及所有發生於人身上的事故(這是世界各地皆然的)，來啓示人類。臣民的幸福正顯示出上天的滿意與秩序的運行無誤。所有不好事故的發生，都是一種神佑的天地和諧受到巫術力量之干擾的徵兆。這種樂天的宇宙和諧觀對中國人而言是根本的，也是從原始的鬼神信仰逐漸蛻變而來的。和其他地方一樣，中國原先也有善良的(有益的)與邪惡的(有害的)神鬼二元論 ❽。這兩者遍在於整個宇宙，並顯靈於所有的自然現象與人的行動與狀態中。人的"靈魂"也被認爲是由得自於天的神與取自於地的鬼所組合而成，在人死後即再度離散。這一點倒是跟廣泛流傳的說法，即認爲精氣靈力是多元的，相配合。各哲學派別共通的一個說法，可歸結如下："善"的靈(天上的，男性的)——"陽"的本質，與"惡"的靈(地下的、女性的)——"陰"的本質，二者的結合可以解釋世界的起源。這兩個本質，和天與地一樣，都是永恒的。幾乎與世界上所有的地方都同樣的，這種徹底的二元論得到樂觀式的發揚：爲人帶來幸福的巫術師及英雄所具有的巫術性卡理斯瑪，與源出於慈善的天——亦即"陽"的神靈——二者被認同爲一。具有卡理斯瑪資質的人顯然有超越惡靈(鬼)的能力，而上天的靈力也確實是社會秩序的善意的、最高的指導者。內在於人與內在於世界的神靈及其功能，都不可不加以維護⑲。因此，就必須安置鎮壓住邪惡的鬼靈，以使在上天守護下的秩序得以正確無誤地運行。因為，除非得到上天的認可，惡靈是無以為害的。

神與鬼都是有力的存在。然而，沒有任何獨一的神、神格化的英雄或任何神靈是"全知的"或"全能的"——不管他們多麼有力量。從儒教徒嚴肅的生命哲學來看，虔敬者之遭逢不幸，只不過是「神的意志往往不可確定」[按：天命靡常]罷了。所有超人類的存在都比凡人強，但卻遠低於非人格的最高的上天，也低於承天恩寵的帝國祭司長[皇帝]。準此，唯有這些以及類似的非人格力量，才被超越個人的共同體當作是崇拜的對象，並且也是共同命運的決定者⑳。不過，可以用巫術影響的鬼神，也可能決定個人的命運。

對付這些鬼神，人類可以採用一種原始互惠的辦法：以如此這般的儀式供奉來換取如此這般的好處。如果人的一切供奉無缺且德行無誤，而這名守護神卻還是無法保護人，那麼他就會被取代，因為只有被證明真正強而有力的神靈才值得崇拜。這種情形也的確常發生。況且，皇帝也會認可那些被證明[有效]的神祇為崇拜的對象；他還授予他們封號與位階㉑，有時也會褫奪。只有確證有效的卡理斯瑪能使一個鬼神獲得正當性。確實，皇帝對災難是要負責任的，不過，災難也會使神明失去人們的仰望，如果根據神籤或其他方式的神諭所指示的計畫失敗了的話，他是要負責任的。1455年，有位皇帝即曾公開地對蔡山之靈加以非難斥責。在同樣的情況下，對鬼神的祭祀與供奉也同時會被撤除的。偉大的皇帝中那位"理性主義的"帝國統一者，始皇帝，

根據司馬遷所撰的傳記，即曾爲了懲罰一個妨礙他上山的山神，而將
山上的樹木砍伐淨盡[82]。

四、中央君主的卡理斯瑪祭司地位

卡理斯瑪式支配的原則下，皇帝本身[的卡理斯瑪]當然也同樣會
衰竭[83]。[支配]的整體架構，畢竟，是從這種爲中國人所熟諳的政治
現實出發的。皇帝必須證明他自身的卡理斯瑪權威──世襲性卡理斯
瑪有遞減的趨勢[84]。自魔力與英雄精神中所呈現出來的卡理斯瑪，乃
是一種異常的力量(maga, orenda)[85]。新人的卡理斯瑪資格必須通過
巫術性禁慾的測試，或者從不同的觀念來看，它是以一種"新的靈魂"
的形式來獲得。起初，卡理斯瑪稟賦是會喪失的──英雄或巫師可能
會被他的鬼神或上帝所"拋棄"。卡理斯瑪似乎只有經由一再顯現的奇
蹟或英雄行徑才能獲得保證。總之，巫師或英雄必不可陷其自身或其
追隨者於明顯的失敗。原先，英雄的強大力量被認爲相當於一種巫術
性的稟賦，就像是狹義的"巫術力量"，如乞雨、巫術治療或非常的技
術手法等[86]。隨著文化的發展，關鍵性的問題便在於：戰鬥君主的軍
事性卡理斯瑪與(通常是氣候方面的)巫術師的和平性卡理斯瑪，是否
能結合於一人之手。如果是掌握於戰鬥君主之手──如政敎合一制
(caesaropapism)──那麼問題是：作爲君權發展之基礎的卡理斯瑪
稟賦是什麼？

在中國，如前文所述，某些先史時代的基本事件──本身或許也
同時是由於治水此一重大事務所造成[87]──致使皇權(Kaisertum)由
巫術性卡理斯瑪中發展出來。世俗的權威與宗教的權威皆握於一人之

手，而宗教方面尤具重大份量。確實，皇帝必須透過軍事的勝利(至少得避免慘敗)來證明他的巫術性卡理斯瑪。尤其是他必須確保收成的好天候與國內秩序的平穩。不過，皇帝的卡理斯瑪形象所必具的個人資質，卻由儀式主義者與哲學家將之儀式化，繼而倫理化。

　　皇帝必須依據古典經書上的倫理規制行事舉止。以此，中國的君王主要是一位最高祭司長；他其實是古代巫術宗教信仰中的"乞雨師" ⓭，只不過是轉變爲倫理意義罷了。既然經由倫理理性化的過程而出現的"天"所守護的是永恒的秩序，那麼君王的卡理斯瑪便端視其倫理的美德而定 ⓮。就像所有眞正的卡理斯瑪支配者一樣，他是個由神所授權的君主，然而並不像近代[西方]的君主那麼輕鬆地因受神寵而聲明只在自己鑄成大錯時才須對神負責。這些君主實際上是不必負責任的，而中國的皇帝卻是在卡理斯瑪支配的固有純正意味下進行統治的。他必須以人民在他治理下的幸福來證明他乃"天之子"，並且是天所確認的支配者。如果他做不到，那麼他就是缺乏卡理斯瑪。以此，若是河水決堤，或祈雨祭典後仍未降雨，那麼很顯然的──也是經典所明白教誨的──皇帝並不具有上天所要求的卡理斯瑪稟賦。此時，皇帝就必須爲其本身的罪過公開懺悔，直至近代仍然如此。史書上甚至記載著封建時代就有諸侯所寫的類似的罪己書 ⓯，此一習慣一直留存下去。西元 1832 年，就在皇帝公開下詔罪己之後，隨即降雨 ⓰。如果這樣還是無效，皇帝就要有退位的覺悟；在過去，這可能還意味著以身殉祭。和其他的官吏一樣，皇帝也在御史的抨擊範圍之內 ⓱。此外，君王要是違反了古老的、旣有的社會秩序，理論上，他的卡理斯瑪便要棄他而去，因爲社會秩序乃是宇宙的一部分，而宇宙非人格性的規範與和諧凌駕於衆神之上。譬如君王要是變更了祖先孝道(Ahnenpietät)這個絕對神聖的自然法則，那麼這就表示卡理斯瑪已離他遠去，而他已置身於惡魔的宰制之下。況且，理論畢竟並非全然無關緊要。君王一旦成爲"一夫"，就可能被誅殺 ❸——自然，並不是每個人都有權力這麼做；這是國之重臣才有的權限，就好比喀爾文將反抗權授予議會一樣 ❹。

作爲公共秩序與國家之棟樑的官吏階級，也被認爲分潤了卡理斯瑪 ❺。就像君王一樣，官僚制也被認爲是個神聖的制度，雖然直到如今，個別的官吏還是可以被隨意免職的。官吏的資格也是由卡理斯瑪來決定的。在其管轄地區內所發生的不安與動亂——不管是社會性的，還是宇宙—氣候方面的——就證明這名官吏是不受鬼神所眷顧的。這時，也不需要問什麼理由，官吏必須辭官去職。

官吏階級的這種地位，是自［相當於西方的］先史時代發展而來的。如《周禮》一書所傳述的，周代古老的、半傳說性的神聖秩序 ❻，已經到達由原初的家父長制進而爲封建制的轉捩點了。

第2章
封建國家與俸祿國家

一、封建的世襲性卡理斯瑪性格

在中國，就我們所能分辨的，政治的封建制原先並不是與(西方意味下的)莊園領主制相結合的。這兩者，和在印度的情形一樣，都是在部族長的氏族從古代男子集會所及其衍生物的束縛中解脫出來後的"氏族國家"(Geschlechterstaat)裡蘊生出來的。根據文獻的記載，原先有戰車裝備的氏族，乃是古代身份制結構的基礎。在有確切的歷史記載之初，實際的政治制度就已有了清楚的輪廓。它是直接承繼著原初的行政結構而來，後者是所有的征服王國，甚至像十九世紀時的黑人王國，所共有的。

[在此一政治結構下]，原先朝貢諸侯所統轄的"畿外"地區逐漸與王城周邊的"畿內"地區，亦即在支配性權威統轄下的"家內"領地(Hausmacht)，混合起來。此一家內領地由戰勝的統治者及其官吏、家臣及低等的貴族所直接治理。王畿內的國王只有在其力所能及的情況下，爲了維持其權力，以及(與此相關的)賦役利益時，才會干涉畿外之朝貢諸侯國的行政。距離京畿愈是遙遠的朝貢諸侯國，王權所能

干涉的，當然也就愈少愈弱❶。

　　某些政治上的問題，諸如：1.畿外地區的統治者實際上是可以任免的嗎？或者他們是世襲的？2.外藩諸侯的臣民，是否如《周禮》所言（理論上），有權向王訴願？如有，那麼實際運用的程度如何？這樣的訴願是否會引起王權對諸侯內政的干涉？3.與諸侯同列、或者位於諸侯之下的官吏，是否如[《周禮》的]理論所主張的，實際上是聽命於王的官僚且由他們來任免？4.準此，三大三小顧問官(三公、三孤)[按：即太師、太傅、太保；少師、少傅、少保]的中央政權實際上是否能擴張到家內支配地區以外？5.藩國的武裝力量實際上是否能任由最高宗主調度？這些問題往往以不甚固定的規定來解決，而造成政治之封建化的結果。

　　就此而言，中國的發展過程是與印度——發展最澈底的地區——一樣的：只有擁有政治支配權力的氏族及其附庸，才能要求及被考慮列入(王的)屬臣——上自朝貢諸侯，下至宮廷官吏或地方官吏。於此，王的氏族是最為優先的，而及時歸順的諸侯之氏族也獲得優先，他們可以保有全部或部分的支配權。部族長家族的土地通常不會被全部剝奪，因為具有卡理斯瑪的氏族其祖先神靈是強而有力的❷。封建與俸祿的機會取決於氏族的卡理斯瑪，反過來，這也部分解釋了祖先神靈的有力地位。最後，還有些氏族是以產生英雄或重臣而顯赫的。無論如何，長久以來，卡理斯瑪已不再是附着於個人身上，而是附着於氏族，這種典型的現象，在我們討論印度的篇章裡會再見到。身分並非來自封建采邑，也不是由於透過自動投靠或授命為封臣、獲得采邑而擁有的。至少在原則上，情形恰好相反。在貴族家庭裡擁有其承襲而來之地位的成員，才有資格獲得一定等級的封建官職采邑。

在中國封建的中世紀時代裡，我們發現大臣的職位，甚至某些使節的職位，牢牢地掌握在某些家族的手裏。孔子也是個貴人，因爲他出身於一個統治階級的家族。這些出現在後代碑銘裡的“強宗大族”，都是卡理斯瑪性格的氏族，其地位的經濟支柱，大抵是來自於政治上的收入及世襲的土地資產。當然，這種與西方恰恰相反的情形（雖然在某些方面只是相對而言），意義不可謂不深遠。在西方，采邑的世襲性格，只不過是一種歷史發展下的結果。采邑所有者是依照是否擁有司法裁判權的身分來區分的，而俸祿則由所服勤務的類別來區分。最後，騎士身分也有別於其他的身分，甚至有別於都市貴族（patriziat）。所有這些都出現在這社會裡，此一社會是透過對土地的處分權與各種利得機會的固定分配而牢固地建構起來的。

中世紀早期的日耳曼“王朝”——在當時還不太具體——的世襲性卡理斯瑪地位，似乎與中國的情形較相近。然而，在西方封建制的核心地區，由於征服與遷徙使得傳統的品級秩序發生變化，導致強固的氏族結構大爲鬆弛。此外，由於防衛上的需要，每一名受過軍事訓練的有能力的男子，都被登錄爲騎士階層的一員，是以任何過著騎士生活的人，其騎士地位都必然被認可。世襲性卡理斯瑪與祖譜證明（Ahnenprobe），都是後來的發展。

在中國，自歷史時代起，氏族的世襲性卡理斯瑪，至少在理論上，就是首要的（雖然獲得成功的突然發跡者也不少）。《書經》上有一則箴言：「人惟求舊；器非求舊，惟新」[按：語出《尙書·盤庚篇》，遲任有言曰……]。采邑本身的世襲性格，並不像西方後來的發展那樣，具有決定性，而毋寧被認爲是一種惡習。具有決定性的是，以在氏族中的世襲地位爲基礎，對一定等級的封邑的要求權。傳說周代制定了五等爵制，並採取依爵等的高低來授予封地的原則。較可信的是，居於高位的封臣(諸侯)全都是從古代統治者的子孫裡拔舉出來的 ❸。這點和日本早期的情況一致，是典型的"氏族國家"。

據史書所載，漢朝滅亡之後，[曹]魏即將首都遷到洛陽，並要貴族也偕同搬遷。貴族則包括魏王室本身的氏族，及古老的世襲性卡理斯瑪氏族，後者當然原先是部族首長的家族。即使在當時，他們也都還是封建官職與俸祿官職所有者的子孫，他們根據其祖先的官職而襲封"爵位"(並據此而有俸祿的要求權)，此一原則與羅馬的貴族社會及俄羅斯的品位秩序(mjestnieshestvo)所持的一樣 ❹。在戰國時代，同樣的，最高的官位牢牢地掌握在特定的(高等的世襲性卡理斯瑪之等級的)氏族手中 ❺。真正的宮廷貴族之興起，是在始皇帝的時代(始於 221 B.C.)，與封建制度的崩潰同時。在當時，爵位的**授予**首次在史書中被提及 ❻。同時，為了因應財政上的需求，首次出現官職買賣的情形，並依照貨幣資產作為官吏選拔的標準。身分等級的差別，雖然原則上是維持著，但世襲性卡理斯瑪的精神卻崩解了。雖然遲至 1399 年，還出現降等為庶民階層(民)的記載 ❼，但此時情況已大為不同，而其意義更是完全不同。這時所指的是秀才以上的[身分]，亦即免於徭役或鞭打之刑的身分，被貶降為負有徭役義務的普通人。在封建時期裡，封建秩序是與世襲性卡理斯瑪的品級相對應的。再分封制(Subin-feudation)廢止之後，俸祿秩序則相對應於取而代之的官僚行政。在秦朝治下，俸祿的固定等級很快就成立了，漢朝繼之而將其分成授錢或授祿米的十六個等級 ❽。這意味封建制度的全面廢除。

[從封建制度到官僚制的]轉變過程，可以從官職被劃分為兩個不同的範疇而表現出來 ❾：亦即關內侯(土地俸祿)與列侯(依靠某些地

區之租稅的租稅俸祿)❿。古老的、純粹是封建的采邑，轉爲土地俸祿。實際上這意味著對農民有相當支配程度的領主權。它們一直存在到騎士軍隊被(原先是)諸候的(後來是)皇帝的、自農民中徵調而來、訓練有素的常備軍所取代爲止。因此，中國古代的封建制與西方的封建制，雖然在內部有所不同，但在外表上却有極大的相似性。

在中國，如同其他各處一樣，由於經濟或不適合訓練的緣故而無法擔負兵役的人，也沒有政治權利。這在前封建時期就是如此。周代的諸侯在戰爭之前或行重大刑罰之際，都要諮詢於"國人"，亦即武裝的氏族，這和普通的徵兵制所施行的情況是一致的。有個假設是，由於戰車的出現，古代的軍隊制度因而瓦解，到這時候，世襲性卡理斯瑪的"封建制度"才得以興起，並伸展到政治的官職裡。

前面所提到的《周禮》⓫，是現存有關行政組織的最古老的記載，其中描繪出在官吏理性的領導之下，一幅極有架構的國家制度的景象⓬。其基礎是由一官僚體制來管制灌溉、特殊栽作(絲)、徵兵登錄、統計、倉儲等事宜。不過，其實際存在與否，很成疑問，因爲據史書所載，此種行政上的理性化，只有在戰國時期封建諸國相互競爭下才出現⓭。不過，在封建時代之前也可能還有一個家父長制的時期——就像埃及的舊王國時期 ⓮。因爲無論是在中國還是在埃及，負責治水及工程的官僚體無疑是非常古老的，且來自皇家的"賓客階層"(clientele) ⓯。從一開始，此一古老官僚體的存在就抑制著戰國時期的封建性格，並不斷地激發士人思考行政技術與官僚式的功利主義的問題。不過，政治的封建制仍維持了五百餘年之久。

西元前九到三世紀之間，是一個各個獨立的封建王國並存的時代。史書對這個封建時代的情況有相當清楚的記載，我們上面也曾略微提

及 ❶。王是最高的宗主，在他之前封臣必須下車以示敬意。總之，層層的分封最終是源於擁有"合法的"政治財產之"原權"(Besitztitel)的王，而王則從分封的諸侯那兒收受贈禮。由於此種贈與並非強制性，王權乃逐漸被削弱，並陷於一種艱苦的依附關係。他所授予的品級只限於諸侯，而再下面的封臣就與他沒有直接的關係。此一原則，對於"附庸"(陪臣)而言極具政治的重要性，後來的事實是最好的說明。許多原先是政治上獨立的封臣，後來則成為朝貢的諸侯。除了義務性的軍事援助之外，封臣的贈禮，即使是呈給王的，還是被視為自願性的，而王則有回贈的義務 ❶。

由於防衞上的需求而將城邑託管，這是某類采邑的由來，作為封建國家的秦國就常有這類事情的記載。理論上，采邑在繼承時要重新呈請，王則有權自由地決定繼承人選。根據史書的記載，如果父親所指定的繼承人與王所指定的不同時，王要讓步。騎士的采邑，大小差別甚鉅。據史書上的一條註 ❶，每一個采邑可包括一萬畝到五萬畝不等(一畝等於 5.26 公畝，因此這是從 526 公頃到 2630 公頃之間)，附有一百到五百個住民。另外，每千人提供一輛戰車，則是常規 ❶。另有一處記載(594 B. C.)，四個聚落(大小無法確定)計出一百四十四個戰士 ❶。後來又有以一定的聚落單位(後代往往是相當大的聚落單位)來供應定量的戰車、甲士、馬匹、糧食(家畜)等 ❶。後世的租稅、徭役、徵兵等分配，明顯的是繼承此種封建時代的慣例而來。較早的時代是徵發戰車與武士，後來則開始為軍隊徵補兵員、召集徭役勞動者、賦各種實物租稅，最後則是貨幣稅，我們將在下面提及。

此外，還有在長子統率之下的共同采邑，即共同遺產(Ganerbschaften)。照慣例，次子的地位都要低於長子。他們不再是"封臣"，而只是官吏(諸公子)，在旁系的祭壇裡舉行祭祀，而不再獻牲祀祖廟❷。至於皇室，則長子繼承權，和由統治者或最高的官吏在諸子及血親之中指定繼承者的辦法並存。有時，由於捨長子與嫡子而代之以幼子或媵妾所生的庶子，會招來封臣的反叛。後世，直到君主制實行的最後時代，基於與祖先祭祀相關連的儀式上的理由，繼承者必須在較死去的君主年輕的一輩裡選出。結果，在君主制的最後數十年裡，未成年的皇帝相續繼位，而皇親(恭王)及皇太后(慈禧)則實際主政。在政治上，宗主的權利被縮減到絲毫不存的地步，因為僅只守備國境的邊防封臣縱橫沙場，展現出軍事的勢力。或許也就是因為這個緣故，王逐漸成為只是個和平主義的教主。

作為最高祭司長的王，擁有儀式上的特權，成為唯一能供奉最高祭祀的人。封臣對王發動戰爭，在理論上是一種儀式上的觸犯，並且可能因此招致巫術性的災厄，不過，這並不能防止軍事叛變的發生。就像羅馬帝國的主教聲稱在宗教會議上具有主座的地位一樣，中國的王，或其特使，也要求他們在諸侯的集會上的主座地位，這在史書的記載上頻頻出現。當個別的大封臣成為強而有力的宮宰(保衛者[按即霸主])時，對此權利則視若無視——在經典理論上，這是一種禮儀的冒犯。此種諸侯的集會頗為頻仍。例如在西元前 650 年舉行的那一次[按：指西元前 651 年的葵丘之會]，相約不可剝奪真正嗣子的權利，反對官位的世襲與官職的兼任，不對高官處以極刑，不採"曲防"政策，不禁止穀物販賣[給鄰國]；孝行、敬老、尊賢等，都受到稱揚❷。

帝國的統一，與其說是在那些時時舉行的諸侯集會裡見其端倪，倒不如說是在文化的同質性上實際地展現出來。如同西洋的中世紀一般，文化的統一性是由三個要素表現出來：1.同質性的騎士身分性習尙；2.宗教、禮儀上的統一性；3.士人階層的同質性。

　　就禮儀與身分兩點而言，車戰、騎士封臣與采邑封地所有者所表現出同質性的形式，與西方類似。在西方，"蠻族"與"異教徒"被視爲同類，同樣的，禮儀上的不端正，在中國則被視爲夷狄或半開化的特徵。較晚之後，秦侯在獻牲上祭時犯了錯誤，即被指爲半野蠻人。對一個禮儀上不端正的諸侯發動戰爭，則被認爲一大事功。後世，中國許多來自北方之異族所建立的征服王朝，若是舉止能確切地符合禮的規則(因此也配合士人階級的權威)，則他們在禮儀傳統之擁護者的眼裡，就是個"正統的"(legitimate)王朝。至少在理論上表現出文化之統一性的"國際法"之要求——要求各諸侯遵循，部分是起源於禮儀上，部分則起源於騎士的身分團體。其間，也有過以聚合諸侯來共謀國內之和平的努力。理論上，若是鄰國諸侯處於喪服期或貧困的狀態，特別是遭受饑荒之時，對其發動戰爭，就是違反禮。饑荒發生時，鄰國必須義不容辭地擔負起救濟同胞的義務以安鬼神。凡是危害自己的領土，或是發動不義之戰者，不論是在天上或是在祖廟裡，都無容身之處❷。明告會戰的時日與地點，是一種騎士的作風；不過，一旦開戰，必決勝負，因爲此乃神判，不可不知勝者誰、負者誰❷。

　　列國政治實際所顯示出的當然不是那回事，而毋寧是大小封臣間殘酷的鬥爭。小封臣隨時伺機爭取獨立，而大諸侯則一心一意地想趁機吞沒鄰國，結果，據史書所載來判斷，整個時代是個空前的血腥戰鬥的世紀。不過，理論終究並非了無意義，它毋寧是文化統一性的一種相當重要的表現。此種統一性的代表者是士，亦即具有文字知識的人，諸侯利用他們來理性化行政以增強國力，這和印度的王侯之利用婆羅門、西方的諸侯之利用基督教的教士，如出一轍。

　　西元[前]七世紀的詩歌裡，所稱頌的主要乃是戰士，而非聖王與士人。中國古代高傲的斯多噶主義(Stoicism)，以及全然斥拒對"來世"的關懷，可說是此一軍國主義時代的遺產。不過，[西元前]753 年，秦國曾有任命宮廷史官一職(他們同時也是宮廷天文學者)的記載 ❷。諸侯的"典籍"──禮儀之書與史書(往事的集成)，成為掠奪的對象，而士人的重要性也明顯地提高 ❷。他們保管文獻，並處理諸侯的外交文書。史書上保存了許多這類書信(或者是將之作為範例而收集起來)。其中往往顯示出訴諸武力與外交以打倒鄰國諸侯的馬基維利式(Machiavellian)手段。他們策動結盟並從事戰爭的準備──主要是透過軍隊的理性組織、倉儲政策、及稅收政策。以此，士人儼然是諸侯的財政預算專家 ❷。諸侯互相干涉對方的取士，並離間士人與敵對者的關係。士人則反而互通訊息，互換職事，往往造成一種遊歷仕宦的局面 ❷。他們就像西方的教士和中世紀後期的俗世知識份子一樣，遍歷於各個宮廷，並猶如後者，自覺為同一個階層。

　　戰國諸侯在政治力量上的互相競爭，導致經濟政策的理性化 ❸。士人就是政策的執行者。商鞅，士人的一個代表，被認為是理性化的內政之創始者；另一個士人魏冉 ❸，則創建了理性的國家軍隊制度，使秦國後來得以凌駕於他國之上。在中國，與西方一樣，大量的人口，尤其是財富──無論是諸侯的，還是人民的──都成為強化國力的政治目標 ❷。和西方一樣，諸侯及其士人(即其禮儀上的顧問)，首先必須面對的是其家臣的頑強抵抗，此種受家臣威脅的命運，和他們自己以前的封建領主所遭受的一樣。諸侯間相互協議不因私恩而隨意分封；士人也確立了如下原則：官位的世襲是有悖禮法的，而怠忽官職則會招來巫術性的災厄(早夭) ❸。其中所顯示出來的特徵，是以官僚體制的行政來取代家臣及具有卡理斯瑪資格之強宗大族的行政。

　　相對應[行政]的變革，在軍事的領域裡所反映出來的是：諸侯創設了親衛軍❸，置於職業軍官的統率之下，由政府來裝備與給養(與租稅及倉儲政策配合)，而取代了召募家臣組成的軍隊。存在於庶民與具有卡理斯瑪資格的強宗大族之間的身份性對立，是貫穿整部史書的一個基本前題。這些強宗大族，駕著戰車、帶著隨從，隨諸侯俱赴戰場。服制上也有明確的身分規定 ❸。強宗大族透過婚姻政策以確保他們的地位 ❸，這種身分的障礙，即使是在商鞅理性行政改革下的秦國，都還存在。貴族與庶民總是區分開的，此處所說的"庶民"並非農奴，而是指被排除於封建等級制、騎士戰鬥與武士教養之外的自由平民氏族。我們發現，庶民所採取的政治立場與貴族有異 ❸。不過，正如我們下面所要說明的，農民大眾的處境是朝不保夕的，只有在家產制國家開始發展時，諸侯才會與毫無特權的階層結合起來，以對抗貴族。

二、統一的官僚體制國家之復興

　　戰國諸侯的數目，由於戰爭而銳減到少數具有合理行政的統一國家。最後，於西元[前]221年，名義上的王朝及其所有的封臣都被掃除之後，秦王成功地將中國整體統合於"中央王國"(Middle Realm)之下，而成為第一位皇帝。換言之，他將此據為統治者之家產(Patrimonium)，而置於其官僚制行政的管理之下。古代的封建樞密院被取消，代之以[左右]二丞相(類似羅馬的近衛長官 praefecti praetorio 的形態)，一個真正的"獨裁政治"(Selbstherrschaft)取代了神權的封建秩序。軍政長官與民政長官從而分離開來(就像羅馬後期的制度一般)，二者皆在君主的監察官的監督之下(和波斯一樣)，後者在後代成爲巡迴御使(巡撫使, missi dominici)。

以此，一個嚴密的官僚制秩序擴展開來，根據功績與皇恩而晉昇的官職是開放給所有人民的。有助於此種官吏層之"民主化"的，是獨裁君主與平民階層爲對抗身分上的貴族所採取的自然的、放諸四海皆見其功效的結合；與此並行的尙有財政上的因素。如前文所述，史書記載這第一位皇帝(始皇帝)爲最早的賣官者，並不意外。此一措施必然使得富裕的平民擠身國家俸祿之列。不過，反封建體制的鬥爭，只是個根本原則——任何政治權力的移轉，包括皇族在內，都是被禁止的——但身分制結構仍然保持不變❸。

當固定的官階等級制——其萌芽可見之於戰國時代——確立之後，出身卑微的官吏之晉昇機會大增。不過，等到新的皇權在平民的助力之下戰勝封建勢力之後，平民出身的人只有屬於士人階級者，以及只有在特殊的情況下，才有可能在政治上具有影響力。打從行政之理性化開始之後，戰國時代的史書裡就有不少出身貧困卑微的人成爲君侯之心腹的例子，他們單憑著自己的知識來獲取地位❹。士人憑著自己的能力，以及熟諳禮儀，要求優先居高位，甚至在君侯的近親之上❹，因而引起家臣的抗爭。以此，士人往往置身於一種非常類似不管部大臣，或者(如果可以這麼說的話)身爲君侯之告解敎父的非官方性地位。

封建貴族，和西方的一樣，反對外人出任他們想壟斷的官職——這是士人與貴族之間的鬥爭。始皇帝在位初期，就在帝國統一前的西元前 237 年，我們發現有一則驅逐外國士人(以及商人)的記載。不過，由於君主對於權力的關注，結果這項處置被撤回❹，他的首任丞相[李斯]自稱是出身卑微而躍上龍門的一介士人。帝國統一之後，由碑石刻文中透露出 [42]：獨裁君主之理性的、反傳統的專制主義，反過來與這股教養貴族，亦即士人之社會勢力發生衝突。

傳言謂：「皇帝位尊於古」[43]，意指不得以古制今，古代的詮釋者亦不得支配君主。如果傳說可信的話，那麼眞是有一場大災難發生過：始皇帝爲了毀滅所有的古典經籍和士人階層而焚燒經書，並傳言活埋了四百六十名士人。於是，純粹的專制政治開始上場；這是一種以私人寵倖爲基礎，而無視於出身或教養的統治。其特徵由任命宦官[趙高]爲宮宰及其次子之教師一事可以顯現出來 [44]。始皇帝死後，這個宦官和那位暴發的士人即擁立其次子登位，而反對受軍隊將領支持的長子[扶蘇]。

純粹東方式蘇丹制(sultanism)的寵倖政治 [45]，以及與之結合的身分平等化和專制獨裁政治，似乎就在中國登場。自此之後，通貫於中世紀的幾個世紀裡，出身文化士人的貴族與此一體制互相鬥爭，迭有勝負。

皇帝爲了顯耀其地位的尊榮，將自由民自古以來的稱呼"民"取消，而代之以"黔首"("黑頭"或"臣民")之名。爲了皇室土木建築工程，徭役負擔大幅增加 [46]，這必須毫不留情且無限度地控制住勞動力與租稅來源——與埃及法老的帝國一樣 [47]。另一方面，始皇帝之後嗣[二世皇帝]的全能的宮中宦官[趙高] [48]，史書裡清楚地記載他曾建議皇帝與"民衆"結合，不必以身分或教養爲授官的準則。如今已非修文飾而是以武力來支配的時代 [49]。這番建議完全符合典型的東方家產制。不過，始皇帝拒絕了巫師們[方士]在提高皇權的理由下，將自己"隱身"的企圖 [50]。這個建議是將他像達賴喇嘛那樣地束之高位，而將行政完全交付在官吏的手裡。畢竟，他為自己保留住"獨裁政治"的原來意旨。

對抗此一蘇丹制酷行的暴力反動，來自古老的家族、士人、軍隊
(飽受築城工事之苦)與農民氏族(由於兵役、徭役與租稅的過度負擔)
的勢力同時並起。暴動的領導者都是出身卑微者：陳涉，軍隊暴動的
首領，原是個勞動者[英譯按：農民]；劉邦，農民的領袖，也是漢朝
的創建者，原是農村的農事監作人。其勢力的核心是由自身的氏族及
其他農民氏族所構成。他並非來自貴族階層，而是個靠武力征服的勝
利者。他傾覆了前朝，並在各個分封王國一一瓦解之後，重新統一了
帝國，為新王朝奠下權力的基礎。不過，成果最終卻落入士人的手裏，
他們的理性行政與經濟政策，在皇權的重建上，又再次地具有決定性。
同時，在行政的技術方面，他們也較寵臣和宦官高超，後者是他們長
久以來的抵制對象；此外，特別是他們擁有與經典、禮儀與文字等知
識——當時是某種神秘的技藝——俱來的鉅大威望。

始皇帝創立了(或至少試圖建立)一套統一的文字、度量衡制度、
以及統一的法律和行政秩序規則。他自吹自擂消弭了戰事❸，並"夙興
夜寐"而得以樹立和平與國內之秩序❸。並不是所有的制度都被[漢朝]
保留下來，然而，最重要的是封建體制被廢除了，一憑個人功績而獲
官職的政權建立起來。這些家產制的新政，在漢朝代興後保存了下來，
最終的獲益者獨為士人，雖然他們指責這些新政乃是對古來的神權政
治秩序的褻瀆。

封建制度復起，是很後來的事。在司馬遷的時代(西元前二世紀)
於武帝與其寵臣主父偃的治下，那新建立起的封建體制——由於授封
給皇帝諸子官職采邑而再度產生——有必要加以廢止。首先是諸國的
丞相由皇帝派遣至封國監理其廷事。其次，於 127 B.C.，為了削弱封國，

於是下令封國之諸子分割封地。最後，在武帝治下，一向爲貴族所踞
的宮廷官職，封授給出身卑賤的人(其中之一原是個飼豬者)。貴族們
強烈地反對此種措施，但是在 124 B.C.時，士人成功地壟斷了高等官
職。我們在下文中將會說明，儒士是如何與反士人的道教徒鬥爭的，
後者不僅反對民眾教育，並且因其巫術關係，起先是與貴族，後來則
與宦官互相勾結。此一鬥爭，乃是中國的政治與文化結構的關鍵所在，
但在當時並沒有獲得最後的解決。強烈的封建遺跡還留存在儒教的身
分倫理裡。我們可以指出孔子本身雖未明言但却是不證自明的認定：
(他本身即擁有的)古典教養是成爲統治身分團體之一員的決定性前
題。而照慣例，教養之獲得事實上只限於傳統"世家"的統治階層。以
此，用來形容有教養的儒教徒的辭彙"君子"，像君侯般的男子——原
先指的是"勇士"。甚至對孔子而言，這個名詞就相當於"有教養的人"，
它起源於世襲性卡理斯瑪之氏族才夠資格擁有政治權力的身分制支配
時代。不過，他們也無法完全撤回對"啓蒙的"家產制之新原則的承認：
只有個人的功績，並且只有功績本身，是取得官職的必備資格，包括
統治者在內。當然，此一原則的進展異常緩慢，甚至在理論的層面上
還時遭退挫的命運。其實際意義，我們下面會談到。社會秩序裡的封
建要素逐漸消退，而家產制則成爲儒教精神之根本的結構形式，儒教
徒與封建家臣之間的敵對，從史書裡封建家臣對前者的怨恨及對遊走
於列國間的學者的責難即可清楚看出❸。

三、中央政府與地方官吏

　就像所有幅員廣大而交通不夠發達的家產制國家構成體(staatliche Gebilden) 一樣, 中國行政中央集權的程度是非常有限的。在官僚制國家建立之後, 京畿之內與外地的官吏間, 亦即古來皇帝之家產內所任命的官吏與州郡地方官吏間的對立, 及身分上的差異, 仍然繼續存在。

再者, 當中央集權化的努力一再失敗之後, 官職的敍任權——除了某些州郡的最高官職外——以及幾乎是整個財政管理系統, 最後都一一交給州郡。圍繞著這個問題[財政管理的中央集權化], 新的鬥爭不斷引發, 貫穿於幾次大的財政改革期。和其他改革者一樣, 十一世紀時的王安石所要求的是有效的財政統一, 稅收在扣除徵收經費之後全數繳納中央, 以及帝國的預算。由於輸送上的重大困難與地方官吏的利益所在, 效果總是大打折扣。除非帝國是在一個精力過人的統治者的支配之下, 否則官吏往往少報可課徵租稅的田地面積與納稅的人數, 短報之數大約是已公佈的土地戶籍登記數字的百分之四十 ❺。當然, 地方州郡的開銷必須扣除, 因此, 保留給中央當局的租稅收入, 是非常難以預估的。最後, 中央有條件地投降了: 自十八世紀起一直到現在, 地方督撫(和波斯的總督一樣)只輸納一個標準的定額的貢賦, 並且在理論上, 此一定額只有在中央需要時才有所變化。關於這點, 下面會談到。

租稅配額的規定, 對於地方督撫的權勢而言, 無論在哪一方面都有影響。他們向中央提名及任命轄區內幾乎所有的官職。他們雖任命地方官職, 但是從官方所承認的官吏數目之少 ❻, 可以推斷他們是無法以一己之力來治理其龐大轄區的。就中國官吏萬般皆管的職務負擔而言, 我們可以斷定, 像普魯士邦那麼廣大的一個轄區, 即使是上百個官吏都無法治理得好的, 更別說只有一個了。帝國其實可說是在最高祭司長統領下的一個督撫領區所結合成的聯邦(Konföderation)。權力在形式上完全掌握於州省有力官員的手中，帝國統一之後，皇帝便明智地運用家產制所特有的手段，以維持其個人的權力。官吏的任期相當的短，通常是三年一任，任滿之後，必須轉往他省就任 ⑯。禁止官吏就任於自己鄉里所在的州省，同一轄區內也同樣禁止任用其親戚。同時還有以"御史"之名所構成的監視系統。實際上，所有這些措施都不足以建立起一套精確而統一的行政體。爲何如此？底下我們就來探討。就中央的合議制政體而言，一個衙門內的長官同時必定是另外的合議體中的一員、而從屬於另一些衙門的長官。此一原則，既妨礙了行政的嚴密性，本質上又無助於統一。在地方的州省更是無法發揮其機能。除了偶爾碰到強而有力的君主統治外，地方行政區都在租稅徵收上扣取自己地區的花費，並且假造土地帳册。財政上"較貧乏"的省分，例如邊防區與武器糧秣的所在地，則透過一套繁雜的系統，從富裕的省分轉運來物資。除此之外，就只有傳統的上下其手與一套不管是中央還是地方都不太可靠的預算。

中央當局對於地方財政缺乏明確的了解,其結果我們下面會談到。直到最近，州省總督還自行與外國列強締結條約，因爲中央政府的組織不足以勝任。正如我們下面就要指出的，幾乎所有重要的行政措施，形式上是由州省總督來制定，而實際上卻是由其非在官方編制內的僚屬所擬定的。

直到最近,下屬的官府通常都將中央政府的令諭看作是倫理性的、權威性的建議或期望，而不是命令。這是符合於皇權之最高祭司與卡理斯瑪性格的。此外，一眼便可得知，所有這些[上級的令諭]基本上並不是指令，而是對政務執行的批評。當然，個別的官吏是可以隨時任免的，但是中央當局並沒有因此而獲得實利。對中央當局而言，爲了防止官吏變成封建家臣那樣擁有獨立的權力，官吏被禁止就任於故鄉州省，並規定三年一調——如果不是調任他省，至少是調任另一官職。這些措施有利於帝國統一的維持，但其代價則是中央任命的官吏無法於其統轄的地區上紮根。

官紳帶領著他的整個氏族成員、親朋好友與僕客，到了一個人生地不熟的州省去就任。他往往不通曉當地的方言，一開始就必須仰賴通譯者的輔助。再者，由於對當地基於慣例而來的法規不熟悉，他很可能因傷及神聖的傳統而招致危險。因此，他必須完全仰賴於非官職身分之顧問的指導，後者是身具經典教養的本地人，精通當地的習俗，就好像一名告解教父。官吏往往對他敬重禮遇有加，並稱之爲“先生”。再者，官吏也要仰賴非官方身分的助手，而自掏腰包來供養他們。雖然他的官方僚屬——領有國家薪俸者——必須是非本地人，而其非官方的助手却是由許多出身本地的官職候選者［按：即通過初級科舉的生員］中挑選出來的。既然官吏舉措無所適從，他就必須依靠這些尚未就任官職、但却熟知地方人情事故的人。最後，當他到一個新的省份視事時，他也必須依賴州省原有部門的各個主事，從他們那兒求取有關庶務與風土的知識 ❺⑦。畢竟後者對於地方事務的精通，要長他數年之久。結果顯然造成實際權力掌握在非官方的本地僚屬手中的局面。官方任命的職位越高的官吏，越是無法修正、監管胥吏們的政務執行。以此，無論是中央還是地方的官吏，對於地方事務消息都不夠靈通，因此無法一貫且合理地介入。

中國的家產制用以防止封建身分之興起，亦即防止官吏自中央權威當局中解放出去的，是一套世界聞名、成效卓著的辦法。這些辦法包括：實施科舉，以教育資格而不是出身或世襲的等級來授予官職。
這對中國的行政與文化都具有決定性的重要意義。下面我們會談到。
但是基於上述條件，中央政府手中的組織還是無法精確地運轉。在下
面討論到官吏之養成的篇章裡，我們會指出由於官吏階級的身分性榮
譽所造成的進一步阻礙——此種身分倫理部份受到宗教上的制約。在
中國，和西方一樣，家產官僚制是個強固且持續成長的核心，也是這
個偉大國家形成的基礎。合議制支配的出現與"專管部門"(Ressort)
的發展 ❺，都是兩地的典型現象，但是就如我們下面所要提出的，官
僚制運作的"精神"，在中國與在西方，是非常不一樣的。

四、公共的負擔：徭役國家與租稅國家

　　從社會學上決定因素的觀點而論，中國官僚制之精神是與公共負
擔(öffentlichen Lasten)制度相關連的，而後者則隨貨幣經濟的變動
而發展。和其他各地一樣，中國的部族長或君侯原先是分配到一塊田
地(公田，相當於荷馬筆下的 tenemor [按：希臘的公田，字源是"籤"]
❺)，由國人一起來耕作。

　　國人一同負擔徭役即起源於"井田制"——八塊正方形田地圍繞著
一塊位於中央的國有田地——另外為了水利工程還有額外負擔。田地
耕作加上河渠管理，導致後來一再出現的土地皇權所有的思想，並且
在術語上保存下來(有如在英國一般)。然而中國的皇帝，和埃及的法
老一樣，也不太能避免介於出租的王有直轄領地(verpachtete Do-
mänen)與課稅的私有土地(besteuertes Privatland)之間的區分。根
據術語中明顯的痕迹看來，租稅一部分是由慣例的禮物，部分是由服

屬者的賦役義務，另外部分則由皇權土地所有之要求而發展來的。土地國有、納稅義務與徭役義務，長久以來即以互爲變化的關係併存。以何者爲主，端視不同的情況而定：包括國家的貨幣經濟——如前述，由於幣制的緣故而非常不穩定——所達到的程度，國內和平的程度，以及官僚機器可靠的程度。

　　據聞，（傳說中的）"神聖"皇帝禹，制住了洪水，並規劃了運河工事；第一位純官僚制的君主"始皇帝"，則被認爲是運河、道路、城堡——特別是萬里長城（實際上他只完成了一部分）——的最偉大修築者。這樣的傳說，逼眞地顯示出家產官僚制之起源於洪水的治理與運河的開鑿。王權則來自臣民的賦役，這種賦役對水利工程是無可或缺的，正如埃及、中東的情形一樣。傳說同時也傳達了統一的帝國是如何發展而成的：這是由於面對廣大的領域，治水的統一管制愈來愈受關注，此一關注則與保護農地免受遊牧民族之侵擾的政治需求相關連。

　　除了灌溉之外，還有國庫的、軍事的、糧食供給上的建設。像從長江挖通到黃河的有名的大運河，就是用來轉運南方的貢米到蒙古大汗營建的新都（北京）的 ❻。據官方的記載，一次有五萬名服徭役者同時築堤，然而修築工程還是逐步完成的，長達數個世紀之久。連孟子都認爲徭役比租稅是提供公共需求更理想的方式。君主根據占卜選定新都之後，便不顧人民的反抗而要他們隨之搬遷，這和中東地區的情形一樣。流刑者和強徵而來的士兵被分派監守堤防與水門，並提供修築工事與開墾的部分勞動力。以此，軍隊的役夫逐步取得西方邊境州郡的沙漠耕地 ❻。對於此種單調命運的沈重負擔——特別是築長城的徭役者——的哀嘆可見諸現存的詩篇裡。徭役往往幾乎長達一生，爲人妻者思其夫，兒女似乎最好不要有 ❻。經典敎訓中極力反對君主像埃及那樣，將人民的徭役浪費在私人目的的建築上。在中國，隨著公共勞動在官僚制組織下的發展，這樣的浪費亦與日俱增。徭役制度一旦崩壞，沙漠便開始延伸至中亞地帶，而辛勤開墾的耕地，如今已完全為砂礫所掩蓋 ❻。此外，帝國的政治力量也隨之俱去。史書中傷嘆農民被驅使於王室領土的劣政。只有少數卓越的人物才能將組織中央集權化，並領導這個奠基於徭役的國家。不過，徭役仍然是用來應付國家需要的正統方法。為充分因應國家的需要，是該採取實物經濟政策(賦役)，還是該採取貨幣經濟政策(發包)，十七世紀時，由於運河要作某種重整而必須在兩制度間擇一時，二者間的關係便可由此一問題在皇帝御前的討論中顯示出來。最後決定以貨幣支付發包，因為否則的話，重整工程需要十年的時間 ❻。承平之時，政府則不斷嘗試派軍隊服徭役以減輕一般人民的負擔，一直到明朝的 1471 年之前，還規定輸往京師的米糧，一半由軍隊運送，一半由一般人民運送。1471 這年，則下令由軍隊單獨負起輸運米糧的工作 ❻。

除了軍事徵召、徭役與貢賦義務外，中國早就有租稅。諸侯國中的秦國很早(西元前六世紀)就廢止了在王領地上耕作的徭役；到了西元前三世紀，秦國君主就成了整個帝國的第一位皇帝。

當然，土貢(Abgaben)在很早以前便已存在。皇室的必需品，和世界各處一樣，是分別由不同的地區以實物來提供 ❻，此一制度的遺迹一直留存到現在。實物貢租制度與家產制軍隊、官吏系統的創立有密切的關連。和其他地方一樣，這兩者都由國庫來供養，並發展出固定的實物俸祿。不過國家的貨幣經濟也時有進展，如史籍所載，至少在漢代，大約是西曆之初，就已經有了 ❻。伴隨著往貨幣經濟發展的一般性趨勢，還有臨時性的徭役(特別是為了土木工程、快驛、與轉運)、規費、實物與貨幣貢租、以及為了供應宮廷需要的某些奢侈品的莊宅經濟(Oikenwirtschaft)等❻，這些還一直存在至最近。

此一轉向貨幣稅(Geldsteuer)發展的趨勢，特別表現在地租方面——直到近代還是最重要的一種租稅。此處，我們無意詳述其頗有意思的歷史 ❻，不過與農業制度相關連的要點還是得討論一下。此處，只消說中國的租稅制度，和西方的家產制國家一樣，是逐漸發展為合一的稅制(雖然有時是相當分化的)；辦法是將所有其他的稅負都轉變為地租的附加稅。

這是由於非投資於土地的資產對於疏放的帝國行政而言是"看不見的"，也非其徵稅技術所能為力的。政府之所以採取典型實物經濟的措施(亦即，以徭役與貢賦來充分因應國家需要)的一部份原因，或許正是由於無法掌握這些看不見的財富。除此之外，或許真正首要的關鍵性因素，是通貨[極不穩定]的狀況。

一般而言，所有疏放行政之家產制國家的土地租稅，有兩種發展傾向：

第一，將土地租稅制度轉化為貨幣租稅的傾向，並擴及於所有其他的稅負，特別是徭役與其他的貢賦義務。

第二，將土地租稅轉變成一概括數額租稅的傾向，最後變成根據固定的配額，由各州省徵收的固定貢稅。此一極具重要性的過程，我們已簡單談過。

滿洲王朝治下帝國的和平安定，使宮廷得以放棄年年變動的收入，並導致 1713 年那道有名的勅令❼。此道詔令被譽為使十八世紀中國重新踏入盛世的泉源。此一詔令意圖使州省的土地租稅負擔轉變成固定的數額，我們馬上就會談到。除了土地租稅之外，塩稅、礦稅、最後是關稅，都納入中央政府的收入。事實上，能夠轉送到北京的總額，傳統式的固定下來。直到與歐洲列強的戰爭爆發，接著是太平天國之亂(1850-1864)帶來財政上的危機，在哈特爵士(Sir Robert Hart)精彩的行政管理下——徵收"釐金"[內地的貨物關稅]——帝國財政才現出曙光。

由於租稅的配額規定與隨之而來的和平安定，人口大量滋生。進一步的發展，則是徭役的廢止以及放棄對職業選擇的控制、強制性的通行證件、對自由遷徙的限制、對屋宇之擁有和生產狀況的監督控制等等有利於人口增長的因素。根據戶口的數據——部分極有問題——中國的人口顯然有過大幅度的波動，不過滿清初期的人口數與一千九百年前的始皇帝時的人口數，並沒有太大的差距。無論如何，十幾個世紀以來，表面上的人口數字均浮動於五千萬到六千萬之間，但是自十七世紀中葉到十九世紀末葉，人口數則竄升到大約三億五千萬到四億之譜❼。中國人名聞遐爾的營利慾，無論是在大規模活動方面，還是零星買賣方面，都展現開來，積聚起相當可觀的資產。不過，下面所舉的這些，想必是這個時期最出人意料之外的現象：

• 人口與物質生活雖有高度的成長，但中國人的精神生活却仍然保持完全靜止的狀態；經濟領域裡雖存在極有利的條件，但就是不見有現代資本主義的發展。

• 中國曾經有過的大量的對外輸出貿易，並未重新受到鼓舞，反而只開放一個港口(廣州)與歐洲人作貿易，且受到嚴格的監管。

• 一般人民的努力——有可能受到心內資本主義式利益的鼓舞——未能粉碎上述的限制。情形顯然恰好相反。一般而言，在技術、經濟、行政等各領域裡，都未見到有歐洲人所謂的"進步"的跡像。

・帝國的財政力量顯然應付不了因對外政策上的需要所帶來的沈重壓力。

我們的中心問題，便是要就人口不尋常增長──儘管有無數的討論，仍舊是無可置疑的──的這個觀照點，來解釋所有這些匪夷所思的現象。其中包括經濟的因素與精神的因素。我們將先討論前者，這是屬於國家經濟的範疇，因而本質上也就是政治的問題。政治─經濟的因素和"精神的"因素一樣，是由中國主導階層的特殊性所造成的，這階層包括擁有官吏身分者以及擁有官職之候補者身分的人，亦即官紳。首先，我們要討論他們的物質狀況。

五、官吏階級與按配額徵收的賦稅

如前文所述，中國的官吏原先是仰賴國庫支付的實物俸祿，後來則代以貨幣薪俸而持續不變。以此，政府在形式上是支薪給官吏的，而實際上只有擔任行政工作的一小部分官員是這樣給薪的。薪俸往往實在只是他們收入中微不足道的一小部分。官吏既無法賴其薪俸過活，也無法靠薪俸支付其義務內的行政開銷。實際上的情形是這樣的：官吏就像個封建領主或總督，負責向中央(下級官吏則向州省政府)繳交一定的租稅額，而他自己則從徵收來的規費與租稅中，支付行政經費，並將餘額保留給自己。雖然在理論上這並沒有得到認可，但事實便是如此，這也是配額租稅制之具長遠影响的結果之一。

1713 年施行的所謂地租固定，乃是皇權對官職受俸者在財政及政治上的讓步。事實上，地租絕不是就此轉變成(像英國那樣的)固定的土地租稅，而是中央政府確定州省官吏所轄區域內每年的稅收總額。

王室在此一總額中抽取一定的數額，算是州省的貢賦。結果是中央政府只不過是在一段(不確定的)時間內固定下這些州省總督課徵來的俸祿額。這層意思明白顯露於此一措施中(否則這個措施就只是種無意義的公式化)：州省中的某些特定地區負有納稅義務，而其他地區則完全免稅。事實上地區的周期性人口調查就依此登錄。當然，這不是說相對數額的人口是免稅的，只是官吏並不將他們列入法定徵稅的範圍之中。早在 1735 年，皇帝即下令廢止人口調查中這兩個範疇的區別，因爲此乃無謂之舉。

通貫於家產制性格中的是：官吏將其行政轄區內所得的收入作爲俸祿，事實上與其私人收入並無分別 ❼。官職俸祿所有者是絕不願意將地租或其他租稅合算成一總額向納稅人徵收。事實上帝國行政也並不是眞正想以這樣的方式來固定租稅。家產制貫有的原則是：官吏不僅必須從他的收入裡支付其行政區域內的民政與司法事務上的開銷，並且還須自行支薪給他的行政幕僚。根據專家估計，即使是最小的行政單位(縣)，幕僚的人數都高達三十到三百人之譜，而這些人往往是由人民中的無賴漢來充任。如前所述，官吏只是個任職州省的外地人，沒有這樣的一批幕僚是無法安居行政長官之位的。他的私人費用與行政開支並無分別。以此，中央行政當局就無法確知個別州省與地區的實際總收入，而州省總督也無法確知地方府縣的收入……等等。

另一方面，納稅人對於非傳統固有的任何稅捐，都採取一種原則性的反抗態度。在很大的限制下，他們之所以能夠非常成功地如此做的情形及原因，我們下面會談到。不過，他們對於不斷試圖擴大稅捐的反抗，本質上有賴於當時權力運轉的模式，故而頗不穩定。此外，官吏尚有兩種增加收入的手段：第一，他們可以加收至少百分之十的稅款來作爲徵收的經費。第二，對於無法如期繳付者，也可加徵類似的稅款，不管拖欠的原因是由於債務者本意如此或非故意的，還是(經常都是)官吏有意造成的。再者，實物租稅轉換成貨幣稅，而貨幣則轉以銀納，再轉成銅錢，爾後又再改爲銀納，所有變換過程中的兌換率，都操縱在收稅者的手中。以此之故，有力人士莫不傾向實物租稅，並且總是如願以償。

不可忽略的是，依家產制的標準，官吏的每一項職務活動都必須以"禮物"來回報，因爲並沒有法定的手續費明細表存在。官吏的總收入，包括額外的利得，起先是用來支付職務上實質的雜費及其義務內的行政支出。國家在行政上的支出只是總支出中的一小部分。再者，上級官吏的收入是從直接掌握稅源的最下級官吏所徵得的總額中抽取。下級官吏的職責所在，只是根據傳統租稅戶籍登記，將稅款(通常數額並不多)繳交到上級那兒。因此，在其就任之時，以及逢年過節之際，他就必須盡可能地獻上"大禮"，以博取對其命運有決定性影响力的上司之歡心 ❼。此外，他還必須對其上司的非官方顧問與屬官禮數周到，因爲他的命運也在他們影响所及的範圍。假使他想如願謁見上司的話，就連管門人的禮數都不可缺。此種贈禮層層上達宮中的宦官，他們甚至向朝廷高官收受貢禮。光就地租一項，專家估計，官方宣稱的稅收與實際的稅收，二者間的比率是一比四❼。

1712-13 年間，中央政府與州省官吏在租稅分配上取得妥協。以貨幣經濟形式所做的這項妥協，大致相當於西方的封建義務在其自給自足式經濟形式下的固定化。不過，這其中仍有相異之處。首先，在中國，猶如所有特殊的家產制國家一樣，關鍵問題是俸祿而非采邑。中央當局典型地仰賴俸祿領受者——俸祿來自規費與租稅的徵收——提

供行政服務，並從他們那兒收受實物貢賦、特別是貨幣貢賦。而不像
西方諸侯那樣仰賴自行武裝的騎士的軍事服務。其次，還有一個重要
的差別。西方並不是沒有俸祿，實際上規費與租稅俸祿都有。起初只
真正行於教會領域裡，後來家產制國家也起而傲效施行。只不過他們
要不是終身俸祿(除非正式免職)，就是像采邑一樣的世襲性占有。甚
至還可以買賣轉讓。作為俸祿基礎的規費、關稅與租稅，則由特權或
慣例加以固定。

在中國，則如我們上面所說的，正式的官吏是可以任意的被免職
或轉任的。再說，一任的時間也不長。這樣(主要是)一來有利於中央
保持控制，一來則讓出機會給其他的官職候補者——時有此例 ⓭。官
吏階層，就整體而言，保證能享有來自俸祿的巨額收入，但就個別的
官吏而言，其地位是朝不保夕的。取得官位得付出昂貴的代價(求學、
捐納、贈禮與"規費")，任官之後則往往債務纏身，因而不得不在短短
的任期之內盡其賦歛之能事。在沒有公定稅額與保障的情況下，他大
可上下其手。不用說，當官確實是為了歛財，只有在做得太過分的情
況下，才會為人攻擊——就像許多詔令所指出的。根據 1882 年 3 月 23
日的《京報》所載，廣東的一名官吏，在數月之內就積歛了比慣常的數
額多出(注意!)十萬兩的銀子。福建的一名受雇的書記，也能買得江蘇
地方首長的職位。負責關稅的官吏每年則能取得十萬至十五萬兩的收
入。

不過，此種狀況自有其廣泛的效用。首先，中央政府的控制地位，
在個別官吏的轉任制度下，獲得最有效的保證。因為在不斷改組與機
會轉換之下，每一名官吏都競相爭取俸祿。個人的利害和人與人之間
的利害關係，就不可能統合起來，與上級之間的關係也因而不會穩固。

中國官吏階層的所有權威主義與內化的束縛，與此息息相關。當然，官吏中還是有"黨派"存在。他們因同鄉的情誼，以及與此相關的、因受教的學派固有的特色而集結在一起。近代，北方省分的"保守的"學派，就與中部省分的"進步的"學派及廣東省的"激進的"的學派，相互對立。當時，皇帝的詔令裡還提及同一衙門裡尚有崇尚宋學與崇尚漢學者的對立。不過，沒有任何足以危害到帝國統一的地區性分離主義得以在這樣的基礎上發展起來，因為原則上，官吏必然是所任職州省的外地人，而且不斷地被遷轉。此外，中央當局也慎重地將互相敵對的學派成員和鄉黨成員，混合在同一個管轄區域和相同的職位上。分離主義自有相當不同於此[亦即黨派]的基礎，我們下面就要談到。官吏對於其上司所顯示的微弱地位，對下[幕僚、胥吏]也一樣，其所付出的代價是成為仰賴屬下的犧牲品。此一俸祿結構另一個更重要的結果，是其行政上與經濟政策上極端的傳統主義。此種傳統主義，縱使源自其特殊的精神取向，但也有高度"理性的"基礎。

對傳統的經濟與行政加以任何的干預，都會侵害到支配階層在規費與俸祿上不可測知且不勝其數的利益。既然任何官吏都有可能被貶到所得機會較差的地位，所以官吏階層整體一致地強烈阻止(至少和納稅人一樣強烈)每一次改革規費、關稅與租稅制度的企圖。在西方，規費與所得機會的永久性占有，使得相關的利益相當明確。這些利益包括關稅、護送稅[按：中世紀時，以武裝兵護送旅行者而向其課稅]、渡橋稅、通行稅與道路市集權益費。通常確定利益的團體都有機會組織起來，以武力、妥協或特權的方式來解除種種溝通的障礙。

然而在中國，這是不可能的。位於最高支配地位的官吏階層並不個別地占有利得機會；利得機會毋寧是由可以任免的官吏所構成的整個身分團體所占有。他們集體反對干預並極端憎恨地迫害任何號召"改革"的理性主義理論家。只有自上或自下而來的激烈革命，才有可能改變此一形勢。一般而言，任何改革都會危害到每個官吏在其規費上現在或者未來的利益，無論這是指以便宜得多的海路汽船來運送貢賦、以取代通航於運河的河船之轉運，還是指變更徵稅、旅客運送、請願或訴訟之傳統的解決方式。只要看看 1898 年由[光緒]皇帝所提出的一連串改革計劃，我們便能明白，即使是部分實施，都將引起所得的巨大翻轉。因此，改革毫無希望，這是可以預見的，因爲不僅有一股巨大的物質利益與之對立，並且也沒有獨立於這些利益團體之外、而與利益無涉的執行機構來實現它。

各州省的分離主義，尤以財政上的分離主義爲首要，乃是根源於此一傳統主義。這是因爲任何行政上的中央化都嚴重地危害到州省官吏及其非官方黨羽的俸祿。確實，正是這個因素，使得帝國中央行政的理性化、以及統一的經濟政策未能實現。

重要的是，原則上我們要認識到，東方的純粹家產制國家組織，和我們的預期相反，並沒有走上幾乎是[所有家產制國家]普遍的命運。貨幣經濟不但沒有削弱傳統主義，結果反倒強化了它。這是貨幣經濟與俸祿結合之後，爲支配階層創造了特殊的利得機會。一般而言，如此一來更加強了他們作爲坐食者(rentier)的心態[76]，並且使他們對於如何維持各種原有經濟條件——其俸祿利得的關鍵所在——的關注達於頂點。我們發現到，在埃及、伊斯蘭國家、與中國，隨著貨幣經濟一次次進展而來的，是國家收入日漸的俸祿化。俸祿的占有雖然在這期間也有過短暫的成功，但一般而言，對此現象本身，我們通常只能給予"僵硬化"(Erstarrung)的評價。

　　東方家產制及其貨幣俸祿所造成的一般性結果是：很典型地，只有在國土為武力所征服的情況下，或者成功的軍事革命或宗教革命，才能夠瓦解俸祿利益的強固結構，從而締建全新的權力分配與新的經濟條件。任何自內改革的嘗試都必受挫於上述提及的阻礙。如上所述，近代歐洲是歷史上的一個不凡的例外，這特別是因為缺乏一個和平化統一帝國的緣故。我們也許得提醒，就正是這個在世界帝國中阻礙行政理性化的國家受祿者階層，在戰國時代卻是各諸侯國裡〔在行政合理化方面〕最有力的促進者。爾後刺激消失了。這好比市場的競爭會迫使國家經濟與經濟政策理性化，就像發生在西方與戰國時代的中國的情形。在私人經濟的領域裡，企業的聯合壟斷會削弱資本主義靈魂所在的理性的計算；在國家方面，權力的壟斷則會窒息了行政運作、財政管理與經濟政策的理性化。存在於各戰國諸侯相爭時期的理性化驅動力，在帝國統一後就不復存在，原因尚不止於此。在中國，即使是戰國時期，行政與經濟的理性化幅度，都比西方要小得多。除了上述所提的差別之外，西方還有一些獨立且強大的力量。諸侯的力量可與之結合，以破除傳統的束縛；或者，在非常特殊的情況下，這些力量可以用他們自己的武力來擺脫家產制權力的束縛。決定西方之命運的五大革命正是如此：十二世紀與十三世紀的義大利革命，十六世紀的尼德蘭革命，十七世紀的英國革命，十八世紀的美國革命與法國革命。我們要問：中國為什麼沒有類似的力量存在？

第 **3** 章

行政與農業制度

　　中國人強烈的營利慾(Erwerbstrieb)自古以來即有高度的發展，這是毫無問的。對氏族以外的人的這種不顧情義的競爭，其強烈程度，沒有其他民族可與之相比。唯一可能的例外，是批發商人以及——特別是——海外貿易商所屬的獨占性行會。他們的營利慾強烈地受到[商業]倫理上在商言商的態度所調節。

　　中國人的勤勉與工作能力一向被認爲是無與倫比的。商人行會，如前文所述，比起其他國家都要來得強而有力，其自主權在實際上也是毫無限制的。在歐洲人看來，中國人口自十八世紀以來的高度成長，以及貴重金屬的不斷增加，照理說應該是資本主義發展的大好機會。再一次，我們又回到起初的問題上來。雖然我們已經討論過幾個資本主義未能興起這個事實的原因，但我們尚未有令人滿意的答案。

　　中國在發展上的下面幾個特徵，恰與西方形成尖銳的對比：以十八世紀爲起點的這一個時期，人口的大量增加是其特色，而不是像英國發生農村人口相對減少的情形。我們發現(諸如德國東部)農村的典型樣式，是愈來愈多農民的零星地經營，而不是大規模的農業經營。最後，連帶的是牛隻數量的不足。牛很少被宰殺(特別只是爲了供奉犧牲的目的)；也沒有飲用牛奶的現象；"食肉"就等於是高等身分的同

義語，因爲它所指的是官員享有分食祭祀犧牲的特權。所有這些倒底
因何而起？

一、封建制度與財政制度

由於非漢學家所能利用的資料有限，所以想要描述中國農業的發
展是不可能的 ❶。在本文裡，我們所必須加以考慮的，只是那些能夠
透露出中國國家制度(Staatswesens)之特性的農業政策上的問題。我
們一眼就可看出，軍事與財政的改革，決定了農業經濟裡的根本變遷。
因此，中國的農業史所顯示出來的，是諸種具有同樣可能性的課稅原
則在單調的來回擺盪。自封建制度崩潰之後，此種擺盪所造成的田地
財產處置方式，便與[農業]內在的"演進"無甚關聯。

在封建時代裡，農民無疑的是封建主的領民，必須繳納貢租與提
供勞役。即使並非全然如此，至少對大部分農民而言是錯不了的。到
了始皇帝時代，他們顯然保有某種武裝的能力。實情即便不是如此，
也不必然就可遽以爲他們是像西方那樣隸屬於封建領主下的莊園農
奴。情況毋寧是由於治水的緣故——像埃及與中東那樣——而在政治
上服屬於君侯的治下。

史書上所謂"兼併"的情況，往往受到政府強力的抑制。在這樣的
情況下，由於受到戰爭的威脅與治安不佳，或由於租稅與借貸造成超
額負債，農民遂蜂湧到有產階級那兒，投身爲蔭戶(佃客)。政府則設
法保持農民直接納稅的義務，以防止政治上具有危險性的莊園領主階
級興起。然而，在漢代，至少時常有明確的報告指出 ❷，地主是替他
們的佃戶繳納租稅的。軍事"篡位者"王莽，和軍國的君主始皇帝一樣，

想要引用皇權土地所有制(kaiserliche Bodenregal)來摧毀地主的地位。顯然, 他是失敗了。

我們對於是否有西方式莊園經濟的萌芽, 一無所知。無論如何, 這樣一種莊園經濟——如果能證實有的話——或許也不必認為就是[中國農業的]典型現象。更不用認為它是封建制度所造成的結果, 因為法律條款並不能讓我們確定, 西方類型的莊園制是否能奠基在這樣的一種法律制度上 ❸。至於非漢學家所能利用的資料, 也不足以讓我們確定耕地共同體(Feldgemeinschaft)的性質。村落共同體是否, 以及如何, 與封建體制連結在一起, 還是很成問題的。此種連結算是種通例 ❹, 不過也可能和世界其他地方的情形一樣——共同體源起於財政需求[按: 國庫收入]。

例如: 在唐代, 為了課稅的目的, 農民被編制成小的行政區域(鄉)(624 A.D.)。在這些區域裡, 農民被保證分配到一定的田地, 這些田地可能是國有的土地。以上的事實毋庸置疑, 因為此一制度也為日本所襲。在此情形下, 退出所屬的鄉, 或將土地轉賣, 都是被允許的, 不過要以加入另外一個納稅共同體(Steuergemeinschaft)為前提。當然, 地主的集團卻並不就因此而只是一個相對而言閉鎖性的團體。

將人民非常徹底地重組成在納稅、徭役與徵兵上負有連帶義務的諸團體, 表示出以國庫收入為目的的土地耕作義務, 通常是第一要件。由此, 便衍生出相對應的土地"權"。

顯然, 這並不就會導致一種村落的共產經濟——如日耳曼、俄羅斯與印度的情形。西方觀點下的那種村落共用地(Allmende), 在中國屬於遙遠過去的一個現象, 只能從偶有的暗示裡來推論出它曾存在。帝國的稅制, 並不是以村落而是以家族為其課稅的單位。這包括家族

裡從 15 到 65 歲的勞動成員(丁)。最遲在十一世紀，而且可能還要早
得多，他們就被編列為責任團體[按：如十家為一組的保甲團體]。我
們下面會提到，村落毋寧就是在很大一個程度上的自治團體。就以下
的事實來看，財政的強烈干預，並非理所當然的：原先可能只以貴族
家庭為限的一種不同的團體 ❺，自古以來便慣常地將整個農村人口都
包含在裡頭，而此種團體並沒有被這些國庫財政的措施摧毀掉。

氏族凝聚之牢不可破且持續性的存在，以及氏族長的優越地位，
可以確知已有數千年之久。中國古代的莊園領主制度很可能就是自其
中產生出來的。如前所述，兵役以及可能所有的公共負擔，起初都是
分配給氏族的。從無數的類推和後代的變化結果來推論，我們可以指
出，氏族長是負有分配賦稅和勞役的責任的。自從私有財產制度實施
之後，亦卽，土地(或其使用)為個別的家族正式占有後，氏族長的這
些功能(根據 1055 年的傳聞)就通常為最富有的地主所取代。以此，被
委託去分派土地租稅的"長老"，以及因此而獲得聚積財富之機會的人，
就是爾後的地主，窮困的氏族成員則變成他的領民。此種變遷還有其
他許多案所周知的並行類型。此外，富者的這種"所有權"並不真正被
認為特權，毋寧說是一種賦役義務(liturgy)。某些人卽企圖以假造的
土地買賣和分家來躲過這些負擔。非漢學家是無法判斷是否有一個非
氏性族凝聚的農奴階層與氏族團體——通常構成一個要求有土地獨占
權與擁有奴隸的上等階層——並存的現象。在中國，同樣的，擁有奴
隸的權利是高等身分團體的一項絕對的特權。農奴的存在是可以確定
的，並且原先大部分的農民可能都是農奴。西元前四世紀時，只有能
任官職的官族有權擁有農奴。農奴並不被課稅(地租)，也不服役(徭
役)。顯然，除非他們獲得租稅豁免，否則他們的領主就得為其納稅。

據史書所載，個別的家族可以擁有"至多四十個"農奴。這可讓我們推斷出，當時富有的地主所擁有的田莊規模並不大。奴隸制在中國一直是存在的，不過，只有當貨幣資產靠著商業及國家買辦而累積起來的時代，顯然它才具有經濟上的重要性。以此，奴隸的身分形式是債務奴隸和償債奴工，這我們下面會討論到。

農業經濟的決定性轉變，顯然一直是由政府發動的，而與兵役及課稅的規制連結在一起。據聞"最早的皇帝"(始皇帝)實行農村普遍性地銷兵(解除武裝)。此一政策，無疑的，主要是直接針對著始皇帝所要徹底鎮壓的封建領主之武裝勢力而來。但是，由推翻這個王朝的反叛過程看來，顯然一直到那時廣大的農民階層仍舊是武裝的(正如日耳曼在解除武裝──在[十六世紀]農民戰爭結束後──之前的情況一樣)。漢朝的創建者及其他的反叛者，都是農民，並且，至少部分而言，都有賴於其氏族的軍事支援。

同時，[始皇帝]也制定"私有財產制"──此後中國即一再地重申施行。私有財產制指的是：將土地分配給農民家族(是哪些家族，則無法確定)；擁有土地的農民免除既有的賦稅(也不知指哪些)；國家新立的賦稅則直接向農民課徵：部分是課以租稅，部分是勞役，部分則是應皇帝之家產制軍隊的徵召。往後的發展則決定於政府對於防衛、徭役、與農民賦稅能力的關注取捨程度，其中重要的是：以各種實物來納稅，還是以錢幣納稅；與此相關的，軍隊是徵召人民所組成的，還是由傭兵所組成的；最後，政府是以怎樣的技術手段來使人民履行這些義務的❻，這點尤為關鍵所在。

這些構成要素皆有所變化，而諸士人學派間的對立──貫通於整個中國古今的文獻中──大多集中在行政的技術問題上。西元十一世紀初，當蒙古人的侵略風暴襲捲而來時，此種對立更形尖銳。對當時所有的社會改革者而言——就像對格拉古兄弟(Gracchi) **❼**一樣——中心的問題是如何維持或建立一個適當的軍隊來迎戰西北方的蠻族，以及如何取得必要的物質——靠貨幣支付呢？還是實物供給？

中國為確保農民繳納各式的貢賦所採取的典型(而非中國特有的)手段，是形成負有連帶責任的強制團體(由五家或十家組成)，以及將有田產者依其財產劃分為數個課稅的等級(例如劃分為五個等級)。這是為了要維持和提高具有賦稅能力之農民的數目，以防止財富的累積和未耕地或粗放耕作地的擴展。進一步，不斷努力限定財產的最高限額，將土地擁有權和有效的耕作連結起來，開放拓殖地，並在每個耕作農民皆可分配到平均耕地的基礎上重新分配土地——約略可與俄國的“份地”(nadjel)相比擬[按：俄國農村，每個人都有要求份地的權利]。

中國的稅務機關，由於土地計量技術太差，所以在土地的再分配以及土地登記方面都遭遇重大的難題。唯一真正科學的、“幾何學的”著作 **❽**，是從印度人那兒借過來的，這顯示出丈量技術中缺乏三角測量法。個別耕地的丈量甚至都難與古日耳曼的測量技術或羅馬測量技師(agrimensores)真正原始的技術相比。驚人的測量錯誤——與中世紀銀行家的錯誤計算不相上下——簡直是家常便飯。中國的測量單位“尺”，雖經始皇帝的改革，顯然還是各省不一。皇帝尺(約當 320 mm.)通常是最大的，但還有 255、306、315、318、到 328 mm.等各種尺度。

田地丈量的基本單位是畝，理論上，一畝地是 100 步×1 步，後來是 240 步×1 步的長條地，一步有時相當於 5 尺，有時相當於 6 尺。如以後者計，以一尺為 306 mm.為基礎，這個條形地等於 5.62 公畝。百畝

為一頃，等於 5.62 公頃。在漢代，12 畝被認為是一個個人所必須的
——以俄國語彙來說，就是"人頭份地"(Soulnadjel)。每畝能產 1 ½ 石
的稻米。根據最古老的記載，在文王統治時代(西元前十二世紀)以前，
是以 50 畝(即 3.24 公頃)為個人份來計算，其中 5 畝(即 1/10)是為國
庫收入耕作的公田(王土)。因此，2.916 公頃被認為是正規的個人分內
財產。然而，此項記載完全不可信❾。

數千年(或更久)以來，家族，而不是田地單位，才是一個[徵稅]
單位，如上所述，計算的基準或許就是丁，亦即家族中的勞動成員❿。
土地則粗略地劃分為"黑土"或"赤土"，很有可能是灌溉地或非灌溉地，
因此而分別為兩個課稅等級。或者，根據休耕的程度也可劃分為：1.
不休耕地，即灌溉地；2.三圃式輪耕地；3.牧草地(Feldgraswirts-
chaftland)。

根據最古老的記載，一個家族正常的持分地是上田百畝(5.62 公
頃)；中田二百畝(11.24 公頃)；下田三百畝(16.86 公頃)。這和以每一
家族而非每一耕地單位為對象的單一稅制相應和。有時由於家族的大
小與年齡構成的差異，導致將大家族安置於良質耕地上而將小家族置
於劣質耕地的想法。至於實施到怎樣的程度，當然大有疑問。可以確
定的是，人口的徙置被認為是將生活水準、徭役及賦稅能力平均化的
方便法門。不過，整個正規的稅賦課徵不太可能以此種徙置的可能性
為基礎。有時家族又是以是否擁有耕牛來加以區分(西元五世紀的均田
制)。不過，這種人頭稅的制度(族制度)經常為各式各樣的純地租制度
(土制度)所替換。

種種地租制度如下：一、按產量比例來課稅(Naturalquoten-
steuer)，如秦國(360 B.C.)宰相商鞅所提議施行的。此種稅額相當可

觀，傳說是生產量的 1/3 到 1/2；並且也透露出農民在強大的君主權力之前無可奈何的事實。據史書所載，雖然稅率是提高了，但土地的耕作卻因農民的私利所在反倒繁盛起來。我們發現後代慣常都訂定較低的稅率(從產量的 1/10 到 1/15)。

其次，根據土地的性質來課徵各種實物，如章帝(78 B.C.[A.D.?])統治時期，以及一直持續到西元四世紀時的情形。這兩個時期的稅賦是基於一種相當粗略的土地分類。

最後，是以錢幣納稅。例如每畝課以 15 錢(166 A.D.)。西元 80 年，由於年歲收成不佳故須課以各種實物稅，課稅官方便以實物折現後的價格來勘定收取的數量，這導致無止盡的濫行取用。但是國家在建立起貨幣財經管理的嘗試失敗之後，就一再地轉而求助於此種實驗。這種做法顯然是爲了要建立一支有效率的軍隊，亦卽，一支職業軍(Soldheerê)。到了西元 930 年，在後唐篡位者的治下，稅制的形式改變了，各類課徵來的實物被"賣回"給納稅義務人。結果可想而知！最重要的是缺乏一個可信賴的稅務官僚體制，而宋朝(於 960 A.D.)卽試圖要將之建立起來。Pao tschi[按：不知所指何人，或許是包拯，然而年代不合]於 987 年的奏議中卽描繪出納稅義務人集體逃亡[逃戶]的陰影，而王安石在神宗治下(1072 A.D.)想要進行全面性土地登錄的企圖，也無法遂行。直到神宗朝末了，大約尚有百分之七十的土地稅率還沒有制定出來。1077 年的預算顯示出❶：貨幣收入已超出實物收入，不過距離以貨幣爲主的預算還差得遠。西元十三世紀時的紙幣經濟，和西元一世紀章帝時代銅錢的貶值一樣，導致幣制的崩潰，最終又回轉到以實物納稅的經濟。唯有在明朝，我們才看到有巨量的銀，大量的穀物收入和數額頗多的絲。

滿洲王朝下的和平化——部分由於蒙古人被佛教所馴服——加上1712—13年的租稅配額決定，致使租稅下降。十九世紀的前半期，租稅都固定在產物的1/10的低稅率中，"耕地義務"的最後一點遺跡和對土地耕作的控制，都一併去除了。最近數十年的皇帝諭令中，都禁止再要十家之長[保長]擔負起賦稅的責任❷。

始皇帝之後的二千年來，土地耕作義務並不只是一種理論。對所有的"丁"而言，它是個再清楚不過的事實：所有可以勞動的人皆有服勞役的義務。這對氏族團體及其以十家為一組的次級團體——負有徭役和賦稅的連帶責任者——而言，也同樣真實。在土地擁有的固定最大限額上和遷居的權利上，也是如此真實。既然租稅與徭役是以家為單位❸，財政當局便鼓勵甚至強迫人民分家，以便負有納稅義務的單位數目能增加到最大值。這成為一種通例，因為建立起土地丈量的系統是非常困難的。分家對於中國典型的小農作經營方式可能有相當大的影響，不過，從社會的角度上來看，此一影響力畢竟是有限的。

雖然這種處置妨礙了大規模經營單位的發展，卻有助於凝聚古老擁有土地的農民氏族，當皇帝要求土地王有時，他們則要求有使用的權利。這些氏族❹事實上是納稅責任團體的骨幹❺。帶有份地原則的意味，欲使財產平均化的企圖是失敗了，原因在於缺乏有效率的執行手段。十一世紀時的"國家社會主義的"實驗，以及後代某些君主的嘗試，都只是基於國庫收入的考慮。這些改革所遺留下來的，顯然只是一種對於中央集權政治每有干預就會激起反感的結果。在這點上，地方上的官職受祿者與人民的諸階層是一致的。例如，十世紀時，中央政府要求除了地方上所需要的之外，所有剩餘的徭役與租稅(而非一定的數額)都交由中央自由處置，但這通常只有在精力過人的皇帝治下，收到暫時性的成果。此種處置最終逐漸崩潰，如上所述，終於在滿洲王朝時放棄。

此一農業政策與國庫收入政策的某些方面，或許還須加以強調，以便能描繪出一個完整的圖象來。

在農業經濟裡占有特殊地位的是供給朝廷使用、以及用來外銷的養蠶製絲，與"水田式"(卽灌漑的)稻作。前者是園藝栽培與家內工業的一種古老行當。據史書所載，西元五世紀時，農民家戶必須依其土地配額種植及生產定額的果樹及蠶絲。

農地的分配，或可視爲所謂的"井田制"之眞正的、或至少是原初的基礎。井田制享有中國的論著者所賦予的一種半經典的地位——一種純正的國家土地分配制度 ❻。其基本的單位是一塊正方形地，每邊三分爲九部分。中央的那一部分則由旁邊八家共同爲國家(或爲地主)耕作。此一制度的普遍實施之不可思議，部分由於其內在的不可能性，並且也與史書所載之土地所有權的發展互相矛盾。秦朝於西元前四世紀時廢除井田制，或許就等於是以租稅代替一般性"王田"制度的意思，也就是替換掉顯然是不成功的"井田制重建"。可以肯定的是，井田制是具有地方性的。無疑的，它在本質上是爲了稻田的灌漑，只有偶爾被轉作耕地，無論如何，在歷史上，它並非(如某些人所主張的)中國農業的基本制度。它只不過是古老的公田(王領耕地)原則的一種形式，偶爾適用於水稻田的耕作。

雖然農業制度有了變化，但王族采地與授封采邑仍占有一種特殊的法律地位。如果有適任的子孫能擔負起應盡的義務，則這些采地通常會被一再地終身封授。顯然它們部分是用來作爲俸祿，授給戰士以維持生計——或許在他六十歲歸隱之時，就像日本的"隱居"(inkyo)

那樣。這些軍事采邑，依軍士的階級而分等次，出現的時代特別是在西元一世紀之後，與七世紀到九世紀之間，此一角色一直扮演到明代。在滿洲人的治下，它們衰微了，或者母寧說，是被滿洲人的"旗地"所取而代之。同樣的，在各個時代裡，都有取代實物供給而授給官吏的官田，特別是在作為實物供給之基礎的倉儲制度衰落之時。授封采地的其他一些部分是被課以各種賦役義務的平民小采地，這些賦役義務包括：治水、修路、架橋等徭役，就和西方古代(111 B.C.)的土地法❶ (lex agraria 亦見於中世紀)所制定的一樣。在中國，這類資產至遲在十八世紀時又重新確立起來❸。

自從始皇帝創設了所謂"私有財產制"之後，土地分配便有了式樣紛陳的變化。在國家發生極大變亂的時代裡，可以見到大莊園領主制的興起。這是毫無防衛能力而四處飄零的農民自願投靠和[對農民]強行買占所造成的結果。擁有田產之最高上限的理念，自然又將農民一再地束縛於鄉土，或母寧說束縛於共同責任團體中。在形式上，決定此等干預的，只不過是因為此乃國庫與徭役之利益所在。因此，隨著較早時期的一些萌芽發展，東晉在西元四世紀卽宣佈土地為國家所有。據載，其決定性的意圖在於方便普遍地整頓徭役。

所有從十五到六十歲的人，都有均等的"個人"持分地，並且每年都行土地重分配的思想，於西元三世紀的三國分立時代興起。當時，將土地租稅與每一丁的份地——起初是每一份地——的人頭稅結合起來的一個相當粗略的制度，最終結果相當令人不滿。

西元 485 年[按：北魏太和九年，均田令頒布]及七世紀時的唐代[初期頒行的均田法]，提供獨身老人，退伍軍人及類似的其他群體以各別田舍的理念，出現在各種"社會政策"裡(在理論上！)。以此，世襲而可以轉承的產業(像巴登尼亞[Badenia，按：位於德國南部]的"共有耕地") ⓳，或按階級而定的財產，便可以各種方式互相結合。624年，唐皇朝准許每戶有一定數量的土地作爲世襲財產，並容許每戶按人口多寡而增加耕地。穀物貢租及徭役奠基於據此而制定的納稅單位上，部分是累積性的，部分則是可以相互代換的。

十一世紀之初，土地所有按等級來分類，如果土地不足時，則允許遷徙。當時北方還有許多可以開墾的土地，所以此一政策至少暫時尚有可行的餘地。如果因爲遷徙，或者可用的耕地超出於標準量時，也准許土地自由買賣。此外，除非是"眞正窮困"(譬如欠缺喪葬費用)，由[自己所屬的]氏族先申請將田地買進之後，才准許將土地自由賣出。事實上，土地很快地就相當自由的轉手，特別是780年實施的新稅制裡 ⓴，行政當局對於人民履行軍事及徭役之能力的關心再一次消退之後，想要使土地所有平均化的企圖，終歸失敗。

如前文所述，所有這些措施，都與國庫收入和軍事上的需求有關連。土地所有平均化的政策一旦失敗，行政官方能夠保護農民的，只有插手干預佃租的歛取一事。西元十世紀時，官方卽必須一再重申禁止爲私人的利益而徵調農民服勞役，特別是傳信與強迫供給驛馬等禁令。免除徭役的官吏卽利用此一機會來聚積土地財富。因此，1002年便制定了官吏所能擁有的土地最高限額，據史書所載，土地所有因此一干涉而顯現出異常不安定的性格。再者，加上土地上的賦役義務，更是極度防礙了土地的改良。

"賦役國家"(Leiturgiestaat)總是飽受國庫收入與軍事機能失調的威脅。這些困難激起許多土地改革的嘗試。十一世紀時，主要是以軍事財政爲取向的著名的王安石改革方案，卽是一例。讓我們就此一背景對這次改革作一番考察。

二、軍隊組織與王安石的改革嘗試

正如始皇帝在其告諭中一再宣稱的，透過武裝的解除，他所尋求的是帝國永久的和平化。傳說中指出，為了達到此一目的，官吏於三十六個郡中收集出兵器，並將之熔鑄為大鐘。不過，邊境的城砦仍需安置守備兵。因此，人民便被強募輪番——理論上是一年——移戍邊地，以及建造皇帝宮陵的勞役。以此，隨著統一帝國之建立而來的，便是一般人民在帝國建設上沈重的徭役負擔。軍隊在本質上是一種職業性的禁衛軍，這樣的軍隊則造成一種長期慢性的內亂。因此，漢代便試圖以徵召的方式來取代(至少是補充)職業軍隊。每一名年滿二十三歲的男子便須服一年的常備兵役(衛士)，和二年的民兵役(材官士)。弓射、騎馬、車戰的訓練，一直安排到年滿五十五歲為止。徭役的義務是每年一個月，准許雇人頂替。

這些組成一支強大軍力的計劃，到底實現到什麼程度，很值得懷疑。無論如何，六世紀時，人民的徭役負擔是很沈重的。就官方而言，每個家庭的成丁，每年在秋收之後，要服十到三十天的徭役。除此之外，還有軍事訓練，以及遠戍西方邊境的勤務。中國詩詞中特別傷歎的，就是後者所導致的家庭多年的流離分散。唐代施行土地"改革"之際，徭役增加了，免於課稅者要服到五十天的徭役。傳說有時為了大規模的河川工事，就有上百萬的人同時被徵集。在形式上雖有一普遍性的民兵義務，但這顯然只是空文，阻礙了建立一支具有技術效率之軍隊的發展。宋代的常備軍，除了禁軍外，尚有諸州軍團[廂軍]與民兵[鄉兵]的編制，但它們一旦融合之後，便告瓦解。當時，爲增補"禁軍"，便強行徵募(至少在某些州省是如此)，並且烙上印記，這和近東地區於 1042 年所施行的一樣。根據所有可靠的記載顯示，軍隊的核心完全是由傭兵所組成，主要仰賴於常規的薪俸，其可靠性是很成疑問的。

1049 年，時正有來自西北的蠻族侵襲，但由於長期財政危機，又必須裁減軍隊。於是王安石試圖加以理性的改革，以建立一支適當有效的國家軍隊。他所嘗試的改革被稱作"國家社會主義"。這樣的稱呼，如以埃及托勒密王朝(the Ptolemies)時所施行的獨占性銀行政策與穀物倉儲政策——基於一高度發展的貨幣經濟——爲準，就算不完全一樣，倒也可以適用。

實際上❷，中央當局是想要在穀物生產上作計劃性的補助與調節，並以貨幣稅代替徭役和實物稅的方式(均輸法)來獨占且制度性地處理穀物的買賣。希望能藉貨幣稅的提高來建立一支龐大、有紀律而訓練良好的國家軍隊，隨時可無條件地爲君王效力。理論上，每兩名成年男子之一就必須應徵召集。爲此，成立了戶籍登記制度，並恢復十家集團的制度(保甲法)。此一制度是以被選出的長老爲首，負責懲戒與分派夜間輪番警戒的勤務。此外，被分派到地方民團的應召者，則由國家配給武器(弓矢)。此外，國家並購買馬匹，分配給徵召來的騎兵負責飼育照管，每年接受檢查，可能有額外津貼。

在以前，國家的庫藏是由實物調發來供給，並由有資產者通過賦役義務的方式來負責。這使得有產階級幾乎破產，並導致任何可以想得出的巧取豪奪。現在，國家倉儲是由領有薪俸的官員來管理，他們在金錢的運作上是要有制度地培植貨幣經濟的發展。行政當局以借貸的方式分發穀物種子(青苗)，並以二分利貸給各種實物或貨幣。土地資產則重新估價並重新分等。租稅、徭役(募役)與個人持份，都由[土地資產]等級來決定。徭役以金錢折算來取代，並以此納稅錢來雇用勞工。

除了貨幣稅的實施以外，穀物買賣的獨占是改革計劃的核心，並一再地改換方法。政府在收成的時節，以廉價購得穀物，加以儲藏，爾後以借貸的方式分發出去。藉此，政府獲得投機的利潤。改革的施行是要透過專業官員，尤其是訓練有素的司法人員所組成的行政體，工作包括草擬並作成由所有地方官府所呈報的年度預算。以此，使得一個中心的、統一的國庫行政，在經濟上有形成的可能。

王安石的反對者(儒教徒)所批評的幾點是：

1.此一制度的軍國主義性格；

2.武裝人民，認爲此將招致叛亂並危及官吏的權威；

3.削弱商業，將會危害到賦稅的能力；

4.特別是這點，皇帝的"穀物暴利"──要付利息的苗貸❷──以及貨幣稅制的實驗。

王安石的改革，就在組織軍隊這個決定性的一點上，完全失敗。推論起來，這無疑是由於缺乏一不可或缺的行政幹部之故，也由於在當時的農村經濟組織下不可能很快地徵收到貨幣稅。王安石於 1026 年死時所被賦予的神格化以及爲其制定的供俸，都在十二世紀時被撤消了。十一世紀末，軍隊也再度由僱傭兵來組成。士人在其俸祿利益受到威脅之時，是懂得如何去破壞專家公務系統之建立的，而這些利益便是整個決定此一鬥爭──支持或反對改革──的力量。爲皇太后們所使喚的宦官早就見到此一新秩序對其權力所可能帶來的危害，打一開始便對改革採取反對的態度㉓。

王安石的改革在關鍵點上是失敗了，但是却在中國的"自治組織"上，留下了深刻的痕迹。透過對常常提及的十家、百家團體的理性化過程，此一結構保存了下來，其殘存的影響至今仍在。

後世，政府仍一再地干預土地所有的分配。1263 年，在與蒙古人作戰時，政府爲了資金的調度，便以發行國家債券的方式，沒收超過一百畝田限的所有土地資產。往後的時期裡，時而施行的沒收充公，大大增加了國有財產。浙江於明朝初興之時，大約只有十五分之一的土地是爲私人所有。

國家倉儲制度(均輸)本身是古老的 ㉔，甚至在王安石改革之前就已相當重要。自十五世紀起，此一制度樹立了永久的運作形式：秋冬之時，收購穀物，於春夏之際將之售出，逐漸成爲調節物價的方法，以及維持國內安定的基礎。起初，政府之收購並非任由人民自願出售，而是強制執行的。收購量則以租稅來折算，慣例是保持在全年收成的二分之一左右。稅率有從十五分之一到十分之一之間的大幅波動；如前所述，漢代的正常稅率是相當低的。不過，額外的徭役必須加入考慮，因此，將稅率加以詳細的分析描述，是很無謂的，因爲它們並不能表示出眞正的租稅負擔。

三、國庫對農民的保護，及其對農村 社會所造成的結果

國家在土地改革上的種種努力，導致以下兩個結果：理性而大規模的農業經營無法成立；整個農民層對於政府在土地所有與土地利用

上的干預，有著深刻的疑慮與反感。許多中國的財政學者所持的自由放任學說，愈來愈博得農村人口的好感。當然，控制消費與[預防]饑饉的政策，還是必須要保留。其餘，則只有政府保護農民的政策受到人民的支持，因爲這是個反對資本主義式積聚——亦即將透過官職、包稅與貿易所蓄聚的財富轉變成土地資產——的政策。就是基於人民的這種心情，才有可能立法(我們已討論過一部分)深入干預富者的資產。這項立法，源起於獨裁政府與封臣及貴族氏族(早期唯一具有充分資格從軍者)的鬥爭，其後則一再用來對抗資本主義式的莊園領主制之復興。

正如我們上面所敍述的，干涉的方式變化很大。據史書所載，秦國㉕(始皇帝出身之國)，於孝公在位之時(361-338 B.C.)，其宰相，士人衞鞅，教他所謂"最高智慧"的"如何主宰封臣"之術。首先是土地分配與稅制改革，特別直接指向以一般性的地租來取代土地耕作的徭役。辦法如下：戶口登記、家族共同體的強制分割、分家後的租稅獎勵、高度生產的徭役減免、禁止私鬥。這是對抗莊園領主制之興起與建立的典型手段；同樣的，也顯示出鼓吹人口增殖的政策是如何典型地與國庫政策連繫在一起㉖。

如我們所見的，立法時有變動。政府要不是將農民解放，就是將他們交給地主，以限制他們的任意移動，並准許他們投靠爲隸農。不過大體而言，保護農民的傾向是占優勢的。

西元 485 年，[北]魏王朝統治時期，政府顯然是爲了人口增殖的緣故，准許人民出賣剩餘的農地。爲了保護農民起見，後代政府下令禁止土地買賣，特別是在西元 653 年，政府下令禁止富裕者買占田地。此一禁令的目的，和(西元 1205 年)禁止土地買賣、不准賣方的農民居留原地作爲買主的隸農，所下的禁令一樣 ❷。後面這兩道規定，可以讓我們充分地認識到，在立法革新之時，甚或更早以前——根據其他的記載——事實上可讓渡之土地私有財產制就已存在。這類禁令的目的，在於防止擴張，就像世界各地也往往發生的情形一樣，特別是早期的希臘城邦。例如雅典，經由貿易或政治途徑所積蓄的貨幣資產，卽尋求土地投資的機會。作法是將欠債農民的土地買來，並將他們當作債務奴隸、佃農或隸屬農，役使於買來的小塊田地上。

多舉這些單調地反覆出現的例子，並不是爲了要描繪出一幅"經濟史"。到目前爲止，關於價格、工資等關鍵性的資料，我們都沒有。根據前文所述，土地所有權極度不穩定的性格，明顯地貫串於長遠的世紀，亦卽，有一千五百多年之久。土地所有權此種極爲不合理的狀況，是基於國庫收入之政治策略的緣故，此一政策在任意的干涉與完全自由放任之間來回擺盪。士人反對法典編纂的典型議論，是如此一來人民就會知道自己的權利所在，而輕蔑主導階層。在此情況之下，團結氏族以作爲一自助的團體，乃是唯一的出路。

以此，中國現代的不動產法，在表面是現代的特徵之外，尚留存著古老結構的痕迹 ❷。土地的移轉只須經由文件上的更換，由於普遍的土地登錄而獲得很大的方便，國庫的規定——經常受挫於民間的抵制——則要求每一筆地券的買賣都要經官廳收取手續費和押印(稅契)。同樣地，取得不動產的權利狀、土地登記抄本與支付租稅後的收據，被確認爲擁有資產的證明。每一份買賣狀(賣契)，都要有下面這個條款：資產變賣是「基於眞正需要貨幣，並用於合法的目的」。如今這個條款不過是個慣用的具文。不過，當我們將之與前文提及的 485 年的明文規定合而觀之，就能很肯定地推出一個結論：土地買賣，原先

只有在"眞正窮困"的情況下，才被准許。附帶於此的親戚的優先購買
權 ❷，在今天雖然純粹徒具形式，但在往昔却無疑是一種義務。更進
一步，這類措施還受到下面這個事實的肯定(雖然在今日看來，這是種
"惡習")：那就是在窮迫之際，根據單契("billet de géminance") ❸，
要求買主(在某種情況之下，買主的子孫)追加一次或數次的付款，作
爲"善施" ❸。

在中國，猶如古代的西洋城邦，典型的土地買主，是債主或擁有
貨幣資產的富人。然而，土地所有權起初是與擁有先買權的氏族連繫
在一起的。因此，眞正本土的讓渡形式，並不是無條件的永久賣斷，
而是保留著再度買回權利(刁買)的買賣——這種緊急交易的情形遍佈
於世界各地；或者保留住永佃權者(Erbpächter)權利的買賣。因爲相
對於"田底"——土地擁有者——的，是"田面"——表面的持有者，顯
然是世襲的佃農。通常適用於農地的是當質契約(Antichrese)——典
當；抵當權(Hypothek)——抵押，則只慣用於都市的土地。

農業制度裡的所有其他層面，都顯示出同樣一個方向。譬如固著
於土地的古老氏族與擁有貨幣力量的土地購買者互相鬥爭，家產制官
方則本質上基於國庫利益的考慮加以干涉。《詩經》與漢代史書中的官
方術語，和羅馬法一樣，只區別私產與公產，耕種皇田的官方佃農與
耕作私人田地(民有地、民地)的納稅者。不可分割與讓渡的祖產(用作
墓地與維持祖先之供俸的田地)是家族財產 ❸。出身元配的長子及其子
孫，是具有繼承地位的承繼者(Erblasser)。不過，在家產制得勝之後，
包括土地在內的所有資產，在法律上都實質地分配給所有的子嗣。承
繼者之指定，被認爲不過是倫理上的義務，就像確切意義下的"信託遺
贈"(Fideikommiss) ❸。最終，田作的形式是分益性的小農作、分益性

的實物租與錢租。

小作農可根據"保證金"的支付[按：卽獲得永佃權所支付的押租]，來免於地主宣布解約的威脅。慣常的農作契約顯示出❸，小作農被認爲就像西方古代及南歐之耕作小農地的佃農(colonus)。與此權利並行的是佃農有耕作田地的義務，並且通常維持著佃農對地主負有債務的局面。典型的地主，是將其分散各處的田地分租出去以利用田產的大地主貴族，尤其常見的是氏族共同體的莊園領主制。這類氏族繼承或購入無數分散的小農地，再將不動產的權利狀保存與登錄於特殊的檔案和財產目錄中 ❸，在土地登錄簿中，所有的田地都登錄在一個共同體的特殊名號之下 ❸，就像爲所有的子公司成立一個母公司一樣❸。懸掛在堂屋上的扁額，書寫的是同樣的名稱。透過長老，家族以家父長的姿態統治其佃農，跟西方古代、南歐的莊園領主或英國的大地主(Squire)一樣。通常，古老有力的家族，以及在貿易上或政治上得利的富裕者，在家族共同體裡牢牢地保持住他們的財富與世襲的地位。很清楚的，這種形式是古代貴族優越的身分地位被家產制瓦解之後，以經濟方式來取代。

莊園領主制在某些地方有相當程度的發展 ❸，只可惜我們無法在統計上加以確定。只有部分是淵源已久的，不過無論如何，大抵是由分散的小塊農地所構成。莊園領主制仍留存至今，並且在以前可能要更發達。與此一制度相連屬的，是家產制國家典型的小農作制度(Kolonat)。莊園領主的權力，在中國受到兩種特有的情形所抑制：氏族的勢力(馬上會討論到)，以及疏鬆與無大作爲的國家行政與司法。一個冷酷的莊園領主如果想要肆行其權力時，他很少有機會能迅速得到司法上的有利支持，除非他有私人的關係可憑藉，或者利用賄賂買通官府。但是當國家官員試圖爲莊園領主從佃農身上搾取租稅時，他就必須小心謹愼，就好像他是在爲自己搾取租稅一樣。因爲所有的動亂，都被認爲是巫術性災厄的凶兆，一旦引起中央政府的憂慮，這個地方官就要準備丟官。地主和債主這種極具特色的習慣，顯示出此一情況防止了對小作農的過度搾取。小農作的勞動集約性❸與經濟的卓越性，在農地價值之珍貴❹與農業信用貸款利率之相對低廉❶中明白現示出來。技術上的改良，由於土地極度的零碎化而幾乎是不可能的；儘管貨幣經濟有所發展，傳統總是支配著一切。

社會平均化的傾向是與家產官僚體制相呼應的。以稻作之勞動集約技術爲基礎的農業生產，幾乎完全操在小作農的手裡，而工業生產則操在手工匠的手裡。

土地的分割繼承，最後則大大加強了土地所有的民主化，雖然在個別情況下，由於共同繼承的緣故，此一趨勢有所減緩。擁有數畝的耕地，被認爲是夠大的了。而擁有不到 2 ½ 畝(15 畝＝85 公畝)耕地，即使沒有園藝耕作，也認爲足供一家五口的生計。

社會秩序裡具有封建成分的身分性性格，至少在法律上是被消除了。雖然最近的官方公報，還總是說農村的“名門望族”是社會上的主導階層。但是此種農村名門望族的“鄉紳”(gentry)，並未享有受到國家保證(相對於下層社會)的地位。按照法律，家產制官僚機器是直接統領小市民與小農民的。西方中世紀時那種封建的中介階層，無論在**法律上**、還是**實際上**，都不存在。直到近代，在歐洲的影響下，才產生了典型西方形式的資本主義式依存關係。爲何如此？

第 **4** 章

自治、法律與資本主義

一、資本主義關係之闕如

在各國競相爭取政治權力的戰國時代裡，存有一種御用資金借貸者與貨殖者的資本主義，不僅仰賴於政治，並極具重要性。一般而言，利潤似乎不低。中國此種類型的資本主義，亦常見於其他家產制國家。除了受到政治制約的交易外，礦業與商業也都是聚積財富的資源。億萬富豪(以銅錢計)據說在漢代就有了。當中國在政治上統一為一個世界帝國之後，就像帝制羅馬所統一的全世界(arbis terrarum)，這種本質上由國與國之間的競爭所維繫起來的資本主義就衰退了。另一方面，唯自由交易機會是求的純粹市場資本主義，則還處於萌芽的發展階段。

就工業而言，商人的地位顯然要高於工藝者。這個情形在合作經營的(genossenschaftlichen)企業裡也一樣，下文會述及。商人的這種優勢地位，從利潤通常在組織裡分配的方式上即可明白看出。地方與地方之間的企業往往也獲得可觀的投機利益。甚至在西元前一世紀時，即使自古以來對於農業這個神聖職業的古典敬重[按：農本主義]，也阻止不了工業有較高的利得機會而商業有最高的利得機會的這種評斷（根據《猶太法典》[*Talmud*]，類似的發展也出現在中東地區）。

　　然而，這種資本主義的追求型態，並不是近代資本主義發展的起步點。迄今，由中古城市發達的市民階級所發展出來的、風格獨特的各種制度，要不是完全不存在於中國，就是典型地展示出一種不同的面貌。資本主義"經營"的法律形式與社會學基礎，在中國的經濟裡是沒有的。在中國，企業未曾出現理性的、不因人而異的切事化(Versachlichung, depersonalization)的特色，而可與義大利城市的商業法──企業非個人化之無可置疑的起點──相比擬。個人信用在中國早期歷史裡的一個可能的發展端倪，是氏族的共同保證。這在租稅法與有關政治罪犯的法律裡保留下來，但並未進一步發展。當然，在有產階級裡，有以家族共同體爲基礎的繼承人所組成的營利團體。此種團體所扮演的角色類似於西方的家族連合體，這是後來（至少在義大利）孕生出"貿易公司"的母體。不過，在中國，其經濟的意味，有性格上的不同。一如家產制國家裡所慣見的，形式上是個官吏，而實際上卻是個租稅徵收者的人，最有聚積財富的機會。例如廣州海關監督及負責人(hoppo)，就以擁有極大的歛財機會而聞名。第一年的收入二十萬兩，是用來當作買官金；第二年的收入則用來準備"贈禮"；第三年的收入則據爲己有（根據 *Narth China Herald* 的敍述）。

　　退休的官吏將他們的財富（或多或少是循合法途徑而得的）投資於土地。其諸子爲保全財產與影響力，以共同繼承人的形式保持繼承的結合體，並以此共釀資金，使家族的某些成員得以進學。既然這些成員有機會登入收入頗豐的官職裡，他們往往回過頭來，希望能更增加共同繼承者的財富，並提供官職給氏族的成員。

於是，透過政治性的財產積聚，便發展出一個放租小農地的土地貴族階層。這個貴族層（雖然並不穩固）並不帶有封建或者市民的色彩，而是處處伺機於純粹政治性的官職剝削。家產制國家裡典型的財富累積，特別是土地資產，基本上並不是一種理性的利得之道。除了商業之外，還盛行著一種內地的掠奪資本主義，它同樣也導致貨幣利得的土地投資。因為如上述所觀察到的，官吏是以操縱賦稅來聚斂財富的，也就是說，恣意地訂定通貨的兌換率，而此兌換率又是納稅義務所必須據以計算的基準。科舉考試也形成分一杯羹的安排。因此，科舉名額總是被重新分配在各個省分，只有在例外情況下才會限制固定的配額。所以，中止某一地區的科考，是對於相關的名家望族的一種最為有力的經濟制裁。明顯的是，家族的這種營利共同體與理性的經濟經營共同體的發展是背道而馳的。特別是此種共同體是由嚴格的氏族紐帶來維繫住的。這就將我們帶入到氏族團體之重要性的話題上。

二、氏族團體

氏族，在西方的中世紀時實際上已消聲匿跡了，在中國則完全地被保存於行政最小的政治單位、以及經濟團體的運作中。並且，氏族發展的程度是世界其他各地，甚至是印度，所不能及的。自上而下的家產制統治，遭遇到氏族強大對抗勢力自下而上的抵制。直到晚近，凡具有政治危險性的"秘密幫會"，有相當比率是由氏族所組成的 ❶。村落往往以在村落裡具有獨占性的、或壓倒性的代表氏族來命名 ❷。有時鄉村社會就是氏族的聯合。古老的界石表示出土地並不是劃歸給個人，而是劃歸於氏族。氏族共產制(Sippenkommunion)是維繫此種狀態的重要因素。

　　村長——通常是支薪的——是從人數最多的強大氏族中選拔出來的。氏族的"長老"從旁協助這位村長，並有罷免他的權力，個別的氏族，這是我們必須首先討論的，要求有權處罰其成員，並能貫徹此一要求，雖然近代的國家權力官方絲毫不加以承認。只有皇族對其成員的家內權(Hausgewalt)與司法權才受到官方的承認。

　　氏族的凝聚，無疑的，全然仰賴於祖先崇拜。氏族抵制家產制行政毫不留情的干涉——包括機械式建構的責任團體[按：保甲制]、遷民移居、土地的重新分配、以丁(亦即有勞動能力的**個體**)為基準來區分人民。

　　祖先崇拜是唯一不在政教合一的政府及其官吏掌理之下的民間崇拜。家長，像是家裡的祭司，才是在家族裏助下掌理祖先崇拜事宜的人。無疑的，這是一種古典的、悠遠的"民間祭祀"(Volkskults)。甚至在遠古的軍國主義時代的"男子集會所"裡，祖先神靈似乎也扮演了某種角色。我們要略微一提的是，"男子集會所"的存在，似乎與真正的圖騰信仰(Totemismus)並不一致。這提示我們，男子集會所——最古老的組織形式——有可能是從君侯及其從征者的世襲性卡理斯瑪之例行化過程演化出來的 ❸。不過，不管怎樣，在歷史時期裡，中國人民最根本的信仰是對於祖先——雖然並不止於自己的祖先，但特別是對自己的祖先——的神靈力量的信仰 ❹。儀式與文獻證實了對於祖先神靈的信仰，以及他們作為將子孫的願望呈現在天靈或天帝面前的中介角色 ❺。進而，更相信以犧牲來滿足鬼神與贏得他們的好感，乃是絕對必要的。皇帝的祖靈幾乎是與上天之靈的伴從者同列的 ❻。一個中國人若沒有男性子嗣，他就確實必須採取收養的方式，如果這點也沒做到，那麼他的族人就會為他在死後立一個虛擬的養子 ❼。這麼做並不是為了他本身著想，而是為了他們可以因此而與他的鬼魂相安無事。這些支配性的觀念所產生的社會功效是很明顯的：1.家父長權力獲得大力的支持 ❽；2.加強了氏族的團結。在埃及，是死者崇拜而不是祖先崇拜，支配了一切，氏族的團結在官僚體制與國庫政策的影響下被打破，與後來美索不達米亞所發生的情形一樣。在中國，氏族的影響力持續增長，直可與支配者權力(Herrengewalt)相匹敵。

三、氏族組織

原則上，一直到現在每一個氏族在村落裡都有其祖宗的祠堂 ❾。除了祭祀的設備外，通常還有一塊書寫著氏族所公認的"道德規條"的木板，因為氏族有其無可置疑的權力為其成員立法——此一權力不止具有**超越法律**(praeter legem)的效力，並且在某種情況下，甚至是在宗教慣習的問題上，還具有**抗拒法律**(contra legem)的效力 ❿。氏族在面對外界時，是團結一致的。雖然除了刑法外並沒有連帶責任，但是，只要有可能，氏族總會為其成員解決債務。由長老所主持的會議中，氏族不止可施行鞭打或者除名(褫奪公權的意思)，而且像俄羅斯的共產村落(mir)那樣，還可以宣布懲罰性的放逐。時而發生的消費貸款的緊急需求，基本上也由氏族內部來解決；氏族中有產的成員在道義上應伸出援手。當然，在無數的叩頭之下，族外的人也可以得到貸款，因為沒人敢招惹鬼魂的報復——萬一這個走投無路的人自殺了的話 ⓫。似乎沒有人是自願償還債務的，尤其是當債務人知道他的背後有個強大的氏族支持著。然而，依例只有氏族有明白的義務要救助急難和施予借貸的援手。

如果有必要，氏族會領導與外界械鬥 ⓬。此時，個人的利害與私人的關係受到危害之際，族人義無反顧的勇猛恰與政府軍——由強募來的新兵或傭兵組成——的"怯懦"(相當被誇大)形成最強烈的對比。同樣的，必要的話，氏族會提供藥物、醫師與喪葬的料理，撫恤老人與寡婦，並且特別是設立義塾。

氏族擁有財產，尤其是地產(祖產，氏田)⓭，富裕的氏族往往擁有廣大的慈善用地〔按：義田、義莊〕。氏族以放租的方式(通常三年開投一次)來利用這些族產，但讓渡只有在四分之三的族人同意下才得實行。利益所得則分配給各家之長。典型的分配方式是：所有的男子與寡婦各得一份；五十九歲以上者二份；六十九歲以上者三份。

通行於氏族裡的，是世襲性卡理斯瑪原則與民主原則這二者的結合。所有已婚男子都有平等的投票權；未婚男子則只能列席；女人完全被排除於氏族會議與繼承權之外(只享有獲得嫁奩的權利)。執行委員會是由長老所組成，每人代表氏族裡的各支房。不過，長老是由全體族人每年選舉一次。長老的功能是收取年金、活用族產、分配收入，最重要的是照管祖先的供奉、祖宗祠堂、與義塾。退休的長老依據年齒長幼提名後繼人選；如果當選人拒絕，則推舉次一順位者。

迄今，經由買賣或租佃共同取得土地，再將之分配給各家長的情形是很普遍的。官紳、商賈，或其他(氏族內)將土地確切轉讓出去的人，除了收到償金之外，還持有一份家族登錄簿的抄本作為記錄。他們還是屬於氏族的裁判權管轄下，並能買回他們的持份權(Anteilsrecht)。凡是舊有的狀況仍保持優勢之處，世襲的土地很少會落入外人的手裏。

由於婦女的家內紡紗業、織布業與裁縫業，特別是婦女也販賣她們的成品❹，使得獨立的紡織工業只能維持在一個有限的規模。頭巾、鞋襪也都是自家所製。氏族團體強力地支持家計的自給自足，因此限制了市場的發展。就社會而言，氏族是其成員——離家討生活的人，特別是住在城市裡的成員——的一切仰望所在❺。之所以如此，顯然，而且很重要的，是基於以下的因素：

1.對個人而言最爲重要的祭典(特別是一年兩度的祖先祭典)，是以氏族爲單位來進行。家長必須記錄的家族史，也是以氏族爲總目。

2.迄今，低利貸款給缺乏資金的學徒與受薪的雇工，以使他們成爲"自營"的手工業者，仍被認爲是氏族的事(Sache der Sippe)。

3.如前所述，氏族的長老挑選出夠資格的年靑人進學，並供給他們應舉前的教育、應試、以及買官等所需的費用。

如前文的一般性提示，"城市"對於其大多數的居民而言，從來就不是"故鄉"(home town)，而毋寧是個典型的"異鄉"(a place away from home)。城市，如前文所述的，缺乏見諸鄉村的組織化自治政府，而更加強化了它的異鄉性格。如果我們說中國的行政史上充滿了皇權政府試圖將其勢力貫徹於城外地區的實例，是一點也不誇張的。就此而言，除了在賦稅上的安協外，帝國政府的努力只有短暫的成功；就行政所面對的廣大領域而言，是不可能長期成功的。這種行政的疏放性(Extensität)，亦卽每個行政單位僅有少數現職的官吏，是由於國家財政上的限制所致，而反過來又限制了國家財政收入。

事實上，皇權的官方行政只施行於都市地區和次都市地區。因爲在這兒，它不用面對在這些地區以外所遭遇到的、強固的氏族血緣紐帶的對抗，行政便能有效地運作於商人與工匠的行會。出了城牆之外，行政權威的有效性便大大地受到限制。因為除了勢力強大的氏族本身之外，行政還遭遇到村落有組織的自治體之對抗。城市裡也住著許多農民，既然城市不過是農耕者的都市聚落，那麼城市與村落之間，僅有行政技術上的差別罷了。"城市"就是官員所在的非自治地區；而"村落"則是無官員的自治地區！

四、中國村落的自治

在中國，基於安全的理由──缺乏任何"警察"(police)概念的帝國疏放行政是無法顧及的──而有鄉村聚落 ⑯。最初，現今也常見，村落是築有堡壘的。它們不但像古代城市那樣，有柵欄的防護，而且通常還有城牆環繞。村落雇有支薪的巡哨人，因此其成員可以免除輪番警衛的義務。

村落有時聚居數千人口，其與"城市" ⑰ 之差別，僅在於其透過自身的組織來運轉。村廟是主要代理人，因為中國的法律及農民的思考方式裡自然沒有任何"社團法人"(Korporations)的概念。近代，村廟裡所供奉的通常是民間神祇之一 ⑱，例如：關帝(戰神)、北帝(商業神)、文昌(學業神)、龍王(雨神)、土地[公](非古典的神，一旦有人死亡，就必須要向他告知，以確定死者在彼世的"行狀")，以及其他諸神。廟宇要供奉哪位神祇，顯然無關緊要。就像在西方的古典時代，廟宇的"宗教的"意義 ⑲ 僅止於一些儀式的進行，以及個人偶爾的祈禱。除此以外，廟宇的意義在於其世俗的社會與法律功能。

和祖宗祠堂一樣，廟宇也有財產，特別是不動產 ⑳，通常也有貨幣財產以供借貸(並不總是以低利率貸出) ㉑。貨幣基金主要得之於傳統的市場錢(Marktabgaben,)［按：場錢］。和幾乎世界各處一樣，市場露店總是受到地方神的保護。廟田也和祖田一樣，是放租的，一般而言，放租給無產的村民。同樣地，由此而來的田租收入，以及廟宇所有的總歲收，一般而言，由包稅者每年承包。扣除了經費之後，所獲純利則分配給大家。

廟宇的管理職務主要是由村落族長負責，他們也以賦役(liturgy)的方式提供廟宇財政所需。他們一家一家地輪流擔任，並且以此之故，村落劃分為一百到五百個居住區。除了這些管理人之外，還有村落的"名門望族"(Honoratioren)、氏族的長老，以及讀書人等，名義上領有酬勞者。行政當局並不認可社團法人及其代理者的合法性，並且只承認名門望族是村落的唯一代表者。不過，名門望族反而以"廟宇"的名義而行事，至於"廟宇"則透過他們為村落締結契約。

"廟宇"擁有小官司訴訟的裁判權，並且往往獨攬了各式各樣的訴訟。只有牽涉到國家利益時，政府才會加以干涉。人民信賴的是廟宇的裁判，而不是國家官方的法庭。"廟宇"照顧道路、運河、防務與治安；分派輪番的警衞義務——事實上這些義務大多以金錢償付免除。廟宇還負責防禦盜匪或鄰村［的侵擾］，提供義塾、醫師、藥物、與葬禮——當氏族無法或不願這麼做的時候。廟宇是村落的武器儲藏所。由於有廟宇，村落在法律上與事實上都具有地方自治團體(Kommunalkörper)的行動能力，這是"城市"無法做到的。實際上，村落——而非城市——才是有能力保衞其住民之利益的防禦團體。

正如舊政體的最後時期［清朝］所顯示的，政府對這種非官方的自治政府並不總是採取一種自由放任的立場。例如漢代，政府卻尋求制定規則以召喚村落長老擔任地方政府職務(三老)，而放棄始皇帝的純

粹家產制絕對專制。以此，他們[漢朝的皇帝]試圖規制與合法化原始
的村落自治❷。村長(守事人)必須在地主們保證其品行的端正之下，
被選舉出來且受到認可，不過，實際上這是偶爾才有的事。政府一再
地忽略了村落之為一個個體，而往往將國庫的利益擺在前頭。王安石，
如同我們在其他章節裡所提到的，特別是從這個觀點上來做制度之理
性化的工作。

直到如今，每十家形式上在一個首領之下形成一個"保"，每一百
家在一個"保甲"❸——通常稱為"地保"——之下，形成一個"甲"。不管
是在村落或在城市，家家戶戶都掛有一個門牌，只要是保甲傳統還保
存的地方，就都掛著此種門牌，上面寫著屋號、甲、牌、戶主、家長、
本籍(居留權)、家族成員與寄居者及各人的職業、不在家的成員(離家
的時日)、租貸與納稅義務、使用與出租的房間數目等。

保甲負有治安、監視罪犯與秘密幫會的官方責任。帝國宗教警察
的任務，也是挺重要的職責。此一代理人(地保)的意義即在銜接自治
政府與政治當局。在保甲制度運作良好的地方和運作良好的時候，他
通常會花些時間待在縣衙裡報告地方諸事。不過到了近代，所有這些
都變得相當形式化；地保的職務經常——據中國作家所載，大抵如此
——就轉變成一種非古典的、因此也較不受人喜歡的公職。

實際上，國家必須要顧慮的勢力，是隱身於村落行政背後的氏族
長老，他們可能會有一種秘密裁判(Veme)的功能，在發生衝突的時
候，可能具有危險性。

中國村落裡的所有種種農民生活，絕不可將之想像成一和諧的、
家父長式的田園牧歌。個別的農民常常遭受到外來械鬥之威脅。並且，
氏族的勢力與村廟的行政往往無法充分發揮保護財產的功能，特別是

有錢人的資產。軟弱的農民(人稱之爲"老實"),經常處於"光棍"或(套句俄羅斯農民的術語)"庫拉吉"(Kulaki)——[俄羅斯富農的]拳頭——專橫的擺佈之下。但他們並沒有置身於"村落的布爾喬亞"——高利貸者及其同類人,例如俄羅斯的庫拉吉——的支配之下,中國農民較易獲得人間與神界的援助,來對付這些人。實際上,農民是在光棍所組織的無產村民控制之下❷,因此,布爾雪維克主義(Bolshevism)所謂的"比耶德那塔"(bjednata),即"村落貧民",在中國,就這方面而言,是令人欣羨的。對於此一組織,別說是個人,就是大地主集團也完全是無法防範、無可奈何的 ❷。最近幾世紀以來,較大的莊園在中國已屬例外,這可說是由上述的情形所造成的,也就是說,是由於一種在氏族勢力有力的調節下的、倫理的、素樸的農民布爾雪維克主義,也由於缺乏國家強制保證產權的結果。

在縣治以下的地區,約當英國一郡(county)的地境,只有政府的代理人,就官方而言,他們是名譽上的官員,實際上,通常是"庫拉吉"。不過,與上達州省地區的官方行政平行運作的,往往還有各種委員會(Persongremien)。在官職上,委員會是三年一派或"委任"的,並且可隨時取消。實際上,他們是透過被承認的、或僭取的卡理斯瑪而得其職位,向官吏"進言建議"❷。此處,關於此種體制的結構,我們將不多費筆墨。

五、氏族對經濟的羈絆

無論什麼時候,有任何的變革,例如提高傳統的賦稅,都必須要與此一體制——一個堅固凝聚的地方望族階層——取得協議。否則,

國家官方就必然和地主、放租人、雇主、以及一般而言任何氏族之外
的"上司"一樣，會遭到頑強的抵抗。當任何一個氏族成員感覺自己蒙
受不平待遇時，氏族就會全體一致地起而支援他 ❷，氏族團結一致的
抵抗，自然比西方自發形成的勞動組合(Gewerkschaft)所發動的罷
工，還要來得有威力。因此之故，現代大型企業特色獨具的"勞動紀律"
與自由市場的勞工淘汰，在中國便受到阻礙。同樣的，所有西方式的
理性管理也遭到阻礙。對身具經典教養的官員而言，最強而有力的對
抗勢力便是無學識的老人本身。無論官員通過了幾級的考試，在氏族
傳統固有的事務上，他必得無條件地服從全然未受教育的氏族長老的
處置。

在實際上，此種侵越政權而被加以容忍的自治政府———一方面是
氏族，另一方面是村落貧民組織———在很大的程度上與家產制的官僚
政體相對抗。官僚體制的理性主義所面對的，是一個堅定的、傳統主
義的勢力之對抗；大致上此一勢力終究是較爲強大的，因爲它能貫澈
運作，並受到最緊密的私人關係團體的支持。再者，任何的改革都可
能引起惡靈干擾。尤其是財政上的改革最受懷疑並遭到激烈的反抗。
沒有任何農民會相信有"非圖利的"(disinterested)動機之存在，這點
類似托爾斯泰的《復活》一書裡的俄羅斯農民。此外，氏族長老的影響
力是宗教改革會被接受或斥拒———這是我們特別關心的———的最關鍵
因素。自然，而且幾乎毫無例外的，他們是倒向傳統這一邊的，尤其
是當他們感到敬祖的孝道受到威脅的時候。此一嚴格的家父長制氏族
的鉅大權力，事實上是中國受到多方討論的"民主制"之擔綱者，它與
"現代的"民主制並無絲毫共通之處。它所體現的毋寧是：

　　1.封建身分的廢除；

2.家產官僚體制行政的疏放性；

3.家父長制氏族完整的活力與無所不能。

超越個人營業範圍之外的經濟組織，幾乎全部奠基於真正的、或擬摹的私人性氏族關係上。首先，我們想要探討的是**宗族**共同體。此種氏族組織除了祖廟與私塾外，還擁有貯藏用的族屋、米穀加工和薰臘的器材、以及紡織和其他家內生產所須的裝備。可能還雇用一名管事。此外，宗族在其成員有困難的時候，會透過相互扶助及免息或低利貸款等手段來施加援助。準此，具有所謂宗族共同體形態的氏族，也就是被擴大成一種生產組合的氏族共同體、累積性的家共同體。

另一方面，在城市裡，除了個別的工匠所經營的店舖外，還有各別的經營共同體。它們本質上是小資本主義的，並且被組織為具有密集分工的公共作坊(Ergasterion) ❷。進一步，技術與商業上的經營管理往往都已專門化，利潤的分配則部分是根據資本的比率，部分是根據商業上或技術上特別的成績。類似的情形也發生在希臘古代，以及伊斯蘭的中世紀。中國這種公共作坊，似乎特別是為了方便季節工業在清淡期的共同維持，以及，當然，為了便於籌措資金及生產的專門化。

這些大經濟單位之創設的形態，在其社會的層面上，具有一種獨特的"民主的"性格。它們保護個人免於無產階級化與受資本主義壓迫的危險。當然，從純粹經濟的觀點來看，如果資本家大量投資而不親自經營，並給予雇用的業務經理人高度權力以及利潤分配，則這種資本主義式的支配，還是有發生的可能。不過，在西方導引出資本主義支配的行銷體系，[在中國]一直到現在都還明顯地限制在手工業者對於商賈之純粹實際依賴的各種形態上。只有在個人的產業經營裡，行銷體系才進昇到家內勞作(Heimarbeit)的水平：卽備有[介於商賈與工匠之間的]中介完工作業場與販賣中心事務處。現今，行銷系統已經在遠地市場的營運上有大規模的進展。正如我們已提及的，其中的決定性因素在於：想要強制所屬的工人盡力工作，並如期地繳交合乎規定的品質與數量的產品，其可能性是非常渺茫的。顯然地，私人的資本主義式大工廠在歷史上幾乎無迹可尋。可能沒有任何生產大衆消費物品的工廠存在，因爲它們並沒有穩定的市場。例外的是可以上市的絲織品，但紡織工業甚至在邊遠的地區也很難和家內工業相匹敵。不過，遠程的貿易是被屬於皇家莊宅的絲織品商隊所獨占的。金屬工業由於礦產的生產量低，所以只能發展到有限的規模。造成此一阻礙的一般性原因，我們上面已經提及，下面還會再討論到。關於茶葉的製作，具有專業分工的大型工廠，出現在圖畫裡，可與古埃及的繪畫相比擬。國營的製造業通常是生產奢侈品，和伊斯蘭化的埃及一樣。國營的金屬工業，基於貨幣本位的因素而有所擴張，但也只是一時的。

規制學徒[身分]的行會，上面已經論及，至於特殊的職工團體(Gesellenverbände)則聞所未聞。只有在個別的事件中，工人才會聯合起來對抗師傅，否則他們幾乎不曾發展出一個屬於他們自己的階級，原因類似於三十年前俄國的情形。就我們所知，工人是擁有平等權利的行會成員。說得更精確一點，行會一般而言並不壟斷性地排除後進者，這一點倒還符合工商業的小手工業本質——連小資本主義都談不上。同樣的，由於賦役義務而常出現的職業固定，在某些時期裡顯然是貫澈的。這很有可能形成種姓制度(caste)，但却不曾發生。史書上曾具體提到此種企圖，一直到六世紀末時都還有，最後還是失敗了。在巫術上屬於"不清白的"族類與職業，其遺緒仍在。通常 ❷，有九種遭人貶斥的"種姓"被區分出來：某些種類的奴隸、某種奴隸與部曲(coloni)的子孫、乞丐、謀反者的子孫、入徙內地的夷狄之子孫(客族)、樂師、參與家族儀式[婚、冠、葬、祭等]的優伶、以及如西洋中世紀時的演員與變戲法者。不清白職業的主顧關係(Kundschaften)，和印度一樣，有三種類型：固定的、世襲的、可讓渡的。他們沒有[與一般平民的]通婚權、共食共飲權，以及取得功名的資格。不過，根據皇帝的恩赦，那些放棄不清白職業的人，可以採取法律行動以恢復他們的法權(例如遲至 1894 年，還有赦免這些種姓的詔令)。奴隸制度源自戰爭俘虜、父母販賣的[子女]、或政府的一種懲罰。就像在西方，被解放的奴隸必須服從他的恩護者，並且不能得到功名。契約勞動者(雇工)在其服勤期間必須順從主人，並不得與之共食。部曲與土地勞動者──以前是貴族階層的奴隸(Heloten)──並不包括在這個範疇內。

這種類似種姓制度的現象，僅僅只是以前的身分制結構的一點微不足道的殘迹而已。其主要的結果是特權身分(亦卽"士人"與"世家大族"。用"百姓"來表示"國家"，卽點出後者的階層)可以免除徭役與鞭笞的刑罰。對他們，徭役與刑罰可以折以金錢或拘留，或者貶爲"庶民"階層也有可能。以世襲性卡理斯瑪爲基礎的古老的身分制結構，基於國家財政的理由，早就被一再完全根據財產來分類的現象所破壞。

晚近中國(至於過去，局外人是沒有確切證據的)❸，在氏族、商賈與工匠的行會之外，又有俱樂部社團(會)的興盛。會涵蓋了所有的生活領域，特別是在信用的關係上 ❸。至於此一發展的細節，此處且略而不談。近世，在平等主義的中國和在民主主義的美國所發生的情形一樣，成功的人都試圖加入一個有聲望的俱樂部，以證實他們在社會上的地位。同樣的，中國的商店裡高懸行會會員證，是對顧客保證其商品的品質，或以同樣性質的一種口號："不二價"、"眞正不二價"，來標示其定價的交易原則 ❷。不過，與清教徒相反的是，是否緊釘住原則，就沒人敢保證了。這些現象是由於家產官僚體制的疏放性與缺乏由法律所保證的身分性結構所造成的。

在近代，除了一種空有頭銜的貴族外，中國人本身並沒有任何依據出生的身分性差別存在。這是拋開滿洲軍隊裡家籍登記有嚴格劃分的情形不談，那是十七世紀以來就已存在的外族統治的一種表現。早在十八世紀，"市民"階層就已成功地鬆弛了警察國家的鎖鍊。十九世紀時，也有了遷徙的自由，雖然這顯然是早已存在的，然而官方的律令並不承認這點。自由定居在本鄉村里以外的共同體中，並獲得土地，正如西方一樣，由國家稅政當局所強制推動。自 1794 年起，只要眞正取得土地所有權，並繳納了二十年的稅賦之後，就可獲得聚落歸屬身分(Ortszugehörigkeit)，因而註銷原來的聚落歸屬身分❸。職業的自由選擇是長久以來就有的，雖然 1671 年[清乾隆 59 年]的聖諭裏仍獎勵人民固守本業。在近代，我們未發現有出示通行證件的義務，就學的義務、以及兵役的義務。這兒沒有管制高利貸的法律，也沒有限制交易的類似法令。雖然以上種種情況似乎非常有利於市民的營利事業的自由發展，但是具有西方性格的市民階層卻沒有發展出來。正如我們所觀察到的，甚至西方在中世紀時已有的資本主義企業型態，在這兒都未完全發展成熟。再一次，我們又回到老問題：從純粹的經濟角度而言，一個眞正市民的、工業的資本主義，是有可能從我們上面提到的小資本主義之萌芽裡發展出來的。一連串的理由——大多與國家的結構有關——可以讓我們明瞭資本主義之所以沒能發展出來的這個事實。

六、家產制法律結構

在家產制國家裡，行政與"法發現"（Rechtsfindung）❸❹的家產制性格所造成的典型結果是：一個被根深蒂固且具神聖性的傳統所蟠踞的王國、一個帝王具有絕對自由裁量權與恩寵（Gnade）的王國。工業資本主義制度對這些政治因素的感受度特別敏銳，其發展也因此橫遭阻扼。[因為]工業發展所必須的理性的、可預計的行政與法律機能，並不存在。舉凡在中國、印度、伊斯蘭、或一般而言理性的法律創制與裁決未能獲勝的任何地方，「自由裁量高於一般法」（Willkür bricht Landrecht）❸❺的命題是通用的。然而這樣一個命題並沒有像西方的中世紀那樣，促成資本主義式的法律制度之發展。[這是因為在中國]一方面，作為政治單位的城市缺乏團體的自治（Korporative Autonomie），另一方面，依據特權所確立並受到保證而具有決定性的法律制度，也不存在。然而，所有適合於資本主義的法律形式，正就是得力於以上各種原則的結合，這在西方的中世紀時就已創造出來。

在很大的一個程度上，法律已不再是因為古已有之而因之妥當的規範，公道也不再只有通過巫術性手段才能"發現"。就西方中世紀的帝王行政而言，制定法（Staturrecht）與法律的創制，至少在技術上，都因其相對的簡明與實事求是的形式而著名。正如寇勒（J. F. Koler）所強調的，刑法在犯罪構成要件上已有相當程度的提昇——將犯罪的動機也加入考慮。

與此相對比的是印度佛教君主的家父長式的訓誨與勸誡，他們的倫理的、行政的指令類似於中國的某些法令。中國的法令也有系統地匯集於《大清律例》中。不過，在我們西方人的觀點裡應列為最重要事項的諸種私法的規定(privatrechtliche Bestimmungen)却極少(有的話，也是間接性的)。沒有任何個人的根本"自由權"(Freiheitsrechte)受到保證❸。舉個例子：在戰國時代(西元[前]563年的鄭國)，士人官僚的理性主義得以表現在法典的編纂上(將法令刻於金屬板上)。但根據史書的記載 ❸，當士人階層對於這個問題加以討論時，晉國的一位大臣[叔向]即有力地反駁道：「民知有刑辟，則不忌於上」❸。有敎養的家產官僚體系所具有的卡理斯瑪威信似乎因而被危及，所以此等權勢利益再也不容許有這樣的念頭產生。

雖然在形式上財稅與司法各有專司，但行政與法律實際上並未分離。政府官員以家產制的方式，自費雇用僕役來擔任治安與細瑣的公事。官紳行政基本上反形式主義的、家父長式的性格，是錯不了的——遇有冒犯的行爲，不須要引具體的法規就可加以懲罰。最值得注意的是法理的內在性格。以倫理爲取向的家產制，所尋求的總是實質的公道，而不是形式法律。因此，儘管是傳統主義，却沒有任何官方的判例集成，因爲法律的形式主義是被拒斥的，並且特別是因爲沒有像英國那樣的中央法庭。官吏在地方上的"指導者"，是知道先例的。中國官吏接受[這些指導者的]勸告而遵循既有審判模式的司法程序，在外表上和我們西方的陪審推事引用"類似事件"(Similia)的裁判習慣相同。只是後者所背負的無能之名，在中國却是無上的美德。

皇帝所頒佈的行政令諭，大抵上和西方中世紀的敎皇勒令中所特有的訓誨形式相吻合，只是沒有類似的、嚴密的法律內容。最爲知名的諸令諭，並不是法律的規範，而毋寧是法典化的倫理規範，並具有高超的文學素質。例如，最後第二個皇帝[光緒帝]還在《京報》上宣佈，一個遠祖的訓令已重新被發現，不久將被頒佈爲生活的規範。整個帝國行政旣是以正統爲取向，因此它便處於一個本質上是神權政制的士人官府的控制之下。這就是我們屢次提及的"翰林院"，它不但護衞著儒敎的正統敎義，並且可能還可與敎廷的主敎會議相媲美。總之，司法行政大致上仍停留在"卡地"(Kadi)裁判，或者"王室裁判"(Kabinet Justiz)的程度上❸。

　　這情形也和英國的郡長(sheriff)與其下層階級間的司法關係一樣。不過，在英國，爲了處理對於資本主義而言具有重要性的財產轉移事務起見，而設有先例法及與其配合的擔保法相對應。這是在利益團體不斷的影響下所創制出來的，他們的影響力之所以有效，則是因爲法官是由律師中選拔出來的。此種法律雖然不是理性的，但却是可預先估量的，並且使契約的自律性(Vertragsautonomie)有廣大的活動餘地。

　　然而，在中國的家父長裁判下，西方觀念中的律師，根本無法占有一席之地。氏族成員裡若有受過典籍敎育者，就成爲其族人的法律顧問。否則就請一位"略通文墨"的顧問來寫成書面訴狀。這個現象是所有典型的家產制國家，特別是帶有東方印記的神權的、倫理—儀式主義的國家，所具有的特色。換言之，除了非資本主義式的聚積財富的來源(如純粹政治性官職俸祿與租稅俸祿)外，有一種國家御用商人及包稅者[所構成]的政治資本主義欣欣向榮。在某些情況下，這種資本主義是眞正被熱衷追求的。此外，純粹屬於商人階級的商業資本主義也有發展。

　　然而，現代發展裡所特有的理性的工業資本主義，在此一政體下，則無立足之地。投資於工業的資本，對於這種非理性的統治形式，感應過於敏銳，並且也太過於依賴國家機器平穩而有理性之運作的是否可以估量，以致於無法在這種類型的行政下發生。不過，爲什麼此一行政與司法，從一個資本主義的觀點看來，會停留在這麼非理性的一種狀態下呢？這是個關鍵性的問題。我們已得知某些利害關係與此有關，但仍有詳加探討的必要。

[中國的]資本主義沒有一種獨立於實質的個體化與恣意判斷之外的司法裁判，所以也就缺乏政治上的先決條件。當然，私鬥確實是有的。整部中國歷史裡滿載著大大小小的私鬥，包括無數個別的村落之間、團體之間與氏族之間的械鬥。然而，自從這個世界帝國和平化之後，就不曾有過理性的戰爭，更重要的是，沒有數個互相競爭的獨立國家隨時準備應戰之情況下的武裝和平。因此，在戰時公債與國家補給——爲了戰爭的目的——形勢下發展的資本主義現象，並沒有出現。

西方各個國家當局，無論是在古代（世界帝國成立之前），還是在中世紀或近代，都必須爲了自由流動的資本而競爭。在中國，帝國統一之後，和羅馬帝國的情形一樣，爲了謀求資本的政治性競爭便消失了 ❹。中國的統一帝國也沒有海外的殖民地關係，這也阻礙了西方古代、中世紀與近代所共有的那些[海外殖民]資本主義類型的發展。這是指各式各樣的掠奪資本主義，像是殖民地資本主義、與海盜行爲掛鈎的地中海的海外貿易資本主義。然而[中國]海外擴張的阻礙，部分是由於大內陸帝國的地理條件，部分則如我們已見的，是來自於中國社會一般的政治與經濟特性。

在西方的工業裡找到其獨特據點的理性的經營資本主義（Betriebskapitalismus），不僅因缺乏一種在形式上受到保證的法律、一種理性的行政與司法而受到阻礙，並且也受阻於俸祿的體系；而基本上，是缺乏一種特殊的心態（mentality）。特別是根植於中國人的“精神"（ethos）裡，而爲官僚階層與官職候補者所特別抱持的那種態度，最是阻礙的因素。這就將我們帶入到中心的主題上了。

第2篇
正統

第 **5** 章

士

　　十二個世紀以來，社會地位在中國主要是由任官的資格，而非財富，所決定的。此項資格本身又受到教育，特別是科舉所決定。中國之一意地將人文教育作為衡量社會聲譽的指標，其程度遠超過人文主義時代的歐洲，或者在德國的情形。甚至早在戰國時代，受過人文教育——原先指的僅是具有文獻知識(Schriftkenntnis)——而有志於官職的階層，就已遍布於各個諸侯國家，這些士人乃是將行政導向合理進展的人，並且也是一切"知性"的擔綱者。

　　就如同印度的婆羅門一般，中國的士正是體現文化統一性的決定性人物。就正統的國家觀念的模式而言，凡是不在受過人文教育的官吏所管轄之下的領土(以及化外之地)，都會被認為是異端與野蠻，就像那些在印度教的領域裡不在婆羅門治理下的部落地區，或者像那些希臘人還未組織成"城邦"(polis)的地方一樣。中國的政治及其擔綱者日益發展的官僚體制結構，已在整個中國人文傳統上刻畫下獨具特色的印記。二千多年來，士人無疑的是中國的統治階層，至今仍然如此。雖然他們的支配地位曾經中斷，也經常受到強烈的挑戰，但總是能再復甦，並且更加擴張。根據史書所載，1496 年，皇帝首次稱呼讀書人(而且也只有他們)為"先生"❶。

在中國文化發展的樣式上，具有無比重要性的，是這個知識的領導階層從不曾具有像基督教、伊斯蘭教的教士、或者猶太教的律法學者(Rabbis)、印度教的婆羅門、古埃及的祭司、或埃及與印度的書記(Schreiber)等所具有的性格。值得注意的是，中國士人階層的發展雖說是來自禮儀的訓練，不過他們卻也是在一種優雅的世俗教養(vornehme Laienbildung)下所培育出來的。封建時期的"士"，及爾後官方所稱的"博士"——示即"活書庫"之謂——最重要是指對禮儀的精通嫻熟。然而他們並不是出身於某種祭司貴族門第，例如《詩篇吠陀》(*Rig-Veda*)❷ 裡的 Rishi 部族，或者出身於某種巫師的集團(Zaubergilde)，就像《呪文吠陀》(*Atharva-Veda*)裡的婆羅門一樣。

在中國，士的根源至少大體上可以追溯到封建家族的後裔，或許是長子以外的兒子；他們接受人文教育，尤其是書寫方面的知識，而其社會地位也正是基於這種書寫與文獻上的知識。平民也可以追求書寫的知識，然而就中國文字系統的困難性而言，這是不容易的。不過萬一這個平民成功了，他就能分享其他任何學者所享有的聲譽。即使是在封建時期裡，士階層也並非世襲或封閉性的——這是與婆羅門的另一不同之處。

一直到較晚近，梵文教育都還是以口耳相傳；它不喜以文字將傳統固定下來，這也是所有組織化的職業咒術師團體所不樂為之的。與此相反的是，在中國，舉凡禮儀之書、曆表、史書的撰寫，都可以追溯到史前時代 ❸。甚至在最古老的傳統裡，古代的文書記錄也被認為是具有巫術性的 ❹，精通它們的人即被認為具有巫術性的卡理斯瑪。正如我們在下文可以看到的，這在中國乃是個源遠流長的事實。士的威望並非基於一種由巫術般的咒術力量所構成的卡理斯瑪，而毋寧是基於此等書寫與文獻上的知識；或許他們的威望最初也還靠著天文學的知識。然而諸如透過咒術來幫助個人、醫治疾病等巫術的施爲，可就不是他們的事了。此等事會有其他專門的行家來做，我們在下文裡還會再討論到。當然，巫術在中國的重要性，就像在其他任何地方一樣，是件不證自明的事。然而只要是事關共同體的整體利益時，即交由[共同體的]代表們來與鬼神交涉。

作爲最高祭司長的皇帝，以及各諸侯王，代表其政治共同體[與鬼神交涉]。至於家族，則交由氏族長及家族長來做。共同體的命運，尤其是有關收成一事，極早即已透過理性的手段——亦即水利的整治——來處理，因此，行政上正確的"秩序"(order)，一直是影響鬼神世界的基本手段。

除了作爲通曉傳統之手段的經典知識外，爲了明辨上天的意旨，特別是何爲吉日(dies fasti)，何爲凶日(nefasti)❺，曆法與星象上的知識也是必備的；而且似乎士的地位也是由宮廷占星者的尊貴角色演化而成❻。這些文書之士(也只有他們)，能從儀式上了解此種重要秩序(並且原先或許也是用占星的辦法)，並用來勸誡特定的政治當局。中國史書上的一段記載即顯示出此種勸誡的特殊效果❼。

封建王國魏國，有一名戰功彪炳的將領吳起——傳爲一兵書的作者[按：即《吳子》]，在兵法謀略上的權威性至今仍持久不衰——與一文士[按：即田文]爭奪首相之位。在此士人終被任命爲相後，兩人之間起了激烈的爭辯。他[士人]承認無法一如將軍那樣領兵作戰，亦無法掌理類似的政治事務。就在將軍據此而宣稱自己乃更勝一籌的人選時，士人乃言朝中有革命的威脅；至此，將軍即毫不猶豫地承認，那位士人是防止此一事變發生的更好人選❽。

　　唯有精通文獻與傳統的人，才被認爲是夠資格在儀式上與政治上，正確地指導國內的行政與君侯的卡理斯瑪式正確生活態度的人。與猶太敎先知——他們的興趣基本上是在外交——最尖銳的對比是，在禮儀薰陶訓練下的中國文人政治家，是以內政問題爲其主要取向，雖然這些問題牽涉的是絕對的強權政治，雖然在處理君侯間的文書往來或公務時，他們也可能會不由自主地深深捲入外交的決策中。

　　這種對於國家"正確的"內政不斷的關注的取向，對於導致封建時期的知識階層，產生一種影響深遠而又實際的、政治的合理主義，具有決定性的影響。與後世僵硬的傳統主義相反的是，史書經常會揭露出士人是果敢的政治改革者 ❾。他們極端自負於本身的敎養 ❿，而君侯——至少依據史書所載——則對他們禮敬有加 ⓫。從古代開始爲家產制的君侯服務，與士人有着密切的關係，這點對士之獨特性格有著決定性的影響。

　　士的起源吾人已無由得知。表面上看來他們顯然曾經是占卜師。中國皇權之具有最高祭司長的政敎合一的性格，決定了他們(士)的地位，並且也決定了中國文獻的特色：諸如官方的史書、具巫術效果的戰爭與祭禮的頌歌、還有曆書以及儀式與祭典方面的書籍，士以其知識來支持國家的性格——本質上是個敎會性與強制性的組織；他們認爲國家乃是個不證自明的存在。

　　在文獻中，士創造出"官職"(office)的概念，尤其是"公務職責"(official duty)與"公共福祉"(public weal)的精神⓬。如果史籍所載可信，那麼士，就作爲具有強制性機構之本質的國家的官僚組織之支持者而言，打從一開始就是封建體制的反對者。這是相當可以理解的，因爲就他們關注之所在的立場看來，只有那些身受人文敎育薰陶的人，

才夠資格擔任行政 ❸。另一方面，**爲了自身利益**，他們指導君侯使行政趨向自主，指導君侯壟斷武器的製造與堡壘的修築，所有這些方法都是使君侯成爲"國之主"的手段❹。

士出仕於君侯的這層緊密關係，乃是在君侯與封建勢力鬥爭中建立起來的。這使得中國的士與希臘以及古印度受過教育的俗人有所分別，而較接近於婆羅門，不過，士儀式性的臣服於一個政教合一的最高祭司〔皇帝〕，這又使得他們與婆羅門大爲不同。此外，在中國也沒有種姓秩序，這點跟人文教育以及臣服於一個最高祭司長有密切的關連。

士與**官職**的關係隨著時間的過程而有本質上的改變。在封建諸國的時期裡，各個宮廷競相爭取士，而他們也正尋求獲取權力的機會，以及，我們可別忘了，爭取收入的最佳機會❺。一個周遊各處的"辯士"（sophist）階層於是興起，可比之於西方中世紀時期遊歷四方的武士與學者。正如我們下面將會看到的，也有某些中國的士人，基本上是絕不出仕的 ❻。此一自由且流動的士階層，乃是形成哲學派別與對立的主要角色，就像印度、古希臘，以及中世紀時期的僧侶與學者。雖然如此，中國的士卻覺得他們自己是個一體的身分團體。他們要求同樣的身分榮譽❼，同時由於感覺自身爲同質性的中國文化之唯一擔綱者而結合起來。

就一個身分團體而言，中國的士以出仕於君王作爲其正規的收入來源的這層關係，使他們有別於西方古代的哲人，並且至少也異於印度受過教育的俗人，這些人在社會上的活動大多與任何官職保持一段距離。一般而言，中國的士都盡力爭取出仕，來作爲他們收入的來源以及正常的活動場所。孔子，與老子一樣，在其作爲一個不再與官職有任何關連的教師與著述者之前，就是個官吏。我們即將了解到，這層與國家官職(或者一個"教會國家"裡的官職)上的關係，對於這個階層的心態本質，具有根本的重要性。因爲此一取向演變得愈益重要且愈趨於專一。諸侯競相爭取士人的這種機會，在帝國統一後即已不再。士與其門徒此後競相爭取既有的官職，而此一發展無可避免的造成了一個與現狀相配合的統一的正統學說。這就是**儒教**。

隨著中國俸祿制之逐漸實施，士人原先精神的自主性也就停止發展了。早在史書及士人大部分的系統性著作開始產生之際，以及那些被始皇帝焚毀的經書又"重新被發現"時 ❸──它們之所以"重新被發現"，爲的是可以重新修定、潤飾與解釋，從而取得聖典的地位──此一變化即已在全面發展中。

從史書上可以證實，此一發展是與帝國的和平化同時出現的，或者更應該說是在這個時期裡發展到一個圓熟的局面。無論如何，戰爭都是年輕人的事，「六十回橋」之語 ❾，就是戰士們用來抵制"長老"(senate)的口號。然而中國的士即爲"老人"(oldmen)，或者說他們代表了"老人"。根據史書，(秦)穆公在一次典範性的公開告白中表示，他犯了聽從"年輕人"(即戰士們)而不聽從"長者"的過錯，"長者"雖無勇力，卻有經驗 ❷。事實上，**這**正是轉向和平主義、繼而轉向傳統主義的關鍵點。傳統取代了卡理斯瑪。

一、孔子

與孔子(作爲一個編纂者)的名字聯在一起、經典作品中最古老的一些部分，可以告訴我們一些卡理斯瑪戰爭君主的情形(孔子歿於西元前 478 年)。《詩經》裡的英雄史詩，如同希臘與印度的史詩一般，吟咏著進行車戰的君主。然而綜觀其整體性格即可得知，即使是這些詩歌，都不再是讚頌個人的，並且一般而言，也不是像荷馬或日耳曼的史詩那樣純粹是歌頌人類的英雄精神。當《詩經》編纂時，君主的軍隊已無絲毫從征武士的浪漫氣息，或者如荷馬史詩式的冒險的浪漫精神。那時的軍隊已具備有紀律的官僚體制之性格，尤其是已置有"武官"(offi-cer)。在《詩經》裡，君主甚至都不再只因爲他自己是個較偉大的英雄而打勝仗，而這正是決定軍隊士氣的關鍵所在。他們戰勝，是因爲在天意(the Spirit of Heaven)之前，他們具有道德上的正義，並且也因爲他們具有較高超的卡理斯瑪美德；反之，他們的敵對者是爲神所厭棄的罪人，壓制與毀壞自古以來的良風美俗，並侵擾了其臣民的幸福，因此已喪失了他們的卡理斯瑪。勝利與其說是享受英雄式的喜悅，倒不如說是一個道德上的反省時機。將中國的經典與幾乎所有世界其他倫理的經典相比，我們會立刻覺得詫異的是，其中竟沒有任何"驚世駭俗"的描述，也沒有絲毫可以察覺到的"非禮的"印象。顯然的，這些書經過了一種非常有系統的淨化工作，而這很可能就是孔子的特殊貢獻所在。

透過士人及官方史學的努力，中國的古代傳統被實用性的轉化到史書中，顯然是要超出《舊約聖經》(好比〈士師記〉)中所表現出來的僧侶式典範。被視爲孔子所作的那本編年史裡(譯按:《春秋》)，即包含了關於軍事征伐與肅清叛亂之最索然無味與最嚴整的編列；在這方面可比之於亞述人的楔形文字記錄。如果孔子眞的——如傳統的看法——說過他的性格可以很淸楚的從這本書裡得知 ❷，那我們就不得不同意那些(中國與歐洲的)學者對此一說法的解釋：他的獨特成就在於，從"禮"(Schicklichkeit)的觀點，將事實做了一個有系統而具實際教訓意義的修正——在這點上，他的著作對於其同時代的人而言，其義昭然若揭，然而對我們而言，它的實際教訓意義大半都變得隱晦不明了❷。

經典中君侯與宰輔的言行舉止都像是統治者的典範——他們合於倫理的舉止會受到上天的報償。官吏階層以及官吏之憑功績昇遷，都是受推崇的理想之制。雖然諸侯國仍行世襲制；某些地方官職也是世襲性的采邑；然而經典對世襲此一制度持懷疑態度——至少是那些世襲性的官職。根本上，它們認為此一體制只不過是暫時性的。在理論上，這甚至可以推到帝位的世襲本質。傳說中理想的帝王(堯與舜)，從宰輔中指定繼承人(舜與禹)而置於他們自己的兒子之上。不管這些繼承人的出身如何，而完全根據朝中重臣對他們個人卡理斯瑪的認定。帝王也以同樣的方式指定其宰輔，而只有第三個帝王，禹，沒有任命他的首相(益)而是提舉他的兒子(啓)做為其繼承人。

與古老而原始的史料及碑銘不同的是，我們無法從大多數的經典著作中找到純正英雄式的心靈。孔子所持的傳統觀點是：謹慎要優於勇力，他不認為有智慧的人當將其生命拿去做不合宜的冒險 ❷。特別是在蒙古人的統治結束後，舉國的太平盛世更大大增強了此一心態。這個帝國變成一個和平的帝國。由於帝國被認為是個統一體，根據孟子的說法，在帝國的境內是沒有"義"戰的 ❷。就帝國的版圖而言，相形之下，軍隊最後變得非常的弱小。在武人的訓練與士人的訓練分開之後，皇帝在為士人舉辦的國家考試之外，也保留了武人實際技藝與筆墨的競賽，並發給武事方面的資格證明書 ❷。然而長久以來，獲得這種資格證明書與在軍中的實際資歷幾乎毫無關係 ❷。事情的結果是武人在中國被蔑視，就像在英國武人亦曾受過二百年的蔑視一樣；一個有敎養的士人是不會在社交場合中與武官平起平坐的❷。

二、考試制度的發展

在君主集權的時代，士大夫(the mandarins)成爲一個有保證資格要求官職俸祿的身分團體，中國所有的公職人員皆取自這個階層，而他們所適合的官職與品位則取決於通過考試的次數。

這些考試主要有三個等第❷，由於有次試、覆試、初試以及其他許多特殊的條件而顯得相當龐大❷。光只最初等的考試，就有十種不同的科類。對一個不明身分的陌生人，最先提出的問題通常是：通過幾次考試？因此，儘管是在祖先崇拜的信仰裡，有多少個祖先並不是決定其社會地位的要素。情形恰好相反：一個人是否能有祖廟，乃視其官位的高低而定(一般非人士階級則只有一個祖宗牌位)。一個人可以崇拜多少個祖先是取決於其官階❸。甚至連城市神明在衆神中的地位都得看此一城市官員的品位而定。

在孔子的時代裡(西元前六到五世紀)，取得官職的途徑以及考試制度，顯然尚未出現。通常，至少在封建諸侯國裡，權力是掌握在幾個"強宗大族"手裡的。一直要到漢朝——由一個布衣所建——根據才能功績來授予官職才成爲一種確立的原則。而直到唐代(西元690年)才有取得最高職位的章程設立。正如我們上面所提過的，人文教育最初極可能(或許有少數例外)無疑地——或許還是法制上規定的——是被那些"世家"所壟斷，就像早期梵文教育在印度被壟斷的情形一樣。這種痕跡一直持續下來。皇族成員，雖然未能免除所有的考試，但初試是可以免掉的。每位應試者的保證人，直到最近代為止，都必須指出並保證應試者乃"良家出身"。到了近代，這項保證只意味著將理髮師、獄卒、樂師、家僕、役夫及其他等人的子孫排除在外。然而，與此種檢竅並行的，還有"蔭補"的制度。也就是說，在各省所容許的考生最大配額裡，這些高官的子弟享有特別優先的地位。在升等的名單上，有「官宦出身、庶民出身」的官方用語。功勳卓著的官員之子弟都可以擁有最低一級的品位，以為榮耀。這些都是古代［身分］狀況的遺習。

自七世紀末以來，考試制度即已澈底實行。此一制度乃是帝國家產制統治者用來防止封閉性的身分階層之形成的手段之一，以免封建藩臣與官吏貴族獨占了官職俸祿的權利。考試制度的最初跡象，**似乎**是出現在孔子（與 Huang K'an［按：不知何人］）時代的秦國——這個後來成為獨裁制的諸侯國。選官任職，基本上是取決於軍功。然而，在《禮記》與《周禮》中，都以相當理性主義的方式 **❸**，要求地方首長定期考核其屬下——以他們的道德為考核對象——並據以呈報皇帝，以做為晉升依據。在漢皇帝的統一帝國裡，和平主義開始成為選舉官吏的主導因素。在士人將正君光武皇帝於西元 21 年成功地擁上皇位，並支持他對抗受擁戴的"篡位者"王莽之後，士人的勢力即大大地強化起來。在這以後發生的俸祿鬥爭裡（我們在下面會談到），士人發展成一個互通聲氣的**身分團體**。

就中國之盛世與文化的真正創造者而言，唐朝的光芒至今仍閃爍不息。唐朝首次（西元第七世紀）規定了士人的地位，並設立了教育他們的大學［按：即正式的國學、大學、四門學及旁列的崇文館等］。另外又創建翰林院，即所謂的"學院"（academy），它首先編纂史書以了解前賢往事，然後再用來控制皇帝行爲的正否。最後，在經歷了蒙古人的風暴後，國人建立了明朝(十四世紀)，並發佈了基本上確立不移的法規 ❷。每個鄉村必須立學，每二十五家設一所。但由於學校並沒有受到補助，所以此一法令形同具文——或者不如說我們已知道是什麼力量控制了學校。官吏們選取最好的學生並將一定的員額送到大學[按：即國子監]。大體上，這些大學已經殘破，雖然它們有一部分是新近才成立的。1382 年[按：明太祖洪武十五年]，政府提供這些"學生"[按：即監生]米糧以爲俸祿 ❸。1393 年，學生員額固定下來。在1370 年後，就只有考試合格的人才有任補官職的資格。

各地區之間很快燃起戰火，尤其是南北之間。雖然南方所提供的應試者都較有學養，並且出身一個較爲複雜多變化的環境，但是北方卻是帝國的武力基石。因此，皇帝干涉並**懲罰**(!)了將"榜首"給南人的主考官。南北因此分榜 ❹。然而立即展開了一場官職蔭補的鬥爭。雖然在 1387 年[明洪武二十年]，舉辦了一場武官子弟的特考，然而無論文官或武官卻更進一步要求有指定他們繼承人的權利，這等於是要求再封建了。1393 年，此一要求被接受，不過最後是修正過了的：被蔭者有進入國子監的優先權，並確保其俸祿的享有 ❺。1465 年時可蔭三子，1482 年則限一子。到了十五世紀，我們看到有納錢以進入國子監的(1453 年)[按：即"例監"、"納貢"之制]、以及買賣官職(1454 年)的，這都是由於急需軍費所致。雖然這些措施在 1492 年[明孝宗弘治五年]時被廢止，但 1529 年又再恢復。

同樣的，**朝廷的各部門**間也互相傾軋，自 736 年[唐玄宗開元二十四年]後，禮部即負責考試，然而官員的銓敍卻由吏部負責。考試合格者不免經常受到後者的杯葛，而前者便在主試時回以痛擊。形式上是禮部尙書，而實際上卻是吏部尙書(即宮宰，the major-domo)在最後成爲中國最有權勢的人。爾後，商人——被認爲較不"貪婪"的一些——也進到官職[體系]裏來❸。當然，此種期望是相當沒有道理的。

清人好法古，因此重士人，並在儘可能範圍內使授官任職較循"正途"。雖然如此，跟往日一樣，這時仍有三種獵取官職的途徑：(1)，皇帝恩寵的"公侯"子弟(考試恩典)；(2)，握有薦舉之權的高級官員爲其屬官所行的簡單考試(每三到六年舉行一次)，每次這種考試無疑可使這些屬官昇到更高的位置；(3)，唯一合法的途徑：純正並有效地以考試獲取資格。

大體而言，考試制度的確能圓滿地達到皇帝所想要的功能。有一次(1372年)有人——我們可以想得到是哪一類的人——向皇帝提議道，根據正統的道德卡理斯瑪所得到的結論，應該廢止考試制度，因**爲只要道德**一項就足以證明誰可以正當且合格地[取得官職]。這個建議很快就撤回了，這倒是不難理解。畢竟皇帝與應試者在考試制度裏存在著利害關係，或者至少兩者都如此認爲，從皇帝的立場而言，考試制度扮演的角色，正如俄國專制君主用來操縱其貴族的品位秩序(mjestnitshestvo)❼——雖然就技術而言，其手段並不相同。此一制度導致候補者互相競爭俸祿與官職，因而使得他們無法連成一氣形成封建官吏貴族。獲取官職的機會對任何人開放，只要他們能證明自己有足夠的學養。考試制度也因此而達到了它的目的。

三、儒家教育的類型

現在我們要討論一下這個教育體系在一些偉大的教育類型中所處

的地位。當然我們在此無法附帶提出一整套社會類型學之教育學的目的與方法，不過，或許一些短論也就可以交待了。

就教育的目的而言，從歷史上看來有兩種極端對立的類型：一種是要喚起卡理斯瑪，亦即喚起英雄的資質或者巫術的天份；另一種是予以專門化的專家訓練。第一種類型相應於卡理斯瑪的支配結構；後者則相應於**理性的**及(現代)官僚式的支配結構，這兩種類型雖然對立，其間並非沒有任何的關連或過渡。武士英雄或巫術也需要專門的訓練，而專門官僚一般而言也不完全只受知識上的訓練。然而，它們是教育類型上的兩個極端的敵體，並且也形成了最根本的對比。在二者之間則存在著各種類型，其目的無非是要養成學生一種**生活態度**(Lebens-führung)，無論此一生活態度的性質是俗世、或是宗教的；並且都是屬於某一身分團體的態度。

巫師與武士英雄所給予其子弟的那種古老的巫術性禁慾精神及英雄式的卡理斯瑪教育，乃試圖幫助新受訓者獲得一種帶著泛靈意味的"新靈魂"，並且由此而獲得新生。以我們的話來說，這意指他們無非只是希望去**喚起**(awaken)那種被認為純粹是個人天賦的資質才能，並加以試煉。因為卡理斯瑪是教不來、也訓練不來的。它要不是**原先**即已存在，就是得透過一種巫術性的再生奇蹟而溶入——除此之外，別無它法可想。

另一方面，專門化及專家的訓練，則試圖**訓練**學生，使可實際符合於管理的目的——用之於公共行政、商業公司、工廠、科學或工業的實驗室，以及有紀律的軍隊等組織裡，原則上，任何人都可以受訓以達此一目的，雖然程度各有不同。

最後，陶冶教育(Kultivationspädagogik)則是企圖**教育**出一種文化人，至於這種文化人的性質如何，則得看各個社會的主導階層對教化不同的理想而定。這意味著培養一個人某種內在與外在的生活態度。原則上這在每個人的身上都可以做到，只是目標各有不同。如果主導性的身分團體是由一個個別的武士階層所形成的(例如日本)，教育的目標就是在於把學生塑造成某種典型的武士宮臣，他們鄙視那些刀筆文士就像日本的武士(Samurai)所鄙視的一樣。在特殊的個案裡，這個[主導]階層也有可能會呈現出各種差異極大的類型。如果具有主導性的是一個教士階層，那麼其目的便在於使門徒成爲一個[聖典]律法學者(Schriftgelehrte)，至少是成爲一個知識分子；同樣的，其間也有極爲不同的特色。在眞實裡，這些類型從未以純粹的形式存在過。無數的綜合型與過渡型，我們都無法在本文裡討論。此處，重要的是要以這些類型來將中國的教育加以定位。

原始的卡理斯瑪再生訓練的遺習，諸如乳名、前已論及的少者成年禮[按：即冠禮]、以及新婚改名等等 ❸，在中國長久以來就是與教育資格測試並行的一種儀式(正如基督新教所行的堅信禮一般)。資格的測試由政治當局所壟斷，然而以其所用的教育方式視之，教育資格測試——就一種普通教育的意義而言——又是一種"文化的"資格教育。正如西方**人文主義式**的資格教育，但又別具特性。

在德國，此種教育一直到最近爲止，都還是走向民政及軍政領導地位的官職生涯所必須通過的一個先決條件。同時，此種**人文主義的**教育也在準備從事此種生涯的學生身上加蓋了印記，表明他們在社會上是屬於**有文化敎養的**身分團體。然而在德國已加入了理性的、專業化的**專家**訓練，並且部分地取代了此種身分資格教育——這是中國與西方非常重要的區別。

中國的考試並不測試任何特別的技能，如我們[西方]現代為法學者、醫師、或技術人員所制定的國家與官僚的考試章程。中國的考試也不考驗是否具有卡理斯瑪，如巫術師和男子集會所實行的典型"試煉"。當然，我們稍後就會對此一命題的限度有所了解，然而至少就考試技術方面而言，這個說法並沒錯。

中國的考試是要測試考生的心靈是否完全浸淫於典籍之中，是否擁有在典籍的陶冶中才會得出的、並適合一個有教養的人的**思考方式**。對於這種特殊資格的要求，在中國要比德國的人文主義式的文科高等學校(humanist gymnasium)更為強烈。今天我們已習於贊同文科高等學校，認為通過古典的研究可得到正式教育的實際價值。就此，如果我們以中國的低年級生的畢業測試的試題❸來加以評斷的話，它們非常類似於出給一個德國人文高等學校最高年級學生，或者更恰當的，出給一個德國女子學院優等班的論文試題。所有的階段都是在測試書法、文體以及對古典經籍的通曉❹，最後──和我們的宗教、歷史與德文課程類似的──能夠與要求的精神表現相契合❹。此種教育，一方面在本質上純粹是俗世的，另一方面則被局限於經典作者所提出的正統解釋的固定規範裡；此乃一種極度封閉且墨守經文的教育，就我們討論的脈絡而言，這點是極關緊要的。

印度、猶太教、基督教與伊斯蘭教的教育之所以具有的文獻性格，乃是由於教育是完全掌握在受過文獻教育的婆羅門及律法學者，或聖典宗教❹的聖職者與修道士──一群受過專業文獻訓練的人──的手中。當教育仍然是希臘式(Hellenic)，而非"希臘化式"(Hellenist)的時期❹，有文化教養的希臘人主要仍保持作為一個壯丁(ephebe)與重裝步兵(Hoplit)的身分。最能夠清楚說明此一事實的，莫過於《宴饗篇》(*the Symposium*)中的對話：在柏拉圖傳述下的蘇格拉底說道，他在戰場上——套個學生的用語——從來也不曾"龜縮"過；因爲柏拉圖所說的這話顯然至少與他借阿希比阿地斯(Alcibiades)之口所說出的話具有同等的重要性。

中世紀的騎士軍事教育與後來文藝復興的沙龍士紳教育，對早期經由典籍、教士及僧侶所傳授的教育提供了一種旗鼓相當的補充——雖然其社會意義並不相同。在猶太教與中國，此種可相抗衡的教育，在某些地方是完全沒有，在另一些地方也差不多是完全沒有。印度，就像中國，文獻教育的內容，實質上是詩歌、掌故，以及儀式、典禮上的決疑辯難。然而，在印度這一方面還有宇宙創生、宗教、以及哲學的思辨來支撐。雖然此種思辨在中國古典經文及歷代註釋裡，並非完全缺乏，但顯然地，它們只扮演著極不重要的角色。中國的撰述者發展出社會倫理的合理體系。在中國，受過教育的階層，直截了當地說，從來就不是個像婆羅門一樣的自主的學者身分團體，而是個官員與追求官職者的階層。

中國［古代］高等教育的特色並不一定就跟目前所表現的一樣。封建諸侯的公家教育機構(泮宮)，除了傳授禮儀與文獻上的知識外，還教導舞蹈與武藝［按：即六藝中的"射"與"御"］。只是當帝國成爲一個家產制的統一而和平的國家，並且最後只由考試制度來選拔官員後，與早期希臘教育極爲相似的古老教育，就被轉變成一直流傳二十個世紀之久的這個樣子。中國中古時期的教育，雖然主要的是如《小學》那樣權威主義及正統的教材，舞蹈與音樂仍有相當份量。當然，古代所留下來的戰舞似乎只是一種相當粗糙的形式，不過，在其他方面孩童還是得按照年紀學習某些舞蹈。其目的據書載，是爲了抑制有害的情慾。如果小孩在受教時表現不佳，則應令他舞蹈與歌唱。音樂可以陶冶性情，而禮樂則是自制的基礎 ❹。在這些方面，音樂所具有的巫術性意義乃是最重要的。正音──亦即根據古老的規矩使用音樂，並嚴格遵守古老的方式──「可以寧鬼神」❹。到了中世紀晚期，射與御仍然被認爲是士紳子弟的一般教育項目 ❹。不過這基本上只是個理論。細查小學之書，我們會發現，家庭教育──從七歲起就依男女之別而分隔開 ❹──主要是在灌輸一種大大超乎西方人所能想像的禮儀；那是一種特別強調對父母、對所有的長輩及一般長者恭順與尊敬的禮儀。至於其他，《小學》講的幾乎全部是自我抑制的規則。

此種家庭教育更濟之以學校教育。每一個縣照理應該設有一所小學。更高的教育則以通過第一關的入學考試爲先決條件。中國的高等教育因此而具有兩個特點：第一，它是完全非軍事、而純粹爲文獻性的，就像所有僧侶集團所樹立的教育一樣；第二，它是文字性的，亦即其**書寫**的性格，發展到極端。這一點部份是由於中國文字的特殊性，以及由此特殊性所形成的文學藝術所造成的結果❹。

由於[中國]文字一直保留著圖象的特色，並未理性化爲地中海商業民族所創造出來的拼音字母的形式，而使得文學作品立即訴之於眼睛與耳朵，並且在本質上較傾向訴諸前者。任何古典經文的"朗讀"本身就是一種從圖象文字到(非書寫)話語的轉譯。視覺的特性──特別是就古老的字體而言──其本質就與口說的語言距離遙遠。單音節的**語言**❹需要聽覺、以及銳音音調的感應，再加上它的嚴整簡潔及其句法構築邏輯上的拘束性，使得它與純粹視覺性的**文字**有著極端不同的對比。除此之外，部分也因爲──如葛魯柏(Grube)正確指出的──它在結構上的異常理性的特質，使得中國的語文無法發展出詩與系統性的思惟。也未能如希臘文、拉丁文、法文、德文及俄文等諸語文的結構那樣，各以適合自己語言的方式發展出雄辯術來。比起必然受局限的單音節語言而言，書寫的文字符號是要豐富多了。因此，所有的幻想與熱情就自然遠離貧乏且形式化主智主義的口說語言，而轉向寂靜優美的書寫文字符號。一般詩體的口語根本上是從屬於文字。具有藝術價值的，不是口語，而是書寫與閱讀，這也是被認為適合君子的——因為他們對文字所造成的藝術性產品具有敏銳的接受能力。口語是屬於庶民的事物。這點正好與希臘文化極端相反：希臘人認為談話就是一切，所有的經驗與沉思都得轉譯為對話方才被接受。在中國，文學藝術裡最鮮麗花朵可說是既聾且啞地交織在如絲緞般的光華中，其價值遠高於戲曲，後者只有在蒙古統治時期才有顯著的發展。

　　在著名的社會哲學家中，孟子有系統地使用了對話的形式。這正是為何在我們的眼中，他是唯一完全達到"明析性"的儒教代表人物。"孔子的語錄"（如李格［Legge］所稱的［按：即《論語》]）之所以給我們如此強烈的感受，也是因為在中國（偶亦見於其他各種文化），學說教理乃是以宗師回答弟子的雋句——部分或許是真的——形式來表達。因此，在我們［西方人］看來，這就是被轉換成口語的形式了。此外，敍事文件中尚有早期軍事君主對軍隊的訓戒［按：即《尚書》中的諸篇詔誥］，其力量簡潔雄渾，予人極深刻的印象。另外，帶有教訓意味的史書［按：即《左傳》、《國語》等］之中，也有一些演說詞，其性格相當於教皇的"告諭"（Allokutionen）。除此之外，演說在官方文件中就插不上一腳了。其無法發展的緣故，正如我們就會了解到的，是由於社會與政治上的因素。

　　儘管語言有其邏輯的特性，中國的思想還是一直停滯於相當具象且描述性的狀態。邏輯、定義、與推理的力量，尚未爲中國人所接受。然而，就另一方面而言，這種純粹的文字教育使得思想得以與動作及姿態分離，其分離的程度，要較他任何其他具有文獻性格的教育，來得更大些。在學生了解字義之前兩年，要學寫大約兩千個字。其次，考生則要將注意力集中在文體與韻文的技巧、古典經文的嫻熟精通以及，最後，集中於表現出來的精神。

沒有任何計算的訓練──即使是小學教育裡──是中國教育非常奇特的一面。然而，在西元前六世紀時，亦即戰國時代，中國已發展出進位的**觀念**❺。商業往來上所具有的計算態度，已瀰漫於各個階層，而行政官員之決算的精密程度，却與這些數目之難以核算的程度不相上下，其原因則如上述。中古時期的教科書(《小學》第一篇，第二十九章)裡，也將算學列於"六藝"之中。戰國時代的數學據說就包含了比例法(Regeldetri)❺以及商業計算上的三角法。或許這些文獻及殘卷等，在始皇帝焚書時，全都消失了 ❺。無論如何，計算在後代的教育學裡再也沒有被提及了；並且在歷史過程中，計算在官紳階級的教育裡節節隱退，最後終於完全消失。受過教育的商人則在他們的營業場所學習計算。自從帝國統一而理性的國家行政管理開始式微後，士大夫就變成了縉紳階級的讀書人，他們再也沒有"閑暇"來做計算。

此一教育的俗世性格，使得它與其他文獻性質的教育體系極爲不同。中國的文獻考試純粹是政治事務。學業的傳授部分來自個別私人的教師，部分則來自大學所設立的官師團，而沒有任何的教士參與其中。

西方中世紀時的基督教大學之成立，是起於實際上與理念上的需要：需要一種合理的、俗世的、教會的法學，以及一種理性的(辯證的)

神學。遵循著後期的羅馬法律學校與基督教神學的模式而建的伊斯蘭教大學，則從事聖律與教義的決疑論難，[猶太教的]律法學者則做法律的詮釋工作；而婆羅門的各哲人學派則專注於思辯哲學、儀式與聖律。一般而言，總是由教會的高級人員或神學家來組成唯一的教學團，或者至少是其基本的成員。另外則有俗世的教師，他們負責傳授其他的學問。在基督教、伊斯蘭教與印度教裡，俸祿即是目標，爲了俸祿，教育文憑便成爲追求的對象。此外，當然追求者也希望能獲得從事儀式活動與拯救靈魂的資格。至於"不領酬勞的"古猶太教師(律法學者的前身)，其目標則只是想取得指導俗人律法事務的資格，因爲此種指導在宗教上是不可或缺的。不過，不管怎麼說，在所有上述的這些文明中，教育永遠無法離開神聖的或祭典的經書。只有希臘的各哲派純粹從事俗人教育工作，解脫所有經典的束縛以及對俸祿的直接關注，而完全投注於希臘式的"紳士"(Caloicagathoi)教育。

中國的教育雖然注意到俸祿問題，並且也離不開經書，但它同時也是一種純粹的俗世教育，一方面具有一種儀式、典禮的性格，另一方面又具有傳統主義的、倫理的特性。學校教育對數學、自然科學、地理學及文法等都沒有興趣。中國的哲學並不像希臘的哲學那樣，具有一種思辯與系統性的特質，並且部分而言——在一不同的意涵上——也不具有像印度教及西方神學所具有的上述特質。中國的哲學也沒有像西方的法律學所具有的理性—形式化的特性，並且也不具有像猶太教律法學者、伊斯蘭教、以及部分而言、印度的哲學所具的那種經驗的決疑論之特性。中國的哲學並沒有蘊生出煩瑣哲學，因爲它並不像以希臘思想爲基礎的西方與近東哲學那樣地深入於專門的邏輯學(fachmässige Logik)。邏輯學的概念一直與中國哲學無關，它不僅離不開經書、不帶辯證性，而且也始終以全然實際的問題與家產制官僚體系的階級利益爲其[思考的]取向。

這意味著西方哲學裡的所有基本問題皆爲中國哲學所無，這個事實很明顯地表現於中國哲學家——尤其是孔子——的思考形式中。由於極度實用性的實事求是，思想的工具停留於寓言的形式，使人覺得更接近印地安酋長的表達方式，而非理性的推論。對一些被認爲孔子所言的眞正精妙的話，這點特別眞確。由希臘城邦首先發展出來、作爲達成政治與訴訟目的的理性手段的辯論術，是不見之於中國的。在一個沒有形式化之司法的官僚式家產制國家裡，辯論術顯然沒有發展餘地。中國的司法裁判一直是，部份說來，類似簡化式(由高級官員主持)的王室裁判。另一方面，完全依靠文書作業。案件不經口頭辯論，只有書面申訴與口頭的訊問兩造而已。中國的官僚體系注重傳統的規範，這些束縛結果是阻礙了法庭辯論的發展。官僚體系認爲"根本的"思辨問題之辯論在實際上毫無用處，因此加以排斥；他們認爲這種辯論不合宜，而加以拒絕，因爲這可能帶來革新，而使他們本身的地位不保。

如果科舉考試的技術及其實質內容，在性質上全然是俗世的，代表一種「給士人的教養試驗」；那麼，一般民眾對他們(士)的看法就完全是另一回事了：它賦予他們一種巫術性卡理斯瑪的意義。在中國一般民眾的眼裡，一個通過考試的候選人，絕對不僅只是個在知識上夠資格做官的人。他已證明擁有巫術性的特質。此種特質，我們將會看到，附著於一個檢定通過的士大夫，就如同一個神寵教會組織中檢定合格且通過試煉的教士所擁有的一樣，或者亦如同一個通過其行會考驗並證明的巫師所擁有的一樣❸。

那些通過考試的候選人與官員之地位，在幾個重要的方面，都與（例如）天主教的助理司祭（Kaplan）有相似之處。對一個學徒而言，完成了課業與考試，並非卽意味著他的未成熟期已告結束。通過了"學位考試"（Baccalaureat）［生員、秀才］後，還是身處教諭與考官的控制下。如果表現不佳，則會遭到除名。在某些情況下他還會被打手心。在地方考試［按：卽在貢院舉行的鄉試］的闈場裡，考生罹患重病或甚至自殺的情形，也不少見。根據將考試當作是一種巫術性"試煉"的卡理斯瑪式詮釋，此類事件的發生，卽被認爲是個人惡行的明證。等到尋求官職者在嚴密的隔離下幸運地通過了較高級的考試，最終達到一個與他所通過考試次數與等第相應、並由其保荐者所推擧的官職後，終其一生，他仍然是在學校的控制之下。除了置身於上司的權威下之外，他還得接受來自御史的不斷監視與批評。他們的批評甚至可及於天子在禮儀上的正確與否。彈劾官員被認爲自古已然 ❸，並且具有像天主教之懺悔那麼的有價值。定期的（通常是三年），他的行事記錄，根據御史與他的上司之調查所寫成有關其功過的一張清單，就會公布在《京報》（*Imperial Gazette*）上 ❺。根據此一公開的等第表，來決定他是否留任、榮昇或者左遷 ❻。通常，決定這些行爲記錄的因素，不只來自客觀的事實，更重要的是"精神"，亦卽：在官職權威下，終其一生的試主門生關係（Pennalismus）的精神。

四、士的身分榮譽

作爲一個身分團體，士人擁有特權——卽使是那些只通過考試而未任官者。在他們的地位穩固後，很快的，士人就享有其**身分特權**。

最重要者有三：1.免除徭役，亦即**卑下的勞動**；2.免除笞刑；3.享有俸祿（包括學俸）。長久以來，由於國家的財政狀況，第三項的特權經常遭到相當大的減損。雖然生員每年仍能拿到十個銀元的學俸，條件是每三到六年之內必須參加舉人考試；這當然無法解決一切。正如我們已經看到的，修業期**與**待仕期間的負擔，事實上都是由氏族來承當的。氏族希望能看到他們的成員最後終於獲得一官半職，以便收回投資。實質而言，前兩項特權還是很重要的。因為，徭役無論減低到何種程度，總是無時不課的；並且笞打還是一種國家的處罰形式。笞打是從中國小學中的恐怖體罰教育就開始的。這種教育的特色——讓人想起我們的中世紀時期，但其發展是較極端得多了——據說包含了以下幾個特徵❺。

當氏族或村落的長老收集了"紅卡子"，亦即學生的名單（館單）之後，他們就在無官可任（隨時都有）的多餘士人中，聘請一位來做某個期間的學校老師。祖廟（或其他閒置的空屋）常被用為教室。從早到晚，都可以聽到同聲齊唱書上諸"行"的聲音 ❺。鎮日裡，學生都處於一種精神困惑的狀態之中，這可用一個中國字來加以表達：蒙——象徵一隻豬在草叢中❺。[府縣學]的畢業生[按：秀才]以及學生，仍然會受到打手心的懲罰，而不再打在舊式的德國母親所用的術語——所謂「上帝所允之處」（按：臀部）上。得到較高學位的人[按：舉人以上]，只要他們不被降級，則得以完全免除此種處罰。

徭役的免除，是中世紀時就已確立的。只是，雖然（而且正因為）有這些特權，封建的榮譽觀念之發展是不可能以此為基礎的。況且，正如我們所觀察到的，這些特權是不穩固的，因為它們隨時會由於遭受貶斥而被剝奪，而且這種事情經常發生。在這樣的基礎上——以考試證明作爲一個身分的資格、可能遭受貶斥、青年時期遭到體罰、卽使到了老年仍然不免於遭到常見的貶斥等——封建榮譽是不可能發展的。但是此種封建榮譽觀念，**曾經**在過去強烈支配過中國人的生活。

古史中稱頌"誠"(frankness)與"忠"(loyalty)爲首要德性❻。"不辱而生"是古之警語。「遭受不幸而不知何以自盡爲無勇」，這話尤其是對一位不戰"至死"的軍官所發的 ❻。對一位戰場失利的將軍而言，自殺而死被尊爲一種**特權**。允許他自殺，表示放棄處罰他的權力，因此便要再三地考慮❻。

家父長制的**孝**的觀念，轉變了封建概念的內涵。**孝**意味著爲了主人的榮譽，卽使結果是毀言加身甚或犧牲性命，也必須加以忍受。一個人可以，一般而言也應該，基於忠誠而去補償主人所犯下的**一切**過錯。在父親、兄長、債權者、官吏、以及皇帝面前所做的**叩頭**，確實不是一種**封建**榮譽的表徵。另一方面，要一個品德方正的中國人向其愛人下跪，則完全是種禁忌。所有這些都是與西方的騎士與扈從(cortegiani)所持的立場相反。

在相當程度上，官員的榮譽具有一種由考試的成就，以及上司的公開評論所規範出來的學生榮譽的成分。卽使在他通過了最高一級的考試後，依然如此。就某個意義而言，每個官僚體系無不如此(至少在其較低的層級上；而在烏騰堡[Württemberg]，則有著名的"甲等、費雪"[Grade A, Fischer]，卽使是處於官職的最高位上❻)；只是在中國，發展的程度大不相同罷了。

五、君子理想

由考試制度所培養出來的這種獨特的學生精神，與中國正統的(甚至也幾乎是所有異端的)學說所依據的根本前題，是緊密關連的。**神**與**鬼**、善與惡、屬天的**陽**氣對屬地的**陰**氣等，此種二元論也同樣存在於個人身上，這就使得擴展人的靈魂中的陽氣成爲教育(包括修身)的唯一課題 **❻**。凡是能使自身陽氣壓倒附在己身的惡靈(鬼)力量的人，就會擁有支配鬼神的力量；根據古老的觀念，他就是個具有巫術力量的人。善靈指的是那些守護世界之秩序、美與和諧的神靈。因此，使自己達到完美並反映出此種和諧，便是個人可以獲得此一力量的重要且唯一的手段。在士[活躍]的時代裡，**君子**(貴人)──以前則是"英雄"──就是那些圓滿完成自我的人。就文獻傳統所貫注於其信徒的那種具有永恆價值的古典精神之美的準則(canon)而言，他們已成爲一種"藝術作品"。另一方面，至遲自漢代起 **❻**，士人即堅信，鬼神會報償在社會或倫理上表現卓越的"善行"(beneficence)。因此，由古典的(正規的)美所節制的善行，便是自我完成的標的。

達到合於準則的圓滿與完美，乃是每一個學習者最高的憧憬，也是考試所想證明的最高資格的終極判準。李鴻章年青時的野心便是想成爲一個完美的文人 **❻**，亦卽，一個通過最後一級考試的"桂冠詩人"[按：進士]。他一直以自己是個寫得一手好字的書法家，且能默誦經典(尤其是孔子的《春秋》)而自豪。他的叔父在確認他有此一能力後，卽原諒他年輕時的過失並爲他謀取官職。對李鴻章而言，其他的知識(代數、天文)都只不過是「成爲一個偉大詩人」不可或缺的手段罷了。他爲慈禧太后所作祭媒祖廟的祈禱文，由於達到古典詩的完美，因而得寵於皇太后。

語帶雙關、委言婉語、引經據典、以及洗練而純粹的文學知性，
被認爲是士紳君子的會話理想。所有的現實政治都被排除於此種會話
之外 ❻。對我們[西方人]而言，顯得有些奇怪：這種緊守經典而高尚
的“沙龍”教養，如何能治理廣大的疆土。而事實上，卽使在中國，也
的確無法光以詩來處理行政事務。但中國的官職受祿者卻透過其文書
形式之合於準則的正確性，來證明其身分特質，亦卽其卡理斯瑪。因
此，此種形式便在官方的文書往來中占有相當的分量。無數重要的皇
帝詔書——皇帝扮演文藝大祭司的角色——用的就是訓誡詩的形式。
另一方面，官吏必須以其行政的“和諧”來證明其卡理斯瑪，也就是說
不允許有任何由於自然或人事的不安而造成紛擾。實際上的行政“工
作”則可由下層官僚來負責。我們已提過，在官員上面的，是身爲最高
祭司長的皇帝、他的士人學士院、及其御史團。他們可以公開給予官
員報償、處罰、叱責、警告、激勵或稱讚。

由於有“考課表”(Personalakten)，以及所有那些報告、奏議與審
查文書的發表，官吏的行政經歷及其命定的前途，以及他們的辯解，
都在廣大的群衆面前攤開來，其公開的程度遠大於我們[西方]任何一
個在議會控制下的行政——一種極端重視“官方秘密”的行政。至少根
據官方的說法，中國的《京報》乃是皇帝呈之於上天與其臣民之前、一
份不間斷的報告書。《京報》，就此而言，乃是附隨著皇帝的卡理斯瑪
所應有的特殊責任的古典表現。無論實際上官方的辯解與所公布資料
的完整性有多麼曖昧不明——畢竟，我們的官僚系統所傳達給議會的
也是如此——中國的這套程序，至少在公衆對官方行政意見的壓力間，
設置了一道相當強靱而且經常有效的安全瓣。

六、官吏的威望

在所有的家產制國家裡——包括中國及其他國家——所常見的憎恨與不信任，主要都針對著與人民實際接觸最密切的下層統治者。人民對政治的冷漠及其逃避與"國家"的何任接觸(這種接觸並不絕對必要)，在中國是典型的，其他的家產制體系也是一樣。但此種政治冷漠的態度並不減損塑造中國人民性格的官方教育的重要意義。

訓練期間的嚴格要求，部分是由於中國文字的獨特性，部分則是由於教材的特色所致。這些要求以及等待[官職]的期間——通常相當長——迫使那些無法靠著自己財產、舉債或我們上述的家族積蓄過活的人，在還未完成他們的學業時，就得找一樣(從商人到巫醫等各式各樣的)實際行業。因此，他們並沒有學到經典原著，而只是學到最高的(第六級)教本《小學》❻——此書因其年代久遠而受到尊崇，包含的主要是經典選粹。將這些圈子與官僚體系分隔開的，只是這種教育程度上的不同，而不是教育種類上的不同。因為經典教育是唯一的。

落第者佔考生的比例極高。由於[各省舉人的]配額是固定的 ❻，較高一級的考試合格者在比例上要更小，但他們總是要比官職缺額多出好幾倍。於是他們就藉著私人的保舉 ❼、靠著自己(或借來)的金錢購買，來競爭這些俸祿。俸祿[官職]的販賣，在中國與在歐洲的功能是一樣的，是一種為了國家目的來籌集資金的手段，而且時常就取代了正常的考試取士 ❼。改革者反對賣官鬻爵的抗議一直持續到此一古老體制的最後一天，正如在《京報》上的無數類似的訴願書所表現的。

官吏任期之短(三年)——與伊斯蘭教類似的制度相似——使得透過行政有力而理性地干預經濟一事，只能斷斷續續間歇不定地進行。

雖然在理論上國家行政是全能的，實情卻非如此。行政組織認為夠用的專任官吏，其數目之少，令人驚訝。單只這個[官吏]數目就足以顯示，通常事件都得放任其自行發展，只要其發展不與國家的權力及財政的利益相牴觸，只要傳統的勢力、氏族、村落、行會、以及其他的職業團體仍然是正常秩序的維護者。

不過，雖然一般民眾持著我們剛剛所提到的那種政治冷漠的態度，官職候補階層的觀點卻對中產階級的生活態度產生相當大的影響。其原因主要來自一般人認為通過科舉取得任官資格者具有巫術性卡理斯瑪。藉著通過考試，考生證明自己顯然有**神**的護佑。高級官員被認為具有巫術性資格。如果他們的卡理斯瑪被“證實”，則在他們死後、或甚至在生前，就經常會成為被膜拜的偶像。書寫的作品與文件所具有的原始的巫術意義賦予他們印璽與文書驅邪的、治療的作用，並且也可擴展到考生的應試用具上。凡有子弟被皇帝考取為狀元的省分，莫不認為這是一項榮譽，同時也是一份利益 **⓲**，而所有通過考試提名金榜的人，都會“名聞鄉里”。所有重要的行會與其他會社，都必須有一位士人來擔任秘書，這些及類似的職位都開放給那些分配不到官職的有功名者。擁有官職者以及官職候補者，由於他們的巫術性卡理斯瑪，以及他們的保舉關係(尤其當他們是出身小市民階級時)，他們就理所當然地成為“告解神父”及其氏族之所有重要事務的顧問，在這點上，他們類似於在印度發揮著同等功能的婆羅門(**導師**，Gurus)。

與國家御用的大包商及大商人並列的，官員——就我們所知——是最有機會累積財富的。因此，不論是在經濟上或人事方面，這個階層的影響力之鉅大，不管在其氏族之內或之外，差不多等於埃及的書記和祭司的聯合影響力。不過在氏族內部，長老的權威，正如我們先前所強調過的，還是個強大的制衡力量。文獻教育所建立如前所述的威望，與個別官員的"聲望"並不相干(在通俗戲曲中，他們時常被嘲弄)，此種威望深植於民眾心中，一直要到西方訓練的現代官員階層出現才被摧毀。

七、經濟政策的見解

受教育階層的社會性格決定了他們在經濟政策上的立場。據其相傳有數千年的說法，[中國]此一政體具有一種宗教與功利的福利國家性格，這點與此一帶有神權政治印記的家產官僚體制結構的許多其他典型特徵倒是一致的❼。

誠然，自古以來實際的國家政策——基於上述我們提過的因素——就不太干涉經濟生活，至少在關於生產與營利事業方面。中國的此一現象與古代近東的情形一樣——除非有新的移民、進行水利工程以改良土地、以及財政或軍事的利益等因素介入。但是軍事及軍事財政上的利益往往會導致對經濟生活**賦役式的**干涉。這些干涉所根據的乃是獨占專賣或國家稅收的理由，而且經常是非常激烈的，這種干涉部分是重商主義的規制，部分則是依身分等級區分的規制。軍國主義時代結束後，此種計畫性的"經濟政策"終歸崩潰。政府意識到其政治機器的脆弱，因此只局限其注意力於水運的通暢與維護，這可是供應首要幾個省分米糧所不可或缺的；至於其他方面，則保持著典型家產制應付饑饉與消費的政策。具有現代意味的"商業政策"是沒有的 ❼。官員在水路沿線上所設立的稅收站，據我們所知，只是基於國家稅收上的理由，而不是為了任何經濟政策。如果撇開緊急狀態——對具有卡理斯瑪本質的政治當局而言，這往往會構成政治危機——不談，政府大體上只注意國庫的需求與監督性經濟政策的利益。就我們所知，曾經懷有最宏偉之企圖、想要建立起一個統一的經濟組織的人是王安石，他在十一世紀時曾試圖建立一個涵蓋整體生產所得的國家貿易獨佔。除了國庫的收入之外，此一計劃也想平抑物價，以及相關的土地租稅改革。這個嘗試失敗了。

由於經濟上大幅度的放任，討厭"國家干涉"經濟事務成為一種持久且基本的情緒。此一情緒特別針對獨占的特權 **❼**，而獨占恰好又是任何家產制政權習慣用來解決財政問題的手段。不過，人民的福利乃繫於統治者的卡理斯瑪的這種信念，導致許多相當不同的態度，而[反對干涉]此一情緒只不過是其中之一。這些理念往往毫無遮攔的與討厭國家干涉的根本情緒並行，使得官僚體系不斷地(至少時常地)干涉各種事物，這同樣也是家產制政權的典型。再者，政府當然有權在饑饉時管制消費——此一政策也是儒教理論的一部分，反映在各式各樣有關支出的許多特別的規範中。

最重要的是，特別討厭在純粹的經濟方式下，由於自由的市場交換所帶來太過尖銳的社會分化。此種嫌惡，毋庸說存在於每個官僚體制。由經濟上的自給自足，以及社會的同質性建構成此一世界帝國，在此條件下，經濟情況愈來愈趨穩定，因此不可能允許如十七世紀英國文獻裡探討經濟問題的現象發生。當時存在於英國的、為政府所無法忽視、並且還有"小冊子作者"為其利益仗筆直呼的自覺性布爾喬亞階層，[在中國]是沒有的。如家產制官僚政體所習見的，政府基本上是採取一種"靜態的"方式，只有當傳統以及行會的特殊權利的持續受到威脅時，才會特別注意到商人行會的態度。不管怎麼說，商人行會從沒有主動取得均勢，因為沒有足夠強大的擴張性資本主義的利益(**已不復存在了!**)——如英國那樣——可迫使國家行政體系為其服務。

八、士的政敵——蘇丹制與宦官

只有當我們對士所必須對抗的勢力有所認識之後，他們的整個**政治**處境才可能被了解。此處，我們先擱下異端不論，因為後頭[第七章]我們將會談到。

在早期，士的主要對手是那些封建時代的"世家"，他們不願放棄對官職的獨占。由於必須適應家產制政體的要求與文獻知識的重要性，他們設法建立各種管道與手段，利用皇帝個人的寵倖來為其子孫鋪路。

接下來是那些資本主義的買官者：這是身分團體平等化(leveling)與財政貨幣經濟所造成的自然結果。[士與買官者的]鬥爭無法得到持久與最後的成功，最多只是相對性的，因為每次戰爭的需求總會迫使貧窮的中央政府以出售**官職俸祿**做為應付軍需的**唯一**手段。這種手段一直持續到近代。

士人也必須要應付政府對專家官吏的理性主義的興趣。專家、專門的官吏早在西元601年的[隋]文帝治下就出現了。到了1068年[宋神宗熙寧元年]，正當宋[與西夏及遼]進行艱苦的戰爭時，在王安石當政下，專家官吏享有一段短命而全面的勝利。但傳統又再次擊敗他們，而這一次是永遠的。

然後士只剩下一個主要而且是永久的敵人：蘇丹制(sultanism)與支持此制的宦官系統⑯。儒士因而對於後宮的勢力懷有很深的疑慮。若對此一鬥爭毫無所識，那麼中國歷史會是最難以理解的。

士與蘇丹制之間二千年來持續不斷的鬥爭,是從始皇帝時開始的。此一鬥爭發生在每一個朝代,因為有能力的統治者不斷想要借助宦官與平民崛起者,來擺脫其與有教養的士身分階層之間的束縛。無數對此獨裁形式採取反對立場的士,為了維持其身分團體繼續掌權,必須犧牲自己的生命。不過,最後而且再次的,都是士人獲勝⑰。每一次的乾旱、日蝕、戰敗、以及所有一般具有威脅性的事件,都會很快使權力落入士的掌握。因為這些事件都被認為是與傳統脫節以及廢棄古典生活方式所造成的結果,而此一傳統與生活方式乃是士所護持、並以御史及"翰林院"為其代表的。當這些事件發生時,"自由發言"被准許,諫路廣開,其結果往往是非古典的政府形式被除去,宦官遭到殺害與放逐,行事再回復到古典的範型,總之,切合於士的要求。

由於王位繼承所採取的方式,後宮體制的危險性是相當大的。未成年的皇帝處於婦人的攝護之下,通常此一裙帶政府即成為真正的統治。最後一位攝政太后慈禧即曾試圖借宦官之力統治天下⑱。我們此處不討論道教徒與佛教徒在這些貫穿於整個中國歷史上的鬥爭中所扮演的角色——為什麼、以及到何種程度,他們特別成為宦官的自然同盟者?他們又是在何種局面下聯合起來?我們願略微提及,至少在近代的儒教看來,占星術被認為是一種非古典的迷信⑲。它被認為是皇帝賴以治理天下的、具有卡理斯瑪意義——也是唯一——的"道"的競爭者。原本情形並非如此。翰林院與欽天監之間的部門競爭或許扮演了一個決定性的角色⑳;或許源於耶穌會的天體觀測儀器也在此中插上了一腳。

儒教徒確信:宦官所講求的巫術會帶來所有的災難。陶模在其1901年的奏議裡指責皇太后於1875年不顧御史的抗諫——御史吳可

讀爲此而自殺——而廢立應當登基的眞正繼承人。陶模遺留給皇太后
的奏摺，及他寫給兒子的書信，都以其雄渾之美而著稱 ❸。其眞誠與
堅定的信念是無可置疑的。同樣的，皇太后與許多親王之相信拳匪的
巫術性卡理斯瑪（單就此一信仰就可以說明她的整個政策）當然是要歸
咎於宦官的影響 ❸。在其臨終時，這位令人生畏的女人留下了她的諭
告：(1)，永遠不再讓女人來統治中國，(2)，永遠廢除宦官體制 ❸。如
果報導正確的話，這個諭告卻以一種無疑與她原先所期望的不同方式
實現了。然而，我們也不必懷疑，對於一個眞正的儒教徒而言，此後
所發生的一切事件，尤其是"革命"與王朝的覆滅，只不過肯定了此一
信念的正確性——此卽相信王朝所具有古典卡理斯瑪美德的重要意
義。現實裡未必有、但也可能發生的儒教復辟事件裡，此一信念可以
在這個觀點上被加以利用。儒敎徒，根本上是個和平主義的、以內部
的政治安寧爲其取向的士人，當其面對軍閥的強權時，自然會出之以
厭惡或缺乏理解的態度。我們已說過他們與武官之間的關係，而且我
們也看到所有的史書都充滿了此種範例。史書裡可以看到對"禁軍"
（Prätorianer）出任御史（及官吏）的抗議 ❸。由於宦官特別容易像納爾
塞斯（Narses）❸那樣成爲受寵倖的將軍，因此［士人］對於純粹蘇丹制
的家產軍隊之敵視，是不證自明的。士以曾經推翻受人擁戴的軍事篡
位者王莽而自豪。平民參與統治的威脅性，在獨裁者當道時，總是極
大的，不過在中國我們只知道有這麼一次而已。

　　然而，士在**事實**上是臣服於已建立的政權的，即使此一政權就像
漢朝一樣純粹是經由篡奪而建立的，或者如蒙古或滿洲人的政權，是由
征服而建立的。即使他們必須有所犧牲——滿洲人占去了百分之五十
的官位，而這些人並未具有教育的資格證明，他們也臣服了。**如果**統

治者能屈從於士人對儀式與典禮的要求，士人就會臣服於統治者；只有**如此**，以現代的話來說，士人方能安頓自己而有個"以事實爲基礎"(realistic)的立場。

"按照法典"——這是儒教徒的理論——皇帝**只有**在任用夠資格的士作爲官員時，方能統治；"依據古典"，他只有任用正統的儒教官員才配統治。凡是與此律則有所違背，則可能會帶來災禍，而如果還是執迷不悟的話，那麼皇帝就會垮台，而王朝也會覆滅。

第 **6** 章
儒教的生活取向

一、官僚制與教權制

　　[中國的]家產官僚體制(patrimonial bureaucracy)不曾受到一個獨立自主的教權制的制衡，就像它從未受到一個不斷擴張的封建制度、或一個從未得到發展的布爾喬亞階層勢力的侵擾一樣。像中東、伊朗或印度那種在社會上有勢力的先知預言(prophecy)是聞所未聞的 ❶。這裡沒有以超俗世之神的名而揭示倫理"要求"的先知；宗教意識的原始性質尚未突破，並且也排除了先知的倫理要求。最高祭司長——政教合一的統治者——所要認真對付的是封建貴族，而非先知。只要有一點先知運動的蛛絲馬跡，它就會將之當作異端的邪教而猛力的、有計劃的加以撲滅。

　　中國人的"靈魂"沒有受過先知革命的洗禮 ❷。也沒有私下個別的"祈禱者"。受過禮儀訓練且精通典籍的官員，以及——最重要的——皇帝，照料一切事務，而且也只有他們能夠如此。

　　儘管容許道教存在，但就我們由歷史所知，從沒出現過強而有力的教士階層。更重要的是，根本就不曾有任何獨立的宗教力量足以開展出一套救贖的教義、或一套自主的倫理與教育。因此，屬於官僚階層的那種主智化的理性主義得以自在地伸展；與其他文明相同的是，此種主智主義從內心裡就蔑視宗教——除非宗教成為馴服一般大眾所必須的手段。主智主義之所以容忍職業宗教人的存在，是因為關係到官方威望——為了使民眾馴服，這種威望是不可或缺的，即使在面對受傳統束縛而勢力強大的地方氏族，這種威望也強固不移。其他所有宗教性內在、外在的進一步發展，都被斷然斬絕。祭拜皇天后土以及一些相關的神化英雄和職有專司的神靈，乃是國家事務 ❸。這些祭典並不由教士負責，而是由政權的掌握者來主持。由國家所制定的這種"俗世宗教"(lay religion)乃是一種對祖靈神力之崇奉的信仰。而一般民間的宗教信仰，原則上仍停留在巫術以及英雄的一種毫無系統性的多元崇拜。家產制的官僚體系在其合理主義的立場上，對於此種根本為其所蔑視的混沌狀態，幾乎毫無加以系統性轉化的意圖。官僚體只是接受了此種狀態。

另一方面，從儒教的國家理由的立場而言，宗教則必須是"為民而立"的。根據夫子所言，世界的秩序是靠著信仰才能夠維持得住的。因此，宗教信仰的維護，對政治而言，甚至比民生的顧慮要來得重要❹。另一方面，皇權本身即是個至高且經宗教性聖化的結構，從某種觀點上而言，它超出民間所崇奉的衆神之上。皇帝個人的地位，正如我們所見的，完全是基於他做為上天(其列祖列宗所居的上天)的委任者("天子")所具有的卡理斯瑪。不過個別神靈的受人崇拜及其重要與否，仍得視其卡理斯瑪的靈驗程度而定，就像拿波里的車夫與船夫所信奉的聖徒一樣 ❺。此種宗教-卡理斯瑪的特性，對於官僚階級的自我保全而言，倒是頗能配合。因為任何降臨到國家的災難都不會使官僚體系自身遭到否定，最多只是顯示個別的官吏或皇帝個人已被剝奪了他們神聖的正當權；要不然就是使某位職有專司的神靈遭受唾棄。由於對現世秩序這種特殊而非理性的執著，在官僚體正當化的力量、以及極有限呈現於世上的超現世力量之間，便產生一種極妥善的結合；因為後者如果獨立的話，就會被認為要與官僚體系相抗衡。

任何民間信仰的理性化——成為一個超俗世取向的獨立宗教——都無可避免的會構成一股與官僚體系相對立的獨立勢力。此一事件的緊張程度，從官吏斷然抵制任何企圖鬆動此一歷史巨廈之一磚一石的行動中，可以不斷地感覺到。

中國的語言裡沒有特別指"宗教"的字眼。有的只是(1)"教"——士人學派的，(2)"禮"——在本質上並不分辨其為宗教性的或因襲性的。儒教(Confucianism)的中國官方稱呼即為"士人之正教"。

中國的宗教——無論其本質為巫術性或祭典性的——保持著一種此世(this-worldly)的心靈傾向。這種[傾向此世的]態度較諸其他一般性的例子，都要遠為強烈並具原則性。除了崇拜偉神巨靈的國家祭典之外，長壽的祈求在最受重視的祭祀裡，扮演了主要的角色。這可能是因為"仙"這個概念在中國的原始意義，便是能夠不死並且永生於幸福之國的最最至高完美的人❻。無論如何，一般而言，我們可以說，正統的儒教中國人(而不是佛教徒)，是為了他在此世中的命運——為了長壽、為了子嗣、財富，以及在很小的程度上為了祖先的幸福——而祭祀，全然不是為了他在"彼世"之命運的緣故。這與古埃及人形成強烈的對比，他們之在乎死者完全是基於對人在彼世之命運的關注。長久以來，開明的儒教徒就有一種非官方的、但却盛行的見解：人死後，靈魂便化為烏有，流散於大氣之中，要不然即是死滅。

　　此一說法，受到儒學權威王充的支持，並且，正如我們曾經提及的，他對於神的概念並不是那麼前後一致的。神，照他的看法，不應該以一種人神同形同性的概念來加以理解，而是"實體"(Leib)——一種無形的流體，在人作為一個個體的消滅死亡之後，基本上大致相同的人的精氣即再度化為此種無形的流體❼。

　　十二世紀的唯物論與無神論者朱夫子(朱熹)則完全摒除了人格神以及不死的觀念。然而這並不能防止後世正統的哲學家對於人格神之信仰的出現。不過，官方儒教，也就是康熙皇帝在十七世紀時所頒佈的[十六條]聖諭，仍然保持著唯物論者與無神論者的立場。

　　無論如何，儒教總是瀰漫著一股絕對的不可知論以及根本上的否定氣氛，反對任何對於彼世的冀望。即使是在此一觀點尚未普及之處，或者由於受道教或佛教的影響而有所改變的地方(下面我們會討論到)，人們對於彼世命運之關注，還是完全擺在可能對此時此地的人生有所影響的神靈的關注之下。

　　就像幾乎所有其他的家產制組織一樣，中國也有"彌賽亞式"的渴望出現一位"此世的救世主皇帝"❽。但是此一祈望並不是像以色列人那樣，冀望於一個絕對的烏托邦。

　　由於沒有其他任何的彼世論或者救贖的教義，或者任何對於超越的價值及命運的渴望，國家的宗教政策依然保持著簡單的形式。一方面，此一政策將祭祀的重典交付給國家，另一方面，它又容許那些承襲自古並且是個別人民所不可或缺的巫術施行者的存在。

　　國家祭典是異常嚴謹素樸的；它是由供獻犧牲、儀式性的祝禱、音樂及律動的舞蹈所構成。很顯然的，所有狂迷的成分都被嚴格而有意的摒除。這也表現在官方的五音元的音樂中。在官方的祭典裡，幾

乎所有的忘我、禁慾與冥思 ❾，都不存在，這些都被認為是擾亂秩序
與不合理興奮的成分。這是官僚體制式的理性主義所無法容忍的，就
像羅馬的官僚貴族眼裡的酒神祭典那樣地具有危險性。當然，官方儒
教並沒有西方意味的那種個人祝禱，所知唯有禮儀規範。傳聞孔夫子
生病時，拒絕他人為其祈福祝禱，並據報他已久不祈神禱告了 ❿。然
而，為了祈求政治群體的福祉而由君主與禮官獻上的祈禱詞，一直到
現在都被認為是具有效力、而為人所珍視。

　　由於這種種緣故，儒教自然缺乏那種人由於宗教因素而有不同秉
賦的恩寵的觀念，並且除了以上的緣由外，儒教是不關心宗教的。因
此，任何分辯“恩寵之等級”的宗教觀念根本不可得見。此一概念一向
不存在於儒教。

　　家產官僚體制在政治上是與封建體制及任何以血緣世襲為基礎的
身分結構相對立的。此種對立亦呼應於古典儒家的倫理學說：肯定人
基本上的平等。此一觀念，正如我們所說過的，並非固有的。

　　封建時期基本的理念是“貴冑”氏族與庶民二者之間有卡理斯瑪的
分別。士人的支配則在受教育者與未受教育者(或“愚民”)──十四世
紀時的明朝創立者這麼稱呼他們──之間劃下的深刻的鴻溝。不過官
方理論依然主張：原則上教育(任何人都可接受)，而非出身，才是具
有決定性的。“平等”當然並不是指在所有自然秉賦上的無條件平等。
有人很可以因為“較高”的天賦而[輕易]做到他人得盡全力才能做到的
事。但是每個人至少都可以做到儒教官僚體制下的國家理由與社會倫
理的要求──這絕非一種無法企及的倫理。

　　如果國家治理的情況良好，那麼，每個人就必須在他自己身上尋
找(內在或外在的)成功或失敗的緣由。人性本善，惡乃是透過感官侵

入內心的；資質上的差異是指個體之和諧發展上的差異，這個特殊的觀點自然是由於沒有一位超現世神的結果。再者，這些觀念也反映出家產制國家裡的身分狀況。有文化教養的人，自然希望能留芳百世，不過，只有基於他個人功業的因素。

二、缺乏自然法與形式法理思想

原則上，只有生活境遇上的差別使人與人之間有所等差。相同的經濟狀況與教育造成根本上相同的性格。可以想見的是：〔儒教〕與所有基督教派公認一致的看法形成尖銳對比的是，物質財富在倫理上並不被認爲是一個首要的誘惑之源(不過當然也承認有種種的誘惑)。財富實際上被看作是足以提昇道德的最重要的手段。下面我們會瞭解到這其中的道理。

另一方面，就自然法(natural law)的觀點而言，沒有被認可的個人自由的領域。在〔中國的〕的語文裡，沒有"自由"(liberty)這個字眼。這倒是可以從家產制的國家的本質與歷史的軌跡來說明的。

實際上，私人的物質財產所有一直是被維護得很好的一個制度。然而此一制度是在私人領域長期受到賦役義務之否定後才出現的，並且就西方的觀點而言，也沒有得到保證。除此，並沒有任何在法理上受到保障的"自由權"。"私有財產制度"事實上只有相對性的保障，它並沒有享受到像克倫威爾(Cromwell)對平等論者(the Levellers)所發表的聲明裡那種具有神聖性的光輪❶。

在家產制的理論裡，當然，皇帝對於任何人而言都不是客，而上級官吏也不是其下屬的客，因爲屬下的全部所有，都正當地屬於上司。

不過，根本上，這只具有典制上的意義。官方多半只在純粹國家財政的理由下，偶然強烈地干涉到土地的耕作與分配。然而，長久以來，此種干涉(除了其他影響外)，使得半傳說性的井田制度之光環及其家產制規範下的"土地之權"，散放出光彩來。

爲了維持社會的穩定，財產的分配有儘量平等化的傾向，此一傾向反過來又表現在一種自足經濟(subsistence economy)的理想中。爲了防止饑荒，此種自足經濟恰與埃及式的倉儲政策(storage policy)相吻合。在這個領域中，就像在其他的領域裡一樣，家產制的理想是實質的公道(substantive justice)，而非形式的法律。因此，財產與利得，一方面是個現實權衡的問題，另一方面却又是個供養群衆的社會倫理關懷的問題。這一點是無法與西方意義下——源自近代形式法與實質公道間的緊張關係的——個人主義式自然法的社會倫理來加以理解。因爲，從中國人看來(這點倒是很可理解)，受過教育的統治階層本就應該是最富有的階層。不過爲了衆民的滿足，最終的目標仍是使財富達到最普遍的分配。

神聖而不可變的自然法只存在於神聖祭典的形式中(其巫術效力是自遠古以前即已證實)，以及對祖先神靈的神聖義務裡。帶有現代西方印記的自然法之發展，除了其他因素外，主要是以既有的法律——西方已有的羅馬法——之理性化爲前提的。

不過，第一，羅馬法是自治性的商業活動——須要一套定制的訴願程式——的產物；第二，它是羅馬貴族法律理論技巧理性化的產物；第三，它是東羅馬帝國的官僚體制之理性化的產物。

在中國，沒有司法階層的存在，因爲那兒並沒有西方意義下的辯護。之所以如此，是因爲中國福利國家的家產制特色及其微弱的官方

職權，並不在乎世俗法律的形式發展。更不用說我們已經提過的，地
方性習俗甚至基於"自由裁量高於一般法"的原則而抵制法律（contra
legem）。此外，中國的法官——典型的家產制法官——以徹底家父長
制的方式來審案斷獄。也就是說，只要他是在神聖傳統所賦予的權衡
餘地下，他絕對不會根據形式的律令和"不計涉及者何人"來加以審判。
情形大多相反，他會根據被審者的實際身分以及實際的情況，或者根
據實際結果的公平與妥當來判決。這種"所羅門式的"卡地裁判（So-
lomonic Cadi-justice）也不像伊斯蘭教那樣有一本神聖的法典為依
據 ⓬。系統編纂而成的皇朝法令集成，只因為它是由強制性的巫術傳
統所支撐的，所以才被認為是不可觸犯的。

　　在此情況下，神聖的律法與世俗律法之間的緊張性——存在於西
方與伊斯蘭教裡，以及某種程度上存在於印度——便完全沒有了。古
代（尤其是斯多噶學派）以及中世紀眼裡那種先驗式的自然法學說，顯
然是不可能在儒教產生的。那是由於哲學上或宗教上的要求與"俗世"
之間的緊張而造成的一種"原初狀態"的學說 ⓭。這種學說的中心的、
先驗的倫理概念，是為儒教所不知的。這點下文會再提及。

　　我們現代西方法律的理性化是由兩股力量並肩運作而造成的。一
方面，資本主義關心嚴格的形式法與司法程序。它傾向使法律在一種
可以預計的方式下運作，最好就像一具機器一樣。另一方面，集權國
家的公務系統之理性化，導致法典系統與同質性法律必須交由一個力
圖爭取公平、地方均等之昇遷機會的、受過合理訓練的官僚體系來掌
理。只要這兩股力量缺乏其一，便無法產生近代的法律體系。近代資
本主義，正如盎格魯－薩克遜的習慣法所顯示的，確實可以在一個用
以保障經濟強勢階層的、無系統的法律園地中茁壯起來。這的確是一

個缺乏嚴格邏輯—法理的結合體，但却是由一群律師所創造出來的形式法律，他們的法理思維模式是受到羅馬法與教會法之深刻影響的。另一方面，形式的、理性化的官僚體系深切關注於法令的簡要撮集、官吏普遍的可任用性、法的一致性、特別是政府當局的律令，對於不可侵犯的傳統以及隨意自主的、在地方上或社會上所分化出來的法律，所具有的最高主導性。官僚體制支配之處，受關注的不僅是法律形式在法理上的完美，更受注意的是其實質的"公道"——本身可與官僚體系的內在精神相對應。

除非在經濟上有強而有力的資本主義利益、或者社會上有強而有力的司法階層來加以制衡，否則官僚體系便會從實質上將法律理性化及系統化，並且會摧毀並不在乎"實質公道"的形式法律技術。中國的家產政體，在帝國統一之後，並沒有面對強而有力且不可制御的資本主義利益，也不必顧慮一個自主的司法人員階層。然而，它必須顧慮能保證其正當性的傳統的神聖地位；並且它也必須瞭解到行政組織力量的局限。因此，不僅形式的法律學未能發展，並且也從未設想要有一套系統的、實質的、且徹底理性化的法律。一般而言，司法的本質仍然維持著(經常是)神權政治式福利公道的特色。此外，一種法律的、實質的、與哲學的"論理"(logic)即無法發展。

三、自然科學之闕如

系統化的、自然主義式的思惟也未臻成熟。西方以數學爲基礎的自然科學，是一種諸多理性思惟形式的結合體，它們乃是從古代哲學與萌芽於文藝復興時期的工藝"實驗"的沃土上成長茁壯起來的，所有自然學科所具有的那種特殊的現代質素，起初並不是在科學的領域而是在藝術中發展出來的。"實驗精神"——文藝復興的偉大藝術——是兩種要素獨特結合下的產兒：西方藝術家以手工業爲基礎的經驗性技巧，以及他們在歷史的與社會的條件下，所產生的理性主義的雄心。他們把藝術提昇到"科學"的層面，以求取其藝術的永恒意義，以及自己的社會聲譽。這點是西方所特有的。另外，如我們所知，還有一種極強烈的"回歸"古代的動機。除了達文西(Leonardo da Vinci)所呈現的藝術風格外，音樂，特別是十六世紀的鍵盤音樂——查琳諾(Zarlino)〔按：1517—1590，義大利音樂理論家、作曲家〕——乃是以典型文藝復興藝術家的"自然"概念來運作的巨人努力的核心。將藝術活動推向高度競技狀態的特殊社會條件，就像古代那樣，蓬勃躍動著。

北歐經濟在經濟上與技術上的關注，尤其是礦業的需求，助長了將實驗轉化爲自然科學的知識力量。細節此處從略⓮。

在最高超洗練的中國藝術裡，都缺少這種爲人所理解的、促成理性主義的野心的誘因。在家產式官僚體制的約制下，支配階層的競爭完全只是受俸祿者及士人獵取功名祿位的競爭，其他所有的追求都被抑止了。

此外，相對而言較不發達的工業資本主義，也無法提供足夠的經濟報償，而這種經濟報償對於將經驗性技術轉化爲理性技術却是必須的⓯。因此，一切都停留在精純的經驗論層次上。

結果實踐理性主義(Praktische Rationalismus)——官僚體系對於生活的最根本態度——擺脫了所有的競爭，而得以完全的伸展。沒有理性的科學、沒有理性的藝術活動、沒有理性的神學、法律學、醫藥學、自然科學或者工藝學；沒有任何神聖的或者人類的權威能和官僚體系相抗衡。只有一種切合於官僚體系的倫理得以產生，只有在顧慮到氏族內部傳統所具有的勢力，以及鬼神信仰時，此一倫理才會受限制。與西方文明不同的是，沒有其他特殊的現代理性主義因素來支持官僚體系或與之相抗衡。[中國的]官僚體係是被接植於古老的地基上而延續下來的，而此種地基在西方早就因古代城邦的發展而崩解了。準此，這個官僚體係所擔綱的文化，可以被作爲一種實驗：測試官職俸祿階層之支配所秉持的實踐理性，純粹就其立場，會產生怎樣的結果。正統的儒教就在這種狀況之下產生。

正統敎義的支配是隨著具有神權政治性格的世界帝國之統一與官方規制的敎條而來的。在鬥爭激烈的戰國時期裡，我們發現諸多爭取支配地位的、活潑的知識潮流，就像西方古代的城邦文化一樣。中國哲學，儘管有各種對立分化的狀態，大約與[西方]古代哲學是在同一時期裡發展的。自從帝國統一後(大約在西曆紀元開始的時候)，就再也沒有完全獨立自主的思想家出現過。只有儒敎徒、道敎徒與佛敎徒繼續鬥爭著。在公認的儒家敎義裡仍存在著哲學上的、以及相關的政治行政上的各個學派的鬥爭。[雖然如此]，滿洲人的[入主]統治，仍堅定不移地崇奉儒敎正統。

四、儒教的本質

儒敎，就像佛敎一般，只不過是種倫理——道 ⓰，相當於印度的 "法"(dharma)——罷了。不過，與佛敎形成強烈對比的是，儒敎純是一種一般人入世的(innerworldly)道德倫理。儒敎所要的是適應這個世界及其秩序與習俗。基本上，它所代表的只不過是給世上受過教育的人一部由政治準則與社會禮儀規制所構成的巨大法典。這點與佛教的對比更大。

這世界的宇宙秩序被認為是固定而不可違反的，社會的秩序不過是此一秩序的一個具體類型罷了。宇宙秩序的偉大神靈顯然只在於企盼世間的和樂，尤其是人類的幸福。社會的秩序亦如此。只有當人能將一己融入宇宙的內在和諧之中，那麼心靈的平衡與帝國的"祥和"方可且當可獲致。如果有人無法達到這一點，那麼人的愚昧以及(尤其是)國家與社會的領導無方，就該為此負責。因此，在一道十九世紀的詔勅裡，即將暴風襲捲某省的原因歸究於當地治安的缺失，像私縱嫌犯以及拖延訴訟等等，諸事引起了鬼神的不安。

皇權之具有卡理斯瑪的觀念，以及將宇宙秩序與社會秩序等同起來的觀念，決定了這些基本的前提。凡事都取決於官位任職者的行事作為，而這些人是要對這社會——一個龐大的、在家產制支配下的共同體——的領導負起責任的。君主必須將未受教育的平民大眾當作子女般地來對待。他的首要任務便是在物質上與精神上照料好任官階層，並且與他們保持良好的、可敬的關係。

個人敬事上天最佳的方法便是去發展自己真實的本性，因為如此一來，每個人內在的善性無疑地便會湧現。因此，所有一切皆是個教育的問題，而教育的目的即在於使人自其天然秉賦中開展自我。沒有所謂根本的惡(radical evil)。

我們只有回到西元前三世紀才能找到抱持異端學說——肯定人原始的惡性——的哲學家❼。[對於正統儒教而言]，只有過失(faults)的存在，這是因為教育不足所致。世界，特別是這個社會所在的世界，確實是(就其本來那樣)像人類一樣不完美。善神與惡煞是並存的，然而，如果分別就人所達到的教育水平，以及統治者所具有的卡理斯瑪特質而言，世界是再好也沒有的了。世間的秩序是文化的需求與無可避免的分工——這點則導致利害的衝突——所自然發展的結果。根據孔夫子尚實主義的觀點，人類行為的基本動力是經濟的與性慾的。因此，生物的惡根性與"原罪狀態"(state of sin)的理由，不足以說明強制性力量或社會服屬關係的必要。後者被認為只不過是經濟造成的狀態：相對於不斷增長的慾求而言，維持生存的財富是不足的。如果沒有強制的力量，人與人之間就會發生戰爭。因此，強制秩序**本身**、財產的分化、以及經濟利益的鬥爭，原則上，根本是當然的。

儒教雖然發展了一套宇宙創成的理論，但本身却極無形上學的興趣。這個學派在科學上的成就很微少。數學雖然曾進步到三角法 ⓲，但是却因為沒有被採用而很快地衰微了 ⓳。孔子顯然對早為中東地區所知的歲差運動(precession of the equinoxes)⓴一無所知。宮廷天文學者，亦即曆法的製作者，必須與宮廷的占星師——既是史官也是個具有影響力的顧問官——劃分開來。前者是個秘密知識的持有者，其官職也是世襲的。然而相關的知識却沒有什麼發展，這點只要從耶穌會士所帶來歐洲天文器材[在中國]所獲得的極大成功即可得知。自然科學整體而言仍停留在純粹經驗性的層次。似乎只有一些從古老的植物學(亦即藥理學)著作——相傳是一位皇帝所作[按：指神農的《本草》]——引用出來的語句，被保留了下來。

歷史學科則得利於古代的重要性。考古學的研究似乎在十世紀與十二世紀達到頂峰，而編年歷史的技藝則隨後同樣地得到發展。王安石曾經試圖創制一個職業的執法階層來擔任官職，却徒勞無功。因為正統儒教除了純粹的古物研究或者純粹的實用項目以外，其他概無興趣。(這個論點會在第七章裡加以證明)。

五、形上學的擺脫與儒教的
入世的本質

　　儒教徒，原則上，與猶太教徒、基督教徒和清教徒一樣，懷疑巫術的眞實性。新英格蘭地區雖有焚殺女巫的事，但巫術對救贖而言並沒有意義，這點是很重要的。猶太教的律法學者堅認：「對以色列而言，星宿並不決定什麼」，因此對於虔信的人來說，占星決定論在耶和華的意志之前便顯得輭弱無力。相對應地，儒教也認爲巫術在面對德行(virtue)時，是無計可施的。凡是以古典的生活方式過活的人，就不必畏懼鬼神；只有踞高位而不德者，才會使鬼神有施力之處。

　　此外，儒教完全排斥佛教聖者與其道教的模仿者的那種冥思。根據傳聞，孔夫子拒斥「素隱行怪，後世有述焉」(按：語出《中庸》)，這可說是對老子的神祕道論帶有譏刺的論點。對於過去某些儒家的聖賢而言——傳說他們孤隱於世——此一態度確實是有些轉折了：認爲只有在天下無道時，一個人才可以隱退。此外，夫子有時斷言：能知未來的秉賦，乃是一種德行完美的報償。這是唯一具有神祕性色彩的一句話。不過，再加以仔細推敲的話，就會發現它不過是指正確地解釋**預兆**(omina)的能力。這話是爲了不讓職業的占卜師專美於前而說的。至於冀望未來有一位模範的皇帝出現的彌賽亞式希望——如上文所說，這是世界各處皆有的，並且起源頗具普遍性——儒教對此既不反對也無興趣。這個關於一位模範皇帝的神話故事被接受之後，發展成會有一隻鳳凰出現以爲先兆 ❷。儒教所關注的只是此世，而且就是如此存在的此世事物。

六、禮的中心概念

受過傳統習俗教育的人，會合宜且虔敬地參加古老的儀式典禮。他會根據他的身分習尚與"禮節"（propriety）──儒教的根本概念──表現優雅而莊重地控制著自己所有的舉止、身形姿態與動作。典籍中常喜詳盡地描述孔夫子以如何完美無缺的恭謹典雅來行事：作為一個世上的人，他懂得依據身分等級與最為繁複的禮儀形式來揖讓進退所有參加典禮的人。"有教養的人"，"王侯似的"或"高貴的"人，是反復出現在夫子所留下來的話裡的一個中心概念。這樣的人，無論是內在或是與社會的關係，都保持和諧，並且在任何的社會狀況下──無論等級是高是低──都平穩鎮定；他行事世故而無害於自己的尊嚴。在一種合於禮儀秩序的宮廷沙龍氣氛下，自制的沉着與正確無瑕的態度，展現出這個人的典雅與尊嚴的特性。

跟古伊斯蘭的封建武士所有的熱情與狂放比起來，我們在中國發現的是警覺性的自制、內省與謹慎的特色。尤其是，我們會發覺到，所有熱情的形式、包括欣喜在內，都受到壓抑，因為熱情會擾亂了心靈的平靜與和諧。而後者則是一切善的根源。不過，此種擺脫並不像佛教那樣擴展到所有的慾望，而只是針對所有不合理的慾望。而之所以這麼做，並不像佛教那樣是為了脫離此世得到救贖，而是為了能融入此世。當然儒教倫理中並沒有救贖的觀念。儒教徒當然沒有被"拯救"的慾望：不管是從靈魂的輪迴，還是從彼世的懲罰。這兩個觀念都是為儒教所不知的。儒教徒無意於**棄絕生命的**救贖，因為生命是被肯定的；也無意於**擺脫社會現世的**救贖，因爲社會現世是既有而被接受的。他只想透過自制而謹愼地掌握住此世的種種機運。他沒有從原罪或人的墮落中——這是他所不知的——被拯救出來的渴望。他希望被拯救的，沒有別的，或許只有無尊嚴可言的粗野不文。只有侵害到作爲社會基本義務的恭順(Pietät)時，才構成儒教徒的"罪"。

七、恭順

封建制以列爲首要德性的榮譽(honor)爲基礎，而家產制則以恭順 ㉒。封臣之忠誠的可靠性奠基於前者，而領主之僕人與屬官的隸屬性則基於後者。其間的不同並非相反，而只是強調點的差異。西方的封臣將己身"託付"(commended)，並且，像日本的藩臣一樣，他有恭順的義務。自由的官吏自有其身分的榮譽，也是他行爲的動機。這在中國與西方都是如此，而與中東和埃及形成對比，那兒的官吏是從奴隸升上來的。無論何處，文官武將與君主的關係都留存着某些封建的特徵。即使在今天，個人對於君主的宣誓(Eid)，都還是這種關係的特徵。君主通常因王朝的理由而強調這些官職關係的要素，而官吏之所以如此則是出自身分利害的考慮。封建制的殘餘仍然強烈地存在中國的身分倫理中。對封建主的恭順(**孝**)，是與子女對父母的孝順、官職層級的結構中[下級]對上級的恭順，以及一般的對任官者的恭順並列的，因爲**孝**這個共通的原則是適用於所有這些人的。

實質上，封建的忠誠已被轉化爲官吏之間的恩護(patronage)關係。忠誠的基本特性是家父長式，而非封建的。最爲絕對根本的德行，並一貫地灌輸給孩童的、是對父母親的無條件的孝道(schrankenlos

Kindespietät)❷。當[種種德行之間]發生衝突的時候，孝先於一切❷。

　　孔夫子曾讚賞一位高官，他出於孝心，爲了不使父親遭到否定而繼續容忍再明白不過的惡行。他之所以如此，是因爲他父親出任同一職位時也是如此容忍的 ❷。然而，這與《書經》裏頭的一段記載形成對比：其中敍述皇帝任命一個兒子繼任其父親的官職，以補償其父在任時所犯的過錯 ❷。任何人，除非遵守爲父母服喪的方式，否則就無法達到夫子的標準。在一個家產制國家裏，孝被轉化到所有的從屬關係裏；我們很容易即可了解：一個官員——孔子也曾是個宰輔——會認爲孝是所有其他德行的源頭。孝被認爲是無條件的紀律之奉行的試金石與保證，是官僚體制最重要的身分義務。

　　軍隊從英雄的格鬥轉變爲訓練有素的部隊，這種社會學上的基本變化，中國在史前時期就已完成。對於紀律之無所不能的普遍信仰，從很古老的傳聞裏就可以發現，而在孔子同時代人心目中則已牢不可破。「反抗比思想卑劣更壞」。因而"無節制"，亦即奢華浪費，比儉約更糟❷。不過，也有反對的講法；儉約會導致"卑微的"或小民的想法，這與有敎養之人的身分地位是不相稱的 ❷。因此，儉約不應該被賦予正面的評價。此處，就像在每一種身分倫理中所看到的一樣，對於經濟的態度，是個消費、而不是工作的問題。經濟上的經營是不值一個"高等"的人去學習的；實際上他這麼做也不得體 ❷。這並不是在原則上拒絕財富**本身**所造成的結果，相反的，在一個治理良好的國度裏，人民是以其窮困爲恥的。若是天下無道，則人民以其擁有財富爲恥❸，因爲這或許是任官時利用卑劣的手段而獲得的。有關財富的取得，只有"守成"(Vorbehalte)一道。經濟的學問只是個士大夫的學問。

　　儒教倫理，就像其他任何官僚體制的倫理，拒斥官吏直接或間接地進行營利的行當。這被認爲是道德上的曖昧不明，並且與其個人的身分地位不相符。官員在實際上愈是利用其職位來謀利，這一點就愈被堅持。其俸祿並不高而且，就像在古代，是以實物支付。不過，此一旣非封建，亦非禁慾，而是功利的倫理，並沒有發展出原則上反貨殖的理論(prinzipiell antichrematistische Theorien)。相反的，儒教產生了極具現代意味的需求與供給、投機與利潤的理論。與西方相對比的是，貨幣的收益性(profitability)並沒有被提及，而理論上顯然也不反對生息一事。利息，在中國與希臘一樣，被稱爲資本的"子息"。有某些皇朝的律令確實是反對一些"高利貸"行爲的。不過，作爲一個以私人利害爲關注所在的資本家是不會成爲一名官員的，而受過教育的知識分子也超脫於貨殖之外。舉凡對營利動機本身產生社會性質疑之處，此種質疑在本質上是政治性的。

八、儒教對於經濟的態度與儒教 對於專家的排斥

　　孔夫子認爲利得乃是社會不安之根源。顯然他所意指的是在商賈或獨占者的利益與消費者的利益之間所引起的典型的、前資本主義的階級紛爭。自然，儒教主要採取傾向消費者的政策，不過，對於經濟利得的敵意並不強，一般民眾的心理亦如此。巧取豪奪和不公正的官吏，尤其是稅吏和其他的胥吏，在戲曲裏都被痛加撻伐，然而對於商賈與放貸者却都似乎不太加以指控或嘲弄。儒教對於佛教寺院的敵對憤恨，導致[唐]武宗於844年的毀教之役。然而儒教所持以反對的根本理由在於：寺院將人民引離了有用的勞作，實際上，則如我們所知，

"通貨政策"在其中扮演了要角。

　　經濟活動透過正統學說而被高度地讚揚。孔子本人都可能會致力於求富,「雖執鞭之士吾亦為之」,只要這種努力的成功有相當保證❸。然而此一保證未必真有,這個事實導致關於經濟利得的一種真正根本的保守[態度]: 換言之, 心靈的平靜與和諧會被營利的風險所動搖。因此, 官職受祿者的地位便以神聖化了的倫理形式(ethischer Verklärung)出現。由於只有官職地位能夠使個人人格臻於完美, 因此它是唯一適合君子的位置。孟子曾說:「無恒產而有恒心者, 惟士為能。若民, 則無恒產, 因無恒心」[見《孟子・梁惠王篇》]。經濟營利的、醫藥的、以及卜巫等收入, 都是些"小道"——會導向職業的專門化, 這是很重要的一點, 並且與我們上文所述的緊密相關。而有教養的人所應致力的是通才(Allseitigkeit)的養成, 這在儒教的眼裏只有教育能夠做到, 並且也是官職所特別要求的。此一觀點刻畫出家產制國家裏, 官職功能缺乏合理專門化的特性。

　　然而, 正如王安石在政治上的改革企圖走向專業化, 文獻裏也有人主張: 以現代官僚體制裏具有專業能力的官員, 取代傳統通才式的官員, 因為沒有人能無所不通。

　　不過, 中國古老的教育理想與此等功能上的要求強烈相反, 並且, 連帶地, 也與我們歐洲機械主義態度下對於功能性管理之合理化的訴求, 形成強烈的對比。

　　孕育自古老傳統的儒教官職追逐者, 自然而然會將帶有西方印記的、專門的、職業的訓練, 視為只不過是受到最卑微的實利主義的驅使 ❸。這無疑是許多主要的反對"改革"(就西方意義而言)的重要關鍵所在。"君子不器"這個根本的理念, 意指人的自身就是目的, 而不只是作爲某一特殊有用之目的的手段。在完整教育下，儒教的"君子"，或如德伏乍克(Dvořak)翻譯下的"貴人"(princely man)，所贊同的是一種教養的身分理想，而與以社會爲取向的柏拉圖式理想恰巧相反。

柏拉圖的理想奠立於城邦的沃土之上，並且以人能只因精通一藝而實現自我的信念爲出發點。儒教的理想與禁慾的基督新教的職業概念之間，甚至存在着更強烈的緊張性。

奠基於通才或自我完成上的儒教美德，比起因某一方面的貫通而得來的富裕，要來得崇高。即使是處於最具影響力之高位的人，若不具備從教育裏所養成的美德，在世上便會一無所成。並且反之，無論個人有何美德，若是不能踞於有影響力的地位，那麼也會一無所成。因此，"高等"的人遂惟此地位是求，而非營利。

總之，這些就是有關職業生涯與財富的態度，一般而言被視爲夫子所主張的基本命題。

九、君子理想

儒教對於職業生涯與擁有財富的態度，跟大量保存於早期伊斯蘭先知敍述中的封建貴族之奢華享樂相反，也與佛教的拒絕沾染俗世物質相反。與之相對立的尚有印度教嚴格的傳統主義的職業倫理，以及清教奉之爲神聖的、於一合理專門化的職業中、入世的禁慾與營利勞動。如果我們能暫時將此一根本的對比略去不談，那麼，我們便可在儒教與嚴謹的清教理性主義間，發現各種獨特的相似性。

君子要避免美的誘惑。如孔夫子所說:「吾未見好德如好色者❸」。根據傳聞，心懷忌妒的鄰國君主爲了逼使夫子去位而進獻給魯侯一羣美麗的女子，她們為這位在道德上聽信讒言的魯侯所帶來的歡娛，要比他的政治告解者的教誨所帶來的大得多。總之，孔子將女人看成完全非理性的，通常與僕隸一樣難以應付❸。親近他們，會使他們忘了該保持的分寸，反之，疏遠他們，又會招致他們的怨恨。佛教徒對女人的嫌惡，主要源自其遁世[的理念]，而儒教相類似的輕蔑女子，則是源自其理性的清明。當然，儒教從不禁止納妾，為了繁衍子孫，妾必須與名媒正娶的妻同被接納。屢被提及的封建諸侯盟書裏，就堅決拒斥給予妾之子相同於嫡子的權利，而對於宮闈中不正當影響力的抗拒，則披以反對陰(女性)勝於陽(男性)的外衣。

對朋友關係的忠誠被高度的讚賞。人都需要朋友，但必須在同等類中選擇。對於身分不如己的人，必須擴展一己的仁心善意。至於其餘，則此一領域中的一切倫理都回溯農民鄰里組織的基本交換原理：「我之待你一如你之待我」。這種"互惠精神"(Reziprozität)是孔夫子在答問中所提示的社會倫理的基礎。

不過，過激的神秘主義者(老子、墨翟)那種對敵人的愛，則被斷然地拒斥，因為這與國家基本的利害背道而馳。以義待敵，以愛待友——倘若以愛待敵，那麼又將以何待友❸？總而言之，儒教之有教養的君子是個以"仁"兼"勇"，以"智"兼"直"的人。然而，所有這些都必須受到(一般人所缺乏的)"戒慎"之節制，否則就會被拒於"中庸"之道外。此外，此一倫理的特殊的印記在於，凡事的進行都必須在社會禮儀的限度之內。因為只有在禮儀的意念下，才能將"君"子形塑出儒家理念裏的"人格性"。因此，作為元德的誠，乃是以禮節的規範為其界限的。不止是孝的義務具有無條件的優先性(為了孝的緣故，有所隱瞞是被允許的)❸，根據傳聞描述的孔夫子的親身實踐，社會禮儀也是具有優先性的。「三人行必有我師」，據聞夫子曾這麼說，這意指：我遵從多數❸。他依據此一"禮節"來採擇古典經書。司馬遷認爲孔子大約在詩經三千首(?)中，擇取出了三百零六首❸。

只有通過不斷的學習，才有可能臻於完美，而這指的是文獻經典的學習。"君子"凡事都不斷且重新地反省與"學習"。據說，在國家官職考試中，有九十歲的應試者並不稀奇。不過，此種不斷的學習只能說是消化旣有的思想。根據一則關於孔夫子的傳聞報導：夫子在年老時想要憑一己的心靈來創造，却徒勞無功，只好又回歸到書本的學習。在他看來，除非讀書，否則心靈不過在原地空轉罷了❸。"缺乏理解的概念是虛妄的"這個命題逐由"不經閱讀所得的思想是死的"來取代❹。因爲不經學習，如前所說，追求知識就只是浪費精神，仁慈會成爲愚蠢，正直變爲彎扭，直行成爲粗野，膽識導致不服從，而性格的剛毅則導致不循常軌❹。如此一來，對於這個適應社會的倫理而言，爲最高之善的"中庸"就達不到了。

恭順——紀律之母——是個眞正絕對的義務，而人文教養則是人格完美的普遍性手段。不過，君主治國的智慧，如孔子曾面告哀公的，在於選擇(古典意義下的)"正確的"宰相❹。

十、經典的重要性

此種教育只能透過經典的學習來傳遞，而經典之具有絕對準則性的威信與正統的純粹化形式，是不容置疑的。

確實，我們有時會發現這樣的意見：人們以現在的問題質之於古代，是會造成禍害的。然而，就像李格(Legge)所認爲的，這必須被解釋成對於古老封建時代的一種排拒，而不是反傳統主義。儒教整體已成爲一種傳統徹底的神格化之物。

李斯著名的丞相奏議就眞正是反傳統的，它專指向儒教，並於西元前 213 年帝國統一與官僚體制誕生時，導致一場焚書的大災難。奏議中說：讀書人集團以貶損現今來頌揚古代，因此相教以蔑視皇帝的法令，並依據相傳的讀書人權威典籍來批評法令。有用的書籍只是那些關於農業、醫藥、卜筮的書——與儒教價值取向恰恰相反 ❹。這是這名封建制的摧毀者[李斯]的徹底的功利式理性主義，他爲了個人的權力地位，便將所有那些傳統的束縛——儒教理性主義一貫的屛障——擺脫開。但如此一來，他便動搖了統治階層在權力上與在正當性上的利害權衡之間所做的妥協，而這個體系的**存在理由**便奠基於此一妥協之上。

無疑的，基於自身安全的理由，漢朝很快地又回復到儒教的路線上。一個家產制的公務系統，發現自身處於一種絕對權力的地位、並獨攬庶務與神職的功能時，除了抱持一種注重典籍的傳統主義心態之外，別無其他選擇。只有典籍的神聖性本身可保證秩序——支持公務系統之地位的秩序——的正當性。

在這點上，官僚體系就必須限制它本身的理性主義；同樣的，在面對民眾的宗教信仰時，它也必須如此。民間信仰能保證民眾的順服，並且如我們已注意到的，並可使民眾對政府組織的批評有所限制。個別的統治者可能會是個差勁的統治者，因此，並不具有卡理斯瑪。果然如此，則這名統治者便不是依天命而統治，可以像任何不稱職的官吏一樣被奪去權位。然而，整個體制却必須基於恭順上，而每一次傳統的動搖，都會危害到此種恭順。基於這些眾所周知的理由，儒教一點也不曾企圖要在倫理上理性化旣有的宗教信仰。它預先設定了作爲既定的俗世秩序之要素，以及由皇帝與官吏來主持的官方祭典和由家長來主持的祖先祭祀。《書經》裡的君主在做決定時，不僅要徵詢國中的諸侯以及“庶民”(當時，無疑指的是軍隊)的意見，而且還要徵之於兩種傳統的占卜方式。如果這兩方面的判斷相衝突時，行事的過程便在決疑論斷上引起爭辯 ❹。特別是因爲敎育階層所抱持的這種態度，想要得到心靈之慰藉與宗敎之指引的個人需求，便停留在巫術的泛靈論(magical animism)與崇拜功能性神祇的水平上。除非有先知預言的介入，否則這些現象總是可以想見的，然而中國並未有先知預言的興起。

中國的思惟已將巫術的泛靈論調和到一個狄格牢特(de Groot)稱之爲“天人合一觀”(Universismus)的體系裏。然而，此一體系並非儒敎所獨力創成，我們必須考慮參與其中的種種勢力——在儒敎的觀點中，它們都是異端。

十一、正統敎義的歷史發展

首先，我們必須了解，儒敎是士人在諸種理論中擷取的一個學說，並且也終究爲其他的學派所吸收。不過儒敎並不總是唯一被接受的學說，也不是唯一爲國家所認可的中國哲學。〈洪範〉，亦即“宏偉的計劃”，就是這種學術的表現。愈往前溯，則士階層愈不認同於儒敎正統。在戰國時代，有各種相競爭的哲學派別，它們之間的競爭即使在帝國統一之後也未曾消失，而且每當皇權低落時，就會更激烈。儒敎的勝利是在西元第八世紀時才塵埃落定的。此處並不適宜綜述中國哲學的歷史，不過，正統教義的發展倒可以藉以下的事實來加以具體說明。

我們且將老子及其學派的立場略而不談，因為其[與正統]相距甚遠。在孔子之後，我們還可以見到像楊朱、墨翟這樣的哲學家。前者是個伊比鳩魯式的宿命論者，他反對儒教徒並貶斥教育的意義，因為個人的獨特性是他無可逃避的"命運"。後者則在相當可觀的程度上將自己從傳統當中解放出來。孟子的時代前後，皇權低落的西元前四世紀時，孫卿 ❹——某一諸侯國裏的一名活躍的官吏——站在反儒教的立場上，認為人性本惡。辯證家、禁慾者、和純粹的重農主義者(如許行)，都各自採取一套相去甚遠的經濟政策而彼此對立。遲至西元二世紀時，崔寔的《政論》採取一嚴屬的反和平主義的立場，認為在長期太平時代裏，風俗的墮落會導致放蕩與官能的逸樂❹。

所有這些都是非古典的異端，孟子即與其時代的異端奮戰不已。然而，他的同時代人荀子，却在儒家的觀點下認為人性之善乃是人本身(而非神)的一種後天的產物。因此，在政治上，他主張：「神是民眾之心的表現」❹。同樣的，徹底悲觀論者楊朱與孟子的看法也相去甚遠，他認為智慧的極致即在於背負生命並拋却對死亡的恐懼。神的意志是"無常"的，這往往成為善人之所以遭受不幸的解釋。

司馬遷(其父似乎是屬道家)❹ 在其著述中即對諸對立學派作過一番系統分類 ❹。他分別出六個學派：第一，形而上學者，基於天文學的陰陽思辨；第二，墨翟(墨子及其學派)，受到神秘主義的影響，力主節葬及行事的徹底簡樸(即使是皇帝)；第三，語言學者的學派，他們注意字義的解釋與觀念上的實在論，比較上是非政治的[學派]，並且從詭辯者的時代就流傳下來的；第四，法律學派，他們(如後代的崔寔)是權勢理論(Abschreckungstheorie)的代表者；第五，道家，我們於下文中[第 7 章]再加以討論；第六，士人學派，即司馬遷所追隨的儒教。不過，司馬遷所代表的儒教立場，在很多方面後來都顯示出是非古典的。

十二、早期儒教的"激越"

司馬遷以爲那位有名的皇帝——黃帝——羽化登仙去了，這就帶有道教的意味❺。他的宇宙創成論，即五行說，顯然是起源於占星術。正統的儒教徒當然會贊同他對於財富的推崇，他們也會同意他認爲只有富者可誘之於正確遵從於禮。雖然他對以經商爲營利之手段的推許，頗令儒教徒驚異 ❺，其中某些人也並不會反對司馬遷於對"天意"（providence）之絕對命定論的疑惑，因爲確有有德之人因飢餓而死❺。漢朝的碑刻上也有類似的言論。例如，漢代的一塊墓碑上（約 25 B.C.）有一段哀弔死者早逝的銘文是這樣的：「人生自古即有行事無瑕而未獲報償者」。「音容猶在」（參照司馬遷）。「他會蔭庇其子孫」（這是古老的世襲性卡理斯瑪的觀念；如前文所提，較新的觀念已相異於此）。「他已歸赴陰府」。

西元 405 年的一段墓銘上記載著：「凡人皆有死」。完人也不期有個別的特例（他已與道合一，參閱第 7 章。可能受到莊子的影響?）。對於官場進退得失的淡然，受到讚揚。昇遷乃是決定於正直、孝悌與對死者的恭敬。

不過，一般的感受是「天無悲憫，旣病且死」。"上帝"則從未被提及。整個心態、情緒大體上是與司馬遷相類似的，完全看不到後代那種有力的樂觀主義❺。

　　然而，司馬遷的立場也不能毫無保留地接受，雖然他認爲英雄精神可能是"無用的"，這與被認爲源自孔夫子的後代學說是一致的。不過，認爲聲名是一切，美德是"目的本身"，或者君主必須被教誨引導等，就不是古典的了。然而這些卻都是受過宮刑的司馬遷所教的。司馬遷以其大師的手筆，極端符合孔子自身所實踐的精神，在史書中表現出一種絕然平靜的色彩。司馬遷寫給他的朋友任安的書信❸，以其最爲正統的儒教風格而令人動容。後者當時受到拘禁而求助於司馬遷，但却無效。曾因政治事件而被懷疑並受宮刑懲罰的司馬遷❸，在復職之後，回信道：他實在無法也不願援救他，因爲害怕招致危險。"已行於悠遠之路"的靈魂❸，可能會積怒於他(即司馬遷)，也因而降害於他，他希望能夠說明之所以不援救任安的理由，因爲「士爲知己者用」──道地的儒教表現。他並不詳細談論慘痛的命運，而只是揭露出自己的不幸，亦即他所受的宮刑。這位執筆者是如何能忍受他所遭受的痛苦呢？他列出主要的四點：

　　第一，爲了不使先人受辱；第二，爲了不使自己的聲名不聞；第三，爲了不損及理性與尊嚴；最後，爲了不侵害"維繫一切的律則"。對司馬遷本身而言，他會以完成他的著作來洗雪恥辱。

　　這整封書信，讓我們想起了阿貝勒德(Abaelard)寫給赫勒斯(Héloise)的信件，其中冷然的教誨姿態(推測是爲了同樣的理由！)傷痛人心。然而，這種人與人之關係的冷靜的調節，是眞正儒教式的。雖然有些事我們在感情上可能無法認同，然而我們不要忘了那些高華而傲然的文書(如我們上章末尾所引述的)可都是在儒教精神下完成的。司馬遷所引述的始皇帝刻石裏❸，即規戒非"理性"的行爲應加以拒斥。這在司馬遷與儒教徒的解釋下，意指只有透過學習❸與知識，方能得到合理行為的指引。對儒教而言，最終的裁判在"知"——透過經典的研讀所得到的古典規範與傳統的知識。就此一強調的重點而言，我們將會看到儒教對於世界的態度已與中國的其他派別截然不同。

十三、儒教的和平主義性格

儒教的"理性"（Vernuft）是一種秩序的理性主義（Rationalismus der Ordnung）。陳季同說：「寧作太平犬，不作離亂民」❺❾。正如這句話所顯示的，儒教的理性，本質上具有和平主義的性格❻⓿。在歷史上，此一特殊性格在乾隆皇帝御批的明代史［按：《御撰資治通鑑綱目》］中強調到最高點❻①：「惟有不嗜殺人者能一之」。因為「天道無常，惟理是輔」❻②。這就是統一帝國發展下的最終產物。相反的，孔子是主張要為父母、兄長以及朋友的被殺害復仇的，這是一種男子的義務❻③。不過，此種［儒教］倫理仍是和平主義的、入世的，純粹以敬畏鬼神為取向的。

鬼神並非沒有道德評判資格，相反的，在中國，正如在埃及一樣，可以看到司法裁判上的非理性是建立在這樣的信仰上：受冤屈者的哭號會引來鬼神的報復。這在受害者是由於自殺、悲怨和絕望而死時，尤其如此。最晚起於漢代，這種堅定的信仰是從官僚體制與訴之於天的權利的理想化投射中萌芽的。我們也已看到伴隨著真正的（或自稱的）被冤曲者的大眾的呼號，對於官吏的約束有多大的力量。對於鬼神之報復的認同信仰，迫使每一位官吏在面對可能造成自殺危險的羣眾狂亂的情況時，不得不讓步。

一個將其廚房小廝毒打至死的官員，在羣眾的要脅下被宣告處以死刑（1882 年）❻④。對於鬼神及其功能的信仰，是中國平民大眾唯一一份極具效力的大憲章(Magna Charta)。不過，鬼神也監視着所有種類的契約。他們拒絕保證強制性的或非道德的契約 ❸。因此，合法性(legality)作爲一種美德，**具體地**受到泛靈論式的保證，而不只是一種整體人格的總體習性(Gesamthabitus)。不過，以一救贖宗教促成一種有規律的生活方式的中心力量，則並不存在。

第 **3** 篇

道　教 ❶

第 **7** 章
正統與異端

一、教義與儀式在中國

　　中國官方的國家祭典，就像其他地方一樣，都只是爲了共同體的利益而舉行；而祖先的祭祀則是爲了氏族的利益。此二者都與個人的利益本身無關。自然的巨靈則愈發非人格化 ❷，對它們的祭祀被簡化爲官方的儀式，而此種儀式逐漸地掏空了所有的感情要素，最後變得只等於是社會的慣習。這是有教養的知識份子階層所完成的工作，他們全然不管平民大衆的典型的宗敎需求。高傲地棄絕來世、棄絕當下現世之個人的宗敎性救贖保證，也只有有敎養的知識份子才能如此。❸

　　(存在於群衆與知識份子之間的)這道鴻溝，並不是將儒家的態度強加於非士人身上──亦即灌輸以古典的敎誨，此乃唯一可行的方法──就可以撫平的。

　　緊接著孔子之後，各式各樣的功能神祇和神化的英雄人物突然地出現在文獻上。這些神祇直到此時才開始出現的發展過程，實在令人費解，因爲在其他地方，此一現象是屬於較早期階段的。某些像雷、風等典型的功能神祇("主事")，是早期的農民宗教所特有的；神化的英雄則體現出封建的英雄戰鬪，在中國那是屬於遠久以前的。然而，功能神祇的分殊化與固定化(甚至還有廁所的守護女神)，就像古羅馬時代努米那(numina)崇拜的分殊化一樣❹，可能是在官僚體制的統治下，逐漸擴展的祭典因襲主義(cultic conventionalism)所造成的。

孔子之被聖化，是歷史人物成爲祭祀對象的第一個確定的例子❺。圖像的描述比起模糊的官方術語所涵蓋的無數面貌，還更能讓我們認淸，原來天帝是被認爲像個人的樣子。如我們所知，直到西元十二世紀，這位天帝的非人格化才達到唯物論的地步。人民大衆被摒棄於直接參與對非人格化之最高存在的國家祭典祈禱與供獻犧牲之外❻。對他們而言，原初的"天帝"——後來有關他的誕生、統治、隱逸與昇天等傳說都被添加進去——似乎一直還活著，並且在家庭的祭祀中受到崇奉。職掌祭天的官方祭典代表，自然是無視於此的。

現今所知的其他民間神祇，同樣很可能是從古代的功能神祇演變而來。官方祭典略去了這些[神祇]，而儒敎只將他們置於諸"鬼神"之中。將這神祇原來的性格與後來的形象連接起來(亦即有關其在泛靈論中的地位)，此一棘手問題，只有專家才能處理。只有專家才能夠了解到自然物與人工物(譯按：如史前時代的器物)之被視爲具有奇蹟的本質與效用一事，而確定"拜物信仰"的問題。此處我們並不想在這些問題上費心。我們有興趣的，是官方宗敎組織與非古典的民間宗敎之間的裂痕。而且我們希望能探察出後者是否(或已是)一種有規律的生活方式之泉源，而在取向上有別於官方的祭典。事實似乎看是如此。大部分民間神祇的祭拜，除非他們起源於佛敎，都被認爲是一種宗敎流派的一部分。此一流派一直被儒敎及在其支配之下的宗敎組織視爲異端。就像官方宗敎組織以儒敎爲其取向一般，此一流派一方面由祭祀的與巫術的行為，另一方面則由教義，所共同構成。

　　不過，首先，我們得進一步澄清古老的民間神祇與儒教的倫理學說之間的根本關係。

　　我們可以利用手邊最方便的實例：讓我們考慮一下古希臘的社會倫理的哲學派別、與古希臘的民間神祇之間的關係。再次地我們發現到那種令人迷惑的現象，此一現象原則上是無論任何時代的教養知識階層，當面對固有的粗野民間信仰時，都會發生的。希臘的城邦國家讓形上的、社會倫理的冥思默想有充分活動的餘地。國家只要求〔人民〕遵行留傳下來的祭祀的義務，因為一旦忽略了它們，就會給城邦帶來不幸。希臘的哲學派別與儒教的相似處，在於其社會與倫理的取向，以及古典時期的主要代表人物；就像儒家的中國知識份子，他們根本上對神靈置之不論。大體上他們只是單純地支持古代傳下來的儀式，就像中國的官紳知識圈子和一般而言我們現在類似的圈子，所做的一樣。雖然在某一點上，這其中有個重大的差別。

　　為了教育上的目的，儒教所編纂的古典經籍，不僅成功地驅除了這些民間的神祇，並且也消滅了所有足以冲犯其倫理因襲主義的事物。這正如我們已經指出的，或許就是孔子所做的最大貢獻。

　　我們只消讀讀柏拉圖在《理想國》裡有關荷馬的討論，就會認識到古典的希臘哲學在社會教育學方面想做的事，與儒教有多麼的相像。雖然在倫理上的理性領域裡，荷馬並沒有地位，但他在騎士教育上卻有巨大的影響力，而且被認為是古典的。在好戰的城邦裡，荷馬及其英雄神的角色是不可能為行政當局與教育者所忽視的。並且也不可能建立起一個以經典（和音樂）──經過倫理上的淨化──為基礎的士人統治（就像中國的家產制就其利益所在而實行的）。再者，甚至在城邦已被消滅，換言之，和平化的帝國內部政治障礙已告鏟除之後，當時的哲學學派，沒有一個能像儒教在中國那樣，成功地取得獨佔性的正統地位。如果依此[以中國爲例]推論，則表示要接受某一派別的哲學來做爲唯一正確的國家哲學，換言之，就好比假設羅馬皇帝只容許斯多噶派的哲學，並且只任命斯多噶派的哲學家擔任官職。這在西方是不可能的，因爲沒有任何哲學學派宣稱(或可以宣稱)絕對的傳統主義之正當性(Legitimität)。然而，孔子却發覺自己正是站在這樣的立場上，而致力於確立此種正當性。以此，西洋哲學無法做到像儒教學說那樣，爲一個俗世的統治者及其官吏提供政治性的服務。

希臘哲學家就其內在的本性而言，注意的是自由城邦的諸問題。公民的義務，而不是臣民的義務，乃是他們的基本課題。[他們和]古老而神聖的宗教性恭順戒律間缺乏一種內在的連繫；此種戒律是可以爲一位以正當性爲關注目標的家產制支配者提供服務的。絕對地適應此世，以及拒絕所有可疑的形上學思辨，對於在政治上最具有影響力的[希臘]哲學家的內心需求而言，都是渺遠陌生的；由於沒有這種思辨，使得儒教如此緊密地貼合於中國的當權者。斯多噶學派一直到安東尼王朝(the Antonines)時代❼，都還保持爲一種與機會主義相敵對的反對派教理。直到塔西圖斯(Tacitus)時期反對勢力消失之後，才使得羅馬皇帝接受了斯多噶派的理論。情形之所以如此，是由於古代城邦的獨特性，並且，或許就是它在觀念史上所留下的最重要結果。

以此，西方在紀元前就已發生的哲學理論、社會倫理與民間宗教相對立的緊張性，即以如下的狀況持續下來："荷馬時代"的英雄神祇與民間神祇崇拜，被發展成官方制度；而哲學家的學說則成爲任由公民私下崇信的對象。這和中國的情形正巧完全相反：一套被奉爲聖典的學說和在宗教上被神聖化的國家祭典，與衆神並存；對於衆神的崇拜，只有部分是官方來執行(在某種程度上只是容忍而已)，另一部分則被認爲屬於私人事務，不過還是受到懷疑。當然，和官方的諸神祭祀並行而不爲官方所承認、並且受到懷疑的祭祀，也存在於西方古代。這類私下的崇拜裡，有的會以其自己的一套救世論及與其相配合的倫理而名噪一時。從畢達哥拉斯學派(Pythagoreanism)開始，到羅馬皇帝時代的救贖者崇拜，這情形持續不竭。中國的某些非官方的崇拜亦如此。

不過恰成對比的是，西方的發展導致官方當局與這些救世論的社團之一──即基督教會──達成世界歷史性的結合，此一結合至今仍具影響力。中國的發展則取徑迥異。有一段時期佛教在中國似乎也可以扮演類似的角色，因爲它已被皇帝正式接受。然而佛教却被限制在一種受到容忍(雖然具有影響力)的崇拜的地位上，而與其他的崇拜並列。這是由於我們已經提及的種種利害關係的緣故，諸如儒教官僚體系的反對、重商主義與貨幣本位政策、以及最後的一場大災難[按：指發生在唐武宗會昌五年(西元 845 年)的滅教事件]所造成的。尤其是佛教在中國的影響，正如我們下面會看到的，對於我們此處特別關心的課題，亦即經濟的心態，相對的少有關連。在中國，大多數古老的民間神祇，以及一整批新出籠的神靈，都處於一個敎士階層的恩護之下，此一階層之所以受到容忍，是因爲它宣稱自己乃源自於一位哲人──老子──及其敎理。此一敎理的意義最初大體上與儒教的並無不同。後來它却與儒教成爲對立的關係，最後則徹底被視爲異端。我們無可避免的要一窺此一異端之究竟。

個人神秘的、禁慾的救贖需求，對於(古典的)儒教而言，是完全陌生的一種關注。在印度，此種救贖的追尋源自於受過教育的一般人階層，尤其是嫻熟或半嫻熟吠陀經典的貴族，他們的教育並沒有受到一個教士階層的束縛。個人的救贖需求，正如其在任何官僚體制的生活方式裡所遭遇到的情形一樣，當然不會受到中國官僚體系的理性主義一丁點兒的重視。

二、隱逸思想與老子

隱逸者❽在中國一直都有，並且也不僅只是根據莊子書❾中所說的。在圖畫裡❿，留有他們的影象，而儒教徒本身也知道他們。某些註記甚至可以讓我們做如此的推論：起初，那些早期的英雄與文士，在年老之後便退隱到山林裡過著獨處的生活。在一個純粹由戰士所組成的社會裡，被認為毫無價值的"老者"通常會遭到遺棄；很有可能的是，那些隱逸者最初就是來自這些老人的團體。不過這些推斷還不確定就是了。

進入歷史時代後，老年人過一種隱逸的生活，從來不被認為是正常的──不像是在印度。不過，只有從"塵世"中抽身出來，才會有餘暇與氣力來"思索"，以及捕捉神秘的感覺。孔子跟老子一樣，獨居而不任官職。唯一不同的是，神秘主義者──老子與莊子──因為他們的救贖追求而拒絕擔任官職，而孔子則覺得是不得志於官場。對於政治上失意的文士，隱逸的生活比起自殺或自請處分⓫，被認為是從政壇上退身而出的一種較為正常的方式。諸侯國中的一位君侯之弟，吳國的仲雍，就退而隱逸⓬。莊子也曾說那位有成的帝王，黃帝，是退位而成為一名隱者的⓭。我們要了解到，早期隱逸者的救贖目標，首先是以長壽之術，其次是以巫術，爲其取向的。長壽與巫術力量，是大師們、以及那些隨侍他們一起隱居的一小群弟子的目標。

三、道敎與神秘主義

可與上述情形銜接起來的，是一種處世的神秘態度。一門哲學是有可能奠基於此一態度之上，而且事實上也正是如此。只有從現世中隱退，尤其是從俗世的高官厚爵中隱退的人，才能夠受到聖人的指引，這是黃帝這位帝王在問道時所得到的回答❶。隱者就是"處士"，亦即不任官職的學者。這已預示了後來與儒教追逐官職者相對立的關係，因爲隱逸者的"哲學"已遠遠超乎於此。對所有眞正的神秘主義而言，絕對的不關心世事乃是不證自明的道理；並且，我們不可或忘的是：長壽，如前文所說的，乃是隱逸者所致力的目標之一。根據原始的"形上學"，以儉約而理性的方式處理(也可說是"管理")那顯然是帶動生命的呼吸，似乎是椿重要的事❶。呼吸的調息可以有助於某種特殊的精神狀態，這個在生理學上可獲得支持的事實，導致了更徹底的結論。"至人"必須是"不死不生"的，並且行止如無生者❶。老子肯定其自身之至聖說：「我愚人之心也哉」，因此已離逸於俗世的智慧。莊子則不欲爲官職所"拘執"，而寧願生活得「像條在污泥裡打滾的豬」❶。"與天地萬物一氣"，"拋脫肉體"，乃是其標的❶。

對於調息呼吸這種相當古老的現象是否曾受到印度的影響，專家們各有不同的意見❶。在逃避官職的隱逸者中，最著名的人物——傳說中比同時代的孔子較爲年長的老子❷——身上，印度的影響似乎並不是完全無跡可尋。

四、神秘主義的實際結果

此處，我們所關懷的並不是做爲哲學家的老子 **㉑**，而是他在社會學脈絡中的地位及其影響。其與儒教的對立，甚至在術語上就很明顯。在孔子之孫，子思，所著的《中庸》裡，一位卡理斯瑪皇帝［治理］下的和諧狀態，被描述爲就是一種均衡的狀態［按：即"中和"］。在受到老子的影響或自稱奉行老子的著作裡，此種狀態被稱爲"虛"或"無"，可以經由"無爲"或"不言"而達到。這顯然是屬於典型的神秘主義範疇，並且不獨是中國才有的。

根據儒教的教義——**禮**，祭典與儀禮的法則才是產生**中**的手段**㉒**；而神秘主義則視此等手段爲一文不值。能夠獲得道士（可說是道博士）之法力的一種內在的態度，就是要像失了心神那樣地行止，因而將心神自感官裡解放出來。像儒教徒一樣，被認爲是老子所作的《道德經》教導人 **㉓**：生就是擁有"神"**㉔**，因此長生之法就是養神。雖然長壽的觀點相同，不過二者的手法互異。

我們已不斷地面對"道"這個基本的範疇，基於這個道，異端的道教徒與儒教後徒來才分道揚鑣。這兩個學派，以及大體說來所有的中國思想，都共同抱持**道**這個概念。所有古代的神祇也是這兩者所共通的。不過一些被正統［儒教］認爲是非古典的神祇（主要是一些被神格化的人）——長壽信仰的一個面相——統統被道教收納到萬神殿裡來。兩者有同樣的古典經籍，但是異端［道教］將被儒教徒指斥爲非古典的老子《道德經》與莊子的著作加了進來。如狄格勞特所極端強調的，孔子本人並未拒斥其對手的各個基本範疇。孔子也沒有斥絕**無爲**（自由放任），而且顯然地，他有時也相當接近巫術性卡理斯瑪的說法——在

"道"而言，這點意指人全然端拱無為。讓我們進一步追索二者間的對立狀態。

五、正統與異端學派的對立

儒教將祭祀中所有狂喜的、酒神似的遺跡全都清除掉，就像羅馬的官職貴族一樣，將這些皆視為不莊嚴的，而加以拒斥。不過巫術的施行，此處也和世界各處一樣，仍然是忘我、狂躁的。巫與覡(古代的郎中與祈雨師)，至今仍然存在並且史不絕書。在廟社的祭祝裡，他們仍進行著狂亂的舞蹈。起初，他們吸取巫術的"力"，再來是"靈"，最後則是"神"，通過這些而產生作用。巫與覡給予後世"道教的"印象，而今人也還如此認定他們。然而在初期階段，老子與其門徒並不是以酒神似的忘我為其尋求標的，對於這些他們必然會將之當做是不莊重的而加以摒拒；如同所有的神秘主義知識份子一般，他們所尋求的實際上是不動心的忘我。下面我們會看到，只有後代的巫師才會一致地認為他們自己是老子"道教的"繼承者，並且將他視為**始祖**，因為他恰巧是或被認為是讀書人(士)之一。神秘主義者在現世性、長生觀方面，比儒教徒要更為徹底。到底這兩者的中心教義之實質為何？他們不同之處何在？相對於儒教而言，所有的異端都被稱之為"道教"。

"道"本身是個正統的儒教概念。它意指宇宙的永恒秩序，同時也是宇宙的運行，是通常在某種形而上學——缺乏一種通貫性辨證結構的形而上學——中所認定的 ㉕。就老子而言，道，與神秘主義者典型的追尋——追尋神——拉上關係。道就是那不可變更的要素，因而也就是絕對的價值；它指的是秩序與萬事萬物的實在根源，是所有存在

的永恒原型總體的理念。簡言之，它是神聖的總體與唯一。一如所有
的冥思性的神秘主義，一個人只有將自身完全脫離俗世的關注及血性
的慾望，直到擺脫所有的行動（"無爲"）時，才能及於道 ❷。不止孔子
自身，連同他的門派也都能夠並且也的確接受這點。道對於孔子與老
子而言是一樣的，並且是具有同等妥當性的一個概念。

　　然而，儒教徒並不是神秘主義者。想要藉著冥思而獲得與神聖的
實在合而爲一的這種關注，應該使得老子（就像大多數的神秘主義者一
樣）完全貶低以入世的文化爲宗教性救贖之資源的價值。就某種程度而
言，老子的確有這樣的看法。對他來說，至善，是一種心神的狀態，
是一種**神秘的合一**（unio mystica），而不是像西方的禁慾主義那樣，
得從積極的行動中來證明的神寵狀態。

　　與所有的神秘主義一樣的，此種狀態是由心理方面所制約，而不
是以一理性的方式來外在地運作。普遍的無差別主義式的慈愛心，乃
是隨著此等神秘主義者所特具的、不涉及對象的快感與不動心的忘我，
所產生的典型的附帶現象；或許正是由老子所開創的。此種純粹屬於
心理的狀態，此處也被加以合理的解釋。天與地被正當化爲最偉大的
神靈，因爲它們對人類之完全大公無私的照拂，並且也因爲只有神性
才具有的無條件的慈愛 ❷。教理中的長生主義要素構成了自然力之永
恒存在的基礎，而此一自然力〔天地〕最少已接近了那唯一永恒的"道"。
神秘主義者即以此爲模範而行止。

　　由心理所制約的內在狀況也同樣地被加以合理的解釋。無論何處，
神秘主義者實質上都是維持一己的慈愛與謙虛而過著一種隱匿於世的
生活 ❷。這構成神秘主義者與現世特殊的破裂關係。行動要不是被絕
對的揚棄，便是被減低到最小的程度，因爲這是唯一可能證明達到神

秘主義者所追求的神寵狀態的方式。並且也唯有這樣才可能保證不受俗世的干擾。根據老子的教誨，這也同時是使塵世生命永存不絕、或者甚至在此世之後仍繼續存在的最佳保證。老子或其詮釋者並未發展出關於不朽的真正教義；這似乎是後代的產物。個人一旦完全得道便能踏入永恆之樂土的想法，雖說是個相當早期的觀念，但並不居支配性地位。

就老子而言，行動之縮減到最小的限度，這至少主要是神秘主義式聖靈附體直接的結果。老子只是點出——而非發展出——某種神秘性的宗教信仰。被老子奉為比儒教的"君子"理想更高的"聖人"，不僅不需要俗世的德行，並且在基本上視之為危險的——可能會危害到自身對聖靈的追求。作為一種中國人所偏愛的弔詭的[理念]建構，老子認為俗世的德行以及對此德行的尊重，就是俗世已變成非神聖的、沒有神在的一種徵兆。對他而言，以儒教的元德"禮"，亦即"禮節"來維繫的世界，是層次最低的❷。然而，這個世界終究是這樣地存在著，因此重要的是要使自己去順應於它。

此種順應只有透過某種方式的相對化才有可能。老子並未做出毅然地斥絕俗世的結論。尤其是他在原則上也並不摒棄有教養的紳士(君子)的理想——這對作為一個身分團體的官紳階級是極重要的。如果他有過拒斥的想法，那麼他的思想恐怕也就留傳不到我們了。

確實，在對現世的適應上，他所要求的是與儒教的"小"德[下德]相反的"大"德[上德]。這表示他所要求的是完全絕對的倫理，而非社會化相對性的倫理。然而，這樣的要求，最終並不會使他走向禁慾的結論，也不會讓他在社會倫理的領域裡作出積極的要求。之所以會如此，一部分是因為冥思的神秘主義並不能產生出這樣的要求；一部分也是因為最終的結論還沒有歸結出來。

　　根據傳統的說法（雖然這個說法的實際內容不無疑問，但仍為某些傑出的漢學家所堅持），孔子與老子人格上的對立，關鍵端在於老子的神秘主義所抱持的政治理想帶來某種相對化所造成的結果。一方面，理性主義的士人傾向於根據理性與官僚體制──中央集權制的──來統治一個福利國家。另一方面，神秘主義者則鼓吹國家個別部分最大可能性的自主與自足，因為這些小共同體可能成為包含有樸素的農民或市井小民的美德的地方。神秘主義者所抱持的言論是：儘可能減低官僚體制的成分，因為他們的自我完成是不可能由國家繁忙的文明政策來促成的。在老子與孔子那場著名的相會裡，傳說前者曾勸戒孔子：「去子之驕氣與多欲、態色與淫志」。除此還加上一段對神秘主義者而言是顯而易見，對理性主義的社會倫理學者卻無法接受的議論：「是皆無益於子之身」，亦即，無益於達到與神聖的原理**"道"**的**"神秘的合一"**。神秘的開悟（**明**）意指萬事萬物皆自具於人的眼前。但是如果我們從他〔孔子〕所傳下來的話語中加以推論的話，可知這是儒教的創立者個人所無法達成的目標，並且也在他的能力範圍之外。傳說在震驚下，孔子稱老子為"龍"，這也說明了他自已的局限❸。

　　神聖的概念（**聖**），對於老子而言是基本的，在儒教的體系裡卻沒有份量。這並不是說他們不知道這個概念，而是孔子認為此種狀態從來就無人達到過，甚至他自已也未曾達到。因此，這個概念與儒教的君子理想──"有教養"的人──不發生關連。神聖，就孟子而言，基本上被視為一種君子美德所能達到的最完美的一種境界❸。

　　老子的神聖性觀念表現在經文上則為謙卑。老子的"神聖"概念，作為一個嚴密的個人主義式自我救贖的範疇，結果是指向一個與儒教的理想正相反的方向。後者所接受的準則是教養、以及適應於如此存在的世界與社會。老子拒斥那些有典籍教養的學者——他們在中國代表神學；西方的神秘主義者也基於同樣的理由拒斥神學：因爲它導致背離上帝。就像所有徹底的神秘主義救贖全都會遭到以支配、整頓現實生活爲目標的社會倫理學者指斥爲"自我主義"一樣，老子的神秘救贖也典型地、當然地遭到他們的非難。徹底地實行起來，神秘主義者也確實只能追求自己的救贖；若要影響他人，他們也只能以身作則，而無法用傳道或者社會行動的方式。當神秘主義完全貫徹之時，現世的行動就會被完全棄絕，因爲那與靈魂的救贖並不相干。我們也可以發現相當清楚的政治冷漠態度的萌芽。不過，在政治冷漠這一點上的前後不一致，則具有老子體系的性格特徵，也是其體系裡所有弔詭與疑難的本源。

老子(或其詮釋者)和孔子一樣，屬於同一個階層，因此，就像所有的中國人一般，視某些事情爲當然。其中首要的是肯定統治的正面價值，這必然與超越於此世的救贖之論相矛盾。之所以肯定統治此一價值，乃是由於統治者的卡理斯瑪天職(Beruf, vocation)的普遍被接受爲一前提。對老子而言，人民的幸福，同樣地，終究要仰賴於統治者的素質。據此，神秘主義者的結論是，統治者必須具有與**道**神秘地結合爲一的卡理斯瑪，進而透過統治者性格上卡理斯瑪的效用，神秘的救贖就可以作爲"神之賜物"般地普及於所有的臣民。然而，對於持社會倫理之論的人而言，只要統治者本身被上天所確認，並且他的德性(就鬼神的立場觀之)切合於社會倫理的美質，那麼也就夠了。

孔子與老子，或者至少他們的繼承者，都共同有鬼神信仰並接納官方的萬神殿(雖然《道德經》顯然大大地擺脫了巫術的束縛)。一個有教養的中國人，即使一心向於實際的政治，也無法排斥所有這些。一個超俗世的人格神──是創造者，也是世界的統治者，支配著所有在他裁量之下的被造物，在他面前所有的被造物都是非神聖的，等等這些觀念，都無法爲中國的敎育、或大致上印度的敎育所接受。因此，將上帝與被造物對立起來的禁慾倫理的手段便被排除了。本質上是泛靈論的既有宗教，對於尋求救贖的神祕主義者而言，終究是無關緊要的，這是自明的道理。我們注意到，並且也必須不斷加以留心的是，在儒教薰陶下的社會倫理學者也是這麼認爲的。

他們兩者都確信，俗世統治中的良好秩序是使鬼神安靜的最好辦法。這種鬼神信仰的卡理斯瑪轉化，也正是老子的門徒之所以無法走上極端政治冷漠態度的原因之一。另一方面，可以理解的是，家產制國家裡的官吏與追逐官職者這個知識份子階層，既不承認個人主義式的救贖追求，也不會接受神祕主義者那種一籌莫展的謙卑。尤其是他們不會接受[神祕主義者]認爲支配者及行政官員要具備神祕的卡理斯瑪稟賦的要求，這就好像羅馬的主教教會不會承認個人的聖靈的卡理斯瑪一樣。進而更加可以充分理解的是，理性主義者的官僚體制權力國家會將一切納入國家的政治實務裡。這就是爲什麼（而且經常可以感覺到），一個中國人能夠正確而詳盡地闡述儒教，但對於道教卻無能爲力。歐洲的研究者一般皆認爲：今日沒有什麼眞正的中國人能夠以完全同情的了解，深入老子（或其詮釋者）原來的、內在的經驗脈絡裡，來了解老子（或其詮釋者）的觀點。

老子的神祕主義，對其繼承者（或號稱爲其繼承者）的倫理影响，有助於儒教確保其優勢地位。這是由於神祕主義者的態度內在的不連貫所造成的。

　　所有基於宗教性的、與此世界的正面對立，在老子身上是找不到
的，正如大多數冥思的神祕主義一樣，在冥想的制約下所提出的要求
——理性的寡慾——乃是基於可以延年益壽的動機。然而所有存在於
神聖的與被造物界間的緊張性——因堅持有一位絕對超越於生物界與
俗世的人格性造物主兼世界的統治者，而被確證的緊張性——都不存
在。同樣的，對老子而言，人性之善乃是個不證自明的出發點，他所
下的結論也不是真正地漠視世事或甚至拒絕俗世，而只是要將俗世的
行動降到最低點。只有被提昇成快樂主義的儒教所持的經濟的功利主
義，才能恰如其已發生的效果一樣，使現世的社會倫理在實際上發生
作用。

　　神祕主義者"享有"道。其餘無法做到這點，或者無意於此的人，
則享受那些他們比較受用的。在這點上，可以明顯的看出關於人在倫
理與宗教方面的資質，［道教］與儒教有基本上的對立。就儒教徒而言，
相對於較優越者的普通人，同樣也是只考慮肉體慾求的人。他期望見
到此種沒有尊嚴的狀況，能夠經由生活境遇的富庶與由上至下的教化
來加以改善。因為美德本身是人人都可以企及的。正如我們已察覺的，
人與人之間並沒有資質上的根本差異。然而，對於神祕主義的道教徒
而言，存在於開悟的神祕主義者與世俗人之間的差異，是在卡理斯瑪
稟賦上的差別。所有神祕主義裡的、內在的救贖貴族主義與恩寵個別
主義，都表現出人在宗教方面有資格差異的經驗。沒有悟性的人就屬
於(用西方的字眼來說)恩寵之外。他不得不繼續待在原來的狀況下。

　　對於士人，老子的學派通常被認為抱持著一種無比神祕的敵意，
他們有如下獨特的結論：「統治者應充實其人民的肚腹，而不是他們的
心靈；應該強健他們的四肢，而不是他們的性格」❷。

老子甚至有這樣的見解：國家最好只限於顧慮人民的生計。這個見解根源於他對於典籍知識的嫌惡，認為這有礙於眞正的了悟。如果已神祕地澈悟了的統治者，無法僅就其一己的存在而散發出一種卡理斯瑪的、模範的影响力，那麼他最好什麼行動也不要有。應該讓百姓與萬事都順其所能的去發展。不管是被統治者有太多的知識，或是國家管理太多，都是極為危險的罪惡 ❸。只有絕對順從那無可改變的宇宙的、社會的秩序，才能導致"寂靜"並抑止衝動。在老子的救贖教義裡，這也可以經由音樂、虔敬的儀式練習、靜默、與不動心的訓練來促成。被推為老子所著的《道德經》，結果──在如前文所述的限制下──要求最大可能程度的不干預。此一要求與古典儒教教義裡對人民施予家父長式教化的一般傾向，恰相對立。《道德經》裡主張：促進人民的幸福最穩當的辦法就是依循和諧的宇宙之自然法則。

我們注意到，不干預的理論也見於正統的[儒教]教義。它們可以由世界之無上的諧和(道)的理念，很輕易地推衍出來。在很早的時期裡，他們就已導出幾乎是巴斯蒂亞(Bastiat)❸式的階級利益調和的理論。這些理論，與行政力對於經濟生活事實上相當薄弱且斷續的干涉情況相配合。異端的道教所採取的立場甚至更為徹底。基於"職業倫理"的積極動機，在這種中國的、尤其是道教的"自由放任主義"(Manchestertum)裡，當然是完全付之闕如了。原因就在於道教冥思的、神祕的基礎。

只有從上帝的意志與俗世的秩序之間的緊張性所導引出的俗人禁慾倫理，能夠提供這樣一種積極的特性。因此，儉約，這個被特別強調的道教德目，並不具有禁慾的性格，而在本質上毋寧是冥思性的；與正統說爭論的主要具體項目即是節約喪葬費用的問題。

　　對於一再被提及的老子的"後繼者"與"門徒"這點，我們必須了解到，這樣的稱謂與事實是不大相符的。老子，無論他個人的學說究竟是什麼，很難說他立了個"學派"。不過，早在司馬遷以前很久的時代裡，就有援引老子學說的哲學家了。其後，在中國後代的歷史時期裡，我們可發現某些至少部分自認是老子"門徒"的、神祕主義的著名人物。這個發展，於此並無多大關係。

　　半傳說性的傳統說法裡描述了孔子與老子間的個人對立。然而關於"學派的對立"，尤其是關於這兩位敵對者的明白分野，都還未曾有個清楚的分說。誠然，在氣質、生活方式以及態度上，尤其是對於實際的國家問題——官職——的態度上，兩者存在著尖銳的差異。然而學派的對立(參照狄格勞特的說法)顯然一方面是由於孔子的孫子子思，另一方面是由於莊子的尖銳論爭，才清楚明朗起來。可以確定並且爲專家們(如狄格勞特)所強調的是：神祕主義者爲了自身或者一般人的幸福而斥拒理性的知識，在理論上乃是個最重要的命題，可是卻無法爲儒教徒、甚或其夫子所接受。除此之外，其他的一切倒都可以容忍。狄格勞特強調，"無爲"對於儒教徒而言並非全然陌生。古代[儒家與道家]所共通的"思想家階層"之孤隱方式，與此逃不了關係。戰國時代的"哲士"在當時政治壓力下，原有古老的聖賢形態已有了相當大的轉變。倘若不具備有關眞正禮儀的確實知識——那些"古人"所具備，並且只有透過學習方能擁有的知識——又如何能適應於道？在這種態度轉變的背後，當然就是神祕主義的漠視現世與儒教的適應現世、改良現世之意志這兩者間的深刻對立。

　　莊子尖銳化了老子的論點，藉此突出其與儒教徒相異之處。(1).追求"智慧"，是執著於外在事物；(2).追求"理性"，是執著於聲音(話語)；

(3).追求"人間之愛"，是混亂一己德性的修練；(4).追求盡一己之義務，是違反了自然的法則（全能的**道**）；(5).固執於"禮"（規則），是執著外在；(6).喜好音樂，是沉溺於惡習；(7).固執於神聖性，是耍弄技倆；(8).追求知識，是穿鑿附會❸。

第(1)、(2)、(5)、(8)諸點論難，是儒教徒所最不能相容的，因為身為儒教中人，四個最主要的德性即為：仁，也就是愛人；禮，亦即生活的規則；義，是慷慨（義務）；智，即是知識。這其中以禮和智最為重要。凡是偏離於此的，就是異端的、非古典的（**不經**）、不正的（**不端**）、道德上有問題的、以及誤了道的（**左道**）。

孔子與老子的信徒之分裂，自子思的攻擊後就已存在。不過雙方反目之加劇，是由於學派的發展，以及彼此競爭俸祿與權勢所造成。後代自任為老子之後繼者的士人，儘管有無為的原則與任官的忌諱，至少也都不時想要建立一個類似於儒教士人的組織。

《道德經》並沒有被儒教徒絕對而全然地指斥為異端，但是像莊子與管仲的著作就一直是被視為非古典的。不過《道德經》並沒有被列入"聖"書之中。雖然曾經（至少是一段短時期裡），皇帝也將《道德經》置於經典之列而成為參加科舉考試者的必讀之書。

儒教徒反之則主張"知識"對於帝王的重要性，並視之為帝王必具的美德。如果他是個學者，或許他就會"緘默地"舉止，而且也只有在這樣的狀況下，他會如此做。儒教徒以編纂大部頭的官方百科全書（於1715年印行的《古今圖書集成》），將此一主旨付諸實現。[儒道]雙方皆對帝王之卡理斯瑪的極端重要性——這點已明白地包含在《尚書》裡——毫不置疑，只是詮釋上有所不同罷了。

六、道教的長生術

中國的價值體系中某種一般性的傾向，有利於一個以老子教示為基礎的特殊教派之發展。這種傾向就是對自然生命本身的珍重；故而，重視長壽，以及相信死是一種絕對的罪惡。因為照理說來，一個真正完美的人應該是可以避開死亡的。一個真正完美的人("真"、"清"、"神")勢必具有不可毀傷的異稟及巫術力量 ❸；否則其完美又有什麼辦法可加以證明❸？這個判準自古已然。普通的蓍草獲得相當的重視，其組合形式在《易經》著名的卜卦系列中扮演著重要的角色。用於占卜的動物，烏龜，也同樣是如此。這兩者都因為長命，而得以扮演這個角色。依據儒教的信念，修德，特別是學習，是具有長生效果的；還有沉默、多多少少活動一下但避免筋骨操勞，也有同樣的效果。上文提及的調息，被當作是一種長生手法而特別發達。長命的植物成為特殊的藥材，而探採長生靈藥的行動也是慣見的。我們也看到了始皇帝即基於此而恩顧這門學派。一切的經驗顯示：抑制興奮與平靜過活，都具有長生的效果。避免激情乃是長生術的首要法門與第一德目——所以隱逸者與神祕主義者逐以無為是尚——這似乎是個無可爭議的命題。

以此為起點，加上兩家所共通的鬼神論的影響，此一發展繼續擴大。長生術一旦有了體系化的進展，所有除厄的、治疾的巫術之理性化途徑，也就很容易明白了。事實的確如此，理論上的成果，基本上成為兩教所共有的財產。這是因為對儒教徒而言，凡是與(以古典為取向而)無所不能的**道德**這個教義有所偏離的話，就會危及倫理的統一性。此外，我們也不要忘了，透過後宮的勢力，皇帝經常受制於巫術理念的影響之下。

老子之教導裡的純粹巫術層面，有助於將所有古老的巫師引導轉入道教徒群體的作用。他們在最為富庶的南方農耕地帶，為數最夥，而此一發展也在那兒最為蓬勃。

道師與其弟子聚居而隱於城市之外，成為中國"道"觀的核心單元，這與印度的情形一樣(而不同於西方)。當然，老子(無論其精神上的獨立性有多高)受到印度傳來的影響有多大，仍有爭論的餘地；不過這個問題難以用道觀的形成來解答。道教的隱逸之處可能為佛教鋪下了道路，而佛教的競爭也帶來了道教的僧院運動──可能是促使隱逸者組織社團的步伐加快的一種運動。道教之自主性的最有力保證是：並非所有的成員，而是只有最具特別性格的組織成員(巫師)，才居於僧院共同體之外 ❸。道教是在士人的遁世思想與古老的、入世的巫師社團相融合下，興盛起來的。"道士"，是指過著俗世的生活、婚姻嫁娶，並且將他們的技藝當作一種職業來經營的人。他們為各路的聖靈大量設立祭壇，不過由於這些聖靈的不靈驗，祭壇通常成立不久即告結束。十六世紀時，他們製作出法規與典章的大部頭官方集成[譯按：指明萬曆年間刻印的《正統道藏》]❸，並藉此機緣而介入政治。

七、道教的教權制

道教因為有一套穩固的教權制的組織，一般而言是不易散亂的。江西省的一個世襲性卡理斯瑪氏族[譯按：指張氏家族]，壟斷了長生靈藥的製造 ❹，並且獨占了"天師"(上天指派的導師)的名號。曾擔任漢朝宮廷顧問，並寫過有關吐納技藝之書的張陵，有個後代，在漢朝衰微不安的時代，創立了組織。這個組織有其行政幹部、稅收與強制性的嚴格紀律，並成功地與政治當局相抗衡。最後，在四川建立起一個真正自治的"教會國家"❹。起初，它確實像是個卡摩拉(Camorra)式的祕密組織 ❷，也就是太平道——"太平之國"，我們下面會討論到的一個近代組織[太平天國]的先驅。

這個教會國家於 184 年被一個叛教者所告發，而遭到漢朝廷的查禁與迫害。這個教會國家，一個南方與北方相抗的典型組織，繼續以所謂的"黃巾之亂"———一種凶殘的宗教戰爭(也是這類戰爭的第一次)——持續下去。一直延續到西元 215 年，世襲教主[張魯]認為投到魏[曹操]將軍的麾下做一名朝貢諸侯是較為明智的抉擇為止 ❸。由於此一角色，他受到高度榮耀的肯定與承認。他的世俗權力則因政府的行動而大大削弱；在官方他變成一個只負責追諡死者為聖靈的工作，照葛魯柏(Grube)悅人的說法，就是"眾神檔案的管理人"。以此，他也就不是唯一居於此位的人。除了祖先崇拜之外，人的神格化是"非古典的"、"道教的"諸神之來源。他們雖然為數異常龐大，但未受官方祭典所正視。最高的神祇——天帝盤古，與其妻居於西方的碧玉之山而君臨天下。他的形象乃來自古代一個被視為上天之主的人格神的觀念。

於是，道士以其自稱的支配鬼神之力為基礎，開始踏上政治的路途。因為在士人與其敵對勢力的鬥爭中，我們總是看到道教徒與反對士人的派系站在一起。起初，道教徒是"貴族的"。無教養的封建壓力團體，利用他們作為工具。他們反對儒教的儀式、典禮及對秩序與教育的熱衷 ❹，而確立「人民應處於無教育狀態」的立場。在司馬遷的時代裡，他們即抱持著這樣的立場，一直要到 124 年，士人才成功地壓倒道教徒的勢力。他們將所有的俸祿都視為是為他們保留的，七十個宮廷士人的席位[按：指五十名博士弟子的員額，七十應是誤記]，則要從帝國的各處徵集而來❹。

然而，封建制一旦終了，士的主要對手變成由宦官、將軍與“無學識”的寵倖所支持的蘇丹制。道教徒照例是站在後者這邊。宦官勢力的每一回高張，都帶來巫術師影響政治的結果。這種鬥爭一再地以士人的勝利來收場，而最具決定性的勝利是在滿洲人和平主義的統治之下，不過，鬥爭還是一直持續進行到慈禧太后統治的時代。

我們千萬不可根據我們[西方]的宗教派別概念(Konfessions Begriff)而導出錯誤的想法。儒教的官紳還是爲道教保留了施展的餘地❹，就像古典時代的希臘人也容納那些他們雖然瞧不起的“先知”與(後來的)占星師。道教之所以難以根絕的理由，在於作爲勝利者的儒教徒本身、從來沒有認眞想要根除一般的巫術或特別是道教的巫術。他們只想到要獨占官職俸祿。

不過他們甚至連這點也沒能完全成功。下面我們就要說到風水的因素，此一因素經常使得建築物一旦成立，就難以完全移動。道觀一旦獲准存在，住在裡面的人無論如何也就要被接納。這個情形，我們下面會看到，也發生在佛教徒身上。所有的士人階層都一再地因爲畏懼驚擾“鬼神”，包括那些非古典的鬼神，而對鬼神論與巫術讓步。因此，道教徒受到包容，並且就某方面而言，也受到國家的承認。頒賜給道教世襲敎主張天師的官方職位——道錄司[按：道錄司這個官職創立於明代，而爲清朝所襲用]，很顯然的是比照佛教的僧錄司職位而來。在某些國家道觀裡，設有種種官置的道教祭司地位。通常是：第一，監院；第二，監齋；第三，方士(爲了旱魃與洪水而設)；第四，一般道士❹。在一些已經獨立的藩國❹其君主的碑銘裡，可以見到顯然是道教的特徵。即便是康熙皇帝所頒佈的聖諭，以及所有滿人統治者對道教的絕對摒斥，也絲毫改變不了這一點。

在進行討論特別是中國人的"世界觀"——由正統與異端所共同塑造的——之前，我們希望先說說佛教的地位：就政治觀點而言，其地位與道教非常類似❹。

八、佛教在中國的一般地位

佛教是自印度輸入，而作為一種便利的、教化的行政力量手段，與一種馴服民衆的手段。

經過改革的佛教(大乘佛教)的"非教養的"性格❺，特別訴諸女性感情性的一面，因而成為一種後宮頗為喜好的信仰。我們一再地發現到，宦官成為佛教的庇護者，正如他們之庇護道教一樣。十一世紀[按：應是十五或十六世紀]的明代治下，情形尤其是如此❺。

佛教之受到恐怖的迫害，有著種種不同的緣由。其中包括：在儒教之通貨政策與重商主義考慮下的利害關係，以及，不用說，官職俸祿的全面競爭。還有就是儒教徒之對抗受到佛教徒支持的蘇丹制。雖然如此，佛教在實際上之無法根除，就如同道教一樣，縱使皇帝下達尖銳的敕令，或者儘管佛教與許多密祕結社("白蓮[教]")有牽連。除了風水地理的理由外(下面會討論到)，某些中國人所不願有所缺失的儀式——喪葬法事——只有佛教能夠提供。佛教一旦站穩陣腳，靈魂輪迴的信仰就一直保持為通俗的來世觀念之一。因此，就像道教徒所獲得的俸祿那樣，我們看到佛教徒也擁有被公認的俸祿❺。此處，我們還不急於討論他們的地位，讓我們再回頭來討論道教。

　　後世的道教所具有的"非教養的"、反教養的性格，是造成它在商人的圈子裡紮根深入(雖然並非絕對唯一)這個有趣事實的緣故。這是我們將一再體認到的一項事實中，一個特出的例子。這項事實是：一個階層的宗教意識型態，絕對不是純粹由經濟的條件所決定❸。而且，反之，道教的獨特性格也不可能與商人的生活樣式全然無關。道教已然是絕對非理性的，坦白地說，已變成低下的巫術長生法、治疾術與解厄術。道教應允可以為人祈免夭折──被認為是罪惡的懲罰 ❹；可以請動(道教的、非古典的)福德正神，以及眾多被神格化的官僚神與功能神，降福給祈求者。任何與"市民的倫理"相近的特性，就幾乎不可能在道教裡尋獲。此處，我們對道教的這一方面並沒有興趣，我們在意的是它間接的、負面的影響。

九、巫術之系統性的理性化

　　正統與異端對於巫術的、泛靈論的觀念都採取容忍的態度，加上道教積極的護植，是這些觀念得以繼續存在、並在中國人的生活中極具支配力量的決定性因素。讓我們來略窺一下它們的影響力。

　　一般而言，在中國，古來的種種經驗知識與技術的理性化，都朝向一個巫術的世界圖象發展。天文學除了曆算科學外，其餘都變成占星術。曆算之學源自古代，起初用來調整適當的農業季節，技術方面仍然原始，一點也比不上巴比倫的成就。敵視文士的始皇帝之修訂曆數, 使時占術(chronomantics)開始抬頭。這是純粹依據類推和大宇宙的表象，將具體的事務一一地分別嵌入月令之中，配置當與不當之日(dies fasti et nefasti)，而不是一般性的[準則]❺。起初是編年史者的太史("在上位的著述者")──一群曆法的製定者──轉變成執掌天文與占星術的官方部門。然而，靠著大量複製政府所製作的時憲書(曆書，時占的基本書錄)，時占術的經營成爲"占日師"[按：即《史記》列傳中的"日者"]──當人們要爲某事尋一黃道吉日時，即需詢問他們──的一個財源。

另一方面，占星術則與古代的氣象學：金星的測度及其可見度、星辰的光樣、以及風向的判定等等連結在一起。據狄格勞特的假定❸，判定風向之所以重要，起初是因爲與貿易風有關。此外，對地震、山崩、隕石、異胎、(作爲特別是直接傳播媒體作用的)童謠的解釋，以及各式各樣的巫術的"占候學"，建立起龐大的文獻。它完全用來測試鬼神是否安頓得當，如果不當，那麼國家的領導方面就得關心其後果。從事這種工作的遠古的占候巫師與祈雨師，亦即巫與覡，被認爲是"道教徒"。常見的是歇斯底里的(天眼通的)女人，經營這個行業特別成功。

藥劑學，以及與之相關的藥理學，都曾有過相當的經驗性成果。它們完全以泛靈論的方式被理性化。我們曾經提到長生術中作爲神藥藥方的植物，就像希伯來人的生命樹一樣，大量生長於"西方樂土"──西王母的林園裡。中國人的向外擴張，在某種程度上也受到此種尋找樂土之希望的牽引(就像始皇帝爲求長生靈藥的海上探險一樣)，應該是不成疑問的。古代的情形，其特點可由下面這個爲人所深信的傳說得知：[晉]侯聽到(!)他的病症化爲精靈在他腹中討論應安居於何處❺。這或許是對發熱夢魘的一種泛靈論式的理性化解釋──不過與其他的理性化相較之下，還是較爲原始的。

元素、季節、味覺與氣象的類別，都與人的五(!)臟拉上關係❺──也就是大宇宙與小宇宙的關連；巫術的醫療術也依循著這樣的觀念而行。《道德經》裡所授的古老的呼吸法，被發展爲"守住"帶動生命的精氣，並且配合著導引(Gymnastik)，而成爲一種醫療術繼續流傳下來❺❾。西元前二世紀時的董仲舒就已指斥情慾是有害呼吸作用的❻⓿。根據狄格勞特的說法，成於西元後的《素問》[按：指《黃帝內經素問篇》]，被認爲是一部教人以合乎科學的方法來呼吸運氣的古典經書。除此方法外，再加上"符"，也就是由具卡理斯瑪稟賦的大官寫上字畫的護符，等等。不過，我們想將這些從狄格勞特處借來的事端都拋開。對我們而言，《葬書》❻❶或"風水"所代表的勘輿術的重大發展，更具有無比重要的意義。

和狄格勞特一樣，我們注意到：時占者(**史**)要爲各種建築物決定興建時辰。但更重要的是，後來他們也決定建物的形狀與位置。九世紀時，數個勘輿學派經過一場爭鬥之後，講究"形狀"的學派戰勝了實質上更傾向泛靈論的對手❻❷。這些風水師擁有遠爲廣大的收取費用的機會，恐怕是致勝的決定性因素吧！

自此之後，山岳、丘陵、岩石、原野、樹木、花草與川流的形狀，都被認爲具有風水的含意。僅止是一塊石頭，就可以因其形狀而保護一整個地區免於凶神惡鬼的侵襲。無事無物不關緊要。甚至，在風水上非常敏感的墳墓，被認爲是影響疾疫是否會發生的所在地。風水的勘察成爲所有的建築物所不可或缺的事項，甚至連家裡的水管線路這種內部工程也不例外。因此，鄰人家的死亡事端，可以被推究到他們的建築物上，或者可能意味著討命；任何新墓的設置都可能會驚擾到所有墳中的鬼靈而引起可怕的災難。

說到新設施，就中特別是以開礦這等事，被認爲最易於觸怒鬼神。最後，鐵路的鋪設、吐著煤煙的工廠的設立(煤炭的使用，在中國始於紀元以前），則被認為會像巫術般的將病毒佈滿整個地區。奠基在這種信仰上與風水師的收入利益上，技術與經濟的巫術性定型，完全排除了從本土發展出現代交通事業與工程經營的可能性。要想超越這個巨大的障礙，就必須要應用西方高度發展的資本主義，並且要得到官紳階層的支持——他們投資大量金錢於鐵路建設。巫與覡，連同時占師與風水師，也逐漸被貶為“騙子”。但是這些絕非中國獨力所能達到的。

　　繞行許多遠路，常只因為某條運河、道路或橋梁，從風水的觀點看來是危險而不宜開築。佛教的(亦即異端的)寺院，經常因為風水的緣故——可以“改良”自然環境的風水——而獲准建立，而僧侶也有義務要舉行有關風水的重要儀式，並獲取豐厚的報酬。此外，風水師的酬庸傳說確實已達到令人難以置信的數目，並且每當有工程爭議之類的問題發生時，雙方也都會花錢僱用風水師。

　　準此，可說是巫術性的“理性”科學(magically "rational" science)的一種上層結構——其踪跡到處可見——涵蓋了早期簡單的經驗技術，並且具有可觀的技術內容，正如各種“發明”所可證實的。這個上層結構是由時測法、時占術、勘輿術、占候術、史書編年、倫理學、醫藥學，以及在占卜術制約下的古典治國術所共同構成。其中，巫術師在民間的地位是最高的，其營業利得實際上也經常最為優厚(也因此被視為異端)。雖然士人階級本身在此一理性化過程中，扮演了決定性的角色。

　　以五為神聖數字的宇宙論的思辨裡，五星、五行、五臟……等等，連結起大宇宙與小宇宙的對應關係(表面上看來似乎完全是巴比倫式的，不過一一詳較下，則絕對是中國本土的)❻。中國這種“天人合一的”哲學與宇宙創成說，將世界轉變成一個巫術的園地。每一個中國的神話故事都透露出非理性的巫術是多麼受歡迎。粗野而不談動機的神祇（dei ex machina）從天而降、穿梭於世界而無所不能；只有對路的咒術（Gegenzauber）才奈何得了它們。準此，解答奇蹟的倫理理性（ethical rationality）是絕對沒有的。

所有這些——說得明白些——不止受到包容與許可，並且由於巫術世界圖象的受到承認，而更加興盛。這是從各式各樣的巫與覡都可加以利用的營利機會裡，生根茁長起來的。道教，因其非教養、非理性的性格，甚至比儒教還更傳統主義。道教沒有自己的"精神"；巫術，而非生活態度（Lebensführung），決定人的命運。發展到最後，將道教與儒教分隔開來的，就是這一點。因為我們已經指出，儒教相反的，認為巫術在面對德行時便顯得無能為力。不過無論它怎麼輕蔑道教，當儒教面對巫術的世界圖象時，是無可奈何的。這種無可奈何，使得儒教徒無法打從內在根除道教徒根本的、純粹巫術的觀念。與巫術交鋒，總會有危及儒教本身勢力的危險；如此建議，無異是一派胡言，不必多說，「當皇帝不再相信徵兆預示，而為所欲為時，誰還能阻擋得了他？」有個士人就這麼直接了當的回答。在中國，巫術信仰是皇權之憲法基礎的一部分。

道教的教義可以和這些巫術的半成品、以及"天人合一"的理論區分開來。即使如此，它並沒有更理性的產生作用，或者形成一股對抗的力量。出現在中世紀的"報應"說，被認為來自道教 ❻。正如我們注意到的，同樣的名稱也用來稱呼非佛教僧侶所施行的巫術。根據所有已知的歷史，這是掌握在一個特殊的祭司階級手中，或者更應該說是掌握在一群出身平民的巫師手中。

根據上文，可以預料到的是：道教有一部分非關禮儀的經籍，是與儒教共通的。像這部《賜福密書》❻就同時爲儒教與道教認爲是眞的。至於種種一般性的巫術前題假設，也同樣是如此。

不過，正如我們前面所說的，這些［巫術的假設］大爲發展。與儒教相反的是，它們與某些對此生此世、以及來世的肯定許諾，連結在一起。這些被有教養的知識階層鄙視的民間神祇，正是因爲這些個許諾，而受到人民的崇奉。

因此，儒教所沒有做到的，道教的平民教士階層做到了。他們一方面滿足了某種將萬神殿整理出系統的需求，另一方面滿足了將被認定的善行人士或靈驗的鬼神一一納入神界的需求。以此，道教將三方神靈：古代的人格化天神（官方教義所稱的玉皇大帝）、老子、以及來歷不明的第三者，聚合起來成爲"三淸尊"❻，普遍受到崇拜的民間八大守護神（部分是歷史人物），以及其他的天上神仙，都被安置到設計圖裡。城隍神──通常是個神格化的官吏──則被賦予掌管關係到人在死後之命運的行狀錄；因此，他被認定爲天界與地獄的主宰者。常有組織城隍祭典（如果有個永久性的組織化祭典產生的話），以及組織祭祀其他登入神界的自然神和人間英雄的祭典。資金的籌集，多半是由地方上的利益團體輪流攤付；一般民眾只有在大祭典的時候，才由道士去收繳。

於是，一種非官方的、卻是受容忍的、純正教派就成立了。從那些自稱爲老子"門徒"的最早期著作者的時代起，一種密傳的道教就已與之並存，將那些秉有**道**之天賦的人視爲各種超人力量的担綱者，並交付給他們爲需求者提供巫術性救助的工作。

據前文所述，如果在這種密傳的道教與老子或其他神秘主義者之間，有眞正的歷史關連的話，那麼此一發展就一點也不驚人了。此處，在受神眷寵的救贖貴族主義的卡理斯瑪與理性的禁慾主義之間，是無路可通的。就像世界各處一樣，非古典的冥思本身及早期的隱逸精神的發展，都必然從神秘的、泛神論式的與神聖合一直接導向神蹟的巫術。這也就是說，它會導致巫術的影響力及於鬼神的世界，以及導致實際地適應鬼神活動的巫術法則性。正如我們在〈導論〉[譯按：韋伯指的是他為《世界諸宗教之經濟倫理》一書所寫的導論]裡所討論的，從貴族主義式的開悟救贖，到庶民的宗教信仰(Volksreligiosität)之間，很少有別條路可走。

　　基於政治的理由，中國政府到了十九世紀時就不再像從前那樣容忍神性人物的崇拜。這種神性人物崇拜的發展，通常出現在有儀式主義之發展傾向的節骨眼上，以及出現在貴族主義式的開悟救贖必須調整以適應群眾之需求的時候。那時，卡理斯瑪式的巫師，以負有"陽氣"的稟賦，成為一個崇拜的對象，一個活生生的"救世主"。為了祈求豐收而以祭典膜拜一位具有卡理斯瑪神性的活人，在西元前四世紀時即有傳聞 ❻。不過當正統教義確立之後，只有已故的人，而且最好是被證實確具卡理斯瑪特質的官員，才准被崇拜。試圖將一個活人稱乎為先知或救世主，是要非常小心的。除非這個人的表現超出了專家所具有的、無可根絕的巫術技術，或者除非他顯現出有組成教權制組織的可能。

　　然而，道教卻一再成功地贏得帝王的認同。十一世紀時，一個具有五個等級的道教科舉制度成立了 ❻，不但與正統的科舉並存，並依循後者的模式。如此一來，就發生了必須讓受道教教育的學生分享官職與俸祿的問題。不過，幾經儒教學派同心合力的抗議，終於將道教成功地逐出他們所享有的俸祿之外。就經濟與社會的層面而言，爭議是繞着帝國的租稅收益以及誰應當享受收益這個問題上打轉的。不過，在這些爭鬥中，儒教對所有訴諸情感的宗教思想與對巫術的深刻內在的反感，當然也有其影響。正如我們所了解的，道教的巫師幾乎總是透過宦官與後宮——士的傳統敵人——而進入宮廷的。

　　西元 741 年[按：唐玄宗開元 29 年]，一個宦官成功地成爲翰林院的首長❻。儒敎一貫地以其高傲的、陽剛的、理性的、嚴正的精神——類似於古羅馬人的精神——來抗拒沈溺於迷信與奇蹟的女性化歇斯底里亢奮對於國家政事的干預。双方的對立一直以這樣的形式持續到王朝的末期。我們曾在另外一處引用一位翰林學士於 1878 年關於一場大旱災引起一般民眾不安的報導。他明白地向兩位攝政的皇太后提議：要想恢復並維持宇宙秩序，只有靠著一股"沈着與堅定的精神"，而不是激動；除此之外，還必須正確地履行國家在倫理上與儀式上的義務。這位陳情者以純正的儒敎態度又說道：他並不自認擁有揭露鬼神之奧秘或上天之兆示的本領；他並且也觸及相當爭論性的一點：服侍年紀尚輕的皇帝的宦官與侍臣，應該要防範具有異端之潛在危險的迷信的惑言。依以上所引的告誡，他下結論道：兩位皇太后除了實踐德行外，別無他策可公正處理當時的狀況。這份儒敎精神的證言，以其高傲的坦率而令人感受深刻，同時，它也昭示了那自古以來的對立之淸澈的回響❼。

十、道敎的倫理

　　如我們前文所述的，商人圈子之信服道敎，關鍵在於他們專奉的財神，商人的職業保護神，是由道敎所創發出來的。是道敎使爲數衆多的這類專門神祇擁有尊榮的地位。以此，帝國軍旅的英雄人物，被尊奉爲戰神；學生信奉的神祇是學識之神；而特別受到崇奉的，則是長壽之神。和古希臘的穀神祭典（Eleusian mysteries）一樣❼，道教也把重心放在神對於此世與來世之健康、財富與幸福所作的許諾。在理論上，鬼神會對人的一切作爲施以福報或懲罰，不管是在現世或在來世，不管是報應在行爲者身上，或者——與靈魂輪廻說相對反的——報應在他的子孫身上。來世的許諾特別能夠吸引大衆的心。對道教徒與儒教徒而言，再明白不過的道理是：判定個人行爲的關鍵在於“純正的生活”；因此，國君的“純正的生活”便是王國命運與宇宙秩序的關鍵所在。所以，道教也必須揭示倫理的要求，不過，由於它一開始就是毫無系統的，因此想將來世命運與一套倫理連結起來，也就一直是漫無章法。

從來沒有受過儒教教養階層嚴重打擊的原始巫術，一次又一次地蔓延開來。據此，並且依照前文所述的方式，道教的教義便以神秘儀式的治療術、鍊金術、長生術、以及神仙術而不斷發展。焚書的主謀者、士的敵人〔秦始皇〕，因爲道教徒的不死之藥而與道教徒結合在一起。他爲尋求位於東海的不死者之島所發起的遠征，史有明文。其他的統治者，則爲了想鍊金而轉向道教。身具經典教養的官吏——支配著受教育者之生活方式的階層——並不了解老子之教的原本意旨，所以斷然地拒斥其精神的衍生物。不過，託其名而行的道士的巫術，倒是受到輕蔑的寬容，並被認爲是適合一般庶民口味的糧食。

一般而言，漢學家並不懷疑道教的教權制組織之萬神殿的構造（尤其是三淸尊）、及其禮拜的形式，大多是（如果不全是）自佛教抄襲過來，不過，依賴的程度有多大，仍有爭論。

十一、中國的正統與異端的倫理
之傳統主義性格

　　就其作用而言，道教在本質上甚至比正統的儒教更加傳統主義。觀其傾向巫術的救贖技巧、或其巫師，即可知別無其他可以期望的。爲了整個經濟上的生存打算，使得這些巫師直接將關注點放在維持傳統，尤其是傳佈鬼神論的思想上。因此，"切莫有所變革"這個明白且具原則性的公式，歸於道教所有，是一點也不令人驚訝的。無論如何，道教與理性的規律生活——不論是入世的、還是出世的——之間，不僅無路可通，而且道教的巫術還必然成爲此種發展趨向的最嚴重障礙。對一般人而言，後期道教的倫理命令本質上已與儒教的無異；然而道教徒所期望的是個人的利益，儒教徒則偏重於實現君子的良知。儒教徒旨在分辨"正"與"不正"這兩個極端，而道教徒則在於"淨"與"不淨"。儘管道教徒關注於長生和來世之善報惡懲，然而他們和儒教徒一樣，也是以此世爲考慮的出發點。傳說道教教權制的創建者已明白地採用哲學家莊子的一番話(此話超越了阿奇里斯[Achilles]在地府中所說的❼)：「龜寧生而曳尾於塗中，不願死而藏之廟堂之上」。

　　確實，我們必須提醒自己，巫術在正統的儒教裡有其被認可的地位，並且也自有傳統主義的影響力。我們曾經提到，就在晚近的 1883 年，有個御史抗議說：利用現代技術來建造黃河河堤是違反了經典上的規制。無疑的，害怕引起鬼神的不安，是關鍵之所在。儒教嚴厲地拒斥只有民間的巫師才會有的感性的忘我，拒斥道教徒的出神的忘我，以及各種修道僧的禁慾主義。一般而言，所有的巫術都在此種心理學的觀點下，被斥爲"非理性的"。

　　無論是在官方的國家祭典這方面，還是在道教這方面，中國的宗教意識都沒能爲個人以宗教爲引導的生活，創造出像淸敎的生活律則所呈現的那樣足夠強烈的動機。這兩種宗敎形態，完全缺乏罪惡的魔鬼勢力，以致無法讓虔敬的中國人(無論是正統的或是異端的)，爲了得到救贖而起來應戰。從官僚體系所擁有的一種樂觀的理性主義的觀點下看來，真正的儒敎處世哲學是"市民的"(bürgerlich)，就像所有的啓蒙敎化一樣，它也包含有迷信的成份。作爲一種"身分性的"(ständisch)宗敎，它是主智主義的士人階層的道德。這些人的特徵是，以敎養爲傲。

　　就幸運眞正的分配情形與人的命運之不可預測性來看，我們必然要面對的事實是：即使最大程度的功利樂天主義與因襲主義的看法，也無法滿足在這最好也不過的社會秩序中對於公道的最卑微要求。在此秩序中所遭遇的不幸與不公，被認爲是由於個人敎養上的缺失或者政府卡理斯瑪特質的不足所造成的，或者根據道敎的敎義，是犯了巫術上的重大過失的結果。永恒性的神義論問題也必然於此中產生。然而至少來世或輪廻的概念都沒有被儒敎徒所採信。不過在古典的經書裡倒可推究出某種類似奧義的命定論信仰(Prädestinationsglaubens)。這個觀念就其意義而言，是二元論的，因爲中國官僚體系本質上是由士人階層所構成，而這些人基本上與戰士的英雄主義有隔閡，同時他們也是個與純粹市民生活有分別的身分團體。

　　民間信仰裡顯然沒有任何神意(Vorsehung)的觀念存在。不過它發展(至少是萌芽)出一套淸楚地由星宿支配個人命運的占星術信仰。儒敎的奧義之學(如果有這麼一門秘學可言的話)，似乎並非完全沒有神意的信仰。不過，一般而言，神意與個人實際的命運並沒有什麼關連，在孟子來說，更是如此。和所有原始的共同體崇拜一樣，它所指涉的只是社會集體本身的和諧與最終的命運。但是儒教並沒有真正推衍出像希臘的**命運**(moira)那樣的命定觀：足以令個人生命出現極大**逆轉**(peripeteia)的一股非理性的、非人格的命運之力。此一觀念是所有純粹的人類英雄精神所特有的，它總是高傲地拒絕相信慈悲的神意。[在中國]這兩者[按：慈悲的神意與非理性、非人格的命運之力]毋寧是同時並存的。

孔子顯然認為自身的使命以及隱藏於此一使命背後的影響力，是真確地為神意所安排。除此之外，確實，還可發現到對於非理性的**命運**加以本質扭曲後的信仰。也就是說，只有"高明的人"才會知道命運；並且，若不相信命運，就不可能是個有教養的人❸。就像其他各處一樣，相信神意，支撐了主智主義的知識份子唯一能接受的那種斯多噶式的英雄主義，換言之，一種接近蒙田(Montaigne)所謂的"覺悟"(Bereitschaft)。意思是平靜地接受那無可變更的，如此一來便可證明有教養的、受過教育的騎士精神。一般平民，無所謂命運或畏懼命運，所追求的是幸福與財富；或者聽任運氣流轉，當作是**命數**(Fatum)──而非**宿業**(Kismet)，雖然根據傳教士的報導，實際上似乎後者才是通例。然而儒教的"高明"之士，學習在知曉命運中過活，並且在內心裡以高傲的平靜來面對命運，因為他將全副心力投注於一己人格的塑造及其完美❹。

包含於儒教的理性主義中的非理性因素，除了我們已知的以外，這種對於非理性命定論的信仰，也是撑持其高貴性的一根支柱。此一信仰，至少就個人而言，排斥那種純然入世的理性的神義論。因此，某些哲學家拒斥一種會在儒教的理性主義體系裡產生緊張性的信仰，認為此種信仰具有倫理上的危險性。不過儒教的命定論信仰，在性格上有別於清教的命定論信仰，後者指向一位人格的、全能的神。同時，清教徒堅決而明白地拒斥神意慈悲的觀念，但是如此做的同時，他又期待自己在彼世的救贖。而在儒教裡，不論是有教養的還是一般人，都不以彼世為念。有教養的儒教徒對於身後，唯一關心的是能否留名於世；為了護衛聲名，他必須有以死相殉的準備。儒教的統治者與將領，在戰爭以及人類命運的大搏鬥場面中不再受到上天的眷顧之時，確實知道如何勇於赴死。他們較其基督教的同職者更懂得如何不辱此身，只要看看我們德國的情形就知道❼。儒教徒所具有的高尚情操❼，其最終極的推動力正是來自於這種榮譽感，它成為一個有教養的人的特徵，並且在本質上與個人的操守——而非其出身——緊密連結。以此觀之，儒教的生命態度是偏向於身分性的色彩，而不是西方觀念裡的“市民的”價值取向。

這顯示出，此種知識份子的倫理，對於廣大的庶民而言，其意義必然有限。在教育方面，不管是地域上的差異，還是社會的差異，皆相當大。較為貧困的平民階層，還是以其精打細算的節儉（就消費而言），維持著傳統主義的、（迄今仍然強固的）糊口式經濟。這種幾乎令人不敢相信的極度節儉，舉世無匹。只有當人民的生活水準一事與儒教的君子理想之間，沒有任何內在的關連時，這種情況才有可能。此處和世界各處一樣，只有支配階層的身段與外在行為方式，才是一般人的認同對象。

教育階層在極大的程度上，以否定的方式，決定性地影響了庶民大眾的生活態度。一方面它完全阻塞了先知宗教精神的興起，另一方面則幾乎徹底地根除了泛靈論宗教意識裡的狂迷要素。這可能至少部

份決定了一般所謂的中國民族性，尤其是儒教社會倫理的冷漠性格
——除了親族、學生或摯友這種純粹個人情誼的紐帶外，都加以排斥
——可能就是因此而來的。

人倫關係的優先性，在社會倫理上所顯示的效果，尤爲顯著。直
到今天，在中國還沒有對非個人性社團(sachlichen Gemeinscha-
ften)負有義務的想法，不管這社團是政治性的、意識型態的、或者其
他任何性質的 ⑰。在中國，所有的社會倫理都只是將與生俱來的恭順
關係轉化到其他被認爲與此同質性的關係上而已。在五項自然的社會
關係裡，對君、父、夫、兄(包括師)、友的義務，構成(無條件)倫理
約束的整體。在此[五倫]關係之外，其他自然且純粹的功能義務關係，
則是以儒教的互惠原則(Prinzip der Reziprozität)⑱爲基礎，其中沒
有絲毫激情的要素。有些義務的根源，則來自鄉鄰團體的純粹的社會
倫理。特別是有產者厚待賓客的義務與慈善的義務，在世界各處都被
聖歌手讚頌爲高貴生活的表徵。這是所有的宗教倫理都予以認同的。

在生活行動中，由於儒教傳統主義與因襲主義的影響，這些義務
帶著強烈的形式主義性格。其中以"功德"(Praktizieren der Tu-
gend)——[陰曆]臘月初八[以粥]款待貧民——這項具有特色的慣用
表現手法特別是如此。對所有的宗教倫理而言，最原始的、中心的命
令——施捨，在此成爲一種不做便有危險的傳統捐獻。基督教的施捨
所包含的意義是："貧者"在基督教社團裡被認爲是神所置定的"身
分"，因爲爲了富者靈魂的救贖，他們有存在的必要。在中國，貧者被
集結成很有組織的幫會，沒有人會輕易冒險地與之爲敵。

一般而言，這很可以反應出多半的情形，因爲不止在中國，只要
是有一種具體的個人的、或功能的因素存在，就會有慈善的產生。只

有熟知中國事物的人才能夠判斷這所謂的慈善，在中國是否確實比世界其他地方要來得強。就像所有巫術宗教的原生性格一樣，中國的民間宗教認爲疾病長年纏身，是某種儀式上的罪過所造成的。這其中既然並無宗教性的同情動機來加以折衝，可見得此種[慈善]情懷未必特別地發達，儘管倫理學說(孟子)對於同情心的社會價值大加讚賞。無論如何，同情心並沒有在儒教的溫床上大大地發展起來。即使是提倡兼愛的(異端)代表人物(例如墨翟)，本質上也僅就功利的立場來看待同情心。

既然個人神聖的社會倫理義務有可能自相矛盾，它們就必須被相對化。這明顯表現在家族利益與國庫利益的強制性劃分，以及父親寧願自殺而不願親自逮捕(謀反的)兒子上。官員服喪不足，依法令要受竹杖之刑，而過度服喪也同樣如此。後者因爲拒絕任職而形成行政上的困擾。

基督教式的衝突，也就是發生在個人靈魂救贖之關注、與自然社會秩序之要求二者間的衝突，對儒教徒而言是難以想像的。任何"神"或"自然"與"制定法"或"習律"(Konvention)或其他約束力量之間的衝突，對他們而言，並不存在。因此，任何宗教的戒律，或以宗教爲基礎的自然法，照說與這個罪惡的、沒道理的世界間該產生的緊張關係或互相的安協，在中國卻不存在。僅有的例外只出現在前文提及的自然法剛開始萌芽之時，這一點在當經典中的一些例子偶而會提到"自然的"這個語詞時，就十分清楚。這些例子所指的通常是自然秩序與社會秩序之內在和諧的宇宙。當然，沒有人會真正被期望達到絕對完美的境界。不過，每個人都有能力在社會秩序中學習使自己達到相當完美的程度。據此，實踐公認的社會美德，亦即實踐仁愛、正義、誠信、以及儀式的虔誠與求知等，即可習得此種完美，無論他是帶著較積極的(儒教的)色彩，還是較爲冥思的(道教的)色彩。就像我們屢次觀察到的，如果統治者的卡理斯瑪稟賦不足，使得社會秩序未能顧及所有人的幸福與滿足，那麼這就是他個人的罪過，不管他是不是已經盡了上面所提及的義務。

因此，至少根據古典的教義，儒教不知有所謂至福的原始狀態。它只知道有處於未開化前階段的無教養的野蠻狀態，因爲那些造成入侵威脅的野蠻的山岳部族就是現成的例子。

當夫子被問到如何在最短的時間內使人長進時，他簡潔地回答說：富而後教之。事實上，英文裡的寒喧話「你好嗎?」性質上相當於中文裡問候人家「你吃過飯了嗎?」。既然貧窮與愚昧正是原罪，也就是說，既然教育與民生最足以影響人的性格，儒教就必然以至善的文化狀態，而不是純眞原始的自然狀態，爲可能的黃金時代。

古典經文裡有一段驚人的記載，說到王位不是經由世襲，而是經由選舉來繼承的情形。父母不獨因子女是自己的，而因此只愛他們，反之亦然；孤兒、寡婦、老年人、無子者與病患皆受到共同基金的撫恤。男人有工作，女人有歸屬。財富應當積聚，但並不是爲了自己；工作也不是爲了個人的利益，盜竊亂賊都不存在。所有的門戶不閉，國家也不是個權力國家。這就是"大道"，其結果就是"大同"。相反的，強調個人的繼承權、個別的家族、軍事性的權力國家，以及個人利害的絕對支配，這種經驗性的強制秩序，以一標示性的術語來說，就叫做"小康"❼⑨。此一無政府主義式的社會理想的描述，遠超出儒教經驗性的社會思想架構之外，並且特別是如此地與所有儒教倫理之基礎的孝道無法相容。以此，正統說部分反應出經典的不精純，部分則帶有"道教的"異端的意味(附帶一提，此處與李格的意見相同)。

目前，這就是爲什麼，近代的康有爲學派會徵引此段經文來證明儒教在社會主義的理想未來裡的正當性。確實，此段經文，就像《禮記》裡的許多經文一樣，很可以表現出狄格勞特表達得特別清楚的觀點。那就是：許多被認爲是異端的、或至少是非古典的、或甚至是一種特殊宗教的敎義，原本都與正統說有關係，大約就像基督教神秘主義與天主教的關係，蘇菲派(Sufi)神秘主義與伊斯蘭教的關係。

教會制度下的恩寵只有在不自然的情況下，才會與神秘主義者個人的救贖追求有所妥協。不過，教會機構在原則上不必然會拒絕神秘主義本身。

儒教的樂觀思想最後的結論是：透過個人的倫理的力量，以及透過有秩序的行政力量，希望能達成純粹是地上的完美。不過這終究會造成某種緊張性，因爲另一個同樣是儒教的基本觀點是：個人與全體民衆的物質的福利與倫理的福祉，最終是由統治者的卡理斯瑪稟賦所決定，而他的正當性則是由上天以及其官吏的福利政策所賦予的。不過，正是這個義理，使道教得出它本身的結論——一切幸福的泉源在於無爲；這被認爲是個異端的教義。畢竟，這只不過是正統儒教樂觀思想轉向神秘主義的最後歸結。那種否定世界眞實而對自我資質的堅信，以及據此而產生對於制度性恩典的貶斥，立即有導致成爲邪教的危險。尋求獨自的救贖之路以超越此世的俗人道德，對有教會組織的非禁慾主義的基督新教而言，也是如此。

我們已見到，**道**作爲進德的"管道"，是個自明之理，並且也是正統儒教的中心概念。神秘主義所指涉的，在神的意志下的、自然的、宇宙的與社會的和諧之義蘊，可以導出無支配(Nichtregierens)的原理。神秘主義也同樣可以，如前文所提及的，導出某些儒教徒所持的、或多或少具有一貫性的自由放任理論。後者使得政府在干預財富的分配之時，不致於太過度而有所保留。對儒教而言，要確定這些義理是否仍爲正統，就像要中世紀的教會去判斷一個神秘主義者是否仍爲正統一樣的困難與令人懷疑。因此，這就可以明白，何以狄格勞特全然拒絕一般將道教當作與儒教並立的一個個別宗教的看法。皇帝的宗教諭令都一再明白地將道教與佛教並提，認爲它不過是一種被包容的、非古典的信仰。相反的，社會學家則必須考慮到教權制的特殊組織這個事實。

總之，正統與異端在教義與實踐上本質的差異、以及儒教所實踐的決定性特徵，是基於兩大根源：一方面，儒教是一種受過典籍教育的官僚體系的身分倫理；另一方面，孝道與特別是祖先崇拜，被認爲是家產制政治不可或缺的基礎而受到維護。只有當以上這些關注受到威脅之時，統治階層的自衛本能才會對異端採取行動⑳。

十二、中國的教派與異端迫害

作爲家產制臣民馴服基礎的祖先崇拜與此世的孝道，具有根本的重要性，這也是儒教國家在現實的寬容上、最重要且絕對的界限㉑。此一界限顯示出與西方古代的態度，有親近的一面，也有性格上不同的一面。

國家祭典裏，只有官方的偉大神祇。不過，有時皇帝也會參拜道教與佛教的廟宇，只不過僅以鞠躬爲禮，而不是叩頭──對孔聖人，都得行叩頭之禮。國家支付勘輿的費用㉒，並且官方也承認風水㉓。

從西藏來的驅魔者偶爾會受到禁止；古人稱之爲巫——律令裏說到他們時，卽用此名❻。當然，這類禁止只是爲了治安上的理由。城市的官紳以官方身分參加道教城隍神的祭典，由道教的道長所認定的神祇也經由皇帝的批准。原則上，"良心的自由"此一要求是得不到任何保障的，然而也沒有因純粹的宗教見解而遭受迫害，除非是基於巫術的理由(類似古希臘的宗教裁判)，或者是政治上的考慮，才會招致這樣的迫害。話雖如此，這些政治上的考慮還是相當苛細的。

在皇帝的宗教勅令下，壓制異端(Ketzerei)乃是一種職責。卽使像孟子這樣的作者都同意此點。[迫害的]手段、強度，以及對於"異端"的概念及其範圍，歷來都有所變化。中國政府之打擊異端，是由於它在國家看來是有害的。所用的方法，一則是經由敎化(晚近的十九世紀就有一首由君主所作而經官方宣揚的訓諭詩)；一則是以火與劍，就像天主敎會對付否定秘蹟恩寵的人，以及羅馬帝國對付拒絕崇拜皇帝的人那樣。

雖然傳說中在中國這個國家裏有無止盡的寬容，但十九世紀時，幾乎每十年裏就可以看到全面性的異端迫害，包括拷問證人在內。另一方面，幾乎每一次的叛亂，都與異端有密切的關連❺。與古羅馬相較之下，中國是處於一種特殊的狀態之中的。因爲這個國家在儒敎被確定不移地與官方祭典和個人的義務性祖先崇拜相合併之後，就有一套絕對性的、受官方所認定的敎理。以此，中國就趨近於一個"敎派的"(Konfessioneller)國家，而與紀元前的西方古代帝國形成對比。1672年的"聖諭"(十六條中的第七條)就明白地下令斥拒僞敎❻。然而，正統的敎理並不是一種敎義宗敎，而是一種哲學與人生智慧。這樣的關係確實就好比(舉例來說)，假設西元二世紀時羅馬皇帝選擇斯多噶倫理爲官方正統, 並以接受斯多噶倫理爲出任國家官職的先決條件一樣。

與此相反的是, 在印度, 教派性的宗教信仰之通俗形式是以神秘恩寵的授予爲其形成基礎的。而在世界各處, 此一信仰方式總會導向神秘主義的救贖宗教。亞洲的神秘主義者, 無論他們是否成爲先知、傳道者、教主、或告解神父, 都無可避免的會變成一個秘法傳授者(Mystagog)。然而, 皇帝的官職卡理斯瑪極少能忍受一個具有獨立恩寵權威的勢力與之並存, 就像天主教的制度性恩寵也無法容忍這樣的一種勢力。準此, 皇帝勅令裏對於異端的指斥, 都幾乎是針對著同樣的事。首先, 當然是指未被認可的新神祇受到崇拜這件事。不過, 這不是決定性的一點, 因爲基本上, 從國家祭典裏分離出來的一整個民間的萬神殿, 都被認爲是非古典的、野蠻的。眞正具有決定性的應是以下三點❻:

(1) 異端者宣稱爲了修行具有美德的生活而聚集在一起。然而他們成立了未經許可的結社並設法募捐資金。

(2) 他們擁立首領, 有的是神的化身, 有的是教主, 宣揚來世的果報或許諾靈魂的救贖。

(3) 他們將祖宗牌位遷出家裏, 並且爲了修道生活, 或者總而言之非正統的生活方式, 而離開他們父母的家庭別居。

第一點是違反了政治上的治安問題——不准未經許可的結社。儒教的子民被期望在五種古典的社會關係裏自行修身。準此, 並不需要別立教派❽, 並且, 教派的存在也會破壞國家所賴以成立的家父長原則。

第二點對儒教徒而言是公然欺騙民衆, 因爲不會有來世的果報與個別的靈魂救贖。並且, 這點也意味著藐視儒教國家官方的此世的卡理斯瑪。照料中國國家內部的(此世的)靈魂救贖，是祖先的事，其餘則只能由上天所認可的官吏和他們的皇帝來負責。因此，任何救贖信仰、任何秘儀恩寵，不但會威脅到對於祖先的虔敬，也會威脅到政府的威信。

同理，第三點非難是最具關鍵性的。拒絕祖先崇拜就等於是危害政治的首德——孝道，並危害依憑於此一德行規範下的官職層級結構和人民的馴服。[將人民]從對皇權卡理斯瑪勢力的信仰中解放出來、從相信孝悌關係的永恒秩序中解放出來的宗教信仰，原則上是無法加以寬容的。

這些訓令的主旨，根據情況的不同，也可能是出於經濟或倫理的理由 ❽。冥思的生活、個人冥思的救贖追求、特別是修道者的生活，在儒教徒看來，都是坐食怠惰。他們必須取食於從事生產的公民，因爲佛教的比丘是不耕的(基於"不殺生"[ahimsa]的戒律，亦即，禁止危害生物、蚯蚓、昆蟲❾)，比丘尼是不織的。再者，出家生活通常只是爲了逃避國家徭役的一個藉口。當道教徒與佛教徒勢力強盛時，統治者有時是藉著他們的勢力而登上寶座的，即使如此，在適當的時機下，他會回頭抵制他們。原本是佛教僧侶之禁慾精神核心的托鉢乞食(Bettel)，以及寺院外的救贖宣道，政府却一再禁止僧侶階級奉行。寺院本身在受到約束性認可之後，正如我們下面就要指出的，它的數量就被嚴格地限制住。相反的，時而果斷的庇護佛教，是基於希望此一柔和的教義能有助於馴服民衆。這和蒙古可汗引入喇嘛教的道理是一樣的。

隨著寺院的大幅分佈與救贖關注的普及，很快地就導致嚴屬的鎮壓。到了九世紀時，佛教教會遭到再也無法完全復原的打擊 ❾。部分的佛教與道教寺院被保全下來，其經費甚至可列於國家預算中，然而嚴格規定每個僧侶都得領有國家特許憑證。也就是像普魯士的文化鬥爭(Kulturkampf)式的一種"文化檢驗"(Kulturexamen)的要求 ❷。根據狄格勞特精彩的推論，風水是其中的一個關鍵因素，因為一旦遷動以前被准許禮拜的地方，就必然會有招致鬼神驚動的危險。本質上，這是正統的祭典站在國家理由的立場上，大致還寬容異端的原因。此種寬容，絕不是正面的肯定，而是瞧不起的"容忍"，這是任何一個世俗的官僚體系通常對宗教所採取的態度。此種態度只有在須要馴服民眾時，才稍加收斂。

　　同樣也是站在國家理由的立場，"貴人"[君子]對於這些，就像他對待所有那些未在官方崇拜之列的存在者(Wesen)一樣。他遵循被認為是夫子所說的一個相當現代的原則：以確切的儀式來安伏鬼神，不過，「保持適當的距離」❸。民眾在參與這些受到寬容的宗教時，和我們西方的"宗教歸屬"(Konfessionszugehörigkeit)的概念，一點關連也沒有。隨著不同的機緣，古代西方人或崇拜阿波羅，或崇拜戴奧尼索斯，南方意大利人或崇拜相競爭的聖者或教團。同樣的，中國人也根據需要和靈驗的效力，看重或輕視道教的占卜術和佛教的法會。後者甚至在上流社會裏也很盛行。在北京的民俗裏，是以古典的祖先崇拜為基調，而並用佛教與道教的聖禮。將中國人在宗教信仰上歸類為"佛教徒"——就像從前通行的說法，全是一派胡言。依照我們的判準，只有登錄僧籍的出家人、僧侶，才可稱之為"佛教徒"。

　　異端的出家形式本身並沒有成為與國家權力敵對的決定性因素。但是，當佛教與在其影響之下的道教，發展出在家者與成家俗僧的社團時，也就是當某種教派的宗教意識(Konfessions-Religiosität)開始出現時，政府自然會斷然加以干預：要僧尼道士在回到被認可的寺院中、或還俗於世俗的職業裏，這兩條路上作個選擇。有些宗派依照印度的模式所採行的習俗，特別受到政府的壓制。像是依照被准許傳習秘法的等級而舉行特殊的修練僧（Novizen）得度式，再依此僧在宗教上的位階而設計法衣顏色的等差，等等習俗。據此，教派精神（Sektentum）的獨特面貌便開展出來："人格"的價值與尊嚴，不是經由血緣紐帶、身分地位、或官方授予的憑證而受到保證與認定；而是透過成為或證明自己是某個具有特殊資格的社會團體中的一員而得到保證與認定。此種任何教派性的宗教信仰都會具有的基本功能，比起較容易控制的僧院，更令所有強制性的恩寵機構——不管是天主教教會，還是政教合一的國家——感到厭惡。

此處我們略過受到政治提倡而興盛一時的喇嘛教不談，以其並不具有歷史的重要性。同樣的，我們也不談回教在中國的命運 **❹**，雖然它相當重要；猶太教在中國也呈現一種奇特的萎縮狀態，不像在世界其他地方那樣具有強烈的特徵，不少皇帝詔勒中倒也提及居住在帝國極西地區信奉回教的部族長，其中有一道頗具特色的諭令：將罪犯賣給他們作奴隸。

基督教在中國的官方稱呼是"泰西的天主崇拜"，它之遭受迫害，我們無須多加解釋，此處也略去不談。儘管傳教士再有技巧，這種迫害也會發生。只有在軍事武力所導致的條約上的寬容下，基督教的傳道精神才被承認。頒佈給民眾的舊有宗教令諭裏，明白地辯稱耶穌會士之所以受到寬容的理由，是由於他們在天文學上的貢獻。

教派的數量（狄格勞特指出有 56 個）不少，教徒為數甚眾，尤其是在河南以及其他幾個省分。他們的身分多是官員的奴隸及貢米船隊上的人員。在正統儒教眼裏，每一種異端都是陰謀叛亂的——這是教會國家具有的態度，這個事實迫使他們大多數要訴諸暴力。儘管有迫害，許多教派可以溯源到五百年前，有些甚至更古老些。

十三、太平〔天國〕之亂

　　中國沒有發展出西方那樣的宗教形式，並不是一種無法克服的"天生本性"使然。近代太平天國(1850─1864)❾❺的天王洪秀全之破除偶像、反巫術的先知預言的驚人成功，就證明了這點。就我們所知，太平天國之反抗儒教的行政與倫理，是中國所經歷過的最有力、最徹底的教權制的、政治─倫理的叛亂❾❻。傳言❾❼這位開山祖師出身於農村的貴紳氏族，並且是個嚴重的癲癇性狂迷忘我的人❾❽。或許部分是受到新教傳教士和《聖經》的影響與刺激，他就像那些伊斯蘭教的拜占庭偶像破壞者一樣，猛烈地、清教徒似地嚴斥任何鬼神的、巫術的、偶像崇拜的信仰。他宣揚的是半神秘忘我的、半禁慾的倫理。他受的是儒教教育，沒能通過科舉考試，又受到道教的影響。他在族人的支持下創立教派，教派的經典中包括了〈創世記〉及《新約聖經》，其習律與信條是：仿洗禮式的水浴，取代聖主晚餐的飲茶聖餐式(由於禁酒的緣故)，修改後的天主祈禱，以及具有同樣特色的、經過修改的十戒❾❾。此外，他也引用《詩經》及其他經典，以混合雜揉的方式來適其所求。如此一來，他像所有的改革者一樣，又退回到傳說中的古老時代之帝王的聖言與律令。

　　結果是一種雜揉基督教與儒教樣式的奇特混合，讓人想起穆罕默德(Mohammed)的折衷主義。我們看到基督教的天父❿❶與耶穌❿❶皆立於其旁——雖然是"神聖的"，而且在本質上與他不同。最後，我們發現這位先知儼然基督的"幼弟"，有聖靈加於其身 ⑩。其中，聖徒與聖像崇拜，尤其是聖母崇拜，都受到深深的憎惡。祈禱有定時，安息日是星期六，並舉行兩次禮拜式：朗讀聖經、連禱、講道，以及朗讀十戒和唱聖詩。我們看到有耶誕節慶，牧師主持的(不許離異的)婚姻締結，准許一夫多妻，賣淫要被梟首的禁令，以及未婚男女的嚴格隔離。此外還嚴禁酒、煙與鴉片；廢除髮辮與婦女的纏足；可以在死者墓前供獻犧牲 ⑱。

天王和正統的皇帝一樣，是**最高祭司長**。次於他的五個最高的官職部門是西、東、南、北四個"王"和助理他的[翼]王。三個科考級次也可在太平天國中見到。賣官制被廢止，由天王任命所有的官吏。倉儲政策(Magazinpolitik) ⑩ 與強制徭役(Zwangsrobot)都借自古老傳統的實地經驗(Praxis)，不過在某些點上有著重大的差別，例如：嚴格劃分"外在的"行政"內在的"行政 ⑮。在後面這一部分，婦女被推為經濟營生上的領導人。交通政策、道路修築政策與商業政策等，相對而言都較為"自由"。原則上這樣的對比類似於克倫威爾(Cromwell)的聖者統治——某些方面，令人想到早期的伊斯蘭教和明斯特(Münster)的洗禮派政權——與勞德 ⑯ 的政教合一國家這兩者的對比。

理論上，[太平天國的]國家是個禁慾制的戰士教團(Gemeinwessen)。典型的軍事掠奪共產主義與早期基督教式的無差別主義之愛(Liebensakosmismus)交相混合在一起；為了國際性的、宗教的友愛交誼，國家主義的本能則退到幕後。官員是依其宗教的卡理斯瑪和通過考核的道德成就而選拔出來的。行政區域一方面是兵員徵調與後勤供應的地區，另一方面，這些區域則是有天王指派的牧師、禮拜堂、國立學校與圖書舘的教會教區。軍紀與生活秩序都像淸敎徒那樣的嚴格。珠寶與所有貴重的金屬都充公以支付團體費用 ⑩。勝任的婦女也被編入軍隊。爲行政需要徵調來服務的家庭，則由公家的金庫支付費用⑩。

在倫理方面，儒敎的命定論和職業的美德 ⑩——在新約聖經影響下的一種轉化——被結合起來。道德上的"正直"，而非儒敎徒在禮儀上的正確，"使人異於禽獸"⑩；凡事都有賴於正直，即使王侯也不例外⑪。除此，儒敎的"互惠精神"是被保留的，只不過任何人都不准說他不願愛他的敵人。依此倫理，"幸福是容易得手的"。然而，相對於儒敎，人性本身被認爲是無法眞正完成所有誡命的 ⑫。懺悔與祈禱是贖罪的方法。勇於征戰被認爲是最重要、最爲神所喜的美德 ⑬。道敎的巫術與佛敎的偶像崇拜，也和正統的鬼神祭祀一樣，受到嚴厲斥絕。與此相對的是，猶太敎與基督新敎則受到友善的對待。非國敎派(Dissenting)和低敎會派(Low Church)⑭ 的新敎傳道士，多次在太平天國的禮拜堂裡舉行禮拜式。不過，由於太平天國之排斥聖像崇拜，尤其是聖母崇拜，所以一開始，英格蘭的高敎會(High Church)⑮與耶穌會士就受到敵視。基於他們宗敎聖戰(Glaubenskampf)背後的宗敎紀律，太平軍戰力凌駕政府的軍隊[清軍]，就像克倫威爾的軍隊要優於國王的軍隊一樣。

基於政治與商業上的理由 ⑯，帕默斯頓爵士(Lord Palmerston)的[英國]政府，認爲最好不要讓這個敎會國家抬頭，尤其是不可讓上海通商口岸落入他們的手裡⑰。於是借助於戈登(Gordon)將軍與海軍之力，瓦解了太平軍。沈溺於幻覺忘我狀態和後宮生活的天王 ⑱，隱居宮中數年之久。在長達十四年的統治之後，他於南京的王宮裡自焚而死，結束了他以及妃妾的生命。其後十年，"叛亂"的領袖也一一被捕下獄 ⑲。人員的死傷、財政上的耗損、以及有關省分的殘破，在很長一段的歲月裡都未能完全的復甦過來。

綜合我們以上所述，太平[天國]的倫理實在是一種將千禧年思想⑳、忘我的要素與禁慾的要素摻和在一起的奇異混合體。後者之突出，是中國其他任何地方所無法比擬的。進一步說，巫術之束縛與偶像崇拜之束縛的破除，更是中國其他地方聞所未聞的。超越國家限制的、具有人格的、慈愛的、普遍的世界神，被人接受了；否則這個神明與中國人的宗教還是搭不上線的。

當然，如果太平天國獲勝的話，沒有人敢說這個宗教將會有怎樣的發展路徑。祖先墓前的祭奠，必然要被保留，就像耶穌會士也不得不准許此事一樣──直到彼此競爭的教團將此事告發，而引來羅馬教廷的干涉為止。最初對於行為正直的強調，也許又會落入儀式主義的陳套。所有國家秩序(public order)㉑都會有的儀式規定漸次增加後，很可能使制度性恩寵的原理又復興起來。不過，此一運動的意義在於：與正統教條在幾個要點上決裂，並使一個內部相對地接近基督教的本土宗教得以興起。這個機會，比起西方諸教派無指望的傳道實驗所能提供的，不知要好過多少倍。而且，這很可能是此種宗教得以在中國成立的最後機會。

在此之前，"私下結社"這個概念，就政治而言，原本就很受懷疑；在此之後，它根本就是"大逆不道"。儘管常有暴烈的鬥爭，官僚政體仍反對這個"沈靜的中國"有無情的迫害發生。此種迫害至少表面上在城市裡是成功的，而很可以理解的是，在廣大的鄉間並不顯著。沈靜而品行端正的人便急於遠離此等事端。此一態度則更強化了我們已在上文中討論過的"人際關係本位"的特性。

儒教的士人官僚體制相當成功地將教派的形成局限在曇花一現的程度上。所用的方法包括武力及訴諸鬼神信仰 ❷。再者，詳細的資料都顯示出，比起西方的天主教與英國國教主義所要對付的教派運動來，中國所有的教派絕對是互相異質的。中國的情況，總是化身的先知預言 ❸，或秘法傳授型的先知，後者透過世襲而代代擁有此種威嚴。他們隱身而居，並允諾追隨者享有此世與來世的利益。不過，其追求救贖的手法全都帶有巫術的、神聖禮儀的、儀式主義的、或者多半是冥思、忘我的性質。通常一再反覆的救贖方法是：儀式的純淨，虔敬地重覆同樣的程序，或者某種冥思的練習。就我們所知，理性的禁慾精神是從沒有過的 ❹。

正如前文所述，眞正異端道教的謙卑及其斥拒所有封建的虛飾誇張，本質上都是由冥思所推動的。同樣，龍華會在一般佛教教派的法規之外，再加上禁止某些奢華消費(香水、珍貴的裝飾品)的戒律，無疑的也是這個道理。凡是教派考慮以武力來對抗他們的敵對者，並因而有組織地訓練技擊——就像那近代有名的教派 ❺——就不會有禁慾精神存在。英文裡稱作"拳匪"(Boxers)，而眞正的名稱是"正義之力的連盟"[義和團]者，即尋求透過巫術的鍛練而成就金剛不壞之身 ❻。

所有這些教派都是由異端的道教與佛教的拯救說裡派生出來，或者是將兩者加以折衷融合而成。它們並沒有爲後者添加上任何重要的新要素。

這些教派顯然並沒有依循古典的路線。官紳階級自然是最嚴謹的正統儒教徒。不過，異端的道教徒，特別是龍華會——本質上是依據一定祈禱經文進行的家內祭典——的信奉者,相當多是屬於有產階級,而官紳也多半出自此一階級。

正如所有的救世論宗教信仰(soteriologischen Religiosität)裡所發生的情形一樣, 此處, 婦女顯然也是有力的構成分子。這點並不難了解, 因爲在中國, 也和西方一樣, (異端的, 也就是非政治的)教派, 對於她們在宗教上的評價, 多半要高於儒教所給予她們的評價層次。

十四、發展的結果

無論是從道教與佛教那兒轉借來的, 或是在這兩者影響之下的要素, 在民衆的日常生活裡, 顯然都扮演了重要的角色。在[《世界諸宗教之經濟倫理》一書的]導論裡, 我們曾大致推斷: 救贖宗教與救世主信仰總是在"市民"階級當中, 發現他們永久的、絕佳的舞台, 並通常取代了他們的巫術信仰。起初, 這種信仰是窮困苦難的個人唯一的一個避難所。秘法傳授者的純正的宗教團體, 通常是從以巫術爲主的個人救贖追求中發展出來的。

在中國, 國家祭典同樣也不管個人的苦難, 然而巫術卻從未被偉大的救贖預言或本土的救世主宗教所取代。只有一種部分類似於古希臘的神秘儀式、部分類似於奧菲斯教(Orphics)❼的救贖宗教意識的基礎產生。此種宗教意識在中國比在希臘更強烈, 只不過一直保持著純粹巫術的性質。道教不過是個巫師的組織。佛教, 就其輸入到中國的形態而言, 也不再是早期印度佛教那樣的救贖宗教, 而變成施行巫術與秘法的僧侶組織。因此, 這兩者, 至少對俗人而言, 都沒有形成宗教團體；這點在社會學上極具關鍵性。民間的救贖宗教摻進巫術後，通常就完全失去社會性。在個人方面，個人就轉而依賴道教的巫師與佛教的僧侶。只有在佛教的節慶時，有臨時性的共同體形成；只有異端的教派——經常是追求政治目的的，因此也常遭到政治迫害——才形成永久的共同體。[此處]缺乏任何類似我們的信仰的監督(Seelsorge)的觀念。再者，也沒有一點"教會規律"(Kirchendisziplin)的蛛絲馬跡，這也就是說，沒有規制生活的宗教手段。相反的，就像米朵拉的神秘信仰⑩，有聖化(Heiligung)和教權制下的階段和等級存在。

　　從社會學的觀點看來，這些救贖宗教的萌芽實在是微不足道的。然而，從倫理史的角度來看，它們都有重大的影響。儘管遭到迫害，佛教輸入了所有見之於中國民間生活中的宗教的講道、個人的救贖追求、報應與來世的信仰、宗教倫理與深入內心的虔信。日本也同樣是如此。一旦要成為一種"民間信仰"，這個印度知識階層的僧侶的救贖說，就得經歷過所能想像到的、最深刻的內在轉化。以此，我們首先必須就其原始面貌來考察佛教。那時，我們才能徹底了解到，為什麼僧侶的冥思與理性的日常生活行為之間是無法架橋相通的。而且也只有到那時，我們才會明白，佛教在中國所扮演的角色，為什麼與基督教在西洋古代後期擔當的角色有如此大的分野，儘管其間似乎有類似處。

第 **8** 章
結論：儒教與清教

　　此處，藉著澄清儒教的理性主義——挺合適的名稱——與在地理與歷史上最接近我們的、基督新教的理性主義二者的關係，我們對於前面所談的或許可以有些看法。

　　要判斷一個宗教所代表的理性化水平，我們可以運用兩個在很多方面都相關的主要判準。其一是：這個宗教對巫術之斥逐的程度；其二則是它將上帝與世界之間的關係、及以此它本身對應於世界的倫理關係，有系統地統一起來的程度。就第一點而言，禁慾的基督新教所具有的種種印記，表示其已進到[斥逐巫術]的最後階段。基督新教最具特徵性的形式已將巫術完全徹底地掃除盡淨。原則上，連在已淨化的聖禮與象徵的儀式裡，巫術也被根除了，以致於嚴謹的清教徒在自己心愛的人被埋葬入土時都不行任何儀式，為的是要確證迷信的完全摒除。就此而言，這表示斬斷了所有對巫術運作的信賴。對世界之徹底除魅(gänzliche Entzauberung)的工作，再沒有比這進行得更具一貫性，雖然這並不意謂著能夠全然脫出我們今天慣常所認為的"迷信"(Aberglauben)。女巫審判事實上仍盛行於北美新英格蘭。當儒教仍未觸及巫術對於救贖的意義時，清教已判定所有的巫術都是邪惡的。只有倫理的理性主義被界定為具有宗教的價值，亦即，行為得根據上

帝的命令，並且是出於一種敬畏上帝的態度。最後，就我們截至目前
爲止的敍述裡，再明白也不過的是：在異端的學說(道敎)的巫術園地
裡，具有現代西方特色的一種理性的經濟與工技，根本就是不可能的。
因爲所有自然科學知識的付之闕如，是由於以下這些根本的力量
——部分是因，部分是果——所造成的：占日師、地理師、水占師與
占候師的勢力，以及對於世界的一種粗略的、奧秘的天人合一觀。此
外，道敎關心的是俸祿官職制(Verprüfung)——巫術傳統的的支柱
——下的所得機會(Sportelchancen)。

　　不過，這個巫術的園地之得以保留，是因爲儒敎倫理本就有與其
親和的傾向。於此，另有內政上的因素添加進來，用以防止動搖儒敎
的勢力。面對地上的事物，與儒家的天眞立場(naive stand)形成強烈
對比的，清敎倫理的理解是：對"俗世"的一種鉅大的、激烈的緊張對
立。正如我們會進一步詳細了解到的：每一種以其理性的、倫理的要
求而與世界相對立的宗敎，都會發現其自身同樣地與世界的非理性處
於一種緊張的狀態。對於各個宗敎而言，這些緊張性表現在各個相當
不同的重點上，緊張性的本質與強度也因而各有分別。對於個別的宗
敎，這大多要視其由形上的許諾所界定的救贖之路而定。必須注意的
是：宗敎上對於世界貶斥的程度，並不與其實際拒絕世俗事務的程度
相符合。

　　我們已看到，儒敎(在意圖上)是個理性的倫理，它將與此一世界
的緊張性降至絕對的最低點——無論是對現世採取宗敎性的貶抑、還
是實際上的拒斥，都減至最低的程度。這個世界是所有可能的世界中
最好的一個；人的本性被賦予倫理性的善(ethisch gut)。每個人在這
一點上，如同在其他所有的事物上一樣，只有程度上的不同，而其本

質與其能夠達到無限完美的能力，則是相同的，他們在原則上都足以完全履行道德律令。以古老經典爲基礎的哲學的——典籍的敎養是自我完成的普遍的手段，而敎養的不夠充足——主要是由於經濟的匱乏——是道德缺失的唯一根源。然而，這樣的缺失，尤其是政府的過失，是所有災難的根本原因：因爲會導致(完全是巫術性理解下的)鬼神的不安。正確的救贖之道在於適應那永恒的、超神的世界秩序——**道**，以及適應於順從宇宙和諧而來的社會(共同)生活(Zusammenleben)的要求。虔敬地順服於世俗權力的固定的秩序便優先於一切之上。對應於此，個人的理想便是促使自己成爲一個在各方面普遍調和均衡的人格，亦卽意味著一個小宇宙的形式。對儒敎的理想人——君子——而言，“典雅與威嚴”是表現於充分履行傳統的義務。因此，首要的德行與自我完成的標的便意指生活的所有情境中，典禮與儀式上的得體。達到此一目標的適切手段是戒愼而理性的自我控制，以及抑制任何凡是可能動搖心境平衡的非理性的情欲(Leidenschaften, passions)。

　　儒敎徒單單渴望一種從野蠻的無敎養狀態下超脫出來的“救贖”。他期望著此世的福、祿、壽與死後的聲名不朽，來作爲美德的報償。就像眞正的古希臘人一樣，他們沒有超越塵世寄託的倫理，沒有介於超俗世上帝所托使命與塵世肉體間的緊張性，沒有追求死後天堂的取向，也沒有惡根性(radikal Böse)的觀念，凡能遵從誡命者——這是一般人能力所能及的——就能免於罪過。在此一前題被視爲當然的地區，基督敎的傳敎士試圖去喚起原罪感(Sündengefühl)是徒勞無功的。以此，一個有敎養的中國人同樣會斷然拒絕去不斷地背負“原罪”的重擔。並且，凡是儒雅士人都會覺得“原罪”這個概念實在有點過份，且有損尊嚴。通常它都被代之以習俗的、封建的、或審美結構的各種名稱，諸如：“沒敎養”，或者“沒品格”。當然，罪過是存在的，不過在倫理的領域裡，它指的是對傳統的權威，對父母，對祖先，以及對官職層級結構裡上司的冒犯。此外，還包括對因襲的習慣，對傳統的儀式，以及最終，對固定的社會習俗，帶有巫術性質的重大侵害。所有這些全都是等同的。“得罪了”（I have sinned）相當於我們[西方人]在冒犯了禮俗時所說的“對不住”（I beg your pardon）。禁慾、冥思、苦行與遁世，不僅不爲儒敎所行，並且還被鄙視爲寄生的觀念。所有敎團的、救贖的宗敎信仰形式，不是遭到直接的迫害與剷除，便是被認爲純屬個人私事而不被重視，就像古典時期的希臘貴族之對待奧菲斯派的敎士一樣。這個對世界採取無條件肯定與適應的倫理，設定了純粹巫術性宗敎之完全且持續存在的基礎。其所涵蓋的範圍包括皇帝的職位：基於個人的資格，他必須爲鬼神的善行樂舉、天降時雨、及收成時的好天候負起責任；包括祖先崇拜：對於無論是官方的宗敎信仰或是民間的宗敎信仰而言，都同樣是根本的；包括非官方的（道敎的）巫術治療術，以及其他殘存的泛靈論式對付鬼神的方式（亦卽對人類的、英雄的敬拜的一種功能神祇的信仰）。

就像受過敎育的古希臘人一樣，有敎養的儒敎徒帶着懷疑的態度對待巫術的信仰，雖然有時也會接受鬼神論。但是中國的人民大衆，生活方式雖受著儒敎的影響，却以牢不可破的信仰意識生活在這些觀念裡。關於彼世，儒敎徒可能會像老浮士德那樣說：「愚者才會將他的眼光移到那個方向去」；不過就像浮士德一樣，他必須有所保留：「只要我能不讓巫術妨礙我的路……」❶。同時，以古老的中國方式敎育出來的中國高級官吏，會毫不遲疑地輕信那最是無稽的奇蹟。面對“現世”的緊張性是從來沒有出現過，因爲，就我們所知，從來不曾出現過任何倫理的先知預言：從一位高舉倫理要求的超俗世上帝所發出的先知預言。就連代替這個的"神靈"信仰——提出要求並堅持忠實履行契約的神靈——也沒有。因爲這總是一椿在鬼神的守護、約誓或不管什麼關係之下的個別特殊義務（Einzelpflicht），從來也不曾牽涉到人格本身以及個人生活態度的內在形塑（innere Gestaltung）。士人領導階層、官吏與官職候補者，一貫地維護祖先崇拜的持續，認爲這對維持官僚體制權威不受侵擾乃是絕對必要的。他們壓制所有來自救贖宗教所引起的動亂。除了行占卜、聖禮恩典的道教——唯一被容許的救贖宗教——之外，就是佛教的僧侶，由於其爲和平主義者，是不會構成危險的。在中國，正如我們卽將談到，它的實際影響，是經由內在情緒的某種精微奧妙來豐富其心理經驗的領域。此外，它更是巫術的聖禮恩典與強化傳統的儀式的一股泉源。

這就意味著：士人的這樣一種倫理，面對著廣大民衆時，其重要性必然受到限制。首先，在教育上，地方性的差異，尤其是社會的差異是非常大的。傳統主義者以及直到現代爲止，貧民階層裡所保有的強烈自足取向的消費模式——基於一種幾乎是不可想像的節儉（在消費事務上）的美德。這是舉世無匹的，並且與儒教的君子理想無任何內在的關係。

一般而言，只有支配階層裡的那種外在行爲的姿態與形式，才會普遍散佈開來。教養階層全然且決定性地影響了民衆的生活方式。這種影響力似乎特別是透過反面的效果而達到頂點：一方面是完全阻擋了任何先知預言的宗教信仰的興起，另一方面是幾乎根絕了泛靈論宗教裡所有的狂迷的（orgiastic）要素。某些作者偶爾歸之於中國民族性的某些特質，可能至少有部分是由這些因素共同決定的。今天無論在何處，即使是經驗老到且學識淵博的人也無法肯定，生物性的遺傳到底有多少影響。不管怎麼說，我們至少很容易就可觀察到一些重要現象，而且這些現象也受到傑出漢學家的肯定。在與我們主題有關的幾個特質上，我們愈往上溯，愈能發現中國人及中國文化與西方的種種相似之處。古代的民間信仰、古代的隱逸者、最古老的詩歌《詩經》、古代的戰鬥君主、哲學派別的對立、封建制度、戰國時期資本主義的萌芽，所有這些被認為具有特色的，都比儒教中國的各種特質，要來得貼近西方的現象。因此，我們該考慮一下，許多原先被認為是中國基本的特質，有多大的可能性或許純粹只是歷史與文化影響下的產物。

　　有關這些特質，社會學家基本上是根據傳教士的文獻。這些文獻的價值各有高低，不過，相對來說，還是比較可靠的。在這些文獻中，下述的現象是一直被強調的：異常缺乏"神經"（Nerven）——就現代歐洲對此字的特別意味而言；無限的耐心與自制的禮貌；墨守成規；對於單調無聊根本沒有感覺；完全不受干擾的工作能力與對不尋常刺激的遲鈍反應，尤其是在知性的領域裡。所有這些似乎構成了一個首尾一貫且看似真實的整體，不過，却也出現了其他似乎相當強烈的對比：對於所有未知的或不是立即明顯的事物，有一種特別非比尋常的恐懼，並且表現於無法根除的不信任上；對於那些不切近或不能當下見效的事物，加以拒斥或者毫無知性上的好奇心。與這些特點相對的，是對於任何的巫術詭計都帶有一種無限的、善意本質的輕信，無論它是多麼地空幻。同樣的，極端缺乏真正的同情心與溫情，即使在人際關係密切的團體內也經常如此，這與社會組織之強大的、緊密連結的凝聚，顯然是相對的。成人對於父母的絕對順從與儀式性的孝敬，跟小孩那種（典型的）不具感情的無權威性 ❷，似乎並不一致。同樣矛盾的是,常有人提到的中國人的極端不誠實(即使是對他們自己的辯護律師)❸,跟中國大貿易商那種明顯而突出的可靠性——譬如拿來與曾經有過封建階段的國家,日本,相比的話——似乎也不能配合。零售交易似乎的確沒有大貿易商那樣的誠實;"定價",即使對本土的中國人而言,也顯然是虛假的。中國人彼此之間的典型的互不信任,是所有的觀察者都能肯定的。清教教派裡的虔誠弟兄間的信任與誠實——一種同爲教外人所分享的信任——與此形成強烈的對比。最後,[清教徒裡]一般心理—生理的統一性與穩定性,也與中國人的生活方式——不受外在的固定規範所約制的——裡那些我們通常所知的不穩定性的特質,形成強烈的對比。不管怎麼說,大部分的特徵都是如此地強固。更爲明確地說,由無數的因習所套在中國人身上的枷鎖,乃是相對於其之缺乏一內在的核心(Innenheraus)和缺乏由某種中心的、自主的價值立場所呈現出來的、一種統一的生活態度。所有這些,我們得怎樣來解釋呢?

　　缺乏導致異常性興奮的禁慾宗教施爲,與徹底摒除麻醉性的宗教祭儀(toxic cult),必然會影響到一個人類團體的神經與心理構造。關於麻醉劑的運用,中國人比較上是屬於"清醒"(nüchterne)的民族:比起以往在男子集會所與古代宮廷裡所舉行的酒宴來,自帝國統一以來卽是如此[清醒]。狂躁與酒神式的"迷醉"(obsession)皆被視爲不具有能依附於神聖事物的卡理斯瑪價值,而只被認爲是一種爲惡魔所制的徵兆。儒教拒絕進用酒類,除非是原來在供獻犧牲時所用的。陶醉於酒,在中國的下階層人民裡雖然並不少見,這跟其他任何地方都一樣,然而其間的差異還是有其**相對的**重要性。鴉片被認爲是專屬於中國人的麻醉劑,卻是晚近才輸入的。衆所周知,儘管統治階層強烈地抗拒，它還是藉著武力強行進入。此外，它的效果，只是導向出神忘我之境(apathische Ekstase)，是"無爲"路線的直接延長，而不是導向英雄式的狂醉或行動的熱情解放。希臘式的**中庸**(sopchrosyne)並沒有讓柏拉圖捨棄其在《費鐸羅》(*Phaidros*)一書中認爲：美的沈醉是一切事物之所以偉大的泉源這個想法。在這方面，理性主義的羅馬官僚貴族——他們將"ekstasis"［按：沈醉、忘我之意］譯爲"super-stitio"［按：迷信］——與中國的教養階層的想法是不一樣的。中國人的"純眞"(Ungebrochenheit)，或者被認爲呆板(Indolenz)，部分因素也許與中國的宗教裡這種完全缺乏酒神的要素(Dionysion element)有關，這種欠缺是由於官僚階層刻意地將之從祭典中清除的結果。在官僚體制裡，凡足以騷擾心境平靜的，都不會也不容許存在。所有非常態的激情，尤其是發怒，**氣**，都會產生惡的魔力；因此，感到任何病痛時，首先要問的就是冲犯了那門子的**氣**。泛靈論的巫術——唯一留存下來的民間宗教形式，決定了對任何改革的傳統主義式畏懼，因爲改革可能會帶來惡的魔力或者激怒鬼神。當然，這種巫術是爲有教養的中國人所鄙視的；但是由於官方祭典之性格的緣故，它却是一種受到支持的宗教形式。這種泛靈論巫術的保留，說明了中國人爲何那麼輕信(Leichtgläubigkeit)。因此，在巫術信仰下，疾病與不幸，都是由於個人自己招致天怒的一種徵兆。結果，此一信仰又促成了某種對於同情心理情感的抑止；在面對［世人一般的］痛苦時，同情心通常都源自於救贖宗教的協同感(we-feeling)。此等情感總是強烈地支配著印度的民間倫理。

中國由於巫術的保留，造成了中國人性裡一種特別冷淡的氣質與對於同胞的形式上的和善。卽使是家族內的關係，都保持著一種儀式性的拘泥與敬畏鬼神的自私心態。

不計其數的禮節束縛環繞著中國人的生活：從懷胎階段一直到死者的祭祀。其不勝枚舉又牢不可破的繁文褥節，構成可供民俗學家研究的一座寶庫。葛魯柏(W. Grube)的作品即特別利用了這些資料。部分的禮儀顯然原本是巫術的，尤其是除厄的。另一部分則來自道教與民間佛教(這在別處加以討論)。道教與民間佛教都在大眾的日常生活中留下了深刻的印痕。不過也還有大量純粹因襲性的、禮儀上的遺習保留下來。禮節規範約制著垂問與答覆、不可缺失的禮數與正確優雅的辭讓、拜訪、餽贈等姿態，以及敬意、弔慰與慶賀的表示。這些都凌駕於古代所留存下來的農民傳統之上，就像在西班牙所見到的一樣：那兒的傳統受到封建體制、或者也受到伊斯蘭教的影響。在姿態與"面子"的領域裡，即使是其起源已不可考之處，我們都可假設儒教的源頭是最具影響力的。

縱使儒教的禮節理想在流行的習俗形式上並不一直有影響力，在它們被實行的"精神"中，它也還是會呈現出來。審美式的冷淡氣質將所有傳自封建時代的義務，尤其是慈善的義務，都冷凝為象徵性的禮儀。另一方面，鬼神信仰則將氏族成員維繫得更加緊密。無疑地，就像在埃及一樣，相當值得悲憫的不誠實，一部分是家產制國家財政的直接產物，後者在各處都證明是不誠實的訓練基地。不管在埃及或在中國，賦稅徵收的過程都要涉及侵擾、鞭笞、親族的救助、被迫者的哀號、壓迫者的畏怖、與種種妥協。此外，當然還必須再加上儒教對於禮儀與因襲的禮節的極力崇拜。其次，是缺乏封建的本能——能以"我們現在讓誰上鉤"(Qui trompe t'on?) ❹這樣一句台詞來概括所有的交易。受到獨占保證的公行基爾特裡，那些出身於教養身分團體的

海外貿易股商，却在他們利害狀態的間隙裡發展出一種非常爲人所稱
讚的商業誠信。此種誠信，如果存在的話，似乎是一種受外界同化的
因素，而不是像清教倫理那樣的一種內在的發展。這一點可推之於中
國所有倫理的特質上。

　　眞正的先知預言會創造出一個內在的價值基準，並有系統地將行
爲導向此一內在的價值基準。面對此一基準，"現世"就被視爲在倫理
上應根據規範來加以塑造的原料。相反的，儒教則要適應外在，適應
於"現世"的狀況。一個適應良好的人是將其行爲理性化到能適應的程
度，並非形成一個有系統的統一體，而毋寧說是由種種有用的、個別
的特質所構成的一個組合體。在中國的民間宗教裡，使個人靈魂多元
論的信仰永久持續下來的泛靈論觀念，幾乎可以說是此一事實的一個
象徵。不去企及超出現世以外的種種，個人必然會缺乏一種與此世相
抗衡的自主的反制力。儒教有利於大衆的馴服與君子的尊嚴身段，然
而因此而塑成的生活型態却必然呈現出本質上消極的特質來。這樣的
生活方式不可能使人渴望追尋內在的"統一的人格"，一種我們會將之
與人格的觀念連結在一起的驅力。生命只是一連串的事故。它並沒有
成爲在一個超越的目標下有條理設定出來的一個整體。

　　存在於此種社會─倫理的立場與西方整個宗教倫理間的對比，是
無法架橋相通的。就外在而言，湯瑪士派(Thomist)與路德派倫理中某
些家父長制的層面，顯得與儒教有相似之處，但這只不過是個表相。
儒教極度世界樂觀主義的體系，成功地泯除了存在於此世與個人超俗
世的命定之間的、基本悲觀論的緊張性。然而，任何基督教倫理，無
論如何糾纏在與世俗的妥協，都無法達到這點。

　　在儒教倫理中所完全沒有的，是存在於自然與神之間、倫理要求

與人類性惡之間、罪惡意識與救贖需求之間、塵世的行為與彼世的補償之間、宗教義務與社會─政治的現實之間的任何緊張性。也因此，缺乏透過一種內在力量自傳統與因襲解放出來而影響行為的槓桿。基於鬼神信仰的家內孝道，對於人們的行為，擁有最強烈的影響力。根本而言，正如我們已見到的，家內孝道有助於且控制了氏族組織的強固凝聚。對我們上文提到的企業組織而言，也同樣是如此的：它可以被視為是具有勞動分工的擴大的家族企業。這種強固的凝聚性本身是由宗教性力量所驅動的，而且，真正的中國經濟組織的力量，與這類由孝道所統制的個人關係團體大致是有同樣外延的。中國的倫理，在自然生成的個人關係團體──可歸類為或模仿[此種個人關係團體而形成]的結合體──的環境裡，發展出其最強烈的推動力。這與最終要達到人(作為被造物)的義務之客觀化的清教倫理，形成強烈的對比。對那位隱藏而超越俗世之上的上帝所負有的宗教義務，促使清教徒將所有的人際關係──包括那些在生命裡最自然親近的關係──都評量為不過是另一種超越生物有機關係之外的、精神狀態的手段與表現。虔誠的中國人的宗教義務則相反的，促使他在既定的有機個人關係裡去發展他自己。孟子拒斥普遍的"兼愛"，並認為那會抹殺了孝道與公正，是無父無兄的野獸之道❺。本質上，一個中國儒教徒的義務總是在對具體的人──無論是死是活──盡孝道，並對那些與他相近的人──根據他們在自己生活中的地位──善盡恭順之道。儒教徒對一個超越俗世之上的上帝是無所負欠的；因此，他也從未被束縛於一個神聖的"因"或"理念"。就**道**而言亦然；**道**單純只是規制的、傳統的禮儀之具現，而其指令亦非"行動"(Handeln)而是"虛無"(Leere)。就經濟的心態而言，個人關係的原則無疑是通往非個人考慮的理性化──一般而言，非個人關係的實事求是——的一大障礙。它意圖將個人歷久彌新地與其氏族成員牢繫在一起，並將他嵌入氏族的模式中，不管怎麼說，他是被繫於"人"(persons)，而非功能性的職務——"企業"(enterprise)。此一障礙，正如我們全文所揭露的，是密切地連結於中國宗教的本質。因為它是個宗教倫理理性化的障礙，是統治與教養階層為了保障其地位的一座屏障。這一點對經濟有相當重要的影響，因為作為一切企業基礎的"信賴"(Vertrauen)——不管到底存在與否——在中國大多是奠基於純粹的個人、家族或擬家族的關係上。

倫理的宗教——尤其是基督新教的倫理的、禁慾的各宗派——之偉大成就在於打斷氏族的紐帶。這些宗教建立起優越的信仰共同體，與一種共同的生活倫理，而對立於血緣共同體，甚至，在很大的程度上與家庭相對立。從經濟的角度上來看，這意味著將企業的信賴問題建立在個人(於其非私人關係的、職業的工作上所證明)的倫理資質的基礎上。由於官方的、傳統習性不誠實的強大影響，以及儒教之強調面子，結果是造成了[人與人之間]普遍的不信賴。普遍的、相互間的不信賴所導致的經濟分歧，比例想必相當高，雖然我們並沒有計量的判準。

儒教與儒教徒的心態，崇拜"財富"，可以有助於一種可與西方文藝復興之現世精神相比擬的政治—經濟策略。然而，在這一點上，當我們考慮到經濟心態時，就會發現此種經濟政策的意義其實極有限。沒有任何其他的文明國家會把物質的福利作為終極的目標而抬得這麼高❻。儒教的政治經濟觀點，可與我們的財政學者(Kameralisten)❼相比擬。中國最古老的政治經濟文獻，是儒教徒司馬遷論"貿易均衡"的一篇短論，其中強調財富(包括商業利得)的用處❽。經濟政策擺盪於國庫政策與自由放任政策之間；不過無論如何絕非刻意反貨殖的。西方中世紀的商人遭到日耳曼文士的"蔑視"，現代商人則遭受德國文人的蔑視，這和在中國所發生的情形一樣。然而，經濟政策却沒有創造出資本主義的經濟心態。戰國時代的商人的貨幣利得，實際上可說是國家御用商人的政治利得。鉅大的採礦徭役爲的是要尋找黃金。並且，從儒敎及其倫理──與基督敎同樣的根深蒂固──到一種市民的、有條理的生活方式之間，並沒有任何中介的連繫，而後者是最最重要的。基督淸敎雖然創造出此種生活方式，却也不是有意的。這種"自然"的奇異逆轉──說是奇異，也只是因爲漫不經心瞥過的印象──說明了無心插柳柳成蔭的弔詭：亦卽，人與命運的關係，人採取行動時意圖達到的、與實際得到的結果之間的關係。

　　淸敎代表一種［與上述儒敎］正相反的理性地處理現世的類型，一種我們在他處曾加以說明的、有些曖昧不明的概念。"純粹信徒團"（ecclesia pura），在實際上及其眞正的意涵上，代表奉神之名行基督徒的聖餐儀式，而排除所有在道德上受到斥拒的人。此種奉名可能有某種喀爾文派的或洗禮派的根源，其敎會組織可能更傾向敎會會議或聚會所的性質。廣義解釋下的純粹信徒團，可以指一般在道德上嚴格的、基督敎之禁慾的俗世信徒共同體。這包括具有聖靈的─神秘的起源的再洗禮派、孟諾派、敎友派、禁慾的虔信派，以及衛理公會等敎派。

　　相對於儒敎類型的以上這些類型，很獨特的爲了現世的理性化而反對逃離現世，雖然（或的確是因爲）他們對現世採取禁慾的拒斥。人都是同樣的邪惡並且倫理墮落；世界是個罪惡的淵藪；面對上帝，所有被造物的墮落都沒有任何差別。適應於虛浮的世界乃是被［上帝］拒斥的徵兆；儒教觀點裡的自我完成是偶像崇拜式的褻瀆。財富與投身於財富的享受是特別的一種誘惑，仰賴哲學與典籍教育是罪過的並且也是被造物的傲慢表現；所有相信可以用巫術來對付鬼神的想法，不僅是卑劣的迷信，並且是不遜的褻瀆。足以令人想起巫術的一切事物，所有殘留的儀式主義與教士權力，全都遭到根除。教友派在理論上甚至沒有一個被任命的牧師；大多數新教教派都沒有受俸的職業牧師。在教友派小而明亮的聚會所裡，任何含有宗教意味的象徵物都不再存在。人被認為是天生同等有罪的，儘管每個人的宗教機緣不但不相等，並且是極不相等，無論是一時或是永遠。對於喀爾文教派、特殊神寵論的洗禮派、懷特區(Whitefield)的衛理公會而言，這是毫無道理可循的上帝預選(grundlose prädestination)的結果，或者是人各有不同聖靈秉賦資質的結果。最後，宗教機緣之所以不均等，乃是由於在獲得"改信歸宗"(Bekehrung，對於古虔信派而言，是具有決定性的)、"贖罪懺悔"、"改過苦鬥"或其他任何性質的再生(Wiedergeburt)時，各有不同的努力強度與不同的成功程度。然而，除了那超越俗世之上帝的毫無理由的、不計[個人]事功的、"自由"的恩典之外，左右這些差別的，總是"神意"。因此，上帝預選說的信仰，雖然是最為首尾一貫的，也只不過是這種達人宗教(Virtuosenreligiosität)❾的一種獨斷教義形式。

被貶落凡塵的大眾(massa perditionis)裡只有少部分人會被召喚回天堂，不管他們是因為先前的預選而註定如此，還是因為雖然所有的人都有此種機會——根據教友派的說法，包括了非基督徒——卻只有一小部分人能緊緊加以掌握而達到目標。根據某些虔信派的教義，救贖在一生當中只被提供一次；根據其他的、所謂的悔罪限期派

(Terministen)❿，救贖的提供是一次且永遠就這麼一次。人一直得去
證明自己能夠掌握神寵。因此，凡事種種都指向神的自由恩寵與彼世
的命運；此時此地的生命不過是個流淚的幽谷，或只是個過渡⓫。因
此，這個短促的片段時光，以及其間的種種事故，都被加以極度的強
調。這或許可以卡萊爾(Carlyle)的話來涵蓋：「汝來之前千年歲月悠
悠已逝，汝來之後千年歲月正靜待汝此生之所爲」。這並不是說一個人
可以靠著自己的成就來獲得恩典。這是不可能的。個人知道，尤其是
認識到自己獲得救贖的召喚的唯一辦法，只有透過意識到在此一短暫
生命之中，對超世俗的上帝及其意志有一種中心的、統一的關係，亦
即"聖化"(Heiligung)。聖化，反過來也只有透過上帝制定的行爲
——如所有積極的禁慾主義，透過爲神所祝福的倫理行爲，才能被確
證。以此，個人只有在成爲上帝的工具時，才有獲救的確信。因此，
可以想像得到的最大報償，便在於過一種理性的、道德的生活方式。
只有當生活行爲由堅定的原則所約束，並由一個統一的中心所控制時，
才被認爲是一種爲神所喜的生活方式。愚直的與世同流合污，雖然無
疑會遠離救贖之道，但是生物的世界與作爲生物的人，都是上帝的創
造物，對於它們，上帝會加予一定的要求。根據喀爾文派的觀念，上
帝是"爲了他的榮耀"而創造世界。因此，無論人生來有多麼的惡劣，
他都希望看到他的榮耀藉著罪惡(可能也包括痛苦)的克服而得實現，
並且希望透過理性的秩序使人服屬於倫理的規律之下。「趁著白日，我
必須做那差我來者的工」⓬，此處變成一種義務，並且被付予的工作在
性質上不是儀式性的，而是具有理性——倫理的性質。

　　與儒教的對比是很清楚的：二者都有它們非理性的本源，一個是
在巫術，另一個則在一個超世俗上帝的絕對不可臆測的決定。但是從

巫術那兒推衍出來的是傳統的不可動搖性——傳統被當作是已經證明
的巫術手段，以及最終，所有衍生出來的生活樣式都是不可變更的
——如果要避免鬼神震怒的話。然而從超世俗上帝與現世——存有被
造物的罪惡與倫理上非理性的現世——的關係上，却造成傳統之絕對
非神聖性的結果，以及要將既有的世界從倫理與理性上加以馴伏和支
配的無盡的工作，亦即，理性的、客觀的"進步"。此處，將世界加以
理性的轉化的工作，與儒教的適應於世界恰恰相反。儒教要求不斷的、
謹慎的自我控制，爲的是要維持通達的世間人的尊嚴；清教倫理要求
此種自我控制，爲的是有條理的凝聚人的心意於神的意志上。儒教倫
理有意地讓人們處於他們——不管是自然生成的，還是由社會性尊卑
關係所造成的——個人關係裡。儒教只神聖化那些由人際關係——譬
如君臣、上下、父子、兄弟、師生、與朋友之間——所產生的人類的
恭順義務。然而，清教倫理却相當懷疑這些純粹的個人關係是生物性
的；當然，清教還是容許它們的存在，只是要在倫理上加以控制，使
其不致背離上帝。無論在任何狀況下，與上帝的關係是第一要務。人
類本身過度緊密的被造物崇拜的關係，無論如何都要加以避免。信賴
人，尤其是信賴那些由於自然關係而與我們最爲親密的人，會危害心
靈。因此，喀爾文教徒馮埃斯特(Renata von Este)公爵夫人一旦得
知她最親近的親人在專斷的預選中爲上帝所拒斥的話，她也會詛咒他
們。準此，造成了[儒教與清教]這兩個倫理觀念在實際上非常重大的
差異：儘管我們要指出二者在他們實際的心態上都是理性主義的，並
且二者也都歸結爲"功利主義"。造成這些差異的，並不單只是政治結
構裡法律的自主性問題。部分而言，氏族的凝聚是政治與經濟組織形
式的一個必然的結果，而政治與經濟組織又是固着於個人關係上。它

們極端缺乏理性的實事求是、非個人考慮的理性主義，與一個抽象的、超個人的目的取向的團體(purposive association)的性格。眞正的"共同體"並不存在(尤其是在城市裡)，因爲沒有純粹是目的取向的經濟與經營的組織或企業類型。這些(類型)幾乎沒有一個是純粹中國土生土長的⓭。在那兒，所有的共同體行爲(Gemeinschaftshandeln)⓮都爲純粹私人的、尤其是親屬的關係所淹沒與約制。這也發生在職業的團體裡。清教將一切都客觀化，並將之轉化爲理性的經營；將一切都消融爲純粹的事業關係(business relation)，並以理性的法律與協定來取代傳統；然而在中國，通行的要素是傳統、地方習俗、與官方具體的私人恩惠。另外一個要素則更爲重要。在中國，肯定現世的功利主義與相信財富作爲道德完美的一種普遍手段的價值，在與巨大的人口密度相結合下，發展出一種強烈到無可比擬的精打細算的心態與知足寡慾。中國的小店東是分文必爭、錙銖必較，並天天檢點其現金盒。據可靠的旅行者的報導，本土中國人日常交談中，談錢與金錢事務的程度，顯然是少有他處能及的。但是令人驚訝的是，在這種無休止的、強烈的經濟盤算與非常令人慨嘆的極端的"物質主義"下，中國並沒有在經濟的層面上產生那種偉大的、有條理的營業觀念——具有理性的本質，並且是現代資本主義的先決條件。這樣的觀念對中國而言，還很陌生，除了在廣州，由於從古至今的外國影響與西方資本主義的不斷進逼，這些觀念便教給了中國人。

在過去，尤其是在政治上分裂的時代裡，政治資本主義獨立地以下列的形式興起：與官方結合的高利貸、凶荒借貸、[國家商人的]批發交易、以及工業的大型勞動作坊(ergasteria)。中國這種政治資本主義可與西方古代晚期、埃及與伊斯蘭的資本主義相比擬。最近雖然也

有對商人與消費者通常性的依賴。然而，一般而言，中國缺乏像存在
於西方中古後期的委託工作制的嚴密組織。儘管內部交易繁盛，對外
貿易(至少在某個時期)也相當可觀，但是却沒有任何現代甚或中古晚
期的資產階級資本主義類型的存在。沒有中古後期的與科學的、歐洲
的工業資本主義企業的理性類型，也沒有歐洲樣式的資本形成。參與
爭取現代機會的中國資本，主要是來自官紳；因此，它乃是一種經由
官方強徵所聚積起來的資本。沒有歐洲式的組織化企業的理性方法，
沒有提供商業消息服務的眞正理性的組織，沒有合理的貨幣體系
——貨幣經濟的發展甚至不能和埃及的托勒密王朝相比。法律制度才
剛開始萌芽，可以比之於我們的商號法、貿易公司法、支票法及有價
證券法(這些萌芽基本上的特徵是其技術的不夠完善)。無數的工技發
明很少被用到經濟上 ❺。最後，是沒有眞正的、具有技術價值的商業
文書、計算或簿記的系統。

　　如此，我們就遇見了與地中海古代文明非常類似的狀態，雖然在
帝國統一之後，奴隸制就幾乎不存在了。然而，在某些方面，[中國的]
這些狀態甚至要比[地中海的]古代的狀態，距離現代資本主義及其種
種制度的"精神"更遠。雖然有種種的異端裁判，但是宗教的容忍是寬
大的，至少比起喀爾文派清教的不寬容態度而言是如此。和平、高度
的商品貿易自由、遷徙自由、職業選擇與製造方法自由，這些都有；
對於小商販的習性種種，都沒有禁忌。然而，所有這些並沒能促成現
代資本主義在中國興起。在這塊典型營利的土地上，我們可清楚看到，
"營利慾"(Erwerbstrieb)、對於財富高度的乃至全面性的推崇、以及
功利主義式的"理性主義"等等，與現代資本主義並沒有任何一丁點關
連。中國的中小階級商人，以及固守傳統的大商人，像清教徒一樣，

將成功與失敗都歸之於神靈的力量。然而，中國人是將它們歸諸道教的財神。對他而言，商業上的成功與失敗並不是恩寵狀態(Gnadenstand)的一種徵兆，而是在巫術或禮儀上意味着獎賞或觸犯，補救之道則在於儀式上的"善行"。中國人缺少發自於內在的中心的、由宗教所制約的、理性的生活方法——典型清教徒所具有的特徵。對於後者而言，經濟上的成功並不是個終極的目標或目的本身，而是證明個人自己的一種手段。中國人並不刻意將自己隔絕於"現世"的印象與影響之外——此一現世乃清教徒尋求加以控制的，正如他也如此地對待自己一般，所用的手段則是一種明確的、單向的意志之理性的努力。清教徒被教以抑制足以摧毀所有理性的、有方法的經營的小利慾——一種可凸顯中國小商販行為特色的營利慾。對自然的衝動加以特殊的限制與壓抑——由一種嚴格的意志與倫理的理性化所引發，並徹底牢固於清教徒身上——對儒教徒而言，是陌生的⓰。

　　儒教徒抑制自由發洩及原始衝動，是屬於另一種性質。儒教徒小心翼翼地克己，為的是要保持外在姿態與樣式上的尊嚴，要保持"面子"。這種克己自制，屬於審美的、根本上是消極的性質。莊重的態度，本身即缺乏特定的內容，而受到推崇與追求。清教徒同樣嚴謹的克己，然而，此種克己是以一種明確判準的行為為其積極目的，此外，它還以有系統的控制個人本性(被視為邪惡及有罪的)為其內在標的。徹底的虔信派教會開列[內心的]清單，就像每天都要進行的一種薄記(就連富蘭克林這樣的追隨時髦者都這麼做)，因為那位超世俗且全知的上帝看得到[人]內心的態度。然而儒教徒所適應的現世卻只看重優雅的身段。儒教的君子只致力於外表的端正，而不信任他人，就像他也相信別人不會信任他一樣。這種不信任妨礙了所有的信用與商業的運作，而與清教徒的互信形成對比，尤其是清教徒在經濟上信任教內弟兄（Glaubensbruder）之絕對不可動搖且受宗教所規範的廉正。在面對現世與人（尤其是那些居於高位者）的邪惡時，此種信賴足以使他避免由於深沉的現實主義與完全不帶希望的悲觀主義所導致對信用——為資本主義商業所不可或缺的信用——的懷疑。這只會使他嚴格地估量合夥人的客觀的、（外在的與內在的）能力，根據"誠實為最上策"的原則來仔細評量為商業所不可少的種種動機的一貫性。

儒教徒的語言是一種本身即為目的的漂亮且有禮的姿態；而清教徒的語言則是一種非個人的、公務式的傳達，簡潔而絕對可信：「你們的話是就說是，不是就說不是，若再多說，就是出於那惡者」⓱。

儒教徒的儉約被君子的身分禮節狹隘地限制住。老子及其他一些道教徒基於神秘主義式的謙卑所持的過分儉約，受到儒教的攻擊。節約，對於中國的小資產階級而言，就是儲蓄。本質上這可比擬於農民將財富儲藏於襪裡的方式。財富是用來維持喪葬禮儀、令名美譽，以及享受所有之物本身，正如禁慾主義尚未打破講求財富享受的地區一般。

然而，對清教徒而言，擁有（possessions）本身就是絕大的一種誘惑，正如它之於僧侶一般。就像修道院的利得一樣，他的利得是成功的禁慾所派生的結果與象徵。衛斯理（John Wesley）說：「我們不得不這麼說：人要虔誠，而這也就是說」——作為一個不可避免的結果——「要富有」。但是顯然地，富有本身所具有的危險性對虔誠的個人與對修道院都是一樣的。衛斯理明白地點出了存在於拒斥現世與營利的練達之間、此種令人注目而明顯的弔詭。

對儒教徒而言，正如夫子所傳下來的一句話裡所明白教誨的：財富對於一種有道德(亦即有尊嚴)的生活，與對於將自己獻身於自我完成的能力而言，是個最為重要的手段。因此，當被問及如何使人長進時，回答是"富之"，因為，只有富裕的人才有辦法根據身分與地位而過活。然而，對清教徒而言，利得是一種不意中的結果，是一種美德的重要象徵。為個人消費目的而耗用財富，容易導致被造物崇拜式地沈溺於現世。孔夫子或許不會輕視財富的追求，但是財富似乎是不可靠的，而且會擾亂了心靈高貴的平衡。因此，所有真正經濟的、職業的勞動都是職業專家的庸俗求利的活動。對儒教徒而言，專家是無法被抬高到真正正面的地位的，無論其社會的功用如何。決定性的因素在於"有教養的人"(君子)不是個"器具"；也就是說，在他的適應世界與自我完成裡，他自己本身就是個目的，而非任何功能性目的的一個手段。儒教倫理的此一核心，拒斥了職業的專門化、現代的專家官僚體制與專門的訓練；尤其是排斥了在經濟上以追求利得為目的的訓練。

　　與此種"被造物崇拜"的最高原則相反的，清教以在職業的生活上與在此世的特殊功能上來證明自我。儒教徒是受人文教養的人，更精確地說，是個受典籍教育的人，是種最高階段的研經的人(Schrift-Mensch)。儒教徒不了解希臘在演說與對話方面所給予的高度評價與練達，就像他們無法理解在軍事或經濟事務上理性行為的動力。雖然清教徒在不同的程度上也接受哲學典籍教育，但是大部分的清教教派反對此種教育，因為它與不可或缺的聖經教育是相衝突的。聖經被珍視為一種市民的法典與一種經營學。因此，最為儒教徒所重視的哲學典籍教育，對清教而言，是一種時間的無謂浪費，並且有害於宗教。煩瑣哲學與辯證法，亞里斯多德及其徒子徒孫，對清教徒都是一種恐

嚇與威脅；例如史班那（Spener）⑱就較喜以數學爲基礎的笛卡兒派理
性哲學。有用的、自然主義的知識，特別是自然科學的經驗知識、地
理學的趨向、以及一種現實主義的思惟和專門知識的率直明晰，都是
首先由淸教徒以一種有計劃的教育目的而推展的——在德國，虔信派
的圈子尤其是如此。

這類知識是通往了解上帝的榮耀，與附加在其創造物身上的恩典
的唯一大道。另一方面，這類知識被拿來作爲個人在職業上能理性地
支配這個世界的手段，並且能夠使人盡其義務以榮耀上帝。希臘文化
與最盛時期的文藝復興文化，在本質上與儒教和淸教都有同等距離。
近代資本主義企業家所不可或缺的倫理特質是：極端專注於上帝所昭
示的目的；禁慾倫理下的冷靜無情而實用的理性主義；事業經營上講
求實事求是的有條理觀念；嫌惡非法的、政治的、殖民的、掠奪的、
獨占的資本主義類型——這些類型的資本主義是基於君王與人的恩
惠，而相反於日常經營的冷靜、嚴密的合法性與有節制的理性動力；
理性地計算技術上的最佳策略，與實際上的可靠性及方便的辦法，而
非傳統主義式地享受相傳下來的技術，或如古來藝匠一樣經營作品特
色的優美。這點必須得加入到虔誠工作者的特殊工作意志來考慮。總
之理性的禁慾精神、"入"（in）世而不"屬"（of）世所特具之系統化的
——是冷酷無情的、也是宗教式的——功利主義，有助於產生優越的
理性資質，以及隨之而來的"志業人"（Berufsmenschentum， voca-
tional man）的精神，這些都爲儒教所拒斥。也就是說，儒教的生活方
式雖是理性的，但是却不像淸教那樣〔由內心〕，而是由外部所制約的。
這樣的對比可以教給我們的是：光是與營利慾及對財富的重視相結合
的冷靜與儉約，是遠不能代表和產生從現代經濟裡志業人身上所發現

到的"資本主義精神"。

典型的儒教徒運用他自己以及家族的財富來獲取典籍的教養，並接受訓練以應付考試。以此，他取得一個教養階層地位的基礎。典型的清教徒則賺得多，花得少，出於一種禁慾式的強制儲蓄，而將所得作為資本，再投資於理性的資本主義經營裡。這兩種倫理的精神裡皆含有"理性主義"——這是我們學到的第二課。但是只有清教的理性倫理及其超越俗世的取向，將經濟的理性主義發揮到最徹底的境地。之所以如此，只不過是因為從自覺的清教徒的意圖來看，再沒有比這更徹底的了。這是因為入世的工作只不過是追求一個超越目標之努力的展現。世界，如所應允的，落入清教徒之手，因為只有清教徒「為了上帝及其公道而奮力不懈」。在這點上就產生了這兩種理性主義間的基本差異：儒教的理性主義意指理性地適應於世界；清教的理性主義意指理性地支配這世界。清教徒與儒教徒都是"清醒的人"。但是清教徒理性的清醒乃建立在一種強力的激情（Pathos）上，這是儒教所完全沒有的；同樣的激情也曾鼓舞著西方的修道士。西方的禁慾精神對於世界的拒斥，無以理喻地連結到另一面，亦即，對支配世界的渴望。在一個超世俗之神的名下，禁慾的律令被頒佈給修道士，並且以變化和緩和的形式頒布給俗世。再沒有比儒教的高貴理想（Vornehmheit-sideal）更與"志業"（Berufs）的理念相衝突的了。"君侯似的"（prince-ly）人是個審美上的價值；他不是上帝的一個工具。但是真正的基督徒，出世而又入世的禁慾者，希望自己什麼也不是，而只是上帝的一件工具；在其中，他尋得了他的尊嚴。既然這是他所期望的，那麼他就成為理性地轉化與支配這個世界的有用工具。

對於現代文化領域裡，在技術上與經濟上皆已獲得充分發展的資本主義，中國人大概相當有（可能比日本人更有）加以同化的能力。這顯然不是個中國人是否"沒有自然秉賦"（naturally ungifted）以適合資本主義要求的問題。但是，較之於西方，中國所擁有的各種外在有利於[現代]資本主義之成立的條件，並不足以產生出它來。就像[現代]資本主義並不始於古代的西方或東方、印度、或伊斯蘭教盛行的地方。雖然在這些地區裡，各種不同而有利的環境似乎都有助於其興起。中國許多可能或必然有礙於資本主義的情況，同樣存在於西方，並且在近代資本主義發展的時期裡，也的確有其明確的影響。例如，具有家產制特質的西方統治者及其官僚體制，以及貨幣經濟尚不穩定與尚未發達的事實。埃及托勒密王朝的貨幣經濟已較十五或十六世紀的歐洲發展得更為完全。經常被認為是西方資本主義發展障礙的情況，並不存在於幾千年來的中國：例如封建制的、莊園領主的、以及部分而言行會體系的枷鎖，都不存在於中國。此外，相當嚴重的各種妨礙貿易的獨占——這是西方的特色——在中國也並不明顯。並且，在過去，中國也曾有過同樣的時期(以及)同樣的政治狀況，這是在列國競爭時為了備戰所出現的。在古巴比倫與[西方]古代，是有有利於政治資本主義之興起的條件，這一點現代也還是一樣。或許可以這麼認為：一旦利用政治資源來累積財富與利得變成不可能時，以自由貿易機會為其關注對象的現代資本主義就有立足餘地。這或許可以拿北美來作個例子：最近，在幾乎完全缺乏戰時體制的狀況下，北美已為高度資本主義之發展提供了最為自由的空間。

政治資本主義對於古代西方(一直到羅馬皇帝的時代)、對於中世紀與對於東方，都是很平常的。[中國]帝國的和平化，至少間接說明了政治資本主義的不存在，可是卻沒能說明為何沒有現代的資本主義。

當然，"心態"（Gesinnung）——在這裡是指對世界的實際態度——的
基本特徵，是深受政治與經濟的命運所共同決定的。但是，只要看看
此一心態的內在固有法則性（Eigengesetzlichkeiten），也就不難指出
這是強烈阻礙資本主義之發展的一個有力因素了。

註　釋

第 1 章
城市、君侯與神祇

❶ 在本書各個段落的引文中，我們將不一一註明所引用的中國主要古典經籍鉅著之出處。這些經典已經李格(J. Legge)翻譯、編輯爲《中國的經典》(*Chinese Classics*)叢書，並逐文附加評註。其中的部分書籍也被採錄到謬勒(Max Mueler)所編的《東方聖典》(*Sacred Books of the East*)中。

關於孔子及其眞傳弟子的個人見解或被認爲是其個人見解(此處，對我們而言，並無不同)的入門書，則以李格編纂並附導論的一部小書《孔子的生活與訓誨》(*The Life and Teachings of Confucius*)最便。此書包含了三種典籍：《論語》(*Confucian Analects*)、《大學》(*The Great Learning*)、以及《中庸》(*Doctrine of the Mean*)。此外，尙有著名的魯國史籍(《春秋》，*Spring and Autumn Annals*)。有關孟子著作的譯介，參見《東方聖書》，以及 Faber, *The Mind of Mencius*。《道德經》則已有多種翻譯本出現。最傑出者，屬 V. Strauss 的德文譯本(1870)，英譯則爲 Carus 的 1913 年版本。同時，von Wilhelm 也編譯了一本有關中國的神秘主義者與哲學家的好選集(Diederichs, Jena)。近來，道敎硏究的熱門程度，幾乎可算是一種流行。Williams 以前挺受歡迎的著作 *The Midden Empire*，現今仍爲關於政治、社會方面一本有用的通俗作品。其次，von Richthofen 那本主要是地理學方面的鉅著，也將政治—社會方面的考慮包含了進去。Otto Franke 在 *Die Kultur der Gegenwart*(第二卷、第二部之第一章)中，以著作編列的方式作了一幅極佳的[文化]素描。[英譯按：Franke 未完成的三部著作 *magnum opus Geschichte des Chinesischen Reiches, Eine Darstellung seiner Entstehung, seines Wesens und seiner Entwicklung bis zur Neuesten Zeit*, 分別於 1930,1936,1937 在 Berlin-

Leipzig 出版。頭兩部包括漢帝國的興起與儒教國家的締建；第三部 (pp. 576) 則包括第一、二冊的註釋、補充與修正，同時也有主要事件與人名的索引]。

有關中國城市的作品，參見 H. Plath, "Ueber die Verfassung und Verwaltung Chinas unter den drei ersten Dynastien," *Abhandlungen der Koeniglichen Bayrischen Akademie der Wissenschaften*,1865, I. Cl.X, Abt. 2, p. 453 ff.。至今，有關(現代)中國城市中之經濟生活的最佳研究論著，是 Karl Buecher 的門生 Dr. Nyok Ching Tsur 所寫的 "Die gewerblichen Betriebsformen der , Stadt Ningpo," *Zeitschrift fuer die Gesamte Staatswissenschaft,* Supplement 30 (Tuebingen, 1909)。

關於中國古代宗教(所謂"Sinism")，參見 E. Chavannes, *Revue de l'Histoire des Religions,*vol. 34, p. 125ff.。關於儒教與道教之宗教與倫理，值得推介的是 Dvorak 在 *Darstellungen aus dem Gebiet der nichtchristlichen Religionsgeschichte* 一書中的兩篇論文。此外，參見 Wilhelm Grube,"Die Religion der alten Chinesen," *Religionsgeschichtliches Lesebuch*, A. Bertholet ed. (Tuebingen, 1908),pp. 1-69; 以及 *Lehrbuch der Religionsgeschichte* 一書中，E. Buckeley 論中國的那一篇(Chantepie de La Saussaye 編， 3rd ed., Tuebingen,1904)。目前[按: 1920 年], de Groot 有關官方宗教的鉅著，是最出色的。參見他的主要著作, *The Religious System of China*(此書所處理的主要是在儀式方面，特別是喪葬禮儀)。在 *Kultur der Gegenwart* 中，De Groot 對於中國現存的宗教體系則另有一番總覽綜觀。關於儒教的寬容, 參見其靈思活現的議論文, "Sectarianism and Religious Persecution in China," *Varh. der Kon. Ak. van Wetensch. te Amsterdam,* Afd. letterk. N. Reeks, IV, I, 2。有關宗教事故的歷史，見其發表於 *Archiv fuer Religionswissenschaft* 第七卷(1904)中的論文。Pelliot 的評論, 見 *Bulletin de l'Ecole francaise de l'Extrême Orient,* vol. III (1903), p. 105。關於道教，亦見 Pelliot, loc. cit., p.317。關於明朝締建者[按: 明太祖朱元璋]的聖諭 (1671 年之"聖諭"的先驅), 見 Chavannes, *Bulletin de l'Ecole francaise de l'Extrême Orient,* vol. III (1903), p. 549 ff.

從康有為之近代改革派觀點來看儒教學說的論述，見陳煥章，*The Economic Principles of Confucius and His School*（博士論文，Columbia University, New York, 1911）。

關於諸宗教體系對於生活格式的種種影響，在 Wilhelm Grube 精彩的文章，"Zur Pekinger Volkskunde," *Veroeffentlichungen aus dem Koeniglichen Museum fuer Voelkerkunde*（Berlin, vol. Ⅶ, 1901）中，令人一目瞭然。另參見 Grube, "Religion und Kultur der chinesen, Ueber Chinesische Philosephie," *Kultur und Gegenwart*, Ⅰ,5。Grube, *Geschichte der chinesischen Literatur*（Leipzig, 1902）。

傳敎士的文獻，見 Jos. Edkins, *Religion in China*（3rd ed., 1884）。此書因重現了許多的對話而頗具價值。Douglas 所著的，*Society in China* 也包含了一些珍貴的材料。關於進一步的參考文獻，則必須徵諸英、法、德等著名的大型期刊，諸如 *Zeitschrift fuer vergleichende Rechtswissenschaft* 及 *Archiv fuer Religionswissenschaft* 等。

有關中國近代情況的具體介紹，見 Freiherr von Richthofen, *Tagebuecher aus China*，以及 Lauterer, Lyall, Navarra 等人和其他人的著作。關於道教，請參見下面第七章的註釋。

關於近代史觀下的古代中國，參見 Conrady 的論著，收於 Pflugk-Harttung 編，*Weltgeschichte*（Berlin, 1911）,vol.Ⅲ,pp.459-567。de Groot 的新作，*Universismus, Die Grundlage der Religion und Ethik, des Staatswesens und der Wissesnschaft Chinas*（Berlin,1918），直到本書付梓時，筆者方才獲閱。在諸多簡要的入門小書中，特別值得我們一提的是 Freiherr von Rosthorn 這位最優秀的專家之一的一本小册子，*Das soziale Leben der Chinesen*（1919）。與此類似而較早的著作，則推 J. Singer 所寫的，*Ueber sogiale Verhaeltnisse in Ostasien*（1888）。

較無數的論著更能指引我們的，是關於皇帝諭令集成的研究。這些諭令集成原本是用於帝國內部的行政上，但數十年來一直受到英國人的注意，並將之冠以《京報》（*Peking Gazette*）之名而翻譯出來。其他進一步的文獻與翻譯材料，我們在下文引用時會註明。

諸多文獻資料與碑銘，被迻譯過來的不過是其中的一小部分，對於一個非漢學家而言，這眞是個大障礙。遺憾的是，我並沒有一位漢學專家來參與合作原典的考證。以此之故，筆者謹懷不勝惶惑遲疑之心，以最爲保留的態度將本書交付印行。

❷ H. B. Morse 也有同樣的結論，見氏著 *The Trade and Administration of the Chinese Empire* (New York, 1908), p. 74. 支持此一論斷的基本事實如下：沒有消費稅及任何的動產稅，一直到近代爲止，關稅皆極低，糧食政策又是純粹從消費的角度爲出發點。此外，考慮到官僚階層的本質，富商確實是有路子可以弄到錢的。

❸ 埃及托勒密王朝存在的年代爲 332-30 B.C.——中註。

❹ 正由於皇朝的貶低貨幣成色與發行紙鈔，才導致轉變成這樣的制度——相當於德國的銀行本位(如漢堡銀行所顯示的)。因此，這算是第二次的[幣制]轉變。正如 1896 年 6 月 2 日的《京報》上刊載的，皇帝諭令及報告所顯示的，直到最近，某地的銅貨一旦突然短缺，都可能導致一場大混亂：地方的銀行券因此增加了發行數量，從而造成貼水差額(Agiounterschiede)與銀塊投機的現象；更嚴重的是政府完全不當的干預措施。關於通貨情形，最佳的描述參見 H. B. Morse, *The Trade and Administration of the Chinese Empire* (New York, 1908), ch. V, p. 119 ff。另見 J. Edkins, *Banking and Prices in China* (1905)。至於中國古代的文獻資料，見 Chavannes 編, *Ssu-ma Ch'ien*, vol. III, ch. xxx.

❺ 用來指稱貨幣的是"貨"這個字，亦即交換手段的意思。"寶貨"則指有價值的交換手段。

❻ H. B. Morse, *op. cit.,* J. Edkins, *Chinese Currency* (London, 1913)。除此之外，見 Biot 之論著, *Journal Asiatique*(3rd Serie, vol. 3,1837)，此作主要是以馬端臨的作品爲依據，至今仍有參考價值。本書進入校對階段時，我另參見了 W. P. Wei 的紐約[大學?]博士論文, "The Currency Problem in China", *Studies/ in History, Economy, ect.* No. 59 (New York, 1914)第一章裡所包含的一些材料。

❼ 每次一有地震發生，風水的迷信(下面會談到)就會導致採礦之舉的制止。不過，Biot 在前引書裡將這些礦山比作 Potosi 的礦山(譯按：Potosi 是南美玻利維亞南部的舊銀礦開採中心)，則是個可笑的誇張。Richthofen 對此有一最後的定論。雲南的銀礦，雖然有相對而言 15%

較低的礦區使用稅金，但從 1811 到 1890 年間，也只有大約一千三百萬兩的產量。甚至到了十六世紀(1556)，一個花費了三萬兩銀錢來開採的銀礦，後來也不過生產了二萬八千五百兩。鉛礦開採的一再禁止，也阻礙了銀之作爲副產品的探掘。直到中國統治了富產銀礦的中南半島(高棉、安南)與緬甸之後，銀的供給量才不斷大量地持續增加。另外，越過 Bokhara 而與西方貿易後，尤其是在十三世紀，藉著絲織品的輸出，也帶來了銀的大量增加。同樣，自十六世紀與歐洲人貿易起，再次使銀貨增加。根據史書推斷，[銀的供給]之所以如此極度不穩定，除了技術上的缺陷之外，銀礦的收益性一般而言總是過低，便是個重要的因素。

❽ 此處的特權(Regal)是指家產制國家裡，屬於君主的收入特權。——中註

❾ 乾隆皇帝的御制明史中便有大量徵發徭役以開採金礦的記載[《御撰通鑑鋼目》，Delamarre 譯，*Yu tsiuan tung kian kang mu*(Paris, 1865), p. 362]。據載，1474 年有五十五萬(?)人被強募來服這類的徭役。

❿ 根據 Weil[譯按：應爲上面❻之 W. P. Wei]前引書(p. 17)所說的，在中國早期的鑄幣政策裡據說並不知道鑄幣利潤這回事。果眞如此，則人盡皆知的大量盜鑄便無利可圖了。可知這樣的傳聞是不足採信的。況且史書也有恰好相反的記載(見下文)。

⓫ 關於風水的影響，參見 *Variétés Sinologiques* No. 2 (H. Havret, "La Province de Ngan Hei," 1893),p. 39。

⓬ 經 Biot 翻譯的一條《文獻通考》上的記載(*Journal Asiatique,* 3rd Série, vol. 6, 1838, p. 278)，在[漢]元帝(48-30 B.C.)治下，全國的總貨幣量估計約 730,000 萬(萬爲一萬錢，即一萬銅幣)，其中 330,000 萬爲國庫所持有(!)。馬端臨認爲這個數目還太少了。

⓭ 據史書(馬端臨)所載，漢代時[一般而言]銅的價值是米的八倍，而元帝時，以重量計，銅的價值是穀類的 1,840 倍(其他資料記的是 507 倍)。同樣的，羅馬共和時期的最後一百年裡，[銅]對小麥的對換比也是相當驚人的。

⓮ 即《漢書‧食貨志》所載的二十八品。——中註

⓯ 十世紀時的紙幣"便錢"，便是由國庫來兌換。

⓰ 甚至在[十]一世紀時，四川的笨重鐵錢也致使十六家行會聯合發行證

明紙券(交子)，亦即銀行通貨，不過後來也因無力償現而變成無法兌換。

韋伯此處指的是紙幣的發行。不過無論是 807 年的唐憲宗時，或後來的宋太祖時所發行的"飛錢"或"便錢"，都只是一種滙票而非紙幣。直到十一世紀宋眞宗朝以後所通行的"交子"，才具備了紙幣的性質。——中註

❶ 在法國，用來指銀行本位的 Banko-Währung 一語中的 Banko，是源於意大利文的 Banco，原爲銀行通貨的一種。同時，貨幣在銀行裡也是作爲計算基準的貨幣品位(Münzfuss，亦即法定的貨幣重量)，其單位是 Banko Mark，如漢堡的銀行通貨通常就比一般流通的現金貨幣一馬克要來得高(前者的一馬克等於後者的 1.265 馬克)。漢堡的銀行通貨在 1846 年以後，27 ¾ 馬克等於 1 中心馬克(Kern-Mark)的純銀，在 1868 年採用新的銀行重量單位後，59.3316 馬克等於 0.5 公斤的純銀。這個單位除了 Banko Mark 外，又叫做 Markbank，一度不再是指鑄幣，而是計算的單位。馬克一方面作爲一般的計算貨幣，一方面又含有金、銀重量的意味，中心馬克是中心馬克，通行馬克是通行馬克，各個地方自有其慣用的重量與純度，直到 1873 年被國定的貨幣本位(Reichswährung)取代之後，銀行本位才嚴格區分開來。可是中國一直到清朝時的秤重的銀本位，還只是相當於將近(韋伯生存時代)一百年前德國所盛行的銀行本位。和古代不同的是，此後中國即不再鑄造銅錢以外的任何金屬貨幣(例外的是從外國流入的硬幣)。除了銅錢以外，國家的通貨不是硬幣，而是秤量(的銀)，這種銀的重量，外國人稱之爲 tael，中國的名稱是"兩"。舉凡國際貿易的計算、大宗的買賣、政府債務、以及關稅等，皆以有品質約定的、足數計量的銀"兩"來達成支付清算的目的。不過這"兩"只是個原則性的單位，海關用的是"海關兩"，國庫出納用的是"庫平兩"，貢米輸送沿路上的江西、安徽、江蘇、浙江，以及煙台等地，一般所用的則是"漕平兩"。此外，像地方性的"北京兩"、"天津兩"、"漢口兩"、"廣東兩"、"上海兩"等，全國數百個商業中心都各有其不同的秤量基準，而同一個地區甚至有六種到十二種不同的秤量並存的情形。中國的銀本位之複雜，是德國所不能比的。無論如何，中國的行會與商館之經營以兩爲單位的銀塊之寄存，並做差額之清算等業務，實與德國的情形並無二致，這大概就是韋伯使用[銀行本位]這個

術語的原因吧。——日註

⑱ 根據馬端臨所著書的記載，中國較早的一份國家歲入清單如下：(以千為單位)

	997 B.C.[按：應為 A.D.]	1021 A.D.
穀	21,707 石	22,782 石
	[按：應為 31,707]	[按：應為 32,782]
錢(銅錢)	4,656 貫	7,364 貫
絹	1,625 匹	1,615 匹
拖油	273 匹	182 匹
絲線	1,410 兩	905 兩
綿	5,170 兩	3,995 兩
茶	490 斤	1,668 斤
芻茭	30,000 圍	28,995 圍
薪	280 束	？
炭	530 秤	26 秤
黃鐵	300 斤	——

997 B.C.[A.D.]除了上列項目外，另有箭桿、鵝翎雜翎、及蔬菜[按：即蒿]等。

然而 1021 A.D.則增加了皮革(816,000 斤)[按：應為鞋 816,000量]、麻皮(397,000 斤)、鹽(577,000 石)、紙(123,000 幅)。

譯按：以上各項物品名稱及計量單位皆據原出處(《文獻通考》卷四、田賦四)標明，年代與數量亦據原出處校正(下表亦同)。997A.D.為宋太宗至道三年，1021 A.D.為宋太宗天禧五年。——中註

到了 1077 A.D.[宋神宗熙寧十年]，亦即王安石之貨幣經濟與商業獨占等改革(見下文)時：[按：以下數字是作者將夏秋二稅相加後所得]

銀	60,137 兩
錢	5,585,819 貫
斛斗	18,202,287 石
	[按：應為 17,887,257 石]
匹帛	2,672,323 匹

絲綿　　　　　　　　　　　　　5,847,358 兩

　　　　　　　　　　　[按：應爲 5,850,355 兩]

草　　　　　　　　　　　　　16,754,844 束

　　除此之外，尚有雜色：茶、鹽、酥、糠、蠟、油、紙、鐵、炭、紅花、皮革、麻等，記載者不知基於何故將之統計於一總量(3,200,253 斤)下[按：正確數字應爲 3,200,293。至於單位則記載者於數字下標列：斤兩石角筒張塲條檐圍束量口等，皆依所舉雜色項目標列]。至於穀物，據他處所記，每人每月所需爲 1 ½ 石(不過，"石"的變動幅度相當大)。在前面兩次歲入表中未見到的銀收入，出現在後一表中，可以解釋爲商業獨占的結果，或者是租稅徵收者將銅錢換算成銀(一如延用至今的辦法)所造成的；或許也可以後者是最後的淨收入而前者爲預估的算額(?)表加以解釋。相對的，1360 年明朝第一個決算，却只出現三個項目：

穀物　　　　　　　　　29,433,350 石

貨幣(銅錢與紙幣)　　　450,000 兩(銀)

絹布　　　　　　　　　288,546 匹

這表示銀貨有了可觀的增加，而不勝其數的各式天然產物則減少了，在當時，天然產物雖然只被用於地方財政上的開銷預算，由於其中的扣除額並無法確定，所以我們也無從對這些數字做太多的討論。

　　從 1795 到 1810 年，中央政府共收到 4,210,000,000 石的穀物(每石爲 120 中國斤)。與之俱來的是銀收入相對及絕對的大量增加，這是由於上帝賜與[西方國家]美洲銀產之後，中國與西方貿易的大幅出超所促成的。(最近的發展情形則不在本文討論之列)。

　　據史書所載，古時的慣例是，距離京畿越遠的地方，則繳納價值越高的租稅品，而價值越低的天然產物則向近畿之地徵收。

　　以上的數字皆見於 Biot, *op. cit.* pp. 315, 316, 319, 330。德文版的一些明顯錯處，皆已加以修正。——英註

⑲ 據馬端臨之記載，這樣的事譬如在 689 A.D.就發生過。

⑳ 參照 683 A.D.對日本的穀物輸出(當時日本的銅幣鑄造已然興盛)。

㉑ 據史書記載，這事在 702 A.D.發生過。

㉒ 最初一次在 780 A.D.。

㉓ 在八世紀時，據鑄幣局首長所言，以一千個銅錢所精製的藝術品(瓶)，

價值相當於三千六百錢，因此，銅用於工藝比當作貨幣來使用獲利良多。

㉔ 在817年，以及自此之後，即不准超過五千貫(每貫一千錢)。超出限額的銅貨，則根據數額的多寡而有種種出售期限的規定。

㉕ 顯然這最初是用來製作官印。自始皇帝後這成為從封建制轉變為家產制國家的外在標示。

㉖ 在1155年裡，北方的女真族統治者[按：指金海陵王]即徵1.5%的工墨錢。

㉗ 例如1107年所發生的情形：紙鈔因通貨膨脹而貶值為票面的百分之一。

㉘ 在1111年，紙鈔乃為了邊境上的戰爭而發行。

㉙ 這種規則性的回收形式起初也是營利商人所許可的。這些鈔券在性質上是一種國庫債券。

㉚ 老舊的或破損的紙鈔通常只以票面價值的1/10到1/3來兌換。

㉛ 甚至在1107年，由於與遼、金戰爭，超過一萬錢的每一筆付款，半額必須以紙幣給付。同樣的事經常發生。

㉜ 元代紙幣稱為交鈔，1287年有名為"至元寶鈔"的紙幣發行。至元寶鈔從五文至一貫文，分十一個等級。——中註

㉝ 馬可波羅的描述是無法讓人接受的。以百分之三的折扣收回磨損的舊鈔以更換新的(紙!)鈔，以及以金、銀來因應任何人兌現鈔券的要求，這是不可能的。同樣的，除非將工業目的這方面也加以描述，否則欲了解馬可波羅真正所指的——至少就其文意所容許的範圍內——也是不可能的。馬可波羅同時也報導了強制賣出貴金屬以換持紙鈔的情形。

㉞ 明太祖鑄造洪武通寶，再次定銅錢為通貨。——中註

㉟ 雖然明初以銅錢為通貨，然而由於銅的欠缺，以及盜鑄的情形頗盛，故於洪武八年(1375)印造紙幣，名曰大明寶鈔，聽許以寶鈔繳納部分商稅；又禁民間以金銀買賣交易，間接有助於鈔的流通。當其時，鈔一貫相當銅錢一千文或銀一兩，鈔四貫相當金一兩。——中註

㊱ 至十九世紀中葉，銅與銀的比價據聞從500：1降落到1100：1。

㊲ 太平軍興，清廷財政困難，乃於咸豐三年(1853)發行銀票，到了年底繼之以大量的錢票，由於沒有完整的回收計劃，到了咸豐十一年(1861)，紙幣幾乎已成廢紙。參見彭信威，《中國貨幣史》，p. 833-8。——中註

㊳ 銀自金、元到明即大量增加，至淸則更是盛及一時。自淸開國以來，民間除了零星買賣外，必用銀。然而，國家並未鑄造具有一定重量、品位與形式的銀幣，只是將所使用的銀塊之重量、品位加以檢定而已[亦即秤量貨幣，而非計數貨幣]。銀塊的形狀因地而異，通常以狀似馬蹄的馬蹄銀及饅頭型的銀塊居多。前者頗似中國婦女纏足後所穿的靴，歐美人以 shoes 及 sycee 稱之。──日註

㊴ J. Edkins, *Chinese Currency* (1890)，p. 4。

㊵ Curia 原是指羅馬部落(tribe)的下層組織，相當於希臘的 phratrien。詳見康樂編譯，《支配的類型：韋伯選集(III)》(台北，1988)，pp.'220-1。此處，papal curia 則指教廷及其中的集會。──中註

㊶ 秦漢二代的官職俸祿依次分爲十六個等級，部分以定額的貨幣，部分以米糧來支付。見 Chavannes 所編的《司馬遷》，卷二，附錄一。官吏若是被拒於以祭肉作爲實物俸祿的特權行列之外，則是不受皇帝所喜的一種徵兆。這種例子，在司馬遷所寫的孔子傳中即可見到[按：《史記，孔子世家》記魯侯未將祭肉送予孔子一事]。確實，當時爲中國所屬的中亞地區已發現有記載著純粹是貨幣計算的文獻。

㊷ 西元前四世紀時，石造建築取代了木造建築。較早期的君侯城砦是經常且易於遷徙的。

㊸ 耶穌會士 L. Gaillard 關於南京城的論述，見 *Variêtés Sinologiques*, vol. 23(Shanghai, 1903)，對於中國的城市之制並沒有多少有識之見。

㊹ 在下文中，我們將會討論到中國行會的不凡意義：其與西方形成對比的種種差異，以及造成差異的原因，都將加以釐清。行會所代表的意義更令人驚訝的是：因爲它們對於個人在經濟與社會生活上的控制力，遠遠地超過西方的行會。

㊺ 在當時，能夠參加守護神宙斯的祭典，是有資格就任正式官職的必要條件。──中註

㊻ 克萊斯提尼斯打倒古來的名門貴族之勢力，並重新劃分聚落單位(即 Demos)而確立古希臘的民主制。──中註

㊼ Hantgemal 是指參審自由人士所持有的世襲財產。參見世良晃志郎譯，《都市の類型學》，p. 98。──日註

㊽ 當然，在中國，城市裡的每一個居民也並不盡然都與故鄉的祖廟維持住關係。

㊾ 在官方的萬神殿裡，財神被認爲是具有普遍性的城市神。

㊿ firma 原爲"實物貢租"之意，後來轉變爲貢租之"承包徵收"的意思。英國在都鐸王朝以前，城市居民將國王所派的官吏驅逐後，從國王那兒爭取到自己來徵收租稅——將估計稅額一次付淸——的權利。——日註

(51) 至於中國的城市，參見 Eugene Simon, *La Cité Chinoise* (Paris, 1885, 不精確)。

(52) 向政府負責某地方之安寧的名譽官吏(H. A. Giles 在其所著的 *China and the Chinese*[New York, 1912],p. 77, 稱之爲"headborough")，通常只扮演呈遞請願書與作爲公證人的角色。他雖有一顆(木製)印璽，但並不被認爲是一名官吏，並且排名於地方上最低職級的官吏之下。

此外，城市裡並沒有特殊的市稅(Munizipalsteuern)，有的不過是政府爲義塾、救貧及水利所制定的稅捐。

(53) 地保乃地方自治體之長，例如里正、亭長之類。——日註

(54) 北京城即由五個行政區所構成。

(55) 當然，羅盤針主要是用在內陸交通上。

(56) 參見 Plath, *China vor 4,000 Jahren* (Muenchen, 1869),p.125。

(57) 根據傳聞，例如始皇帝即強制全國十二萬戶(?)富裕的家族集中於其首都。乾隆皇帝的御製明代史中記載了 1403 年將富人集住到北京的史實。參見 Delamarre 譯，*Yu tsiuan tung kian kang mu*(《御撰通鑑綱目》), p. 150。

(58) 見 H. B. Morse, *The Gilds of China* (London, 1909)。較老的文章見 Mac Gowan "Chinese Guilds," *Journal of the North China Branch of the Royal Asiatic Society,* 1888／9,及 Hurter, *Canton Before Treaty Days 1821-44* (London, 1882)。

(59) 在溫洲、由寧波出身的金箔師所組成的行會即不接受當地人入會，並且也不傳授技藝給他們。這突顯出種族間之部落工業專業化的由來。

(60) 上述的寧波即爲一例。類似的情形所在多有。

按：韋伯在《經濟通史》第二章談到資本主義發展前的工業狀況；韋伯認爲：爲滿足大(或小)家計需求的家內工業(氏族工業)是最初的起點。由此出發，可發展爲部落工業，因爲有些原料(例如石材、金屬、鹽等)可能只存在於某個部落領域內，因此部落可以獨占原料或技術，原先可能只是種副業，其後始漸發展爲純粹營利(市場)的經營，部落或

氏族工業發展結果也有可能會產生種族團體間生產專門化的現象。詳
見康樂編譯，《經濟與歷史》，———中註

❻ 中國作爲一個以賦役的方式來應付公共事務的"賦役國家"(liturgy
state)，韋伯在本書第三章有詳細的討論。liturgy(Leiturgien)一詞在
古希臘雅典時代(西元前四、五世紀)，指的是由富人(自願或強制的)提
供金錢或勞役來支持一些公共事務的制度。例如"trierarchy"，是由富
裕的市民提供資金來建造三層槳的戰艦(trireme)，並須負擔此一戰艦
的一切開銷(包括水手、修補等)；另外如"choregia"則是提供酒神祭
典所需的合唱團、戲劇等。此外還有其他許多。被提名到的市民如果覺
得還有人更有能力負擔，則可提出抗辯，對方可以接下此一職務，也可
以拒絕，條件是必須與被提名人交換財產，要不然就得訴諸法庭。此一
制度後來爲羅馬所承襲，例如被選爲"市議員"(decuriones)者即需負擔
當地的公共支出，並負責稅收，不足則得補齊。古埃及亦有類似制度。
中文辭典一般皆譯爲聖禮崇拜，此爲後出之義，此處譯爲"賦役制"。參
見 *Oxford Classical Dictionary,* p. 613; *Oxford English Diction-
ary,* p. 1642。

　　韋伯借用此一名詞來說明古代團體——包括**家**(household)、氏
族、家產制國家或者像雅典那樣的古代城邦——解決其公共事務(即國
家財政)所採取的手段。其特點爲實物貢賦及徭役，然而不同職業、不
同身分的人，其義務也各自不同。「此種"賦役"通常是爲了統治當局的
預算所需。或是爲了互助的目的。當這種農民、工匠及商人所必須負擔
的徭役及實物貢賦是爲了滿足個人統治下的家計時，我們稱此爲"**莊宅**
(oikos)實物賦役"；如果是爲了整個團體，則稱之爲"互助實物賦役"。
以此種方式來提供介入經濟活動的團體的預算所需，其原則即稱爲"賦
役式供應"(liturgical provision)……。在政治組織中，此一制度扮演
了近代所謂"財政"的角色；在經濟團體中，由於將主要家計分攤給一
些早已不受共同體維持及利用的人去負擔，這就使得主要的**家**有了可
以分散的可能性。每一小單位有其自營生計，但負有提供中央單位所需
的義務，就此程度而言，他們還是從屬於此一中央單位。例如負擔各種
徭役及貢賦的農民或奴隸，附屬於農莊的工匠以及其他各式各樣的負
擔者」。《經濟與社會》，vol. I, p. 124; vol. II, pp. 1022-3；鄭太朴《社
會經濟史》一書中，將 liturgy 譯爲"徭役"。——中註

⑥ 《孟子・告子下》記載 651 B.C.的葵丘之會：「五霸桓公爲盛。葵丘之會諸侯，束牲載書而不歃血。初命曰：『誅不孝，無易樹子，無以妾爲妻』，再命曰：『尊賢育才，以彰有德』，三命曰：『敬老慈幼，無忘賓旅』，四命曰：『士無世官，官事無攝，取士必得，無專殺大夫』，五命曰：『無曲防，無遏糴，無有封而不告』，曰：『凡我同盟之人，旣盟之後，言歸於好』……」。在《中國的宗教》中，韋伯曾數度引用《孟子》書中的這條記載。此處，韋伯所說的一個例證，是指其中“無曲防”──不得曲爲堤防，壅泉激水以專小利而病鄰國──的協定。──中註

⑥ 見前註⑤。

⑥ 家產制(Patrimonialismus)是指支配者將政治權力當作其私有財產的有用附屬品來加以利用的制度；家產官僚制，不同於官吏乃經由[一客觀規制]自由選拔出來的近代官僚制，家產制下的官吏是由支配者的個人從屬來遞補的，是依個人信賴的程度所拔取出來的隸屬官吏而在形式上依官僚制的方式行使其機能。但此處所謂位於農民之下而在宦官與搬運夫之上的“警衛”，實不知其典出何處。──日註

⑥ 李格(Legge)也認爲在周代時，由六位高德者所配享的人格性天神，據說已由具有非人格性表徵的“皇天后土”之祭祀所取代。參見李格所譯《書經・序說》(Shu Ching, Prolegomena), p. 193 ff，由於美德善行，皇帝及其從臣的聖靈乃高登於天，從而能[對下民]有所警示(Legge, p. 238)。地獄是沒有的。

⑥ 向非人格神觀發展的趨勢擺盪不定，可見諸下面一例：[B.C.]312 年，秦王以作證人與復讐者的姿態，對那據說違犯禮法與盟約的楚王發出詛咒，在銘文中記載著秦王所召喚的是一、天，二、在上的統治者(因而也就是人格性的天神)，三、河伯(盟約被認爲在他那兒訂定的)。參見 Ef. Chavannes ed. Ssu-ma Ch'ien, vol. II, Appendix III,& Chavannes, Journal Asiatique, May-June, 1893, p. 473 f.。

⑥ 《韓詩說》謂：「辟雍者，天子之學，……所以教天下春射秋饗，事三老五更」。《白虎通・辟雍》謂：「大學者，辟雍，鄉射之宮」。所謂“饗”，是指鄉飲酒禮，“射”是指鄉射禮。當時的辟雍泮宮是天子、諸侯會同貴族舉行鄉飲酒禮與鄉射禮之處。《禮記・射義》：「卿大夫之射也，必先行鄉飲酒之禮」，《禮記・王制》：「習射上功，習鄉尙齒」。鄉飲酒在於尙齒養老，鄉射在於尙功練武，二者有利於加強貴族的團結與戰鬥力。

有關"辟雍"與"泮宮"的分析，詳見楊寬，〈我國古代大學的特點及其起源〉，《古史新探》(中華書局，1964)。

　　所謂"男子集會所"，是指源自"戰士組合"(consocation of warriors)的一種構成物。「當戰士的專業性高度發展時，"男子集會所"在政治行為的領域裡，扮演著幾乎與宗教領域內修道院僧侶組合完全相似的角色。只有那些證明具有軍事能力，完成修煉而被接受加入戰士團體的人，才屬於"男子集會所"」。詳見《支配的類型》，p. 207。──中註

⑱ 周代的"冠禮"是由氏族制度時期的"成丁禮"變化而來的。「"成丁禮"也叫"入社式"，是氏族公社中男女青年進入成年階段必經的儀式。按照當時習慣，男女青年隨著成熟期的到來，需要在連續幾年內，受到一定程序的訓練和考驗，使具有必要的知識、技能和堅強的毅力，具備充當成員的條件。……如果訓練合格成年後，便可參與"成丁禮"，成為正式成員，得到成員應有的氏族權利，如參加氏族會議、選舉和罷免酋長等，還必須履行成員應盡的義務，如參加主要的勞動生產和保衛部落的戰鬥等」。詳見楊寬，〈"冠禮"新探〉，前引書，p. 236 ff.

　　至於"年齡團體"，是指部族社會中將男子按年齡分成幾個集團，而對各集團分派特定之生活模式與社會功能(諸如軍事、政治、宗教)之制度。參見《支配的類型》，pp. 208。──中註

⑲ 參見 M. Quistorp(Conrady 的門徒)傑出的萊比錫大學博士論文(1913) "Maennergesellschaft und Altersklassen im alten China," *Mitteilungen des Seminars für Orientalische Sprachen,* vol. XVIII (1915), p. 1 ff. Conrady 認為，圖騰制(totemism)曾盛行於中國；是否如此，只有漢學家才能夠斷定。

　　Otto Franke 在檢視了文獻資料與文字上的牴牾之後，結論是：顯然圖騰制之遺跡一直傳衍到十二世紀，「如今已無跡可尋」(*op. cit.,* vol. III, p. 377)。亦見 vol. I ,p. 74; vol. II, p. 403; vol. III, pp. 51, 311, 375 ff.另參見本書第四章註❸。──英註

⑳ Quistorp(前引文)發現有關於老子之初步的神話信仰的蛛絲馬跡。

㉑ 按王莽並非武將，其篡漢更非由於軍隊的擁戴。據《漢書・王莽傳》的記載，王莽年輕時即以士人的姿態出現，「折節為恭儉，受禮經，……勤身博學，被服為儒生」，其後，「爵位益尊，節操愈謙，……收贍名士，交結將相卿大夫甚眾。故在位更推荐之，游者為之談說，虛譽日隆洽，

傾其諸父矣」，此外，「休沐出振車騎，奉羊酒勞遺其師，恩施下竟同學。諸生縱觀，長老歎息」。可知王莽雖出身外戚權重之族，但仍曲意以一介儒生自居，在「折節力行，以要名譽」下，朝廷卿相與文人名士皆多與之交結。故其借引春秋經義，詭托周公輔成王，以安漢公居攝而篡漢之際，一時名士「皆以材能幸於莽」。當時雖有宗室與郡太守等先後起兵匡復，但旋即敗滅，其原因如趙翼在《廿二史劄記》的〈王莽之敗〉條所云：「權勢所刼，始則頌功德者八千餘人，繼則諸王公侯議加九錫者九百二人，又吏民上書者，前後四十八萬七千五百七十二人。……其威力所刼，亦以遍天下靡然從風」。是以王莽之加九錫即帝位，乃士大夫支持下的風行草偃之勢，而絕非韋伯所謂的「軍隊擁立一位功勳彪炳的將軍爲皇帝」。——中註

⑫ Otto Franke 已考證過此一比對，並大大加以補充。他稱包尼法斯[八世]的 1302 年勅書 *Unam sanctam* 爲「相當明白地顯示出天主教之世界教會與中國之世界帝國所共同具有的獨特面貌」。*op.cit.,* vol. Ⅲ, p. 104; 另參見 vol. Ⅰ, p. 120 ff., 161; vol. Ⅲ, p. 83 f., 167。——英註

按包尼法斯八世(於 1294-1303 在位)曾抨擊擁有世俗權力的國王介入聖界，禁止他們向聖職者課稅，並主張羅馬教會對國王具有絕對優越的地位。——日註

⑬ 黃帝的六名大臣之一"后土"，後來被神化爲"大地的守護神"。參見《十六國疆域志》，由 Michels 編譯並加註解，*Histoire Géographique des XVI Royaumes* (Paris, 1891, p. LII, fn. 215)。據此，則[黃帝]當時還不能說有大地信仰存在，或者這樣一個名諱帶有瀆神的意味。[日譯註按：所謂"瀆神的"，實不易解，大約是"后土"被理解爲"垢"的緣故]。

⑭ 指《史記》卷四十七的〈孔子世家〉。——中註

⑮ 《史記·孔子世家》：「吳使問仲尼，骨者何者最大。仲尼曰：禹致群神於會稽山」。《史記集解》註：「韋昭曰：群神，謂主山川之君，爲群神之主，故謂之神也」。接著，這名吳使又問：「曰：誰爲神。仲尼曰：山川之神足以綱紀天下，其守爲神」。《集解》註：「韋昭曰：足以綱紀天下，謂名山大川能興雲致雨，以利天下也」。因此，韋伯這句話是根據韋昭的註解而來；而所謂哲學家，是指韋昭這類的學者。——日註

⑯ "道"的理念中的"天人合一觀"(Universismus)顯然是源自於此種融

合。這個理念後來被推演成"感應"(Entsprechung)的宇宙體系，比起古巴比倫經由"肝臟之占"而來的概念，要細密得多，更不用說古埃及的"形而上"概念了。［按：古巴比倫人以肝臟爲宇宙之鏡，故取動物犧牲的肝臟與膽汁來作爲占測未來之物。——日註］其哲學上的解釋，見下文第七章，以及 de Groot 在其以**天人合一觀**爲主題的書中(前引書)所作的詳細探討；此書乃一系統建構性的專著，並未論及問題的起源。然而，曆書之製定的時占術解釋，以及曆書本身，和禮儀的絕對性固定化同樣的，顯然都是後起的。與此二者相關連的，是自神秘主義出發的道的理性哲學，下文將會討論到。最古老的曆書(《夏小正》，"小的調整者")似乎最未負載這種神學的討論(theologumena)，而顯然是在始皇帝的曆書改革後才開展起來的。政府後來製定了一本時占術的基準書(《時憲書》)，並嚴厲地迫害所有私人及非官方的曆書編纂。《時憲書》是一本經常大量複製的通俗書籍，並且提供了"日者"——職業的時占師——所需的素材。由太史(在上位的執筆者)所掌的古代曆書編定當局，乃是天文曆算者(曆書製定者)與占星師(徵兆解釋者)之設官立府的歷史淵源。它同時也是純粹示範性的、被認爲具有典範性的宮廷史書編纂的起源。後者原先與曆書之製定並不分家(參照下文)，史書編纂者就是曆書製定者。

⑰ 《論語、陽貨篇》：「子曰：天何言哉，四時行焉，百物生焉，天何言哉」。——中註

⑱ 以下所述，參見 de Groot, *Religion of the Chinese*，尤其是 p. 33 f. 55 f.。

⑲ 此一主張往往成爲抵制皇帝之驕妻悍妾取得威權的根據。女主天下被認爲即是陰盛陽衰的表現。

⑳ 根據 de Groot 在其 *Universismus* 一書中清楚明白且具體綿密的精確論述，官方祭典中所崇奉的爲下列數者：

　　1.天，據 de Groot 的說法，在盛大的獻牲祭祀行動中，天乃是與皇帝祖靈同列中的第一級者。2.地("后土")。3.皇帝的祖先及其宗廟；此外還有下列諸祀。4.社稷，亦即土地與穀物的守護神。5.日月。6.神農，亦即農耕術之主。7.蠶桑之主［按：嫘祖］(由皇后獻牲主祭)。8.先聖先王。不過自 1722 年起，這項祭祀包括列朝的所有皇帝，只是那些橫死的、或者被反叛推翻的，皆不在此列，因爲這乃是欠缺卡理斯瑪的

徵示。9.孔子及其學派的諸領導人。原則上，所有這些都由皇帝親行祭祀。

除此之外，尚有：10.風、雨神(天神)及山、海、河神(地祇)。11.曆神木星(監歲的大神靈)[按：中國以木星為歲星，這乃十二年為一周期的由來]。12.醫術之主與春神(或許，這就是巫術治療法起源於大地狂歡祀典的徵示)。13.戰神(被神格化的將軍關帝，西元二至三世紀)。14.經學之神(對抗異端的庇護神)。15.北極星(1651年加入神列)。16.火神。17.火砲神。18.要塞神。19.東嶽。20.龍、水神，或屋宇、瓦磚、倉廩之神。21.、升列神位的地方官吏。所有以上這些(通常)皆由被授權的官吏來供奉。總之，很明白的，國家的整個外部組織幾乎都被神格化了。不過，最高的祭祀犧牲顯然是獻給非人格神的。

❽ 《京報》裡就有關於官吏提議封神這類的記載。被列入神聖之列後，必須一步步地晉升並且更進一步以奇蹟來證明[其靈驗]，這和天主教裡的程序是一致的。以此，1873年，當河水有氾濫之虞時，一名官吏即以"黃河主事神"的心意提出報告。准予將此神列入祭祀的事雖得到認可，但對之授予尊號的提議却遲疑未決，這要等到它進一步立下事功的報告傳來時才行。1874年(12月17日《京報》)，據報由於制作它的肖象而平息了洪水氾濫之危，這名神靈便取得了應有的尊號。1874年7月13日的《京報》登載了一則承認河南龍神廟之神力的提案。1878年5月23日"龍神"這個新稱號即被認可(同日的《京報》)。同樣的，據1883年4月4日《京報》載，主事的官吏們提議晉昇一名位於神列的已故大官之位階，因為人們見到它的神靈浮遊於河水上方，在萬般驚險的情況下，奮力地平息河水。為歐洲人所熟知的官吏(李鴻章便是其中之一，1878年12月2日的《京報》有載)也經常提出類似的議案。1883年11月31日，一名御史猶如惡魔的辯護者(advocatus diaboli)[按：對列聖手續提出反對論證的職務代理人——日註]，抗議某位大官之被列於神位，因為其政績不足稱善(參見同日《京報》)。

❽ 事見《史記·秦始皇本紀》：秦始皇欲渡江至湘山祠，「逢大風幾不得渡。上問博士曰：湘君何神。博士對曰：聞之，堯女，舜之妻，而葬此。於是秦始皇大怒，使刑徒三千人，皆伐湘山樹，赭其山」。——中註

❽ "卡理斯瑪"(charisma)是指某種人格特質，某些人因具有這種特質而被認為是超凡的，稟賦著超自然的、超人的、或至少是特殊的力量或品

質。它們具有神聖或至少是表率的特性。某些人因具有這些特質而被視爲"領袖"。所謂"卡理斯瑪支配",即是被支配者對能夠證實其卡理斯瑪稟賦的領袖產生一種完全效忠和獻身的情感性歸依下,所成立的支配類型。「如果領袖在很長一段時間中無法創造奇蹟或成功;如果神或魔性或英雄性的力量似乎拋棄了領袖;最重要的,如果領袖無法繼續使跟隨者受益,他的卡理斯瑪支配很可能因此喪失」,此即韋伯此處"卡理斯瑪支配的原則"之意涵。以上詳見《支配的類型》,pp. 65-7 。——中註

⑧ 所謂"世襲性卡理斯瑪",是指卡理斯瑪可透過遺傳而繼承的觀念。它可由擁有卡理斯瑪者的族人——通常是其最親密的親人——共同擁有。在中國,君主的卡理斯瑪特質即是由繼承而代代相傳,不過都受到嚴格的規範。參見《支配的類型》, pp. 73。——中註

⑧ 韋伯在其〈宗教社會學〉中論述:人類最原始的宗教意念來自感官上觸知自然界中有非凡的力量存在。無論是由自然賦予某人或某物而不可能以任何手段獲取的,還是可以用非常手段(如狂迷忘我)導引出來的這種非凡的力量,一般用"mana"、"orenda"或"maga"(亦即 magic 之字源)等字詞來稱呼,而韋伯聲明用 charisma 一詞稱之。參見 Max Weber, "Socioloy of Religion", *Economy and Society,* G. Roth & C. Wittich tans. & ed. (Berkeley: University of California Press, 1978), p. 400。——中註

⑧ 在前泛靈論與泛靈論理念的世界中,是不可能嚴格區分"巫術"與非巫術的。甚至連耕作或任何其他平常的行爲,都是某種目的手段;從作爲服事特殊"力量"(後來是"神靈")的角度來看,即是"巫術"。因此也只能作一種社會學上的區分:以擁有非凡資質這點,來區分開狂迷忘我的狀態與日常的生活,也區分開職業的巫師與一般人民。以此, "非凡的"被理性地轉化爲"超自然的"。製作耶和華神殿中之祭祀禮器的藝匠所憑藉的是耶和華的"靈氣", 就像巫醫所憑藉的是使他有能力從事此一技藝的"力量"一樣。

⑧ 不過並不能單由治水這件事來加以解釋, 否則美索不達米亞地區也可以有同樣的發展。誠如 G. Jellinek 所作過的說明:帝位與祭司職位之間的關係, 這項具有中心重要性的發展往往只是基於"偶然的"歷史命運。我們除了接受這樣的說法外, 實在無法再加以深究。

⑧ 因此，天雨（或雪）不降，會導致宮廷或禮官等圈內人最激昂的議論與建議。每當這類事情發生，《京報》中即充斥著各式各樣的巫術性補救方案。例如遭受乾旱威脅的 1878 年（參見此年 6 月 11 日、24 日的《京報》）：國家天文學者的衙門（委員會）贊同古典占星術權威的判斷──由於日、月色澤之故。一名翰林院學士即據此指出這必會引發不安，而要求將此項鑑定公諸大眾，但也要保護年齒尚幼的皇帝免於宦官將之釋爲惡兆的流言所害，並要求警衛宮廷。除此，攝政皇后等人必須履行他們的道德義務，如此方能天降甘霖。這份報告以其對宮廷貴婦之行止所做的可靠說明，以及同時並降的時雨之證驗，而公諸於世。

同年稍早，一名"女使"（女隱士，死於 1469 年）因經常在饑荒時善施救助而被提議列爲神聖（1878 年 1 月 14 日《京報》）。前此已有許多類似的晉升之舉。

⑧ 這項儒教正統的基本命題，在無數的皇帝諭勅和翰林院案牘奏議中，被反覆強調。以此，翰林"學士"的奏議中（如上註所引的那則，將於下文中不斷引用），便有這樣的話語：「只有實踐美德方能影響上天靈力……」（參照以下諸註）。

⑨ Tschepe, *op. cit.*, p. 53。

⑨ 1899 年 10 月 6 日，《京報》登了一則皇帝的詔令，（他在皇太后發動軍事政變下被監管），悲痛他個人的罪過可能就是發生乾旱的原因。並且，諸王公大臣也因行止有誤而自負應擔的罪過。同樣的，在 1877 年，兩位皇太后也應允留意一名御史所提出的警示，保持她們藉以平息旱魃的"戒慎恭謹之態度"。

⑨ 參照前註末尾。1894 年，一名御史批評皇太后之干涉國事爲不當（參見 1894 年 12 月 28 日《京報》之記載）而被免職，並貶斥到蒙古驛站服勞役。這並不是因爲他的批評本身是不被容許的，而是因爲這批評據說是基於"傳聞"，並非明證。1882 年，某一翰林學士就較爲理解如何把握這位精力過人的女人之意圖。他表示，因爲皇帝還年輕不懂事，並且能爲朝廷成員來擔負起工作是最好不過的，所以皇太后應當更盡心於政務，否則，其周遭的人就會開始批評她的監護（《京報》，1882 年 8 月 19 日）。

⑨ 君主須擔負[其爲君主之]責任的這項理論，是與其他的理論相對立的，那些理論聲稱對皇帝"報復"是無可寬容的（西元前六世紀），任何不利於皇帝的人都會遭致重大的（巫術性的）禍害（E. H. Parker, *Ancient*

China Simplified, London, 1908, p. 308)。此一理論，就像皇帝之據有主宰性的最高祭司地位的整體[理論]一般，並未完全確立。顯然，只有過一位皇帝是由軍隊本身聲稱其爲正當而擁立的。不過，除了指定繼承之外，原先基於"百姓"，亦即大的封建藩臣來歡呼推戴，無疑是王位繼承的先決條件。

㊼ 舉凡中國文明占有一席之地的所在，這整個君王卡理斯瑪觀念就散播開來。南詔王在推翻了中國[在當地]的統治之後，一塊碑銘上(由 Chavannes 發表於 *Journal Asiatique,* 9th Série, vol.16[1900],p. 435)記載著此王「氣受中和」(借自《中庸》)他有能力(像天一樣地)「德含覆育」。"事功業績"(與西藏吐蕃聯盟)是其美德的表徵。正如中國的模範皇帝一般，他探尋"世家舊貴"來拱繞於他(p. 443)。這可與《書經》所載作一比較。

按：此一碑文當指〈南詔德化碑〉，立於 A.D.765 左右。748 年，南詔叛唐，西結吐蕃，屢敗唐軍，據有今日雲南一帶，乃立碑記功。碑文詳見向達，《蠻書校註》，附錄二，p. 315-330。——中註

㊽ 參照註㊼。下面我們還會提到官吏被認爲具有巫術力量的這個事實。

㊾ 此處所指的是《周禮》中所詳載的三百六十個官銜的官制。——中註

第 **2** 章
封建國家與俸祿國家

❶ 以下敍述大約即是《周禮》之〈夏官大司夏〉及〈職方氏〉中所載的"九畿"、"九服"之制。據載，天下爲方五千里之地域，中央方千里爲周天子直轄的王畿，由此向外每增五百里易一服，分別爲侯服、甸服、男服、采服、衛服、蠻服、夷服、鎮服、藩服等九服。——日註

❷ E. H. Parker, *Ancient China Simplified* (London, 1908)，p. 57。

❸ 材料見 Fr. Hirth, *The Ancient History of China* (New York, 1908)。《竹書紀年》，有 Biot 的譯文，見 *Journal Asiatique*, 3 rd Série, vol. XII, p. 537 ff. , XIII, p. 381 ff. 可當作西元前十八世紀到十二世紀之史料的青銅器銘文與《書經》裏的頌歌，可參閱 Frank H. Chalfant, "Early Chinese Writing," *Memoirs of the Carnegie Museum*. vol. IV, No. 1 (Pittsburgh, September, 1906)。

[1928—29 年 (北京)，中央研究院的考古工作出土了許多物件——遍布文字的龜殼、甕、鼎、瓶、骨……等。關於特別重要之青銅器物的材料，型制、修飾等方面的討論，見 H. G. Creel, "On the Origins of the Manufacture and Decoration of Bronze in the Shang Period," *Monumenta Serica*, vol. I, p. 39 ff。關於文字的討論，見 Otto Frank, *op. cit.*, vol. III, p. 52 ff。]——英註

❹ 參見 Chavannes, *Journal Asiatique,* 14 th Serie, vol. X (1909)，p. 33, note 2。

按：俄羅斯的"品位秩序"可參見《支配的類型》，pp. 208-9 註 **㉑**——中註

❺ 參見 *Kun—Yu*(《國語》), de Harlez, ed.(Louvain, 1895), pp. II, V, 110。

❻ 參見司馬遷所著皇帝傳[按:《史記・秦始皇本紀》], Chavannes ed. (1897), p. 139。

❼ *Yu tsiuan tung kian kong mu, op. cit.*

❽ Chavannes ed. *Ssu-ma Ch'ien* II, Appendix I, note. 1, p. 526。

❾ 同❻, p. 149, note。

❿ 以關內侯與列侯來區分土地俸祿與租稅俸祿其實是不恰當的。按秦統一天下之前設有二十等爵制, 自第十六大上造以下皆官、爵不分。關內侯與徹侯分別爲第十九與二十。徹侯即通於諸侯, 是國內準於諸侯的封君, 而關內侯則受俸祿於關內(函谷關以內), 無采邑, 唯有侯的稱號而已。漢隨秦制, 徹侯避武帝名諱而稱通侯, 又稱列侯。列侯係封於國(封給列侯的食縣), 封邑之地名即侯之名(如張良封於留縣即稱爲留侯)。據《漢書・高帝紀》十二年三月的詔書, 漢初列侯是「令自置吏, 得賦歛」亦即可以自置一定的官吏, 並收取封地裏的賦稅。然而關內侯則爲居於京畿之內而擁有侯號者, 是領有特別津貼但無食邑的一種虛封。——中註

⓫ Biot, *Le Tscheou-li*, 2 vols. (Paris, 1851)。據聞, 此乃源於成王時代(1115-1079 B.C.)的朝制, 其中只有核心的部分, 被認爲是原有的。

⓬ 冢宰、司徒、宗伯、司馬、司寇、司空等天官、地官、春官、夏官、秋官、冬官之官職名稱, 無疑是士人所擬設的。由天官來掌理預算的這種觀念, 自然是與史不符的。

⓭ 司馬遷已記錄下秦與漢的眞正行政組織(參閱 Chavannes 所編書, Part II, Appendix II)。兩位大臣[左右丞相]之外, 設有"太尉"(直到武帝之時), 爲各將領的軍事首長。"中丞"爲大審議長兼按察使與地方官吏的首長。"奉常"掌管獻牲祭祀之禮, 同時也是大占星師、占卜師、醫師, 並且(極且特色的)也負責堤防與運河之事[按: "奉常"之屬官有太史、太卜、太醫、都水——掌理渠水堤門]。接下來是"博士"(讀書人)、"郎中令"(即監管宮殿門戶者)、"衛尉"爲宮廷衛兵之長、"太僕"是兵器庫長、"廷尉"爲司法長官、"典客"爲掌理藩屬與蠻夷君侯事務之長、"治粟內史"爲倉庫監管者, 從而也是掌理農事與商務的大臣、"少府"爲處理皇帝家務之長(其下設有"尙書", 由宦官擔任[英譯按: 此爲宮廷財務長])、"中尉"爲京師的警衛長、"將作少府"爲建築工事的監管者、"詹

事"是皇后與太子家務的管理者、"內史"為京師首長、"主爵中尉"為藩臣的監管者，後與"典客"(見上文)合一。與《周禮》中那種理性的、因而就歷史而言是不足採信的建構形成對比的是，這張表顯示出家產官僚體系──起先是因應家政上、禮儀上與軍事上的管理而產生，後來又附入司法、水利與純政治的利害等──所有的非合理性。

⓮ "家父長的"並不就等於蘇丹制的意思，而是指以一禮儀上的最高祭司長來呈現世襲性氏族卡理斯瑪的家父長制。或許，如經典所描述的，最高祭司長的卡理斯瑪原先是透過指定繼承人的方式來傳遞，後來才轉變成世襲的。

⓯ 在傳統型的支配裏，支配者所賴以執行統治的典型行政幹部中，"客"即為"家產制拔舉"下的一類(其他為族親、奴隸、家臣性附庸、部曲及解放的奴隸)。"客"(client)一詞源自拉丁語的 cliens(pl. clientes)，乃隸屬民之意。韋伯認為「中國與埃及，家產制官員的主要來源是君主的"客"」；「他們並非屈辱地受制於他人的權力，而是形成一種"恩主"(patron)的隨從身分。這是一種互相忠誠(fidelty)的關係；藉此關係，在一宗敎性禁忌下於"恩主"與"客"間設定一種法律約束；"客"是其"恩主"個人及政治權力的工具，而非經濟工具。"客"與其主子的關係是由誠實信義等原則來約制，其關係並非由法官來監督，而是道德律，違反者受宗敎性的懲罰。……」詳見《支配的類型》，pp. 45；184-5。──中註

⓰ 司馬遷所著史書(西元前一世紀)已部分由 Edouard Chavannes 翻譯編纂出版。P. Tschepe(前引書, p. 7)即以此書為基礎，描繪出秦、韓、魏、趙、吳等封建國家的政治發展。(Tschepe 的著作有其可觀處，然而卻難免其"基督敎式"的審視，這往往讓人有種天眞的感覺)。當我們單獨引用 Tschepe 著述時，所指的是秦國史。此外，我們也參照那本時時引用的"Discours des Royaumes"[按：《國語》]。

⓱ 這類情形，參見 E. H. Parker, *op. cit.,* p. 144 f.。

⓲ 參見 P. A. Tschepe(S.J.), *Histoires du Royaume de Tsin,* 777-207。

⓳ 根據 Hirth 對《管子》書某處的解釋，這是在首先被理性化的齊國，依一千個鹽的消費者來計算。見 Hirth, *Ancient History of China* (New York , 1908)。

⑳ 此處，E. H. Parker 的陳述(*op.cit.,* p. 83)似乎不足採信。

㉑ 關於這方面，我們下面討論到土地租稅時會再詳談。

㉒ 參見司馬遷所著"禮"書，Chavannes ed.. vol. III。

㉓ 葵丘之會諸侯盟誓的條文，請參見第一章註㉒。——中註

㉔ Tschepe，*op. cit.,* p. 54。

㉕ *Ibid.,* p. 66

㉖ 《史記‧秦本紀》載文公十三年(西元前 753 年)，「初有史以記事，民多化者」。——中註

㉗ 此處我們無法討論這些古老"典籍"的技術性質。紙是很久以後才輸入的產品，而讀與寫則很早以前、相信早在孔子以前，就已有了。Von Rosthorn 認為(下面會談到)，禮方面的素材是靠口耳相傳的，因此"焚書"只是一種傳說。de Groot 顯然並不以此一說法為然，直到他最近的著作裏，都還認為"焚書"是個事實。

㉘ 史書中(Tschepe, *op.cit.,* p. 133)保存了一分同盟計劃裏各個諸侯國兵力的計算。根據這些數字，每一千方里之地(一里＝537 英呎)可供 600 輛戰車、5000 匹馬、50000 人員(其中 40000 名為戰士，其餘為輜重兵)。西元前十二世紀的一份(據稱的)租稅改革的計劃裏，則要求從同樣的面積徵得 10000 輛戰車。由近東地區類推起來，我們認為這發生在戰車輸入的數個世紀之後。

㉙ 參見 Tschepe, *op.cit.,* p. 67。

㉚ 戰國時期的邊境諸國，由於夷狄交侵而激起一股強烈的愛國情操，特別是秦國。當秦王被俘時，便有"2500"個家族起而獻納繼續作戰的資金。西元 112 年，一位漢朝皇帝在財政困難時，也試圖訴諸這種"戰債"——甚至到了十七世紀，奧地利的李奧波德王朝還作過類似的嘗試——但顯然並沒有多大的成果。

㉛ 德文原著拼音為 Wei-Jan，根據當時法譯漢文的發音，Jan 應即「冉」字。然英譯本轉譯為 Wei-Yang，極易令人誤以為即是上面所提的 Yong(英譯為 Shang-yang)。韋伯原指的是 Yang(鞅)與 Wei-Jan(魏冉)二人，而英譯者轉譯為 Shang-Yang 與 Wei-Yang。英譯本的中國讀者可能因此懷疑韋伯竟不知商鞅與衛鞅同為一人，此實英譯本所引起的誤解。——中註

㉜ Tschepe, *op.cit.,* p. 142。

㉝　兩者皆見於某人士的談辯。譯詞見 Tschepe , *loc.cit.,* p. 77。

㉞　*Ibid.,* p. 61。

㉟　*Ibid.,* p. 59。

㊱　*Ibid.,* p. 14。

㊲　*Ibid.,* p. 38。

㊳　據史書記載(Tschepe, *op.cit.,* p. 261)，一塊碑文上刻著皇帝的話：
　　「尊卑貴賤，不踰次行」。另一份碑文則明辨"貴族、官吏與庶人"的分別
　　(貴賤分明)。詳見《史記‧秦始皇本紀》。

㊴　見 Tschepe 在其"Histoire eu Royaume de Han"(Variétés *Sino-*
　　logiques, vol. 31, p. 43)中所引(馬上要討論到)的一段話(對魏侯而
　　發，時爲西元前 407 年)。

㊵　*Ibid.*

㊶　傳說後來成爲權臣的士人李斯，在一份奏議上指陳士人(並且一般說來
　　包括他國士人與商人)對於君侯權勢的重要性。
　　　　按：關於秦宗室大臣奏請秦王「一切逐客」的原因，以及李斯(也在
　　被逐之列)上書諫「逐客令」而後「秦王乃除逐客之令，復李斯官」的內
　　容，詳見《史記‧李斯列傳》。——中註

㊷　例如在司馬遷的〈秦始皇本紀〉(Chavannes, ed. vol. V, p. 166)所保
　　存的刻石碑文中，就可見到「凡是違反理性的行爲即可加以非難」的文
　　字。其他許多的碑文(上引書)則讚頌皇帝在帝國內所建立起的合理秩
　　序。不過此一"理性主義"並未能使他不去贊助長生靈藥的探採。

㊸　始皇帝的這句話記載於司馬遷的〈秦始皇本紀〉(Chavannes, ed. vol.
　　II, p. 162)而流傳下來。此外，戰國時代的士人卿相，甚至連王安石(西
　　元十一世紀)，原則上並不完全排斥這樣的見解。

㊹　宦官政治顯然在西元前八世紀就已出現。

㊺　有關蘇丹制之定義與內涵，以及寵倖政治與家產制政體的關係，詳見
　　《支配的類型》，pp. 46, 50, 188 註⑳。——中註

㊻　據聞被迫去築長城的勞役者爲數三十萬(?)。若計及整體徭役負擔，則
　　尚有更高數字的記載。當然，長城是歷久經時才完成的。根據 Elisée
　　Reclus 的計算，長城是至少約一億六千萬立方呎的龐大工程，其所必
　　須的勞動力是可以想見的。

㊼　其中首要的關注是在供給士兵與勞役囚徒所必需的糧食的問題。史書

上(Tschepe, *loc. cit.*, p. 275)的估算數字如下：運糧至消費地點的開銷是糧運量的 18,200%(據聞由於途中的消耗，182 份糧運只有一份運送到目的地，當然這可能是偶然的一個例子)。

㊽ Tschepe, *loc. cit.*, p. 363 f。這宦官出身於一個被沒入宮中的貴族家庭。

㊾ 此據《史記・秦始皇本紀》趙高言：「今時不師文而決於武力，……明主收舉餘民，賤者貴之，貧者富之，遠者近之，則上下集而國安矣」。——中註

㊿ 史書，尤其是《史記・秦始皇本紀》(Chavannes, ed. vol. II, p. 178)，記載了有關此種企圖的一些資料。"盧生"(一名方士)顯然是此一計劃的主謀者，始皇曾委任他去探求不死的靈藥。其所謂「眞人隱而不現」，這是對老子的某些原則(於後文討論)的一種特殊應用。然而秦始皇實際上是躬自親政的，各家的"賢者"所抱怨的是他沒有適當地諮詢他們(*loc. cit.*, p. 179)。繼承者二世皇帝如"朕"——即在其寵倖(趙高)監護下的"隱居者"[譯按：趙高曰：天子稱朕，固不聞聲]——一般地過活，因此不接見官吏(*Ibid.*, p. 266)。在道教徒與宦官掌握權勢時，此乃儒教徒典型的指責。二者的結盟，將於下文討論。甚至在漢高祖治下，"隨從"，亦即封建領主，於皇帝死後便重掌權勢。雖然始皇帝的整個官僚體制仍然維持着，甚至連士人都已恢復踞有影響力的地位，此一情況仍然發生。

(51) Tschepe, *op.cit.*, p. 159 f(據碑文所記)。

(52) *Ibid.*, p. 267 f。

(53) *Ibid.*, p. 67。亦見商鞅與封臣在孝公廷前的辯論，*Ibid.*, p. 118。

(54) 尤可顯示特徵的是馬端臨所記錄的國庫總收入數字。中國著述者將原因歸之於巨大且無從解釋的變動。顯然其究竟的意思是指：如果甚至在 1370 年時就有 840 萬頃(等於 4800 萬公頃)的課田登記，不過到了 1502 年却只有 420 萬，1542 年 430 萬，等到了 1582 年又有 700 萬頃(等於 3950 萬公頃)計入。(1745 年，施行固定稅額制後三十年，據說即有 16190 萬公頃登計額)。

(55) 在 1879 年底的《京報》上載有已被授與第二等學位[按：舉人]因而充分具有任官的資格者的估算數額。此外，也提供了官職候補者——[秀才與舉人]這兩級分別都定有一最高數額——的平均年齡及其可能年

壽的估算數字。除非高齡及第者的人數相當少，否則尚存者的數字太高了；[另一方面]這數字則太低，因為必須加上藉軍中資歷(特別是滿州人)而轉任者的數目，此外，還有那些[以金錢]買得任官資格的人。官職候補者的數目高達 30,000 人(而非初算的 21,200 人)，人口假設是 35,000 萬人，那麼每 11,000—12,000 人才有一名官職候補者。在十八個省分裏(包括滿州)，於一獨立的國家官吏(知縣)治下的最低一級行政區[縣]，只有 1,470 個。因此(同上述假定)，大約每 248,000 人才設有一名官吏。若將員額預定的高等級官員也加進來的話，那麼每 200,000 人方能有一官吏。甚至將部分從屬的、臨時的官吏也加進來(例如德國的情形)，比率上也才不過有大約 1,000 個具候補身分的行政、司法官員。如果我們加入家族及人民中的中國警察[按：地方上的自治警官，詳見第四章]，則數字便截然不同。

　　1895-6 年的這些數字的資料出處為 Sacharov(教皇使節)的著作 *Arbeiten der Kaiserlich Russischen Gesandtschaft*, trans. Abel & Meckenberg (Berlin，1858)。根據這些數字，北京及其他兩個地區出身的(因此，尚未任命的)文、武官，於 1845 年約 26,500 人；1846 年，員額內的現任官為 15,866 人，待命者為 23,700 人(二個難以核算的數字)。顯然不只是第二等及第者，連候補者及所有的滿州軍官都被包括進來。

56 對一些高級官員而言，此一原則往往必須要打破：例如李鴻章即做了數十年的直隸總督。雖然任期是容許以三年為一期來延長的，不過三年一任的原則至今仍嚴格執行著。

57 [這些主事]通常最多不過六人。不過，具有像副總督那樣的重要性，也只有知事、地方判事、以及地方財政長等人。地方財政長原先是唯一的最高行政長，而知事則由按察使(從前往往由宦官擔任)轉為常置的治理者。除了這兩名負責財政與司法的官員外，其他各部門都是非官方的。甚至官方名銜帶有"牧者"之意的最下級官吏(縣)，也有二名秘書——負責司法與財政。其上司，"府"的首長，掌理林林總總的、至少可具體舉出的各項治事(水路、農業、種馬飼養、米穀輸送、兵員宿營、以及一般警政)，然而其本質上被認為是負向上級官府傳達政情的中介性監督官職。反之，最下一級的縣官則具有百科全書式的功能性格，因為他實際治理且負責一切。在較大的州省中，特別有道台一職，負責鹽

稅與道路工程諸事；此種特任官的委派任命，一如所有家產制國家所
發生的情形。至於中國對於"法律專家"(熟知判例者)與辯護人的概念，
參見 Alabaster, *Notes and Commentaries on Chinese Criminal
Law*(本人如今已無從取得此書)。

❺❽ 關於合議制支配與"專管部門"，詳見《支配的類型》，ch.VIII, pp.
107-127 ；其中韋伯列舉了中國衙門、翰林院與諫官所扮演的角色。
──中註

❺❾ 此解據日譯註。此外，原意爲"籤"的希臘文 kléros，一般說法認爲最初
的共同體係以抽籤來分配其所有土地。詳見《支配的類型》，p. 209。
──中註

❻⓿ 官方的名稱是"轉輸貢納的運河"。參見 P. Dom. Gandar S. J., "Le
Canal Imperial," *Variétés Sinologiques*, № 4(Shanghai, 1894)。

❻❶ 關於這些經營的記載與[拓地]受領證，部分保存於 Aurel Stein 收集
自中亞出土的文件(約當基督紀元前後)。在某些地方，乾地的開墾，每
日只有三步的進度，參見 Chavannes, *Les Documents Chinois
découverts par Aurel Stein dans le sable du Turkestan Oriental*
(Oxford, 1913)。

❻❷ 參見 Chavannes, *loc.cit.*, p. XII ff。
《水經注，河水》引晉人楊泉的〈物理論〉，其中可見相關史料。「秦
始皇，起驪山之冢，使蒙恬築長城，死者相屬。民歌曰：『生男愼毋擧，
生女哺用餔。不見長城下，尸骸相支柱。』」(《太平御覽》卷 571 引)。
──日註

❻❸ 雖然假定是如此，但我們無法確定氣候的變化在其中所扮演的角色。無
論如何，徭役制度的崩壞就足以解釋了，因爲只要不發生"經費"問題的
話，這個地區仍然可以維持耕作的。勞動者雖可食用在此地栽種的一種
特殊穀物維生，但若要完全賴此生存則是不可能的。顯然之所以要使土
地保持耕作的狀態(即使必須大量地補助)，只是爲了要供應守備軍與
使節不易運達的必需品。

❻❹ P. D. Gandar, S. J. *op. cit.*, p. 35。

❻❺ *Yu tsiuan tung kian kang mu*, *op. cit.*, p. 351。

❻❻ 見第一章註❶❸，第十、十一與十四世紀的中央政府總歲入。根據史書，
實物租稅整體是依距離京師的遠近來調配的。例如，距離最近的地區輸

送帶蒿的穀物，次近者只輸穀粒，然後每退一級就輸送更高價值的物品，亦即更高度的勞工附加物。這是相當可信的，並且也符合其他的文書記載。

㉖ 參見 Aurel Stein 所收集的，時當 98-137 A.D.的出土物(Chavannes, ed., *op. cit.,*)。軍官所收到的軍餉固然是貨幣，然而士兵們的軍餉是否以貨幣支付，仍是個疑問(No. 62)，雖然他們的軍服至少部分是以貨幣購得(No. 42)。此外，某一佛寺的支出帳簿上(雖然時間上稍後)也顯示出一種完備的貨幣經濟。例如以給薪的辦法雇用工匠，以及支付貨幣的各項支出(*Ibid.,* No. 969)。爾後此等舉措皆不復施爲了。

㉘ 1883 年，皇帝莊宅即運送了(原價!)值 405,000 兩的絲絹與磁器到宮廷裏(《京報》，1883 年，元月 23、24、27、30 日，以及 6 月 13 日、14 日)。除此之外，尚有來自各省的實物貢納，其中至少部分是輸入宮中(如絲、高級紙等等)，部分供作政治用途(鐵、硫磺等)。1883 年，山西省因爲所須貢納的物品(除了鐵之外)本身就不得不先自外購得，故而請以貨幣輸納，然未如願。

　　有關"莊宅經濟"——例如古代世界的農莊及皇室的家計(所需的大部分物資皆是由徭役或實物貢納方式來提供)——詳見《支配的類型》, pp. 192-3。——中註|

㉙ 關於地租，參見 Biot 在許多方面至今皆仍有用的著作, *Journal Asiatique*, 3 rd Série, vol. 6(1838)。

㉚ 這道詔令於 1712 年(康熙五十一年)頒佈，而於次年實施。此一稅制改革，是將勞役轉化爲丁銀，根據康熙五十年的成丁數徵收一定數額的丁銀，爾後出生者稱"盛世滋生人丁"，永不加賦，唯以五十年上報之數爲準。——中註

㉛ 當然，這些數字是非常不可靠的。我們必須要考慮到，在 1713 年的租稅妥協以前，官員的利之所在是將應課租稅的人口數額減低或是固定(基於人頭稅之故)。此種利益關注隨著租稅定額制而消退(見下文)。爾後，情形恰好相反，官員們有興趣的是吹噓人口的滋盛。這一來只有神祇——民眾打交道的對象——才會關注這些數目字。人口數愈高就愈能證明某特定官員的卡理斯瑪。因此甚至連十九世紀時的人口數都是很有問題的，例如四川省人口的異常增長。又如 Dudgeon 在其 *On The Population of China*(1895)一書中，計算出 1880 年代的十四省

總人口數爲 32,500 萬。

❼ 在最近的三十年裏，所有直接稅的課徵企圖皆功敗垂成，原因是這必然要對官紳的俸祿課稅。家產制下的官吏收入概念，可以自官吏服喪的種種細節中具體保存下來。自古以來，服喪的意義——在中國的官吏層中特別清楚的表現出來——在於使死者之靈的忿怒與怨恨遠離那些占有其財產的繼承者。姑不論原先其所有物的大部分（包括遺孀及其他陪葬者）皆應與之共赴黃泉的這個事實，繼承人也應久久迴避喪宅及死者遺物。他們應蔽衣而居於他屋，並忌諱享用遺產。

如今，官職被視爲不過是俸祿，而俸祿也頂多只是受俸者的私人財產，一旦遇到他應盡服喪義務的人死亡時，結果便是毫無條件地辭去官職。陸續不斷的大量空缺、無數官吏的暫時性無法就任、因服喪而失官所累積起來的等待復職者，在在構成政治上的難題——特別是流行病盛行之時。因此，基於國家理由，皇帝往往禁止服喪期的過度延長或因畏懼亡靈而加入服喪之列——若違反此二禁令，則施以笞刑。慈禧太后也曾嚴厲地命令（雖然結果無效）李鴻章只在官任上稍事休假，而不要因服母喪辭退官職（《京報》，1882 年 5 月 1 日）。

❼ 這個方式類似於美國的黨老大向執政黨黨魁所任命的官員課收租稅一樣。他之所以如此做，乃是爲了他個人及其政黨的收益，其間[與中國]的差異是，這些稅額往往是固定的。

關於黨老大（party boss），請參閱錢永祥編譯，《學術與政治：韋伯選集(I)》（台北，1985），p. 195, p. 265 註❼。——中註

❼ Jamieson & Parker。參閱後者的計算與估量，*Trade and Administration of the Chinese Empire*, p. 85 ff。

❼ 此一概念明白地顯露於《京報》(1895 年 1 月 11 日)所登的訓令中。其中指責某些(低等)官吏把住俸祿三年以上，因而阻擋了其他人的"機會"。

❼ 關於坐食者心態，可參見 E. H. Parker, *China, Her History, Diplomacy and Commerce*(London, 1901)。「他是個二十萬石者」，意即他每年收入此一數額的租金；是否爲富人，往往依此來劃分。

第 **3** 章
行政與農業制度

❶ 此處我們不可能對中國的先史時期加以討論，特別是漢學家所主張的
原始遊牧狀態。當然，亞洲內陸的遊牧民族甚至在先史時期就已不斷地
入侵與征服沿河平原。在面對較高的農耕文化時，只有蒙古人曾認眞地
保持自已爲遊牧民的面貌，爲此，他們一度禁止開墾京師一帶的土地。
至於中國人一直未有飲用牛奶的現象，這比任何傳統都更能清楚說明
其粗耕與細作之間的連貫性。況且，籍田之禮更是皇帝作爲最高祭司長
之儀式行爲的一部分。以此觀之，古代統治階層一部分、甚至全部，是
否爲遊牧民族的後裔，這一點兒也不重要。(前述)"男子集會所"的存
在，與"遊牧狀態"自然毫無關聯；這不過是指，在這些社羣裏，男人所
從事的是狩獵與戰爭，而女人則從事耕種。中國人自古以來顯然即不飲
用牛奶的這個事實，與遊牧的假設恰相矛盾。大型畜類是用來勞作與供
犧牲用，只有小家畜才作爲普通的肉食。

　　關於農業制度與國庫財政之間的關聯，參見 N. J. Kochanovskuj,
"Semljevladjenie i semljedjelje w Kdtaje," *Isvjestija Vostotsch-
navo Instituta d.g. isd.*, 1907/8, vol. XXIII, 2 (Vladivostok,
1909) & A. J. Iwanoff, *Wang-An-Schi i jevo reformy*(St.
Petersburg, 1906)。可惜其他的俄國文獻我無法拿到，目前也沒有弄
到 A.M. Fielde 所寫的"Land Tenure in China," *Journal of the
China Branch of the Royal Asiatic Society*, vol. 23, p. 110(1888)，
以及此一刊物所刊載的其他任何作品。進一步的引用，請參見下文。

❷ 參見 Biot 前引書中的描述。

❸ 韋伯在其《經濟通史》(*Wirtschaftsgeschichte*, J. Winckelmann, 3 rd.
ed., Tübingen: Mohr, 1958)中指出: 領主處分權——尤其是西方莊
園制度之內部的發展，最先是被政治的及身分階級的關係所決定的。領

主權力包括三部分：土地所有、人的所有、政治權力之專有——特別是
司法權之專有，這對於西方的發展是一種最重要的勢力。中譯文參見鄭
太朴譯《社會經濟史》(即上指 *Wirtschaftsgeschichte* 之中譯本，台北，
1977)，pp. 89 ff。——中註

❹ 參見 Leonhard 的論述，在這一點上——而非其他方面，特別是任何有
關古代的方面——是正確的。見其對 Lacombe 那本有價值却稍嫌片面
的書"L'evolution de la propriété fonciére," *Schmollers Jahrbuch*，
所做的評介。

❺ 如果圖騰團體能夠被證實確曾存在於中國——如 Conrady 所主張的
——那麼，這點就可以確定。隨着氏族的發展，新興的支配階層就普遍
地撤離具有平民本質的圖騰團體。[參見第一章註。——英註]

❻ 例如，儒教模範國魯國一度分派給當時的每一土地登記單位(64 井)如
下的稅負：戰車一乘、馬四匹、牛十頭、甲士三名、步卒六十四人。顯
然此種登記的前提假設是：與每一土地登記單位相連結的氏族會自行
認課，提供兵力以應軍事需求。畢竟，轉而訴諸直接的強制徵發終究是
補助性的。我們將在它文中[按：韋伯所指的是他隨後寫的《印度教與
佛教》]指出，印度如何在類似的情況下形成俸祿莊園領主制的情形。中
國境內的其他地方，軍隊的召集就直接擴及到個別的家族。但這種情形
即使發生在魯國，其意義也只是顯示出由家產制君侯來徵兵的前一步
驟，而非家臣召集；因此，也就表示作為一種軍事體制之封建制度的廢
除。歐洲也出現過類似的現象，關於這些境況之於封建軍隊的關連，
Delbrück 有極佳的記述。

❼ 格拉古兄弟是西元前二世紀的羅馬護民官，在他們治下，民權於焉確
立。——日註

❽ *Suan fa tong tsang*[按：〈算法統宗〉，明人程大位撰]，參見 Biot，
Journal Asiatigue，3 rd Série, vol. 5, 1838 (據《文獻通考》而撰述)。

❾ 我們必須謹記於心的是，中國歷史(據 Chavannes 所譯書)的第一個可
以相當確信的年代是 841 B.C.。

❿ 依今日的算法，一個五口之家可以僅依 15 畝(約 85 公畝)的耕地
——並非完全精耕細作——過活。對我們而言，這仍然是個低得幾乎令
人難以置信的數目。

⓫ 參見第一章。

⑫ 《京報》，1883 年 6 月 14 日。

⑬ 例如日本的戶口名簿上即並錄其所屬的持份地，參見 O. Nachod 所著日本史的描述，Pflugk-Hartung ed., *Weltgeschichte*(Berlin, 1910), vol. III, p. 592 ff。

⑭ 十家應作爲每十個氏族的團體來理解。企圖將之轉變爲每十個家庭或個人(而非氏族)的努力，直至晚近才成功。

⑮ 雖然俄國的著述者不免希望在[中國的]一般份地要求上也發現俄國村落份地的現象，然而，不容或忘的是，這種純然基於國庫稅收所制定的辦法，唯其在俄國所具的條件下——特別是村落共同體的租稅保證——才造成一種村落共產制度。但後者[按：村落共同體的租稅保證]在中國可說已不存在。

⑯ 中國字"井"——將一正方形區域劃分爲九等分的形狀——或許即是井田制這個稱呼的由來。不過，如此稱呼尚有其他緣故：亦即灌溉溝渠、管線、以及長期氾濫威脅下的低地堤防等，爲水稻耕作所不可或缺的護田機能。通貫於整個亞洲(包括爪哇島)，這都帶有土地財專有之徹底改革，以及特別是(無論何處)國庫財政干涉的意味，其基礎即在於治河通渠的不可或缺。不過，這個通常被認爲相當古老的制度，很有可能是從原先由氏族領民耕作其部族長農地的情形合理進展而來的。

⑰ 在格拉古兄弟徹底的土地改革失敗之後，種種將土地由富人之手奪來分配給貧民的措施，都漸次地廢弛了，西元前 111 年的土地法即在此種情形下制定，據此，私有土地得到法律上的承認，於是一切又回到改革前的狀態。——日註

　　按：格拉古兄弟的改革，參見《支配的類型》，pp.226-7，註❾——中註

⑱ 沿着大運河居住而負有河運之賦役義務的人民，在太平天國之亂中扮演了相當重要的角色。

⑲ 詳見鄭太朴譯《社會經濟史》，p. 35。——中註

⑳ 此即唐德宗建中元年所施行的"兩稅法"。兩稅法以地稅和戶稅爲主，地稅向土著的主戶徵收，戶稅則不分主戶客戶一律按財產多寡分爲九等，於春秋二季照級課稅。——中註

㉑ 見王安石之奏議，Iwanoff, *op. cit,* p. 51 f。

㉒ 參見蘇軾反對王安石的兩份奏議，*ibid.,* p, 167 ff, 190 f；以及諸多反

對者(司馬光爲其中之一)的異議, *ibid.,* p. 196。

㉓ ,以上諸點皆與內部行政結構有關，將於下文討論。

㉔ 傳聞甚至在八世紀時即有爲絲與麻所設的倉庫。

㉕ 參見 P. A. Tschepe (S. J.)的史書摘錄"Histoire du Royaume de Tsin, 777-207," *Variétés Sinologiques,* vol. 27, esp. p. 118 f.。

㉖ 所謂典型的人口增殖鼓吹論者之國庫主義，是指歐洲於十七世紀的重商主義時代，人口論者——與十八世紀末的馬爾薩斯相反——主張以人口的多寡(就人民作爲租稅的負擔者、產業活動與軍事力的承擔者而言)來作爲國家富強程度的指標。——日註

㉗ 此一禁令似乎眞的抑止了隸農制的發展。因爲直到現今，小佃作似乎並不多見。

㉘ 此處，滿人軍隊的旗田，以及負有賦役義務的邊防兵、臨近運河與大道的住民所擁有的世襲性土地俸祿，並不在考慮之內。

㉙ 族人間的不動產先買權，在中國是行之有素的習慣法。如賣契上多數記載著：「雖悉告諸親房叔伯，然皆不買，不得已乃請仲介者某某談合而賣給某某……云云」。——日註

㉚ P. Pierre Hoang(黃伯祿)如此翻譯。參見其"Notion technique sur la propriété en China"(Shanghai, 1897)，*Variétés Sinologiques,* vol. 11╱20。

㉛ 並且，這是受到法庭強力支持的。判官理所當然的會回絕[買主的]訴願，他往往"勸告"買主不要太冷酷，而應付款了事。只有有勢力的人才可能例外。見 Hoang, *loc.cit.*及上註。

㉜ 祖田經常在《京報》裏提及。

㉝ 在羅馬遺贈形式裏，遺言人委囑自己所信賴的人在他死後將其財產之一部分或全部交予特定的第三者，此即"信託遺贈"的處置方式。——日註

㉞ 例子見Hoang, *loc cit.*, Appendix XXIII, p. 119。我們上面已經提過小佃作，相對而言，並不是非常多見。除了 1205 年下達普遍不准蓄隸農的禁令外，收集佃租的困難似乎才是最主要的因素。

㉟ Hoang, *op. cit.,* p. 12, № 31, p. 152, 157 f.。

㊱ "永和家"即爲一例。

㊲ 土地登錄簿與土地登錄制度的這層關連，首先由 Bumbaillif 在其報告

"Land Tenure in China", *China Review*(1890／91)中加以闡明。土地登錄單位是一整個氏族的土地財，在制作登錄簿時由氏族長將之登記於氏族祖先的名下。若是已經分家，則登錄部分財產。甚至在土地分割或地權易主的情況下，原先的登錄號數與名號還是被保留下來，不過只記錄應徵的稅額與應繳該稅之部分或全部數額的家族。十個(或十個左右)氏族長組成一集團，根據古來的法律，對租稅負有連帶責任。他們同時也是治安的維護者，並輪流管理且持有共同體耕地(無論自耕或放租)。各個氏族長負責徵收其氏族的租稅，凡是未能在 11 月 16 日以前提出繳稅憑證者，就會被十人集團沒收農地。如果某一氏族的家族無法支付租稅，那麼祖田便會被沒收。十人集團的組合是會變更的。上述的那篇報告提及：某一氏族(或部分族人)之長提出與其他另外九位氏族長新組一個十人集團的議案。氏族資產的多寡，差異性相當大；由多少個十人集團組織成一個更高的單位，也多半不一，同樣的，端視原先的軍事與賦役負擔而定。其他有關氏族各點，參照下文。

㊳ 將鄰接的土地資產總合起來達 300 公頃的情況是有的，不過屬於個別莊園領主之基本上較大的土地單位則不多見。最後這一個月我才注意到 Wen Hsian Liu 的(法蘭克福)博士論文 *Die Vorteile des laendlichen Grund und Bodens und Seine Bewirtschaftung in China* (Berlin，1920)，不過他也沒有列出數字來。

　　按：J. L. Buck 計算出自耕農的耕地平均爲 4.22 畝，半自耕者爲 4.25 畝，佃農爲 3.56 畝。他估計約有 17%的農人爲佃農，是半自耕農的三分之一弱，自耕農的二分之一強。參見其 *Land Utilization in China*(Chicago, 1937)，p. 192。根據 Ch'en Han-seng 的報告，廣東省的某些地區，所有農地的 40%是土著氏族所有，參見其 *Landlord and Peasant in China*(New York, 1936)，pp. 37-.41。H. T. Fei (費孝通)則舉出一些雲南省之氏族莊園領主制的資料，見其 *Earthbound China*(Chicago, 1945)。長期以來的戰亂，通貨膨脹與高利貸資本主義，自然大大增加了農民的負擔，許多人被迫得要舉債、破產及失去土地。Leonard T. K. Wu 提到，在 1936 年時，「農民只能選擇讓自已的經濟狀況繼續衰敗下去，或者是完全轉而向高利貸商業地主體制低頭」。參見其"Merchant Capital and Usury Capital in Rural China", *Far Eastern Survey*，March 25, 1936, p. 68。──英

註

㊴　[每年]只有十五個公定假日，星期假日是沒有的。

㊵　到了二十世紀初，平原地區的精耕細作田地每公頃叫價 750—1000 美元。這還是尚未把西方貨幣在東方高度強勢的購買力計算進去的情形。收益性約 7-9%（更正確地說，應是"勞動收益"，因爲根據可靠的數據，當土地品質上昇時，此一"地租"的百分比就下降）。

㊶　農業方面是 8-9%，而中小盤商與工業則爲 12-30%。

第**4**章
自治、法律與資本主義

❶ 我們可以舉太平[天國]之"亂"(1850-64)的核心爲例。根據《京報》,太平敎亂的創建氏族洪[氏]一黨,一直到 1895 年還因其爲秘密幫會而受到迫害。

❷ 根據 Conrady 前引書,張家莊就是"張氏家族之村"的意思。

❸ 男子集會所的兩種形式——"同輩的"與"領主的"——可能在各個不同地方同時存在。大體而言,Quistorp 前引書中所收集的證據較有利於前一個類型。不過,若就傳說中的帝堯在祖廟裡將政權禪讓給後繼者舜,以及有位皇帝直以封臣們的祖靈之怒來威脅他們等等,這些例子(Hirth 在其 *Ancient History of China* 中所舉證的)却又支持領主的男子集會所這個類型——如《尙書》裡的商王(Legge, *op.cit.*, p. 238),又如某皇帝失政,其祖靈即要求其爲此事提出解釋。圖騰信仰的遺緒在 Conrady 前引書中已列明——雖然重要,但並不足令人完全信服(參見第一章註❻❾)。

　　按:商王盤庚欲遷都於殷,乃昭告其臣民:「失於政,陳於茲,高后乃崇降罪疾,曰:曷虐朕民!」意思是若王久居於不適民生的奄茲故地,那麼就是失政,先王之靈便要降罪責問他爲何虐待子民。因此,臣民必須與他同心謀生,若是「汝有戕則[賊]在乃心,我先后綏[告]乃祖乃父,乃祖乃父,乃斷棄汝,不救乃死」。這或許就是韋伯所謂皇帝會以祖靈來威脅其封臣的典故。詳見《尙書釋義》(台北, 1983), pp. 92-3。——中註。

❹ 前文提及要從寬對待被推翻的王朝的最後一代子孫,乃是基於祖靈必不可被干擾的顧慮,畢竟即使是前一個王朝的祖靈,也還是頗具威力的。

　　1883 年 4 月 13 日與 7 月 31 日登載明朝[遺族]代表 Tschang

Tuan 有關開墾明祖先地的訴願。本文下面就要提到過繼養子及前述爲死後無子嗣者所行的國家祭典。

❺ 參見《尚書》所載周公之語(Legge, p. 75)。他爲患病的皇帝向祖先(而非上天)祝禱。*Ibid.*, p. 391 ff。

　　按：武王染疾，周公爲他向太王，文王與王季之靈祈禱。詳見《尚書‧金縢篇》。——中註

❻ de Groot 在**天人合一觀**的論證中明白顯示出上天之靈被當作是同儕之首(primus inter pares)。1898 年 9 月 29 日《京報》所刊登的詔敕，判定皇帝與康有爲受挫的改革嘗試爲錯誤的，是"祖先神靈"之故。上天除了個人的事功外，並且還考量其祖先的功績(de Groot, *The Religion of the Chinese*, New York, 1910, p. 27 f)。以此，衍生如下的儒教學說：上天會暫時忍受某一王朝之罪，直到它完全腐化之時，才會加以干預。無論如何，這倒是一個相當變通的"神義論"。

❼ 不過也有因爲危及對生父的祭祀而取消過繼的情形(《京報》，1878 年 4 月 26 日)。

❽ 弒父被認爲是如此令人觳觫的事(罪可至處"凌遲"之刑)，地方官會因此——就像遭遇天災一樣——而丟官(《京報》，1894 年 8 月 7 日)。1895 年，某人喝醉酒殺了祖父，他的父親也一併受罰，因爲他沒有教會兒子「即使遭到長上最嚴厲的責罰時，仍應領受」。

❾ 有時支系氏族也有"支系祖祠"。

❿ 根據古禮，只能在氏族之中過繼養子。不過，各家法對於這點——即使是在同一村落內——也有非常不同的處置。部分古禮幾乎一般都已不再採行了。譬如已嫁之女不再如官方禮法只服其翁姑之喪，並且還服其父母之喪。"重喪"也不只對亡父——如官方所制定的——也包括對亡母。

⓫ 因此，A.‧Merx 的譯文是眞實得多的：他的譯法是「什麼人也不指望」，而不是「什麼也不指望」。同樣的，此處我們也面對向神"哭號"的恐懼與對那不幸者——如果自殺的話——之"幽靈"的恐懼。

　　按：韋伯此處指的是 A. Merx 對《聖經》路加福音第六章三十五節的譯法——日註。

⓬ 與外界械鬥通常是爲了租稅分配、報復仇殺，以及特別是風水(亦即堪輿地相)所引起的近鄰間的衝突。所有的建築物，特別是新造的墓，都

可危害到既有墓地中的祖靈，也可能會引起山石、川流及丘岳之靈的不快。由於雙方對於風水問題的關注，想要調停這類的械鬥幾乎是不可能的。

⑬ 例如 1883 年 12 月 14 日的《京報》即報導了以 17,000 兩購入 2,000 畝（1 畝＝5.62 公畝）田地的實例。除了提供祭祀所需外，還明白提及孤兒寡婦的供養撫恤，以及用田租來維持義塾。

⑭ 我們可以參照 Eugene Simon, *La Cité Chinoise*(Paris, 1885)，以及 Leong and Tao, *Village and Town Life in China*(London, 1915)。

⑮ 直至 1899 年，[官方]還嚴命警察不可將那些在其祖田上有名分的人視為"身分不明的外地人"，而只有已離鄉背井者才可如此視之。

⑯ 由於分割繼承的結果，個人財產往往是由五到十五個部分構成的分散所有形態。

⑰ 如上所述，在城市裡，霸占了廣泛自治機能的，往往是行會。

⑱ 這必須參見上面所引的兩位中國學士的論文(按：註⑭)——討論村落的部分遠比討論城市的部分好。我們簡直無法將"城市"當作是個社會的形成體來加以討論。類似的情形也見於日耳曼律法。

⑲ 村廟並不被視為"道教的"廟宇。(參見第七章。)

⑳ 特別是由廟僧來掌管的廟田。如果廟宇是捐建的，捐建人便被酬以善主、少師等尊號。廟僧賴[誦經取得的]報酬與[在秋收時課取的]穀物貢租過活，因此，廟宇越多，村落便越窮。不過，眾廟之中唯有一座是"村廟"。

㉑ 向廟宇借貸算是一樁功德。關於這點，參見 Doolittle, *Social Life of the Chinese*(London, 1866)。

㉒ 有關氏族長老的記載，各個時代皆有。在漢代，還有以各種方式組成的次團體來協助他們。他們通常是在五十多歲時被選為官吏，而課以治安、連帶責任、懲誡的職務、監督祭祀、分配徭役、徵收租稅及因此而來的納稅保證等責任。在某些情況下，他們也被賦予治安裁判權與教化庶民的職責；有時他們還得負起召集與訓練民兵的責任。根據漢代所實施的新辦法，以八家族為單位，每九個單位由官方制定一個里；十里一亭，拔舉一長老為亭長；十亭一鄉，拔舉一人為"三老"，負責教化庶民。此外，還有嗇夫，擔任賦稅監督兼治安長官，以及遊徼，擔任[捕

捉盗賊的]捕頭。[此一新制度的]主要目的是軍事。參見 A. J. Iwanoff, *Wang-An-Shi i jevo reformy* (St. Petersburg, 1906)。

㉓ 通常稱爲"甲長"或"甲頭"，而非"保甲"。——中註

㉔ 關於這點，參見 A. H. Smith, *Village Life in China* (Edinburgh, 1899)。

㉕ 光棍通常是受過體力技能訓練的。就像 Camorra[按：義大利的拿波里之秘密組織]與 Maffia[按：西西里的秘密組織]的成員一樣，他會尋求與對他無可奈何的縣官衙門之間的非官方關係。受雇於村落者、兼任村長的調停人，或者反之，乞丐，都可以是個光棍。如果他有點學識，或者還與知縣有點親戚關係，那麼在此情況下，其他的村民可就沒什麼指望了。

㉖ 《京報》的訓令裡，稱他們爲"鄉紳與名士"，徵詢他們的建言是必要的。

㉗ 1895 年 4 月 14 日《京報》的報導：有兩個氏族團體放走了一名被收稅者逮捕的人。

㉘ Ergasterion，其中世紀名稱爲 Fabrica，此詞多義，可以釋爲一群工人所租用來作爲勞動場所的窖室，也可以釋爲強迫工人使用的莊園工資工場制度。詳見鄭太朴譯，《社會經濟史》，p. 188。——中註

㉙ S. Hoang, "Mélanges sur l'administration," *Variétés Sinologiques,* 21 (Shanghai, 1902)，p. 120 f.。

㉚ 關於這類社團，最近的一些好的博士論文我並未取得。

㉛ 此種社團的形式可被視爲一種會社。一信用組合(社)可積聚一筆貨幣基金，再將之投資於市場或以標會的方式加以利用(Smith, *loc. cit.*)。資金可能是向朋友籌措的，借貸者成爲會首，借著會的名義，會首將貸款分期付給會員(債權人)。Doolittle(*op. cit.*, p. 147)舉了些這類會社的實例。領回貸款者[的順序]，通常以抽籤的方式來決定。這種人爲擬設的辦法，是用以取代古老鄰里信用與破產管理會的代替物。

㉜ 依據 Doolittle, *loc. cit.*。

㉝ 國家對於此一問題的關心點在於科舉的申請報名，因爲每一州省都分配有固定的俸祿數額。即使在漢代，官方名簿上所登記的候選者姓名之前，都加上其所屬聚落或地區的名稱，和軍隊名簿一樣。當時，所謂地區，無疑就是氏族所在地[按：例如"琅邪王氏"，琅邪爲王氏一族所在的本籍]。

❸❹ 所謂"法發現"，又稱"律例的發現"，在傳統型的支配裡，儘管是新創的規制，只有在宣稱爲"古已有之"(如今只不過是經由睿智再度發現)的情況下，才能取得正當性；法規只能求諸傳統文獻。詳見《支配的類型》，p. 44──中註

❸❺ brechen[bricht 的原型]原爲打破之意，此處指"使無效"或"優先於"的意思。西方中世紀盛期，以傳統爲依據的規則，以及非官方的自治(根據身分團體或利益社團的自由結社所訂立的法規而衍生出來的秩序)，被承認爲法源，而此種小地域的法源優先於大地域的法源。──日註

　　　關於種種法源的衝突，參見 Max Weber, *Economy and Society*, pp. 753-4.──中註

❸❻ 所謂"自由權"是指：爲法律所認可而得以不受來自第三者妨害的活動權力，例如：任意移住權、良心的自由、私有財產的自由處分等。──日註

❸❼ 這點參見 E. H. Parker, *Ancient China Simplified* (London,1908)，p. 112 f.

❸❽ 事見《左傳·昭公六年》。鄭子產鑄刑書公布於國中，這是成文法典的初次公布。晉大夫叔向致書責讓，而有此語。──中註

❸❾ 甚至在最近數十年，皇帝在勅令中都還根據有力人士所寫給他的書信來干涉司法判決(《京報》，1894 年 3 月 10 日)。皇帝的勅令中將訴訟的無法定案歸之於惡劣的天候(久旱不雨)或祝禱的無效(《京報》，1899 年 3 月 9 日)。確實的法律保障是完全沒有的。在勅令的字裏行間，可以發現官吏因爲設立工廠之事所引起的敵對及黨派陰謀(《京報》，1895 年 3 月 4 日)。

　　　所謂"卡地裁判"：卡地是回教國家的法官，特別負責有關宗教事務的裁決。以卡地裁判爲代表的審判，基本上重視實質公道、平等或某些實際的目標，而漠視法律或行政在形式上的合理審判。集權君主的"王室裁判"、神權政治或家產制君主的審判，都具有此種性格：司法判決並非來自一般律法之適用於某一事實本身，而是取決於法官「在一個別案例中的公正感」。詳見《支配的類型》，p. 229-30。在韋伯看來，這種缺乏"遊戲規則"(rules of the game)的司法環境下，個人便喪失預測其行動之法律結果的可能性。參見 *Economy and Society*, p. 811。──中註

❹ 同時，就我所知，只有 J. Plenge 曾在其獨立的思考下就此一脈絡來論
述，顯然他是十足認淸了以政治為取向的資本主義之所以崩潰的重要
因素。可惜我現在無法指出其論述刊於何處。

　　按：韋伯認為列強的競爭——特別是歐洲近代——為近代資本主
義主要動力之一。「無論如何，從那時起，歐洲龐大的、大致相等的純
政治性的結構之間的競爭性鬥爭，有其全球性的影響。衆所週知：此一
政治競爭仍然是資本制度保護主義的最重要動機之一，……不了解這
段奇特的政治競爭，以及在過去五百年來存在於歐洲各國間的"均勢"，
………我們即無法了解現代國家的貿易及金融政策——最與現代經濟
制度核心利益息息相關的政策」。參見 *Economy & Society*, p. 354；
中譯見康樂編譯，《經濟與歷史》，第 2 章第 5 節。——中註

第 5 章
士

 《御撰通鑑綱目》，Delamarre trans., *Yu tsian tung kian kang mu* (Paris, 1865)，p. 417。

按：1496 年爲明孝宗弘治九年，查當年的《綱目》(四庫全書本)並無相關記載。倒是《明孝宗實錄》有類似資料，《實錄》卷 123，弘治十年(1497)三月：「上遣太監韋泰至內閣，召大學士徐溥、劉健、李東陽、謝遷至文華殿御榻前，上出各衙門題奏本，曰：『與先生輩商量。』」傅維鱗的《明書》卷 126〈徐溥傳〉也有類似記載。韋伯提到的應該就是這件事，問題是《綱目》弘治十年雖有召見徐溥等人議政的記載，卻沒有提到孝宗以"先生"來稱呼徐溥等人，不知韋伯從何得此一印象，或許《綱目》譯者 Delamarre 根據的版本與四庫全書本有異。其實中國的君主對士人以"先生"相稱，恐怕要早至戰國時期，參見錢穆在其〈兩漢博士家法考〉中有關稷下先生的討論，見氏著《兩漢經學古今評議》(香港，1958)，pp. 165-6；以及余英時對此一論點的發揮，《中國知識階層史論—古代篇》(台北，1980)，pp. 72-5。就算在明代，早在朱元璋時就已稱呼讀書人爲"先生"了，參見《御撰通鑑綱目》洪武二年(1369)五月：「御史中丞章溢」條。——中註

❷ 「《詩篇吠陀》的聖歌，荷馬的史詩，《舊約》的詩篇都是古代歌謠，是贊頌吟詠各個民族日後開創的歷史和命運的序曲。印度《詩篇吠陀》成於西元前十三世紀左右，絕對年代雖較古遠，比之日本的《萬葉集》，同具古代歌謠的類似性質，皆是先人的歌集」。見白川靜著，杜正勝譯，《詩經研究》(台北，1982)，p. 13。——中註

❸ 關於這點，von Rosthorn 這位傑出的權威學者持有異議，見其"The Burning of the Books," *Journal of the Peking Oriental Society*, vol. IV,(Peking, 1898)pp. 1 ff。他相信那些神聖經典一直是以口耳相

傳到漢代的, 因此, 與普遍盛行於印度早期的[口頭傳說的]傳統是一樣的。外行人自無資格妄加斷言, 不過或許我們可以這麼說: 至少史事編年是無法光靠口頭傳說的傳統來達成, 何況由日蝕的計算顯示出, 這些史事可推溯到西元[前]第二千年。同樣, **如果**我們將這位傑出專家的觀點擴展到禮儀文獻(亦即已採取詩歌形式的文獻)**之外**的話, 那麼許多有關君侯之記事、文獻與士人往來文書之重要性等等的報導, 在在都與上述[專家]的看法不相符。不過, 關於這點, 只有漢學專家才能下最後的定論, 出自一個非專家的"批判", 毋寧是僭越的。嚴格的口說傳統之原則, 幾乎在世界各處都只適用於卡理斯瑪的啓示, 以及對於這些啓示的卡理斯瑪式詮釋, 而不適用於詩歌與教授。[中國]文字之古老悠遠, 可從其象形字樣及其舖陳安排中印證出來: 後世以直線劃出直欄[按: 行]的辦法, 仍反映出原先竹片併排時[按: 中國的竹簡]的溝痕。最古老的"契約", 是竹製的割符或繩結; [後世]**所有的**契約、文件皆爲一式兩份的形式, 被認爲或許正是此種古制的遺習(Conrady)。

❹ 這也說明了文字在如此早期的發展階段時就已定型, 其影響力甚至因此仍及於現今。

❺ 此爲古羅馬時期由執政官所判定的可行日與不可行日, 韋伯借以爲類比。——日註

❻ E. de Chavannes, *Journal of the Peking Oriental Society*, vol. III, 1, 1980, p. IV, 他和一般人一樣將**太史令**譯爲"大占星師"而非"宮廷史官"。但是後來, 尤其是現今, 人們才知道士人代表與占星者是死對頭。詳見下文。

❼ P. A. Tschepe(S. J.),"Histoire de Royaume de Han," *Variétés Sinologiques*, 31(Shanghai, 1910), p. 48。

❽ 魏武侯(B.C.395-370)以田文爲相, 吳起不悅, 與田文論功。吳起以將三軍、治百官、守西河等三事相問, 田文皆自稱不如, 但田文反問吳起:「主少國疑, 大臣未附, 百姓不信。方是之時, 屬之於子乎? 屬之於我乎?」吳起默然良久曰:「屬之子矣」, 乃自知不如田文。詳見《史記‧孫子吳起列傳》。——中註。

❾ 西元[前]四世紀, 秦的封建秩序代表, 特別是那些旣得利益的王室貴族, 反對國家官僚化的企圖, 他們指出:「先王以教化治民, 而不是行政的變革」(這與後來的儒教正統理論完全符合)。對此, 那位士人新宰

相[商]鞅以極非儒家的態度答辯：「匹夫匹婦才遵循傳統**過活**，高居其上者則**創造**傳統，禮儀在非常的事端上並不能給我們指示。百姓的福祉才是最高的律法」，這得到君王的贊許。(參見 Tschepe, "Histoire du Royaume de Tsin," *Variétés Sinologques* ,27 ,p. 118)。當儒教正在編修與淨化史書時，很可能大量地刪除與修改了這些史實，以利於後來所認定的傳統主義。另一方面，對於下面所引的所有文章——其中給予早期人士極高的敬意(!)——我們必不可單純地引以為真。

　　按：韋伯上引商鞅的話，原文是「民不可與慮始而可與樂成。論至德者，不和於俗。成大功者，不謀於眾。是以，聖人苟可以強國，不法其故；苟可以利民，不循其禮」；反對者甘龍則說「不然，聖人不易民而教，知者不變法而治」。詳見《史記・商君列傳》。──中註

⑩ 魏太子雖下車騎以待宮廷士人[田子方]，但這樣的禮遇並沒有得到這位平民發跡者相對的回應。對於「富貴者驕人乎？且貧賤者驕人乎？」這樣的問題，這士人的回答是：「亦貧賤者驕人耳」，並且說這是因為他可以隨時就任於其他宮廷的緣故(Tschepe," Histoire du Royaume de Han," *op, cit.,* p. 43)。另外一位士人則因為君侯之弟被認為比他更適合擔任宰相而「忿然作色」(Cf. *ibid.*)。

　　按：這兩則史事皆見於《史記・魏世家》，茲不贅引。後一則中的士人是翟璜。──中註

⑪ 魏國國君都站立著聽取士人——孔子之弟子——的建言(*loc. cit.;* 參見上註)。

　　按：《史記・魏世家》載：「文侯受子夏經藝，客段干木。過其閭，未嘗不軾也」。史記正義引《呂氏春秋》云：「魏文侯見段干木，立倦而不敢息」。──中註

⑫ 參見 Tschepe, "Histoire du Royaume de Tsin," p. 77。

⑬ 宰相職位的世襲繼承在士人看來是不合禮制的(Tschepe, *loc, cit.*)。趙國國君曾命其宰相為多位有功的士人尋覓適當的土地作為采邑，這位宰相在三次督促之下，三次說明他仍未尋得合適的土地。最後，國君終於有所領悟，於是任命這些士人為官吏(Tschepe, "Histoire du Royaume de Han," pp. 54-5)。

　　按：上述史事與史書所載不符。據《史記・趙世家》的記載，趙烈侯(408-387 B.C.)好音，欲賜鄭國歌者槍、石二人田萬畝，使宰相公仲連

覓之。烈侯三問公仲「歌者田何如」，公仲始終曰：「方使擇其善者」。另一方面，公仲向烈侯進士三人（牛畜、荀欣、徐越）。三人皆賢，以王道約烈侯，君悅納且止歌者田，並分別任三人爲師、中尉、內史。由此可知，原本並非士人覓田，士人之任官乃因其賢能且能任事。——中註

⓮ 參見 Tschepe 敍述吳王對這幾方面的詢問，"Histoire du Royaume de U," *Variétés Sinologiques* 10(Shanghai ,1891)。

⓯ 此一[收入的]目的，在史書裡是不待明言即可瞭然的。

⓰ 此處所指的是老子、莊子及其追隨者等隱逸之士，詳見韋伯在第七章裡的討論。——中註

⓱ 某位君侯的美妾有一次嘲笑某位士人，所有君侯門下的士人皆離去，直到此妾被殺爲止(Tschepe, "Histoire du Royaume de Han," *loc. cit*, p. 128)。

　　按：趙平原君不殺嘲笑跛者的美人「賓客門下舍人稍稍引去者過半」。直到平原君了解眾士人是「以君爲愛色而賤士」才離去的緣故後，斬美人頭以謝罪，「其後門下乃復稍稍來」。詳見《史記・平原君虞卿列傳》。——中註

⓲ 此事讓人想到約書亞與猶太人之"發現"聖律。當時的大史家司馬遷並沒有提到此事。

⓳ "Sexagenarios de ponte"指古羅馬的人民大會不將年滿六十歲的人包括進來，而將他們推回橋的那邊去。通俗的用法是老人不再管事的意思。——日註

⓴ Tschepe, "Histoire du Royaume de Tsin," *loc,cit*, p. 53。

　　按：秦穆公不聽百里溪與蹇叔這兩位年過百歲的賢者之勸諫，出兵襲擊鄭國。結果正如這兩位老人的預言，秦軍終遭慘敗。詳見《史記・秦本記》。——中註

㉑ 按：參見《孟子・滕文公》，孟子曰：「……世衰道微，邪說暴行有作；臣弑其君者有之，子弑父其者有之，孔子懼，作春秋。春秋天子之事也。是故孔子曰：『知我者，其惟春秋乎！罪我者，其惟春秋乎！』」。——中註

㉒ 少數的隱晦處被確認出來（例如，吳國之攻擊他的母國魯）。至於其餘，若就材料上的貧乏而言，我們很可以嚴肅地提出這樣的問題：我們是否寧可將他的著作當作是對史書的一種偉大且帶強烈道德評斷的**注**

釋。

㉓　子曰：「暴虎馮河，死而無悔者，吾不與也；必也臨事而懼，好謀而成者也」(《論語·述而篇》)。此一傳統觀點恰相對於卡理斯瑪的第一種類型"暴虎之勇"(berserk)。參見《支配的類型》, p. 65。——中註

㉔　孟子曰：「春秋無義戰，彼善於此，則有之矣。征者，上伐下也，敵國不相征也」(《孟子·盡心篇》)；朱註：「征，所以正人也。諸侯有罪，則天子討而正之；此春秋所以無義戰也」。——中註

㉕　1900 年，慈禧太后對於一位御史提出廢除此種武官證狀的建議，還非常不高興。參見《京報》上關於"正統軍"的勅令(1899 年 1 月 10 日)，以及關於中日[甲午]戰爭中"檢閱"之事(1894 年 12 月 21 日)、軍階之意義(1898 年 11 月 1、10 日)等勅令，又如較早發布的(1878 年 5 月 23 日)等等。

㉖　關於此種措施，參見 Etienne Zi(S.J.), "Praoique des Examens Militaires en Chine," *Vatiêtês Sinologiques*, No. 9。考試的項目是弓射與勇力比試；先前還試一篇策論，不過自 1807 年起，則要求撰寫一段一百字取自《武經》(戰爭理論)——相傳成於周代——的論文。有許多武官都未取得任何資格證明，而滿州人則是完全不用參加考試的。

㉗　有個軍人出身且因戰功而轉任文官的道台(地方首長)，其行事頗受議論。對於這一點，皇帝在一道詔令中評論道：雖然這名官員備受爭議的行爲，客觀而論並沒有錯；不過，他在擧止中已顯露出「粗暴的軍人作風」，「因此我們要質疑他是否備了處於他那種等級與地位的人絕對必要的**有教養的儀態**」。以此提示他再回任軍職。

　　　想將古來的弓射與武藝等"軍事的"訓練要素加以廢除，根據禮制——其起源可能與"男子集會所"相關連——幾乎是不可能的。因此慈禧太后之回絕改革提案，其中的道理在此。

㉘　法國的著述者大抵是將生員、秀才爲"baccalaureate"[學士]，將舉人稱爲"licentiate"[碩士]，進士爲"doctorate"[博士]。在最低的等第裡，只有那些最出類拔萃者有權要求學俸。得到學俸的學士稱爲廩生(國庫俸祿領受者)，由學政選拔出來並送往北京的稱爲拔貢，其中被准許入太學的，稱爲優貢，至於那些用金錢買得學位的，稱爲監生。

㉙　例如鄉試的初試爲"科試"，覆試爲"舉人覆試"；在"會試"與"殿試"之間又插入"會試覆試"等。——日註

⑳ 子孫的卡理斯瑪稟賦就等於是其氏族因此也就是其祖先的卡理斯瑪之明證。始皇帝時，認爲爲人子者不得評斷其父祖，故而廢止了此種慣習。然而爾後，幾乎每一新王朝的建立者都莫不追加其祖先封號。

㉛ 順帶一提，這難道不就是它們**晚出**的證據嗎？

㉜ 關於這點參閱 Biot, *Essai sur l'histoire de l'instruction publique en Chine et de la corporation des Lettrés* (Paris, 1847)。此書仍有參考價值。

㉝ 明代的太學生由國家給予衣食住宿及醫藥雜費等補助，他們的妻子眷屬亦領有糧餉。——日註

㉞ 據《明史》卷七十 (pp.1697-8) 載：「初制，禮闈取士，不分南北，自洪武丁丑 (1397)，考官劉三吾、白信蹈所取宋琮等五十二人，皆南士。三月，廷試，擢陳䢿爲第一。帝怒所取之偏，命侍讀張信等十二人覆閱，(陳) 䢿亦與焉。帝猶怒不已，悉誅 (白) 信蹈及 (張) 信、(陳) 䢿等，戍三吾於邊，親自閱卷，取任伯安等六十一人，六月復廷試，以韓克忠爲第一，皆北士也。然訖永樂間，未嘗分地而取。洪熙元年 (1425)，仁宗命楊士奇等定取士之額，南人十六北人十四」。——中註

㉟ 按《明史》卷六十九 (p. 1682)：「明初因前代任子之制文官一品至七品，皆得蔭一子以世其祿。後乃漸爲限制，在京三品以上方得請蔭，謂之官生；出自特恩者，不限官品，謂之恩生。或即與職事，或送 [國子] 監讀書。……嘉 (靖)、隆 (慶) 之後宰相之子有初授即爲尚寶司丞，徑轉本司少卿，由光祿、太常以躋九列者」。——中註

㊱ 馬端臨在其著作中即對此有所怨嘆。譯文見 Biot, p. 481。

㊲ 在彼得大帝之前，俄國有封建舊貴所依循的"舊的品位秩序"。彼得大帝則制定新的"官階表"，使全國公民皆可依官僚體制的晉升之道 (即視其事功而定) 獲得種種特權，成爲新貴族。韋伯認爲，由於"品位秩序"制度的訂定，導致舊領主貴族地位的崩潰，及由此而來的舊貴族與官僚貴族的融合，這是官僚制發展中極具特色的轉承現象。詳見《支配的類型》，pp.208-9 註㉑。——中註

㊳ 按：古人加冠行婚禮後即取字，其後多以字行，乃是對成年人的一種尊稱。參見楊寬，〈冠禮新探〉，前引書，pp. 239-47。——中註

㊴ 關於所出的題目，Williams 有舉例，參見 Zi, *loc. cit.*。

㊵ 在第二級考試裡特別是如此：試題多半是要求對某經典文句作一種旁

徵博引的、訓詁的、文獻的與歷史的分析。參見 Zi, *loc.cit.,* p. 144 所舉的例子。

❹ 這特別是就最高一級的考試("博士級"[按：殿試])而言，殿試通常是由皇帝親自出題，並定出考生排名。習慣上，主題多半是與行政上的權衡問題相關——特別是唐[?]帝的"六問"之一。參見 Biot, p. 209 註❶；*loc. cit.,* p. 209 註 1。

❹ 此種宗教之固定成形是由於：宗教命令基本上是文書形式的啓示，並且啓示的靈感是由被寫下的文字中得到。傳統之由來是根據祭司階級的教義(Dogma)。——日註

❹ 希臘化式，指亞歷山大大帝東征以後的大希臘時期的文化形式。——中註

❹ *Siao Hioh*[《小學》], de ed. Harlez, vol. V., p. 11, vol. I, pp. 29, 40。朱子的引言 *ibid.,*p. 46。關於年齡階段的問題參見 vol. I, p. 13。

❹ *Loc. cit.,* I, 25,及 2。導論 no.5 f。

❹ 這也有文獻上的規則。

❹ 按：《小學》內篇中有男女七歲不同席，不同食的記載。——中註

❹ 此處，關於語言與文字的敍述不消說，**全部**都是採自那些傑出的漢學家，特別是已故的 W. Grube 之敎授普通人的記實，而並非筆者自己的研究所得。

❹ 此乃中國語言的一大特徵。由聲母與韻母來組合字音，結果文字的數量大大地超過了發音類別，因此必須以聲調(平、上、去、入)來區分同音異字。以此，也就免不了由大量的同音異字所帶來的不便。——日註

❺ J. Edkins, "Local Values in Chinese Arithmetical Notion," *Journal of the Peking Oriental Society,* I, No. 4, pp. 161 f。中國的算盤所採取的是十進位法。已經失傳的古老進位法似乎源於巴比倫。

❺ 所謂比例法，是以三個已知數來求出第四個未知數的方法。——日註

❺ De Harlez, *Siao Hioh,* p. 42,註❸。

❺ Timkovski 也強調這點，見其 *Reise durch China*(1820-21), Schmid 德釋本(Leipzig, 1825)。

❺ 例如一名守邊武官之自訴其疏失(時爲漢代，因此是早在考試制度施行之前)，見 E. de Chavannes ed., Aural Stein 所集文件 No. 567。

❺ 現今的《京報》之起源可以推溯到唐朝(618- 907)的第二位統治者[太

宗]。

❺❻ 在《京報》上確實可以看到，參照部分出自御史、部分來自上司的報告，有功的官吏被獎賞與提升(或類似的允諾)，資格不足的官員被貶任它職("如此可再資經歷", *loc. cit.,* 1897 年 12 月 31 日，及其他許多用語)；還有停職待命的、完全不夠資格而被除名的，或者績業卓著但與其失誤相抵、必得改善其疏失方得晉升等……，幾乎所有的處置都有詳細的理由。這類公告通常特別選在年末歲暮，不過其他時候也不少。也有(顯然)死後方被貶降而判以笞刑的情形(《京報》，1895 年 5 月 26 日)。

❺❼ 參見 A. H. Smith, *Village Life in China*(Edinburgh, 1899) p. 78。

❺❽ 此處是指從《三字經》、《百家姓》、《千字文》等，到四書、《詩經》、《尚書》、《易經》及《春秋》種種的教科書。所謂"行"作誦讀時的間距解，如《三字經》爲每三字、《百家姓》爲每四字一頓、其他經書則依句讀而定。——日註

❺❾ "蒙"，指被敎的小孩所處的"蒙昧"狀態，與《易經》蒙卦之意相同[按：蒙者，微昧闇弱之名]。——日註

❻⓪ 以下參見 Kun Yu, *Discours des Royaumes Annales Nationales des Etats Chinoises de X au V siècles*, ed. de Harlez(London, 1895), pp. 54,75,89,159,189, 及其他各處。

❻❶ Tschepe, *Variétés Sinologiques*, 27, p. 38。這名武官自請處分。類似的例子見 A. Stein 的文件，*loc. cit.,* No. 567。

❻❷ 參見 1895 年 4 月 10 日《京報》上的勅令。在威海衛失守之後，那些自殺的武將被追加官稱(顯然是因爲他們將罪過加諸己身，而免除了此一恥辱對皇帝的卡理斯瑪所造成的傷害)。

❻❸ Fischer 正確爲 Friedrich Theodor von Vischer(1807-1887)。此人於 1884 年在烏騰堡地區的首邑斯圖嘉特(Stuttgart)以史瓦本(Schwaben)方言創作了一齣喜劇"非甲上"(Nicht Ia)。故事的主要人物爲牧師、牧師夫人、助理司祭與牧師之女。牧師在困難的神學考試中得到最高的 Ia 成績，因此希望他的女婿也能夠獲取這樣的好成績而有利於將來的官職。牧師之女的戀人助理司祭，在最初的考試中只得到 IIb 的成績，這時有四名歹徒利用革命的不穩定時機襲擊牧師寓所，助理司祭於此表現了他的勇氣與沉著。爾後，雖然他在考試中又只獲得 IIa,

但在牧師妻女的懇求下，終於被許以婚事。此劇旨在描寫舊習與民主的紛爭，然而以其帶有史瓦本方言的趣味，因此只有史瓦本當地的業餘表演方能眞確地表達出來。有名的"Note-I-Fischer"即因此劇而來。——日註

⑥ 不過，至少在某個地方有一**太極**廟，太極是原初物(混沌)，據說由其中再分離開展出兩個實體[按：即"太極生兩儀"](《十六國疆域志》，trans. Michels, p. 39)。

⑥ 根據 de Groot。

⑥ 參見 Gräfin Hagen 摘譯其回憶錄(Berlin, 1915)pp. 27,29,33。

⑥ 參見陳季同寫給歐洲人的那些絕妙精巧(雖然相當膚淺)的篇章。(*China und die Chinesen*, A. Schultze 德譯[Dresden und Leipzig], 1896, p. 158)。關於中國的會話，Hermann A. Keyserling 的某些觀察與上述頗相符，見其 *The Travel Diary of a Phliosopher*, trans. J. Holroyd Reece(New York, 1925)。

⑥ 《小學》(trans. de Harlez, *Annales du Musée,Guimet* XV, 1889)爲朱子(十二世紀)所著。他的根本貢獻是以其體系化形式將儒教徹底聖典化。關於朱子，參見 Gall, "Le Philosophe Tchou Hi, sa doctrine, etc," *Variêtés Sinologiques,* 6 ,(Shanghai, 1894)。《小學》基本上是以歷史實例來解《禮記》的注釋書。在中國，它是所有的小學生都熟知的。

⑥ 各州省都有"舉人"的配額。當某種緊急籌款發布時——甚至在太平天國之亂後——籌集到至少某一金額的省分通常都會被答應提高配額。每回科舉，只取十名"進士"，其中的前三名享有特別的尊榮。

⑦ 私人保舉的支配地位可以從三名獲得最高等第者的出身地與最高級官員的出身之比較上印證出來，見 Zi, *loc. cit.,* Appendix II, p. 221 註❶。在 1646 年到 1914 年間，高級官吏雖有 748 名，但滿州人就占了 398 人，而其中只有三人得到最高等第(由皇帝取置榜首的三名進士)；光是憑著曾家的權勢地位，湖南省也占去 58 席，也就是所有最高官的六分之一，然而幾近三分之二的高等第者是出身於其他各省，不過在高級官職中總共才占了百分之三十。

⑦ 明朝皇帝於 1453 年首先有系統地運用這個辦法(不過，就作爲一種財政手段而言，始皇帝早已採行)。最低職級的買官金原先是 108 piaster [按：中東、埃及等地古代貨幣的最小單位]，約當學俸的資本價格，後

來則是 60 兩。在一次黃河氾濫後，爲了擴大市場以籌集到相當的資金，價格一度滑落到 20～30 兩。自 1693 年起，買得生員資格的人也准許參加高等的科考，買得道台之位及所有附隨的費用，約需 40,000 兩。

⑦ 這就是爲什麼皇帝在拔取榜首時，在某種情況下會考慮到候選人是否屬於那些從未出過狀元的省份。

⑦ 關於家產制政體與福利國家性格的關連，韋伯在 *Economy & Society* 一書中有詳細的說明，其中極精要的一段論述：「民間神話中所理想化了的，不是英雄，而是"明君"。因之家父長式的家產制不論對自己或對臣民，必須正當化其自己爲臣民"福祉"的監護者。**福利國家**是家產制的神話傳記；它並非由於那種相互宣示效忠的自由同志關係，而係根基於父子間權威主義的關係。"君父"(Landesvater)乃家產制國家的理想。因此，家父長制乃成爲特殊福利政策的執行者，而當它有充分理由必須要確保大衆對其持有善意時，它實際上也經常發展福利政策」。詳見《支配的類型》，pp. 182-3 註❺。——中註

⑦ 司馬遷的貿易均衡論著(〈平準書〉，Chavannes ed., No. 8, Ch. 30, vol. III)，是關於中國財政學的一篇相當具有代表性的範本，也是中國經濟學現存最古老的一份文獻。依我們看來，不屬於"貿易均衡"的主題有如下這些：戰國時期的巨大貿易利得，國家統一後商人地位的下降及其被拒於官職之外，薪資的固定及**隨之而來**的地租之固定，商業、山林、沼澤(爲豪族所專有)的租稅課徵，私鑄貨幣的問題，私人財富過鉅之危險(不過，有財斯有**德**，乃是個相當儒敎的想法)，運輸花費，收買爵位，鹽鐵專賣，商人**註册**，國內關稅，安定物價政策，對抗委任國家御用商人(而非直接委託手工業者)的鬥爭……等等。此種國庫財政政策的目標並不在於對外貿易的均衡，而是透過安定性來達成國家**內部**之秩序。

⑦ 公行商人在唯一對外人開啓的廣州港口之貿易獨占權，一直持續到 1892 年，此一措施是爲了阻隔中國與蠻夷的大量接觸。此種獨占所產生的鉅額利得，使得相關的俸祿官職者斥拒既有狀況的任何自發性的變革。

⑦ 這不只充斥於官修明史中(參見下註)，也出現在《十六國疆域志》裡(*Histoire géographique des XVI Royaumes,* ed. Michels[Paris, 1891])。1368 年，在翰林院的請求下，宦官被逐出國家政事之外(p. 7)；

1498年，宮中大火，翰林院的代表提出請求"自由議論"（災異發生時的典型要求），對抗寵倖的宦官（參見下註）。

⑦ 關於此種鬥爭，例如在《御撰通鑑綱目》裡就可以找到無數的實例。就十五世紀而言：1404年，一名宦官擔任軍隊的統領（Delamarre 譯本，p. 155），此後即常有此例，如1428年（p. 223）。1409年，宮中內官侵入到行政體系中（p. 168）。1443年，一名翰林大學士請求廢止機密官房統治、減輕徭役，尤其是皇帝召文士開廷議。〔結果〕爲宦官所殺（p. 254）。1449年，一名寵倖宦官在文學士的要求下被殺（p. 273），不過，1457年又爲其立了幾座廟。

　　1471年，廷臣與皇帝的往來必須透過宦官（p. 374）。據聞〔秦〕孝公時（361-328 B.C.）也是如此。1472年宦官擁有秘密警察身分（p. 273），而於1481年在御史的要求下廢止（p. 289）。1488年，舊有的體制又恢復了（此種情形不時發生）。

　　1418年，士人經歷了一場挫折，因爲一名宦官被罷除的同時，也發現了一份賄賂這名宦官的士人名單。結果士人成功地隱藏了這份名單，並找到其他的藉口將賄賂者一一去職（*ibid.*, p. 422）。

⑧ 參見 E. Backhouse & J. O. P. Bland, *China under the Empress Dowager*（Heinemann, 1910），以及反對慈禧太后使用宦官的陶模寫於1901年的著名建言書。

⑨ 1441年，爲占星師所預言的日蝕並沒有發生，禮部爲此向皇帝道賀，不過，却爲皇帝所拒。

⑩ 見翰林院於1878年向太后所上的奏議（前文已引）。

⑪ *loc. cit.*, ch. 9, p.130 f。

⑫ 見太后於1901年2月所下的詔書。

⑬ *loc. cit.*, p. 457。

⑭ 例如《御撰通鑑綱目》（ed. Delamarre. *loc. cit.*, pp. 167, 223）第1409與1428年條。甚至在1388年時，也有一類似的諭令頒給軍人，禁止其干涉行政（*ibid.*）。

⑮ 納爾塞斯，東羅馬帝國查士丁尼一世時代（527-565）的宦官。查士丁尼的征服事業主要是由他與另一位將軍貝利沙里（Belisarius）領導完成的。——中註

第 **6** 章
儒教的生活取向

❶ 關於早期的隱士，參見第七章。

❷ 關於佛教，參見下文及 Max Weber, *Hinduismus und Buddhismus* (*Gesammelte Aufsaetze zur Religionssoziologie,* vol.II) (Tübingen, 1921)。

❸ 參見第一章。

❹ 此處對夫子之言的解釋異於一般通釋。《論語‧顏淵篇》：子貢問政。子曰：「足食、足兵，民信之矣」。子貢曰：「必不得已而去，於斯三者何先?」曰：「去兵」。子貢曰：「必不得已而去，於斯二者何先?」曰：「去食。自古皆有死，民無信不立」。

　　根據朱注，夫子最後這句話的意思是指「民無食必死，然死者人之所必不免，無信則雖生而無以自立，不如死之為安。故寧死而不失信於民，使民亦寧死而不失其信於我也」。很明顯的這是將"信"解釋為統治者與被統治者之間使彼此寧死不相棄的"誠信"、"信賴"。然而就韋伯本文觀之，他是將此詮釋為中國家產制中所保留的巫術性卡理斯瑪信仰。我們在下文中將會看到韋伯上面所說「在中國，宗教理念的原始性格還停留在未被打破的局面」，這原始性格他又稱之為"宗教的卡理斯瑪性格"，實包括皇權卡理斯瑪，祖先神靈的卡理斯瑪與鬼神效應的卡理斯瑪。——中註

❺ 此聖徒之名為 Christophors，原意為基督的背負者。根據傳說，有一名巨人似的船夫將化身為小孩模樣的基督背負在自己的背上渡過河水。這位被稱做 Christophors 的聖徒便成為車船駕駛人的守護者。——日註

❻ 參見 Chavannes 編譯司馬遷〈封禪書〉的序言, *Journal of the Peking Oriental Society*, vol. III, No. 1(1890)。

按：神仙思想之表達中國人普遍的一種人生欲望，可參閱聞一多，〈神仙考〉〈《神話與詩》，pp. 153-80）。——中註

❼ 按：人死後即魂離魄散的儒家觀念，見之於《禮記》〈郊特性〉、〈祭義〉諸篇。東漢學者王充(27-96 A.D.)在其《論衡‧論死篇》中，將人死後「魂氣歸於天，形魄歸於地」的觀點進一步推爲「精氣散亡」，強調的是形體既朽，靈魂亦消亡。關於這方面，可參閱余英時，〈中國古代死後世界觀的演變〉〈《中國思想傳統的現代詮釋》，台北，1986，pp. 123-143）。——中註

❽ 參見西元[前]三世紀的"屈原"詩[按：屈原在其《楚辭》離騷中，以"美人"隱喻理想中的明君]。另參見 Conrady, *Hochschulvortraege fuer Jedermann*，vol. xix,xx (Leipzig，1903)。

❾ 有關其萌芽的討論，參見第七章。

❿ 韋伯的詮釋似乎有點問題。杭州國立浙江大學的陳教授(prof. L. Chen)的論點倒是值得注意。陳教授(及其他人，如 William Edward Soothhill)將這段告別的話譯爲「我已禱之久矣」。Authur Waley 則譯爲「夫子曰：我已獲贖久矣!」，他的註解似乎與韋伯的看法一致。Waley 的註解是：「在上天的眼裡，能證明我的就是生命。而我已完成了。**如今再也不需要任何的儀式了**」。《莊子》軼書中有一段與此相應證的情節：子路想要占卜孔子得以康復的機會，而夫子說：「我已卜之久矣!」(《太平御覽》*T'ai P'ing Yu Lan* 849, fol. I，verso)。Authur Waley 的譯註，見 *The Analects of Confucius* (London, 1938)，p. 131。——英註

　　按：《論語‧述而篇》記：子疾病，子路請禱。子曰：「有諸?」子路對曰：「有之，誄曰：『禱爾于上下神祇』」。子曰：「丘之禱久矣」。朱注指出聖人「素行固已合於神明，故曰丘之禱久矣。……孔子之於子路，不直拒之，而但告以無所事禱之意」。又《困學記聞》引《太平御覽》引《莊子》：「孔子病，子貢出卜。孔子曰：『子待也! 吾坐席不敢先，居處若齋，食飲若祭；吾卜之久矣』」，與《論語》所記相類。——中註

⓫ 在 Clarke 集錄文件中，出自軍營的速記文書裡便可見到這種以自然法的觀點來討論平等公民權(das gleiche Wahlrecht)的事實，這在世界史上還是頭一回。

　　按：The Levellers 是英國內戰(The Civil War)時期裡的一個

急進黨派，他們主張實行以自耕農與小市民爲基礎的澈底的民主制。由
於他們要求將財產平等化，敵對的一方便以 the Leveller 稱之。克倫威
爾本人是屬於由資產家、商人等所組成，並主張共和制的獨立派。
——日註

⑫ 在伊斯蘭教的國度裡，世俗法的發展受到神聖法的阻礙。被用來作爲司
法裁判之參考典章，都是由大多數的法學者以可蘭經或對可蘭經的解
釋爲依據而共同編纂成的。——日註

⑬ 原初狀態是指人類在墮落以前的理想狀態。自然法即對此一狀態的預
想，並且，本質上是斯多噶學派的創造物。——日註

⑭ 詳細過程，參閱康樂編譯《經濟與歷史》，第 2 章第 7 節。——中註

⑮ [中國人]所發明的包括：羅盤針，用於河川航運及亞洲內陸的使節來
往指引；書本印刷，用來克服效率差的手抄本以達行政的目的；火藥、
紙、瓷器、絲綢、煉金術，以及天文學(用於國家所需的占星目的)。火
藥被派上軍事用場，可能是在十二世紀，不過確定的是在十三世紀，不
管怎麼說都要比一般認爲佛羅倫斯首次使用火藥於戰事的時間早了一
個世紀。然而，中國人却是以一種相當原始的方式使用火藥，由於帝國
的和平化，所以火藥並未受到刺激而改良發展。似乎中國人之畏懼洋鎗
洋砲，起初特別是因爲它們被認爲具有巫術的效力，所以才試圖引進。
關於種種發明，參見 W. A. P. Martin, "Chinese Discoveries in Art
and Science," *Journal of the Peking Oriental Society,* vo 1. Ⅳ, p.
19 ff.。

⑯ 此一字詞多義難解，正如我們下文還要再詳論的。

⑰ 他們提出一個極非基督敎式的結論：人的善乃是後天人爲的文化產
物。此一結論甚至造成比正統學說還更肯定對於敎育與"文化"所在的
"此世"之強調。

我們可以指出它的某些形上學論點(參見 F. Farjenel, *Journal
Asiatigue,* vol. xx(1902), p. 113 ff)。他們主張物質本身的永恒性，而
將其精神原理(太極)泛神論式地理解爲一種善的原理，並且生成這個
世界。自十一世紀起，這個論點就以一個正統的經典註釋學派爲代表；
看似合乎邏輯，不過却很不透徹。此外，甚至連孔子也被假定(根據司
馬遷的描述)相信以占星術爲基礎的宇宙創造論(五行是以古代統治者
的形態繼起相勝的)。參見 Chavannes 編譯的太公史書(Paris, 1895)，

vol. I，序言，p. CXLIII；並參見下文。

⑱ 中國的算術據說在六世紀時就已經有了數字進位的觀念。參見 J. Edkins, "Local Value in Chinese Arithmetical Notation," *Journal of Peking Oriental Sociely*，vo1. I，No. 4, p.161 f，他將此一知識推溯到巴比倫(?)。此一傳聞中的知識仍有待考察。誠如上面提及的，十九世紀時的算盤是以珠粒來定位的。

⑲ 不過，算術至今仍被包括在升等附加考試的九個項目中，通過此一測驗，或者可以獲得升遷，或者可免於貶降。

⑳ 此據 Eitel, *China Review*, vo1. XVIII, p. 266。T. de Lacouperie 則堅持中國古代文明源於巴比倫的看法(*Western Origin of the Ancient Chinese Civivlization*, London, 1894)。

關於歲差運動，《中國大百科全書・天文學》中的"歲差和章動"(precession and nutation)條(pp. 338-9)所做的解釋爲：「在外力作用下，地球自轉軸在空間並不保持固定的方向，而是不斷發生變化。地軸的長期運動稱爲歲差，而其周期運動則稱爲章動。歲差和章動引起天極和春分點(見**分至點**)在天球上的運動，對恒星的位置有所影響。

公元前二世紀，古希臘文學家喜帕恰斯在編制一本包含 1,022 顆恒星的星表時，把他測出的星位與 150 多年前阿里斯提留斯和提莫恰里斯測定的星位進行比較，發現恒星的黃經有較顯著的改變，而黃緯的變化則不明顯。在這 150 年間，所有恒星的黃經都增加約 1°.5。喜帕恰斯認爲，這是春分點沿黃道後退所造成的，並推算出春分點每 100 年西移 1°。這是**歲差現象**的最早發現。公元四世紀，中國晉代天文家虞喜，根據對冬至日恒星的中天觀測，獨立地發現歲差，並定出冬至點每 50 年後退 1°。《宋史・律歷志》記載：「虞喜云：『堯時冬至日短星昴，今二千七百餘年，乃東壁中，則知**每歲漸差**之所至。』」歲差這個名詞即由此而來。牛頓第一個指出產生歲差的原因是太陽和月球對地球赤道隆起部分的吸引。在太陽和月球的引力作用下，地球自轉軸繞著黃道面的垂直軸(黃道軸)旋轉，在空間描繪出一個圓錐面，繞行一周約需 26,000 年，在天球上天極繞黃極描繪出一個半徑約爲 23°.5(黃赤交角)的小圓，即春分點沿黃道每 26,000 年旋轉一周。這種由太陽和月球引起的地軸的長期運動稱爲**日月歲差**。德國天文學家貝塞耳在 1818 年首次得出日月歲差爲 5,034".05(歷元 1755.0)，今值爲 5,025".64。

地球自轉軸在空間繞着黃道軸轉動的同時，還伴隨有許多短周期的微小變化。英國天文學家布拉得雷在1748年分析了20年（1727-1747）的恒星位置觀測資料後，發現了另一重要的天文現象——章動。月球軌道面（白道面）位置的變化是引起章動的主要原因。**白道**的升交點沿黃道向西運動，約 18.6 年繞行一周，因而月球對地球的引力作用也有同一周期的變化。在天球上，表現爲天極（眞天極）在繞黃極運動的同時，還圍繞其平均位置（平天極）作周期爲 18.6 年的運動。同樣，太陽對地球的引力作用也具有周期性變化，並引起相應周期的章動。歲差和章動的共同影響。使得眞天極繞著黃極在天球上描繪出一條波狀曲線。

假定地球爲一個剛體，根據剛體動力學理論，在太陽和月球的引力作用下，地軸的運動方程爲：

$$\frac{\mathrm{d}\theta}{\mathrm{d}t} = +\frac{1}{Cw\sin\theta}\frac{\partial u}{\partial \psi},$$
$$\frac{\mathrm{d}\psi}{\mathrm{d}t} = -\frac{1}{Cw\sin\theta}\frac{\partial u}{\partial \theta}。$$

式中 ψ 和 θ 爲兩個歐拉角，由 ψ 和 θ 可以確定地軸在空間的位置，C 爲地球的最大主慣性矩，U 爲太陽和月球對地球的吸引的力函數；ω 爲一常數（等於地球的平均自轉速率）。這個方程式的解爲：

$$\theta = \theta_m + \Delta\theta,$$
$$\psi = \psi_m + \Delta\psi。$$

式中 θ_m 和 ψ_m 是長期項，即**日月歲差**；$\Delta\theta$ 和 $\Delta\psi$ 是短周期項，即**章動**。

除太陽和月球的引力外，地球還受到太陽系內其他行星的吸引，從而引起黃道面位置的不斷變化，這不僅使黃赤交角改變，而且還使春分點沿赤道產生一個微小的位移（其方向與日月歲差相反），春分點的這種位移稱爲**行星歲差**。它可根據天體力學理論精確地計算出來，由已知的行星質量和行星軌道要素的數據可算出，行星歲差使春分點沿赤道每年東進約 0".13，這個量習慣上用 λ 表示。」——中註

㉑ 參見《十六國疆域志》，trans. Michels, p. XXI，諸註解。

㉒ 「**家**（household）是恭順的基礎……就恭順而言，家是臣屬者對擁有權威者之恭順的基礎，也是他們彼此間恭順的基礎。由於對祖先的恭順，恭順乃滲透入宗教。又因家產制下的官吏、隨從、封臣的恭順，而滲透入這些原具有家的性格的諸種關係內」（*Economy and Society, op.*

cit., p. 359)。「韋伯所謂的"恭順"，大致而言，可說是一種骨肉之情，對長上孝悌恭順，對手足則發揮兄弟愛、骨肉愛，而與所謂的客觀性、實證性、計算性等，一般說來是相對立的。恭順雖是以家爲其原始母胎，但逐漸會滲透到原有的家之外，而成爲許多其他人際關係的基礎」。「在傳統型支配中，支配者個人因踞有傳統所認可的支配地位而得到他人的服從。不過，支配者的支配範圍亦由傳統所限制。在這個情況下，服從是在傳統習慣所規定的服從義務範圍內對個人的恭順」。詳見《支配的類型》，p. 26, pp. 172-3, 註❶。——中註

❷ 這[不只是對父親]對母親亦復如此。有個酒醉的兒子粗暴無禮的對待斥責他的母親(1882 年)。這母親便雇了數人將兒子捆綁起來，即使在參與行動的衆人苦苦勸求下，還是將他給活埋了。衆人因行事方式欠妥而受到處分，不過不久也就被赦免了。至於對這位母親施加刑罰，自然是沒有的事(1882 年 3 月 13 日《京報》的一則勅令)。

❷ 也優先於對君侯的服從。封建時期裡，有位君侯命令一名官吏拘捕其犯重罪的兒子。這官吏却拒絕如此做，因而被下令逮捕；但受令逮捕這不服從令命的父親的官吏，也同樣拒絕。結果這位父親自殺了，而傳統則責成這位君侯承擔他所犯下的過失。Tschepe, *loc. cit.,* p. 217。

❷ 《論語》中有兩則類似的孔子言。一則爲〈子張篇〉中，曾子曰：「吾聞諸夫子：孟莊子之孝也，其他可能也；不改父之臣與父之政，是難能也」。然孟莊子之父獻子有賢德，似乎與韋伯此處所敍述的不符。另一則於〈學而篇〉中；子曰：「父在觀其志，父沒觀其行。三年無改於父之道，可謂孝矣」。朱註引尹氏曰：「如其道，雖終身無改可也；如其非道，何待三年。然則三年無改者，孝子之心，有所不忍故也」；又引游氏曰：「三年無改，亦謂在所當改，而可以未改者耳」。朱註所引之說與韋伯此處的詮釋較相契。——中註

❷ 參閱 1896 年 6 月 6 日《京報》所登關於牛莊司令官之子的陳情奏疏。這名司令官被控於對日戰爭時怯戰，因而被貶斥到西境去做修築驛道的強制勞役。司令官之子請求讓他自己能身替已積勞成疾的父親，或者能以四千銀兩來爲父親贖罪。這份陳情書晉呈給皇帝時，附有一則評語，指出請願人值得讚揚之孝心。

　　按：韋伯所述《尚書》中的記載，即鯀治洪水失敗，舜命鯀之子禹繼父職以償其罪的故事。見《尚書》之虞夏書諸篇。——中註

㉗ 此處引言不知所出何處。或許出自《論語‧八佾篇》中，孔子對於季氏與管仲破壞上下身分規制之僭上奢侈行徑的斥責。——中註

㉘ 《論語‧述而篇》，子曰：「奢則不遜，儉則固」，朱註：固，陋也。按：即因陋就簡，不及於禮之意。又〈八佾篇〉中記載：子貢欲去告朔之餼羊。子曰：「賜也，爾愛其羊，我愛其禮」。——中註

㉙ 《論語‧衛靈公篇》：子曰，「君子謀道不謀食。耕也，餒在其中矣！」——中註

㉚ 《論語‧泰伯篇》，子曰「……邦有道，貧且賤焉，恥也；邦無道，富且貴焉，恥也」。——中註

㉛ 《論語‧述而篇》，子曰：「富而可求，雖執鞭之士，吾亦為之；如不可求，從吾所好」。此處之"可求"、"不可求"，韋伯解之為致力求富是否真有成功的保證，大約是採自朱註：「然有命焉，非求之可得也」。——中註

㉜ 導致 1905 年 9 月 2 日廢除古來"文化"測試那道勅令的奏議，本質上是無甚新意的。基本上，其意見只不過是：由於每個人都想藉著科考來奪取一份俸祿官職，因而對國民教育的熱切有所妨害。

㉝ 司馬遷所著孔子傳[《史記‧孔子世家》]，ed., Chavannes, p. 336。

㉞ 為所有美德之敵的"情慾"，甚至在古書裡被視為無藥可救的(《國語》，*Discours des Royaumes*, p. 163, 一位侍醫對於君侯之疾病如是說)。對於情愛與國是之間的紛爭，絕對是以後者為重來加以解決的。此種狀況的"悲劇性"，至少一度被採入詩歌之中。

　　按：孔子之言，見《論語‧陽貨篇》，子曰：「唯女子與小人為難養也。近之則不遜，遠之則怨」。——中註

㉟ 《老子》第六十三章云：「大小多少，報怨以德」。《論語‧憲問篇》載：「或曰：以德報怨如何？子曰：何以報德，以直報怨，以德報德」。韋伯此處以"義"與"愛"來解"直"與"德"。——中註

㊱ 參見《論語‧子路篇》：「葉公語孔子曰：吾黨有直躬者，其父攘羊，而子證之。孔子曰：吾黨之直異於是。父為子隱，子為父隱，直在其中矣」。——中註

㊲ 《論語‧述而篇》，子曰：「三人行必有我師焉，擇其善者而從之，不善者而改之」。朱註云：「三人同行，其一我也。彼二人者，一善一惡，則我從其善而改其惡焉。是二人者，皆我師也」。然而韋伯說孔子此語是

「我遵從多數」的意思，這個解釋較近接劉寶楠在《論語正義》中的註解。劉氏引錢坫之說：「善與不善，謂人以我為善不善也。我並彼為三人，若彼二人以我為善，我則從之；二人以我為不善，我則改之。是彼二人者，益為吾師」。其義或從《尚書・洪範》中「三人占，則從二人之言」得之。——中註

❸❽ 《史記・孔子世家》記載孔子刪詩作書傳之事：「孔子之時，周室微而禮樂廢詩書缺。追述三代之禮、序書傳，……故書傳禮記自孔氏。……古者詩三千餘篇，及至孔子，去其重，取可施於禮義……三百五篇」。韋伯將中國經典之純淨化的特色推為孔子的獨特成就所在，即秉太史公之說。然而據後人考證，太史公此說是不足信的。其實孔子並未刪詩，而是「對於它確曾用過一番重編或整理的功夫」，至於《尚書》，則「尚書之有異本，先秦已然」，只不過今本為「儒家所傳」罷了。參見屈萬里，《詩經詮釋・敍論》，頁 7-11；《尚書集釋・概說》，頁 7-9。日譯本亦註太史公說之不確。——中註

❸❾ 《論語・衞靈公篇》，子曰：「吾嘗終日不食，終夜不寢，以思。無益，不如學也」。——中註

❹⓪ 前一個命題大約是基於康德之語：「無內容的思惟乃是虛妄的，非概念的理解則是盲目的」。後一命題則為子曰：「思而不學則殆」。——日註

❹❶ 以上順序與《論語・陽貨篇》所載不同，但內容是一樣的。孔子告訴子路所謂"六言六蔽"：「好仁不好學，其蔽也愚；好知不好學，其蔽也蕩：好信不好學，其蔽也賊；好直不好學：其蔽也絞；好勇不好學，其蔽也亂；好剛不好學，其蔽也狂」。——中註

❹❷ 此據《論語・為政篇》的記載，哀公問曰：「何為則民服」？孔子對曰：「舉直錯諸枉則民服；舉枉錯諸直則民不服」。——中註

❹❸ 詳見《史記・秦始皇本紀》，秦始皇三十五年下令諸臣講博士淳于越所進封建、師古之言，而引出丞相李斯一番焚書、禁偶語及以吏為師等完全反傳統的奏議。——中註

❹❹ 在《尚書・盤庚篇》中，我們可以看到商王盤庚為遷都之事而與不願跟從之"民"協議的情形。這些"民"即「都伯師長、百執事之人」，以及有力的公卿等。同樣地，在〈洪範篇〉中也記載：「汝則有大疑，謀及乃心，謀及卿士，謀及庶人，謀及卜巫」，至於汝、龜、巫、卿士、庶人這五個決疑的因素，何者從、何者逆，從與逆的比例決定行事的吉凶，皆有詳

細敍述。——中註

㊺ 日譯者指出韋伯原文拼音爲 Sun Kung，而英譯者改爲 Sung K'eng。依音譯應推爲宋徑，此人見於孟子書中，時代亦相符。不過，依文意推斷，又似乎應爲荀況(Sun K'uang)，即孫卿(Sun King)。可能是韋伯所依據的文獻有些問題。此處暫依文意，譯爲孫卿。——中註

㊻ Fr. Kuhn, *Abhandlungen der Berliner Akademie*(1914), 4。

按：詳見《群書治要》，卷四十五引崔寔之《政論》，與韋伯此處所述相關的一段爲：「凡天下之所以不治者；常由人主承平日久，俗漸弊而不寤，政浸衰而不改，習亂安危，逸不自覩。或荒躭嗜欲，不恤萬機；或耳蔽箴誨，厭僞忽眞……」。據此，則前日譯本譯者(細谷)以爲此處典出徐幹《中論》，或英譯本之改譯爲 *Chung Lun of Chun Hsi*(原文爲 *Tschung Lun des Tsui Schi*)，均不正確。——中註

㊼ 《荀子・性惡篇》言「凡禮義者，是生於聖人之僞，非故生於人之性也」。〈大略篇〉曰：「禮以順心爲本」。——日註

㊽ 參見 Chavannes 編譯太史公書的前言，p. xiii。

㊾ 詳見《史記・太史公自序》，論六家之要旨。——中註

㊿ Edkins, "The Place of Hwang Ti in Early Taoism," *China Review,* vol. xv, p. 233 f。

(51) 對此並不讚同的，參見 Chavannes, *loc. cit,* Appendix II 中的 Pen Piao[班彪?]

(52) 此處指伯夷、叔齊餓死首陽山之事。太史公於《史記・伯夷列傳》中即發出「余甚惑焉，儻所謂天道，是邪非邪?」的感慨。——中註

(53) *Journal Asiatique*, vol. x, Série 14, 1909. ed. Chavannes, pp. 33 ,36。

(54) 關於此人，參見 Chavannes, vol. I , Appendix I , p. ccxxvlf。

(55) 對中國人而言，基於祖先崇拜的緣故，宮刑是一種特別恐怖的厄運。

(56) 不死的信仰不是古典的。此處只是個鬼神信仰的問題。

按：《報任安書》中有「則長逝者[指任安]私恨無窮」之語。——中註

(57) 見始皇帝傳[法譯《史記・秦始皇本紀》]ed. Chavannes, p. 166。

(58) 讚揚之辭見於前引漢代碑銘中。

(59) *China und die Chinesen*(A. Schultze 德譯本，1896)，p. 222。

⑥⓪ 孔子甚至自稱無資格談論軍事上的事。

　　按：《論語・衛靈公篇》載：衛靈公問陣於孔子。孔子對曰：「俎豆之事，則嘗聞之矣，軍旅之事，未之學也」。明日遂行。——中註

⑥① 《御撰通鑑綱目》，trans. Delamarre (Paris, 1865)。

⑥② 《御撰通鑑綱目》洪武二年五月"御史中丞章溢卒"條載：「溢初應聘條劉基、葉琛、宋濂同至應天。帝勞之曰：『我為天下屈四先生，今天下紛紛，何時定矣』。溢對曰：『天道無常，惟**德**是輔。不嗜殺人者能一之耳。』」韋伯此處引文"唯**理**(Vernuft)是輔"並不正確；與其說是「本質上具有和平主義性格」的「儒教的理性」，倒不如說是儒教對於君主之卡理斯瑪古典美德的要求與德治思想。——中註

⑥③ 《禮記・曲禮上》有「父之讎弗與共戴天，兄弟之讎不反兵，交遊之讎不同國」的經文。——中註

⑥④ Giles, *China and the Chinese* (New York, 1912), p. 105。

⑥⑤ 「要盟也，神不聽」。甚至在最古之時已有此種主張。參見 E. H. Parker, *Ancient China Simplified* (London, 1908), p. 99。

　　按：孔子此語乃針對子貢問「盟可負邪」的回答。孔子去陳過蒲而遇難，蒲人與孔子弟子鬪甚疾，蒲人懼，謂孔子曰「苟毋適衛，吾出子」。與之盟，出孔子東門，孔子遂適衛。以此遂有與子貢一番問答。詳見《史記・孔子世家》。——中註

第7章
正統與異端

❶ 有關道教，參見 de Harlez 與 Legge 所譯出的文獻。至於一般性的論述，參見 U. Grube 傑出的遺著 *Religion und Kultur der Chinesen*，以及特別是 de Groot 所著的 *Universismus Die Grundlagen der Religion und Ethik, des Staatswesens und der Wissenschaft Chinas*(Berlin, 1918)

❷ 此處所謂自然的巨靈(grossen Naturgeister)是指天地山川風雨等神靈。──中註

❸ 除了前面所引的碑銘資料外，我們還可以徵之於中國的文獻。就此，de Harlez 所譯的啓蒙書《小學》中，即告誡不可信那些爲死者求取他世之福的佛教僧侶之騙術。其中的道理在於：隨著肉體的腐朽，人的精氣亦告消散，所以我們對於死者是旣無法加惠、又無以加害的(*loc. cit.,* Book V, No. 86)。

❹ 古羅馬的宗教是於紀元前二千年亞利安人入侵義大利半島時期開始的。起先人們所崇拜的是與農耕、畜牧有關的自然現象之神。在這段爲時甚長的泛靈鬼神崇拜裏，所被信奉的神靈即努米那。但爾後努米那崇拜即有了個別化的現象，人們逐漸信奉個別的神靈，如守護家戶、爐火、農園等諸神。──日註

❺ 就像天主教教會一樣，家產制的恩寵機構於此會做一種區分，亦即被列爲神的人所享有的只是──以天主教的用語來說──"尊奉"(Verehrung)，而不是像自然的巨靈所受到的"崇拜"(Anbetung)。不過，這樣的區分，當然，和其他類似的事情一樣，在一般民眾的心裡只不過是個形式而已。

❻ 此一"非人格化的最高存在"，具體而言，是指冬至日於國都南郊所祭的"天"，及夏至日於北郊所祭的"地"。此種"天地之祭"乃是天子的特權，

一般庶民是不得參與的。——中註

❼ 西元 138—180 年間安東尼家族先後有兩人擔任羅馬帝國的皇帝，此一時期爲羅馬帝國的黃金時代。後一任卽爲有名的奧理略。——中註

❽ "至"爲聖人之意，"遁、逸、隱"卽隱逸者。"仙"(此字從"人"，從"山")爲隱士。

❾ 參見 De Groot 在其 *Universismus* 中的敍述。此外，A. Conrady, "China,"收於 J. von Pflugk-Hartung 所編的 *Weltgeschichte, die Entwicklung der Menschheit in Staat und Gesellschaft, in Kulter und Geistesleben*(Berlin, Ullstein, 1910), vol Ⅲ, pp. 457—567；另參見 Chavannes 編譯的太史公書中的註釋。

❿ 圖畫中常將神仙(Rishi)描繪成鄉野草民。

⓫ 在史書上可以見到的一個實例是越國的大臣范蠡。當他的君主失陷了某個都城後，他卽表明：若按古來的規則，他必須自殺。不過，他並沒有這麼做。這人後來顯然是因其爲大臣而在一次對齊的勝戰之中聚集了大量的財富。爾後他果眞將其財富分贈親友並轉而歸隱去了，這就像印度的大臣直到現在都還這麼做的。參見 Tschepe,"Historie du Royaume de Ou," *Variétés Sinologiques,* 10(Shanghai, 1891), p. 157, Appendix Ⅰ。

⓬ Tschepe, *loc.cit.*(西元前六世紀)。

　　按：《論語・微子篇》中載有逸民虞仲，孔子謂其「隱居放言，身中淸，廢中權」。朱注：「虞仲卽仲雍，與泰伯同竄荊蠻者」。日譯者木全德雄認爲此一虞仲應是仲雍之曾孫周章之弟，韋伯稱之爲仲雍，是受了朱注的誤導(木全德雄的說法應是據《論語稽》的論證)。不過，無論韋伯指的是吳太伯之弟仲雍，還是周章之弟虞仲(詳見《史記・吳太伯世家》)，都是西元前十二世紀左右時人，而非西元前六世紀。——中註

⓭ 黃帝得道成仙之說，見《莊子》〈大宗帥〉、〈在宥〉諸篇。——中註

⓮ 《莊子・在宥篇》記黃帝立爲天子十九年，往見達於至道的廣成子，問"至道之精"；得廣成子之言後，"黃帝退，捐天下"，云云。一中註

⓯ 在道敎中，有爲達長生之目的的"胎息"法，大抵卽是以深吸緩呼、惜取大氣爲其秘訣的呼吸法。——日註

⓰ 《莊子・大宗師》記至人女偊言聖人之道：在外天下、外物之後，「吾又守之九日，而已外生矣。而後能朝徹，朝徹而後能見獨，見獨而後能無

古今，無古今而後能入於不死不生」。所謂行止如無生者，卽「墮肢體，
黜聰明，離形去知，同於大通」的“坐忘”，亦與〈齊物論〉中所說的“槁木、
死灰”等同義。——中註

⑰ 《史記‧老子韓非列傳》載：「楚威王聞莊周賢，使使厚幣迎之，許以爲
相。周莊笑謂楚使者曰：『千金，重利；卿相，尊位也。子獨不見郊祭
之犧牛乎？養之數歲，衣以文繡，以入大廟。當是之時，雖欲爲孤豚，
豈可得乎？子亟去，無污我，我寧遊戲污瀆之中自快，無爲有國者所羈，
終身不仕，以快吾志焉』」。——中註

⑱ 前者見《莊子‧人間世》，後一語見《莊子‧大宗師》。——中註

⑲ de Groot 反對中國古代即受此一影響的說法。

⑳ de Groot 贊同此一傳說。

㉑ 今天我們很可以說他是個風行的哲學家。老子之作爲一半神話性的人
物，《道德經》被強烈懷疑有大量的插句，或者被證明只是後世的作品，
這都不是我們所關心的。甚至卽使老子只是個虛構的人物，但學派的對
立仍是個存在的事實，這才是我們此處最關心的。

㉒ “中”卽均衡之意（英文是 weak）。這個儒敎的基本概念，在道敎裏被轉
釋爲“虛”。

㉓ 三十章。參見 de Groot, *Religion in China*（London,1912）。

㉔ 此處所謂的“神”，與“養神”的神字所指的是“精神”之意一樣，而不是神
明的意思。——日註

㉕ 以下請特別參照 de Groot 的論述，他極力強調此一分裂［按：道在儒
道二敎概念上的分別］的後天因素。

㉖ 《老子》四十八章：「爲學日益，爲道日損，損之又損之，以至於無爲」。
——中註

㉗ 《老子》第七章：「天長地久。天地所以能長久者，以其不自生，是以聖
人後其身而身先，外其身而身存。以其無私，故能成其私」。——中註

㉘ 參照《老子》二十章中“衆人”，“俗人”與“我”之對舉。——中註

㉙ 《老子》三十八章：「故失道而後德，失德而後仁，失仁而後義，失義而
後禮。夫禮者忠信之薄，而亂之首」。——中註

㉚ 以上孔子問禮於老子，詳見《史記‧老子韓非子列傳》。孔子對弟子所說
的話是：「鳥吾知其能飛，魚吾知其能游，獸吾知其能走。走者可以爲
罔，游者可以爲綸，飛者可以爲矰。至於龍，吾不能知。其乘風雲而上

天。吾今日見老子，其猶龍邪」。——中註

㉛ 子曰：「若聖與仁，則吾豈敢？抑爲之不厭，誨人不倦，則可謂云爾已矣!」(《論語‧述而篇》)。雖然孟子在闡明義理爲人心所同然，人性之皆善時，曾說過「聖人與我同類者」、「聖人先得我心之所同然耳」的話(《孟子‧告子篇》)；但是當其弟子公孫丑問他：「然則夫子旣聖矣乎」時，孟子卻不敢當地說：「惡! 是何言也。……子貢曰：『學不厭，智也；敎不倦，仁也；仁且智，夫子旣聖矣!』夫聖，孔子不居。是何言也。」——中註

㉜ 原文見《老子》第三章：「聖人治：虛其心，實其腹，弱其志，強其骨」。——中註

㉝ 例如《老子》第五十七章卽云：「天下多忌諱，而人彌貧；人多利器，國家滋昏；人多伎巧，奇物滋起；法物滋彰，盜賊多有」。第七十四章則歸結爲「以輔萬物之自然而不敢爲。」——中註

㉞ Bastiat (1801—1850)，法國的政治經學家。作爲一名自由經濟論者，他將亞當斯密等人的思想加以推展，認爲自由放任應以一般福祉爲導向，這才是適合法國之農業、貿易與商業的。——中註

㉟ De Groot, *loc, cit*。

㊱ 如 Wan Fei (西元三世紀) [按：不知所指何人]。參見 de Groot, *loc. cit.*。

㊲ 關於這點，參見前面所引的銘文。

㊳ 當然，就出家人卽俗世僧而言，大乘佛教的情形也是如此。只不過此一現象的後天性格，在佛教來講是相當清楚的，在道教便不然了。

㊴ 就我所知，《道藏》尙未有翻譯；[卽使有的話]似乎無法得見。

㊵ 參見 de Groot 的著作，他所依據的是葛洪的《神仙傳》。

㊶ 張角於東方將信徒編組成一種軍隊組織，後來張修則於四川成立所謂的五斗米道。——日註

　　　按：韋伯此處似乎將領導"黃巾之亂"的張角，與在漢中建立政權(以五斗米道爲基礎)的張魯混爲一談。——中註

㊷ Camorra 是 1820 年左右意大利人所組成的秘密會黨，以強盜、勒索等惡行聞名。——日註

㊸ 我所利用的是 De Groot 的著作及一般流通的文獻。De Groot 於比較宗教學會第二次國際會議中發表的演講文稿(*Transactions of the*

Third International Congress of Religions, Oxford, 1907, vol. I),我未能用到。同樣未能得手的資料,尙有 Imbault-Huart, "La Légende du premier pape des Taoistes et l'histoire de la famille pontificale des Tchang," *Journal Asiatique*, Nov. Dec., 1884, p. 389。

㊹ 關於此種敵對,參見 Chavannes 編譯的太史公書〈禮書〉(vol. Ⅲ, p. 210),註釋 1。

㊺ 參見 Chavannes 上引書之序文。站在反對立場上的司馬遷,則悲嘆他們的不斷獲得昇遷。

㊻ 例如榮錄於 1903 年所做的[按:容納義和團]。

㊼ 參見中國的國家俸錄辭典, W. F. Mayer, *The Chinese Government* (Shanghai, 1878), p. 70。

㊽ 就像我們前文曾引的南詔王所立的碑銘,[按:見本書第一章註釋(94)], ed. Chavannes, *Journal Asiatique, 9th Série,* vol. 16(1900)。

㊾ 關於接受印度佛教的經過與結果,我們將在佛教史的文章中討論;此處我們將止於若干形式上的側面。

㊿ 我們將於適當之處討論這點。這並非原初的佛教。

(51) 在乾隆皇帝的《御撰通鑑綱目》中卽可見到實例。例如:1451 年,儘管儒教徒提出抗議,還是有五萬名僧侶被敍品(Delamarre, *op. cit.*,p. 288);1452 年,攬權的太監是個佛敎信徒(*ibid.*, p. 292)因此也是個"官吏"(儒敎徒)的敵人;1481 年,一名僧侶成爲分配施捨物的首長(p. 379),他於 1487 年(p. 385)因殞石墜落,在官吏的的要求下被罷黜。

(52) 見 Mayer 有關國家俸錄的著作, *loc. cit.*。每個地區設有二個僧錄司,由地方官府在僧院的方丈(長老)中選出。僧錄司所負責的是僧侶的品行端正。

(53) 我在先前有關的淸教諸論文中,也經常提到這點。

參見 *The Protestant Ethic and the Spirit of Capitalism,* tr. by Talcott Parsons; "The Protestant Sects and the Spirit of Capitalism," *From Max Weber: Essays in Sociology* (New York, 1946), Ch. Ⅻ, pp. 302—322。——英註

(54) 正統論中也是這麼認爲。參見 *Se Ma Tsien,* ed. Chavannes, vol. I ,

p. 196:「早夭並非上天所致，上天只不過是人類行爲的裁判」。不過，請比較第二章末尾[按：英譯誤爲開頭]所引的碑銘文字。

❺ 從《呂氏春秋》中的〈十二紀〉，記載天子依天辰秩序(天數)而行使每年十二個月所當行的政令，到儒教經典之一的《禮記》中的〈月令〉篇，推斷大宇宙與人事之間的關連，這種思考方式，即章伯此處所說的"時占術"。〈十二紀〉是以"夏正"(夏曆正月)爲基準，秦朝於西元221年前改定曆制，以夏曆十月爲正月(參見《史記・秦始皇本紀》)。至於時占術之興起，是否如章伯所說的，爲附隨秦始皇之改曆而來的現象，並不能確定。古羅馬時期，法官之裁決與人民之集會，皆取決於宗教上所認定的當與不當之日；這如同中國之春行春令，秋行秋令，若誤於寒暑之時行之，則有引起疾疫與戰爭的危險。這類的避忌，除上引二書之外，《管子》的〈幼官〉篇中也可見到。——日註

❻ *Unirersismus*, p. 343；各位讀者會看到，這本書是我們此處前後論述都會用到的。

❼ 詳見《左傳》成公十年：「[晉景]公疾病，求醫於秦，伯使醫緩爲之。未至，公夢疾爲二豎子，曰：『彼良醫也。懼傷我，焉逃之?』其一曰：『居肓之上，膏之下，若我何?』醫至，曰：『疾不可爲也，在肓之上，膏之下，攻之不可……』」。此即"病入膏肓"的典故。——中註

❽ 元素指金、木、水、火、土。味覺指酸、苦、甘、辛、鹹。季節、氣象指春夏秋冬對應木氣、火氣、金氣、水氣，每季的最後十八日則由土氣支配。五臟指脾、肺、心、肝、腎，與木、火、土、金、水配置。參見《呂氏春秋・十二紀》及《禮記・月令》。此外，董仲舒《春秋繁露》之人副天數篇中，載有人體爲宇宙的縮圖之說。——日註

❾ 此處的 alte Aterntechnik 即前註指出的"胎息"，據河上公注，是呼吸大和精氣之意。Gymnastik，是指從鳥、熊、猿、鹿、虎等動物身上得到啓示的柔軟體操，例如：熊爬樹、梟回首等運動姿態。——日註

❻⓪ 此一人名，德文本是 Tang tschuan schu，據譯者之見，若爲董仲舒，應拼爲 Tung tschung schu。——日註

❻① 原文 Jang Schu 不可解，若爲 Tsang Schu 之誤，則應是指《葬書》。《葬書》相傳爲晉人郭璞所撰，但係爲後人僞託。後世的"風水"之語，即出於此書。——日註

❻② De Groot, *loc.cit.*, p. 373。

㉓ 就 de Groot 之書看來，"泛巴比倫主義"的論點似乎應該要捨棄的。

㉔ 參見楊聯陞，〈報—中國社會關係的一個基礎〉，《中國思想與制度論集》（台北：聯經，1976），p. 357 ff.

㉕ 想必是指勸積陰德、規戒過惡的〈太上感應篇〉、〈陰隲錄〉等。此等道教的勸善懲惡之書，流傳廣泛；一般在慶賀大病痊癒、考試及第，喜獲麟兒之時，印行這類書做功德。元明以後，被天子採用為教化之書。——日註

㉖ 按：道教仿佛教，以老子為太清太上老君，別又有玉清元始天尊、上清靈寶道君，合為"三清"。——中註

㉗ De Groot, *Religion of China*, p.64 f.。崇奉生者（官紳），至遲在 1883 年的一道勅令裡卽被宣佈為有罪的（《京報》，1883 年 1 月 18 日）。

㉘ 其實"道舉"在西元八世紀，唐玄宗開元末年就已經有了。參見《史林》五十一卷六號(1968, 11)，藤善眞澄〈官吏登用ここおける道舉とその意義〉。——日註

㉙ 按：唐玄宗時，宦官最有權勢者為高力士，不過高力士不曾擔任翰林院職務。宦官眞正掌大權——主要是控制了禁軍（神策軍）——要到肅宗以後。——中註

㉚ 《京報》，1878 年 6 月 24 日。

㉛ 此乃古希臘的 Eleusis 市為了祭五穀之神 Demeter 所舉行的神秘儀式。——中註

㉜ 參見 Homer, *The Odyssey,* Book XI, p. 489。——英註

按：荷馬史詩《奧德賽》第十一章記載尤里西斯入冥間訪預言人而與諸鬼魂問答。當他見到特洛伊之戰第一勇士阿奇里斯的鬼魂時，卽安慰他：「你死後又領導群魂，所以你縱辭人世，毋用悲辛。」阿奇里斯答道：

> 顯赫的尤里西斯，你聽！
> 你休要把死後光榮來慰藉我陰魂。
> 我縱然做得冥君，
> 能使地府幽靈都聽命，
> 也毋寧在陽世做個傭人
> 卽教我事一寒微之主也甘心。

(傅東華譯，《奧德賽》，第ㄏ一章)

莊子之語，參見《莊子・秋水》：「莊子釣於濮水。楚王使大夫二人往先焉，曰：願以境內累矣。莊子持竿不顧，曰：吾聞楚有神龜，死已三千歲矣；王巾笥而藏之廟堂之上，此龜者，寧其死留骨而貴乎？寧其生而曳尾於塗中乎？二大夫曰：寧生而曳尾塗中。莊子曰：往矣，吾將曳尾於塗中」。另參見本章註⓱。——中註

⓻ 《論語・堯曰》：「子曰：不知命，無以為君子也。……」朱注引程子曰：知命者，知有命而信之也。人不知命，則見害必避，見利必趨，何以為君子。——中註

⓽ 當儒教徒與佛教徒之間起了宗教爭議之際，佛教的業報說往往受到特別強調性的排斥。前者主張的是，個人的社會境遇並非前此的作為所造成，而是命運的結果——命運使得一株樹的某些葉片吹落於氈席上，某些卻掉落於汚土中。

　　按：《梁書》與《南史》的〈范縝傳〉中記載了一段竟綾王蕭子良與范縝有名的對話。子良問：「君不信因果，世間何得有富貴，何得有賤貧？」縝答曰：「人之生譬如一樹花，同發一枝，俱開一蒂，隨風而墮，自有拂簾幌墜於茵席之上，自有關籬牆落於糞溷之側。墜茵席者，殿下是也；落糞溷者，下官是也。貴賤雖復殊途，因果竟在何處？」——中註

⓻ 此處韋伯說的是 1918 年德意志帝國統治者的流亡荷蘭，以及德軍統帥魯登道夫的拒絕自殺，參見錢永祥編譯，《學術與政治》(台北，1985)，pp. 54—55。——中註

⓻ 從上述龜的比喻可以明顯看出，此種對於名聲的自負很容易就急轉為單只為了求生存的露骨的憧憬。作此比喻的人[莊子]不是個純粹的儒教徒，但他卻以無比的敬意來引用孔子的話。然而真正的儒教精神並不反映在這裡。而是從司馬遷的書信[按：〈報任安書〉]及上面曾引述的進呈給慈禧太后的御史奏議裡顯現出來。

⓻ 在最後一刻，我注意到 Wu Chang 那篇相當不錯的博士論文(Berlin, 1917)，此篇論文受到 Herkner, Bortkiwicz, Eberstadt 諸人的影響。"中國的信用組合"代表某種社團類型，它被冠以一般的俱樂部稱呼——會，另外再加上特定的名稱以說明這個會的功用[按：例如互助會、骰子會、抓會等]。

　　這篇論文描述我們在前面(第一章)所提到的組合之原始結構。此種組合流行於農民(質實言之即小作農)之間，而且主要是依賴組合成

員間純粹個人的熟識關係。

　　能否成爲參與其中的出份者，純依其個人的信用程度而定。有三種不同類型的組合，最簡單的一種是，在第一次聚會時，所有成員(除了會首外)將其會錢交給會首，而將當期的利息記在會首的帳上，會首或許也就能利用這筆資金的運轉來彌補利息的帳。第二次聚會時，所有會錢便交給第二個會員，依此循序而下直到最後一個會員；最後這名會員收回他前此所繳納的所有會錢及利息。收取會錢的順序大半多由抽籤決定；如果組會的目的是要解決某"負債者"的財務問題，那麼他當然就是"會首"，至於其他的捐資者或許願意當"會尾"。結果是所有在會尾之前的會員在某段時間裡都有一筆爲數略異的資金(依其順序而定)供其自由運用。

　　個別成員繳交會款及付利息，以便償還或貯蓄資金，這種信用組合需要某種方法以便互相監視，或者要能確切了解成員的資金運用方式。就其功用而言，這種組合顯然類似於德國農政家 Reiffeisen 的信用貸款制。對於銀行不與之往來的小作農而言，信用組合取代了爲了購買土地所需的實物抵押信用，不過它也能適合於任何可以想見的用途。

　　相對於前此所描述過的教派(sects)情況，(參見"The Protestant Sects and Spirit of Capitalism," *From Max Weber: Essays in Sociology*, Ch. XII)，除了形式以外，中國的信用組合還有下列特點：(1)具體的經濟目的是首要的，甚或是唯一的；(2)由於缺乏教派的資格測試，個人是否夠資格成爲一個可能的信用承受者，純粹取決於個人關係的基礎。順帶一提，這種信用組合也許的確可用來說明希臘"eranos"的性質。

❼❽　儒教的互惠原則，如《禮記》大學篇中所記述的：「所惡於上，毋以使下；所惡於下，毋以事上；所惡於前，毋以先後；所惡於後，毋以從前；所惡於右，毋以變於左；所惡於左，毋以變於右：此之謂絜矩之道」。——日註

　　按：此即「我不欲人之加諸我也，我亦欲無加諸人」的"忠恕"精神，如《中庸》所載：「忠恕違道不遠；施諸己而不願，亦勿施於人」。——中註

❼❾　此處所述的"大同"與"小康"，內容詳見《禮記‧禮運篇》。——中註

❽⓪　孝道當然也可能會導致政治當局必須加以制止的結果。對於奢侈浪費，

特別是在祭典上的花費，自有出於重商主義的、基於身分性理由的限制；相對於此，由於作爲終極倫理判準的孝道之重要性，在服喪方面所被准許的花費，是十足令我們[西方人]咋舌的。

⑧ 關於這點，參見 de Groot 生動的論文"Sectarianism and religious persecution in China," *Verh. der. kon. AK. van Wetensch. te Amsterdam*, Afd. Letterk. N. Reeks, Ⅳ, 1、2。

⑧ 《京報》，1874 年 1 月 13 日。

⑧ *Ibid.*, 1883 年 3 月 31 日，4 月 13 日。

⑧ *Ibid.*, 1874 年 10 月 2 日；1878 年 8 月 20 日的《京報》載有關於一名精神錯亂的男子接受祓魔的案例。

⑧ 自明末迄淸，有許多稱彌勒敎、白蓮敎、上帝敎等所謂的"邪敎"，與叛亂事件相連結。較大的亂事，如白蓮敎之亂與太平天國之亂。——日註

⑧ 康熙十一年所頒佈的十六條聖諭中，第七條爲：「黜異端而崇聖學。」——中註

⑧ 於此，我們要強調：我們只是將儒敎及官方與諸敎派的關係做了一番概略描述。在我們詳論過佛敎後，將會回頭對敎派再加適當論述。敎派中最主要的幾支，莫不受到佛敎的影響。參見 de Groot 前引論文"Sectarianism and religious persecution in China"。

⑧ 韋伯所說的"敎派"(sect)，是依據共同體準則審查下，具有宗敎資格者的結社，此種[宗敎]貴族主義下的構成體是與普遍性的恩寵機構"敎會"(church)有所區別的。—日註

　　關於"敎派"與"敎會"的區分，參見 Max Weber, *Economy and Society*, pp. 56, 1164。——中註

⑧ 諸多理由，參見 de Groot, *loc.cit.*。

⑨ 卽見諸佛敎經典中的"蜎飛蠕動"之物。——日註

⑨ 此卽唐武宗會昌二年(842 A.D.)的滅佛之舉。——中註

⑨ 按：唐以後，經過僧科考試合格後，由尚書省的祠部發給出家的特許證——"度牒"。所謂"文化鬥爭"乃俾斯麥在任時(1872—87)，致力於普魯士之統一全德，因而限制羅馬敎會於境內行使敎育上及宗敎上的任命權，以此所引起的的鬥爭。另參見《學術與政治》，p. 240 註❷。——中註

㊉ 亦即"事鬼神以禮"，"敬鬼神而遠之"(《論語‧雍也篇》)。──中註

㊈ 認爲回教在中國並沒有任何改變(如 W. Grube 時而指出的)，似乎言之太過。大約自十七世紀以來，即已發展出[回教寺院的]司式僧(Imams)的特殊地位，這當然是在印度及其他東亞的秘法傳授者之實例影響下，所造成的。

㊉ 名稱是舊有的；我們回想到道教的教會國家就已使用了同樣的名稱[太平]。

㊉ 太平[天國]皇帝的官方文書[《太平官書》]，如"神意解說書"[〈欽定前遺詔聖書批解〉之類]、〈太平詔書〉、〈天條書〉、〈天命詔旨書〉、所謂的"三音格詩的經書"、1852 年的反滿清宣言[〈奉天討胡檄〉]、儀式與軍隊機構的規定[〈定營規條十要〉、〈行營規矩〉、〈太平禮制〉]、新曆書等等，由英國戰艦 Hermes 號帶到上海，上海的傳敎士 Medhurst 在適當之處加上粗略注釋後，首次在一份傳敎士刊物上出版。這一場大變亂經常爲人道及，特別是有關中國的論著幾乎無不加以描述的。在德國方面則有 C. Spillmann 的那本通俗的著作(Halle, 1900)。可惜的是，最精通中國敎派史的專家 de Groot，不願更深入討論太平之亂的本質，並且輕忽了其中基督敎的色彩。當然這些也不是他唯一細加使用的滿清官方文件所能令他理解到的。不過，de Groot 對於傳敎士文獻的評價很低，而我們的敍述裡卻假定其具有某種價值。

㊉ 我不可能一一檢定諸多備受爭議的事實。

㊉ 在軍事上的關鍵時刻之失誤，主要便在於此一癲癇重症。若非如此，則無疑的：當大運河被占領，且南京及整個長江流域都被征服，以至於糧食道被切斷後，那一再遭受致命之擊的北京政府便難逃壽終正寢的命運；那麼，東亞之歷史完全改變，至少並不無可能。

㊉ 模仿摩西十誡的〈十款天條〉中規戒：要崇拜上帝、不可拜邪神、不可妄言皇上帝名諱、禮拜日要讚頌皇上帝的恩德、要孝順父母、不可殺人、傷害、不可姦淫、不可偷盜、不可說謊、不可貪瀆等十項。──日註

㊉ 在官方文書裏，以耶和華之名稱神，只有一次；其餘，據傳敎士的計算，最常出現的是通俗的天神之名(42%)，以儒敎式的天靈之名出現的頻度只有前者的一半(21%)，較之更常出現的是人格性的天父或天(33%)；出現最少的是神(大抵都作鬼神的"神"解，4％)。

㊉ 耶穌被認爲和天王一樣是結過婚的。這先知(洪秀全)曾在幻覺中見過

耶穌的妻子。

⑩ 他拒絕認為自己是"神聖的"，也拒絕"父"的稱呼。

⑩ 這點特別引起傳教士的不滿。雖然官方拒斥任何將此儀式解釋為對於或為了祖先神靈的供奉，然而這確實代表一種對傳統的讓步。獻牲供奉被認為是一種對神的祭獻，並且就像基督教的死者彌撒一樣，犧牲是獻給祖先的靈魂。

⑩ 太平天國實施聖庫制，私有財產是被禁止的。——日註

⑩ 男女被分隔開來，分別收容於男舘與女舘。——日註

⑩ William Laud(1573—1645)，任坎特伯里大主教時，強行劃一的信仰與禮拜形式。勞德的基督教徒福利政策，部分來自教會，部分來自家產制。——中註

⑩ 前引〈天命詔旨書〉中載有：「若有錢財，必使之公有，不可認為屬諸任何一人」。(珠寶亦然)。

⑩ 在可見的資料中，細節方面有相當的矛盾之處。特別是國家社會主義的實際規模不明。當然，這最多也只能解釋成一種戰時經濟。同樣的，在採用英國傳教士的敍述時，需要特別謹慎。他們的報告自必被派上用場，de Groot 或許也拒之太甚了——雖然傳教士或許因為太過熱衷，而看出比實際存在更多的"基督教的"成分來。

⑩ 履行職業義務而不窺探成果的戒命，必須遵從，因為在商業生涯上，成果也是依命運而定，而非依靠個人。前引〈太平詔書〉云：「從事適當職業，餘事不掛於心」，作者引孔子為例。

⑩ *Loc. cit.*。

⑪ 「營謀應重道義」，「為學應愼規模」(*Ibid.*)。

⑫ 〈天條書〉以生存於世上的人沒有不曾違反"大的命令"[天條]之罪的告白為開端。[按：原文為「天下凡間誰人不犯天條」]。

⑬ *Trimetrical Canon, loc.cit.*。

⑭ Low Church 為英國國教的一個支派，比較輕視聖職之特權、教會之政治組織、聖餐等等。——中註

⑮ 相對於低教會派，High Church 是英國國教中，重視教會權威及儀式的一派。——中註

⑯ 養蠶業與絲的輸出，只不過在戰爭的最後一年衰退下來；在此之前，二者有相當程度的成長。

⑪ 在最後一刻，帕默斯頓爵士下令不再支援"滿清"，一來是因爲[英國]議
會強烈的抨擊，再者他也不願滿清就此脫離困境。

⑱ 在中國人的觀點裏，天王及其軍官是實行一夫多妻制的(蓄妾)。

⑲ 《京報》，1874 年 10 月 2 日。

⑳ 千禧年思想卽一千年和平說(Chiliasmus)：世界末日之後，耶穌再臨
的一千年裏，撒旦被捆綁，世界臻於和平之境。參見新約聖經〈啓示錄〉
二十章一至六節。——中註

㉑ 天王的天幕被稱作"小天堂"。他之拒斥神聖的稱謂，很可能爲其可能的
後繼者所忽略。包括位階稱號之濫用在內的儀式規定——例如女性高
級官員加以"貞女"的名銜(!)——完全是中國式性格的。

㉒ 例如曾國藩的〈對粵匪檄〉中，指斥逆賊洪秀全的所做所爲，直令孔孟痛
哭於地下，且令鬼神也極憤怒。這或許就是韋伯此處所謂訴諸鬼神的意
思。——日註

㉓ 此處"化身"是指神化爲人的身形出現。——日註

㉔ 當然是如此，除非我們也把祝禱日、去除裝飾等也算作禁慾。不過這些
都只不過是個人的自我要求。

㉕ 這個教派(義和團)甚至在十九世紀初就已出現。參見 de Groot, *Sectarianism,* p. 425。

㉖ 這個教派確實是相信此種不死之身的。就我們所見的、且經過篩檢的資
料，並不足以窺得此一教派之全貌。它被組織成一種教團，專以對付外
夷的一種"聖戰教會"(ecclesia militans)。從前引的奏議中可以知道，
慈禧太后本人，和她的皇親一樣，是相信此一教派之巫術性卡理斯瑪
的。同樣的，他們也相信西洋大砲是具有巫術性(參見《京報》，1878 年
6 月 13 日)。我們只要看看這些中國的文獻，就很難同意 de Groot 的
說法。在這件事上，他懷疑像"拳匪"這樣的異端是受到一個"儒教的"政
府之保護的。參見 *Sectarianism,* p. 430，註釋。

㉗ 此乃一信仰靈魂輪轉的神秘宗教。——日註

㉘ Mithras-Mysterien, Mithra 乃古代亞利安人所信奉的太陽神，在印
度也受信奉，後傳入波斯而盛行。這位打倒惡魔的雄武男神，在羅馬時
代特別受到軍人崇奉。西元三世紀左右，米朵拉教及其他一些宗教都受
到壓制。

第 **8** 章

結論：儒教與清教

❶ 語見歌德所著《浮士德》第二部第五幕，11443 及 11404。──日註

❷ 此處"不具感情的無權威性"(libelose Autoritäslosigkeit)，指的是中國的兒童並沒有任何適當的薰陶、沒有被教導要去順從[父母]權威的事實。A. Simth 在其《中國的性格》中卽指出：「沒有受到陶冶，或者沒有受到充分陶冶的兒童，一旦成長，並不會呈現出我們預期的結果，事實是他們仍然成爲孝順的人。中國人認爲『彎曲的樹如果成長起來，自然而然會變得筆直的』」(白神徹譯，p. 235)。──日註

❸ 值此之際，總是還有三兩樣重要事項必須保密。這明顯的並不是還有什麼惡意，而是基於一般遁辭的本能。見 Simth 前引書，p. 374。──日註

❹ 此乃十八世紀劇作家 Beaumarchais 有名的喜劇 *La Barbier de Seville* 第三幕第十一場中的一句台詞。──日註

❺ 孟子之言見《孟子：滕文公》：「楊朱、墨翟之言盈天下，天下之言不歸楊則歸墨。楊氏爲我，是無君也；墨氏兼愛，是無父也。無父無君，是禽獸也」。──中註

❻ 關於這點，除了前面所述之外，另參見 de Groot, *The Religion of the Chinese* (New York, 1910), p. 130。

❼ Kameralismus(官府學派)是指與英國、荷蘭之類型相異而爲德、奧等經濟上後進國家所持的重商主義。Kameralist 之名是由掌管宮廷財庫及內帑的內室 Kammer 而來。西歐型的重商主義帶有以商業資本之利害考慮爲重的濃厚色彩；與此相對的，德奧的官府財政管理學者則以充實王侯家計及君主之財政的政策爲第一優先考慮。──日註

❽ Chavannes ed., *op.cit.,* vol. III, Ch. XXX。
按：此指《史記・平準書》。政府的稅收物資積蓄於地方，按遠近順

序輸送至中央，此時，將物價高的賣出而買入物價低的，以此平衡物價，是一種不使富商謀得暴利的政策。所謂的"貿易均衡"論(Handelsbilanz)，並非以對某一國的貿易為對象，而是以民間為對象的官庫之"糴糶均衡"論。──日註

❾ 韋伯以"達人宗教"與"大眾宗教"對舉，二者的區別在於，前者乃"天生異稟"的人，諸如薩滿、秘法師、禁慾苦行者等，他們具有感知神聖價值的特殊能力。正因為他們擁有這種非一般人皆能擁有的資質，此種"卡理斯瑪"使他們成為宗教信仰的擔綱者。相對的，"大眾"則是指那些對宗教"音盲"(unmusikalischen)的人。詳見韋伯為《世界諸宗教之經濟倫理》所寫的〈導論〉，英譯為"The Social Psychology of the World Rejections," H. Gerth &W. Mills ed., *From Max Weber* (New York, 1946), ch. XI, esp. p. 287－290。中譯文見《宗教與世界：韋伯選集(II)》(台北：遠流，1988)，第 2 章第 6 節。──中註

❿ Terminismus 是指主張錯過神所指定的悔改時機，便得不到救贖的學說。──日註

⓫ 參見《舊約聖經》，詩篇第 84 篇之 6。──中註

⓬ 語見《新約聖經》，約翰福音第 9 章第 4 節。──中註

⓭ 參見前面[見第七章註釋㉗]討論過的"信用組合"──此為微弱的萌芽。

⓮ 參見《韋伯選集(III)：支配的類型》，p. 205，註⓫。──中註

⓯ 至為明白的，這不能說是中國人缺乏技術上及發明上的天份。採礦方面的落後(通貨危機的原因之一)，未能將煤炭用於製鐵(儘管已經有了鍊製焦碳的知識)，以及越來越加限制舟船必須依傳統方式與傳統路線航行，這些都不能歸因於缺乏發明能力。風水、種種占卜，以及俸祿利益──巫術與國家型態的產物──才是決定性因素。

⓰ 關於這點，Ludwig Klages 的著作中有精闢之見。

⓱ 見《新約聖經》，馬太福音第 5 章第 37 節。──中註

⓲ Philipp Jakov Spener, 1635－1705, 德國虔信派之父。──中註

索　引

二畫

人類崇拜, 239,268,296
人的神格化, 78,240,259,262,267
人際關係本位, 19,275,289,303,308
人文教養, 160,174,176,180,186,198,
　313
人口, 105
　成長, 76,118,127
　調查, 120,140
　政策, 143

三畫

士, 104-5,107-8,131,173 ff,244,259-
　60
士大夫, 113,193,181,200,264
女人, 154,227,269,290,396
　女巫, 220,263,293
　太平天國, 286,287
　寡婦, 154
土貢, 68,116
弓射, 88,189,367
小學, 188,189,191,199,371
子思, 246,255,256
土地:
　分配, 132,136-8,213
　擁有, 135,138
　丈量, 132
　開墾, 115-6,348

登記, 132,144,346
俸祿, 100-1
耕作義務, 135
大運河,89,115,235
大憲章, 89,235
大地神話信仰, 89-91
小農作制度,146-7

四畫

天, 90,92,95,218,232,240,259,336,
　358,389
天子, 95,194,278
天文學, 262
天主教, 167,194,278,280,281,335,
　384
天人合一觀, 13,230,265,266,294,336
中國人(特性):
　節儉(儉約),22,223,254,274,297,
　　312,314
　清醒, 299,315
　勤勞, 129,298
　營利慾, 118,127,310,311,314
　不誠實, 299,301,304
　不信任, 299,304,311,312
　精打計算, 191,274,309
　和平主義, 89,180
　政治冷漠, 199,200,202
　外在規範人格, 299,302
日本, 67,100,186,291,299,316

文學:189 ff.
　　詩,115,139,197
　　通俗劇, 82,201,224
文藝復興, 216,304,314
牛(牛奶), 127,133,351
巴爾神, 86,87
巴比倫, 262,265,336
不動心, 254
反貨殖, 224,305
手工業, 83,162
孔子, 88,91,110,178-80,208,219-21,
　　227,228,233,234,239,240
　　與老子, 177,244,250,255-6,273
王充, 86,210
王莽, 68,71,89,128,205,334-5
王安石, 5,17,111,134,141,158,202,
　　203,219,225
王室裁判, 167,193
中央王國, 106
互惠精神, 227,275,287
井田制, 114,136,353
太平天國, 5,75,83,90,118,259,285
　　ff,393,394-6
方士, 260
氏族:13,18 ff,80-1,97,130,135,151 ff
　　長老, 130,146,152,154,158,200,
　　359-60
　　凝聚, 109,135,154,303,308
　　出現, 352
　　械鬥, 154
　　領導, 258-9
　　田產, 145-6,151
　　資財, 154
　　貴族, 130,211
　　懲罰, 153
　　與教育, 195

　　印度, 98
　　卡理斯瑪, 98-9,106
　　氏族國家, 97,100

五畫

史書,100,102,105,175,178,196,205,
　　270
民主, 154,160,161
平等, 211
印度: 79,165
　　軍隊, 352
　　教育, 77,187
　　僧院, 258,290
　　氏族, 98
　　不清白的職業, 163
　　受教育的俗人, 177
奴隸, 163,284
司馬遷, 91,228,231-3,259,304,372
主父偃, 109
卡萊爾, 307
卡摩拉, 259,360,387
卡地裁判, 167,214,361
卡理斯瑪, 88,94,178-9,256,338
　　巫術性, 92,93-5,174,193,200,205,
　　246
　　世襲性, 99-100,232,258,338,343
　　教育, 174,185,200
　　王朝美德, 202,205,229
母權制, 88
占星術, 175,204,219,232,262-3,272,
　　339
白蓮教, 261
功利主義, 201,224,229,253,308,310,
　　314
生活態度, 115,129,185,297
包稅市鎮, 78,331

包尼法斯八世, 90,335
平均化傾向, 147,213

六畫

考試(科舉):367-9
　等第, 194
　資本, 199
　特權,183
　起源,181
　應試者, 182,228
　道教的, 268
　經濟功能, 151,183
　一般印象, 193-4,200
行會: 77,81-4,330
　工商, 77,82,127,202
　手工業, 77-8,81-2
　銀行業, 75,82
　鴉片, 82
　會館, 82
　廣州公行,83,372
　溫州金箔業, 81
先知(預言), 88,176,207,260,268,
　274,285,290,297,302
份地, 132,133,137,353
老子, 220,227,243,244,248-58,267,
　270
朱夫子, 86,210,371
仲雍, 244,385
任安, 233
光武帝, 182
匈奴, 71
伊斯蘭(回教), 165,192,199,221,226,
　278,285,301,309
　中國的, 284,394
自治, 79,80,142,156,160
自殺, 153,196,205,234,244,274,276,

358
自由, 79,212
自由放任主義, 254,279,305
自由人世襲財, 28,330
名門望族, 147,159
托爾斯泰, 160
宇宙創成論, 219,265-6
吉日與凶日, 175,262
企業聯合壟斷, 125
米朶拉神秘信仰, 291

七畫

巫術: 175,247,251,257-8,266,270,
　290,293 ff,338
　世界圖象, 4,13,15,262-8
　與傳統, 307-8
　與清教, 220,293
巫師, 94,108,174,185,187,193,247,
　258,265,268,269,280
佛教, 217,220,224,227,240,243,270,
　279,282,283,289,290,291,297
　僧侶, 266,282,291,297,387
　寺院, 224,284
　大乘,261,387
　迫害, 72,224,261,282
　蒙古人和平化, 135,282
君子, 88,110,198,226-8,249,250,295,
　311,312
孝道, 13,196,222-3,277,279,282,303
社稷, 85
宋朝, 123,134,139-40
村落: 129-30,156-9
　長老, 152
　平民, 129
改革, 123-4,132,199,225,300
狂喜(狂迷), 91,297,299

與儒教, 274
忘我:
　出神的, 211,247,271,300
　感性的, 300
車戰, 88,97,101,106,223
自制, 311
希臘, 177,187,241,242,290,295,296,
　313,314
壯丁, 187
李斯, 107-8,229,343
李格, 190,228,278,321
李鴻章, 197,347,350
均輸法, 140
志業人, 314
泛靈論, 230,234,240,245,252,260,
　262,274,296,300,302,338
私有財產(制), 130,131,137,144,147,
　212
社會主義, 135,278,395
身分團體: 177,182,186,194,249
　封建, 98,106
　宗教, 272
　平等化, 107-8,203
　階層化, 163,182,184,194,202,211
克倫威爾, 212,286,287
狄格勞特, 230,255,263,279,283
克萊斯提尼斯, 78
男子集會所, 87,152,299,334,357,367
坐食者心態, 6,124
努米那崇拜, 240,384

八畫

妾, 227
法(印度), 217
法律: 80,81,84,147
　法發現, 165,361

非理性, 234
自然法, 213,214,276
羅馬法, 145,213,215
不動產法, 144
法典編纂, 144,166,214
實質公道, 213,215
超越與抗拒, 18,153,214
典當, 145
周禮, 96,98,101,182,340,341
周朝, 85-6,96,99
明朝, 74,211,262,368
長城, 90,115,345
易經, 257
典範, 22-3,179
治水, 84,115,128
　黃河, 271
孟子, 84,115,180,190,231,250,276,
　280,303
始皇帝, 68,100,107,108,115,118,
　128,131,132,135,137,204,229,233,
　257,262,263,270,345
長生術, 246,247,257-8,262,270
忽必烈, 74
法蘭克, 90,321
來世論, 210
宗教劇, 82
祈禱, 207,375
官僚制:100-1,300,342-3
　與法律, 214-5
　與宗教, 283
　家產制的, 106,112,201
官僚體系: 110-4,202,203,347-8
　薪俸, 75,119-24,223-4
　威信, 166,199-201
　特權, 194-5
　黨派, 123

競爭, 122
不足, 200,346-7
時代, 101
流動性, 112,122
卡理斯瑪, 96,166,193
與教育, 187-8
的平等化功能, 147
非官方編制人員, 113,166
個別官員的不安穩, 122,276
和平主義(和平化): 87,89,90,103,
125,168,178,180,234
士的, 205
朋友關係, 227
呪文吠陀, 174
宗教需求, 239,268,274,283,296,297,
302
阿貝勒德, 233
阿奇里斯, 271,390
宙斯神祭祀, 78,86
法國革命紙幣, 71,74,75

九畫

客(賓客階層), 101,343
軍隊, 88,105-6,139,154,223,344,349,
352
城市, 67,76-80,155-6
城邦, 77,79,144,173,217,241
皇帝, 89,94-6,198,208,210,212,218,
230,251,253-4,256,266,277,339-40
皇權, 69,94,109,114-5,129,155,218,
230,231,282,325
帝國:
中國, 125,166-7,180,202
羅馬, 168,280-1
神聖羅馬, 90
英國, 114,127,146,166,167,181,202,
203
美國, 163,350
後宮, 204,227,257,261,269,287,336
宦官, 84,108,110,141,203-5,260,261,
269,345,373,388
迫害, 280,288
革命(叛亂): 124,125,205
太平天國, 285 ff
西方, 77,125
黃巾, 259
音樂, 92,188-9,210,216,256,275
樂師, 182
冠禮, 87,334
神(善靈), 92,197
神祇, 92,181,208,240-3,262,267,269-
70,279-80,283,336-7
神義論, 272,273
神秘主義, 245-6,247-9,253,267,278,
279
蘇菲派, 278
神秘的合一, 248,250,268
風水, 260,261,264,265,279,283,358-
9,398
風水師, 261,264,265
封建制: 97,180,259-60
家臣, 102,110,147
武士, 88
采邑, 102
祖靈, 208,213
祖廟, 104,181,195
祖先孝道, 95
祖先崇拜, 103,152,181,230,239,279-
82,296,297
祖譜證明, 99
柏拉圖, 188,226,241,300
查琳諾, 216

耶和華, 87,91,220,338,394
耶穌會, 204,219,284,287,288
拜物信仰, 240
品位秩序, 100,182,184,341,368
哈特爵士, 118
英雄主義, 233,272
英雄敬拜, 296
英格蘭高教會, 287
重裝步兵, 187
政教合一制, 94,176,177,207,284,286
卑下的勞動, 195
美索不達米亞, 84,88,153
俄國共產村落, 78,153
禹, 115,180

十畫

茶, 70,162,285
氣(發怒), 233,300,308
鬼(惡靈), 92,197
宮刑, 233
宮宰(霸主), 89,103,184
拳匪, 205,289,294
秦國, 102,105,133,364-5
秦朝, 136,342-3
除魅, 293
埃及, 67,80,84,88,101,115,153,162,
    200,209,222,234,301,309
租稅: 111,114-7,128,349-50
    制度, 133-4
    徵收, 301
    包稅者, 150
    地租, 117,119,143,355
    連帶責任, 129,132,135
    與土地丈量, 132
倫理: 95,269-70,303
    儒教的, 296
    清教的, 315
    社會的, 275
    同化的, 302
    資本主義企業的, 314-5
哲學, 192-3,218,230-2
    希臘, 241-3
恭順, 13,189,222-3,228,232,298,303,
    308
原罪, 219,222,295,303
俸祿: 100,119-20,121-2,192,203
    封建, 99
    僧侶, 260
    道士, 260
    學俸, 183,195
    目標, 192
荀子, 231
氣息, 86
秘密:
    官方的, 198
    幫會(結社), 152,158,261
書經, 99,223,230,256
唐朝, 129,138,181,182,353
    武宗, 224
財富, 117,212,223,232,262,270,279,
    304,306,312,313
財神, 269,311
時占術, 262-3
浮士德, 296,397
格拉古, 132,352
庫拉吉, 159
康有為, 278
康熙皇帝, 86,210,261
馬端臨, 69,327,328
馬可波羅, 74
流動性:
    知識分子, 177

貴族, 90
官員, 122
精神, 178
居住, 154,164
家產制, 4,13,108,110,120,124-5,161,
　176,199,201-4,207,229,242,279,
　333
　與倫理, 301
家父長制, 96,101,161,165,166,196,
　214,343
　與莊園制, 146
倉儲政策, 105,106,140,142,213,286
納爾塞斯, 205
秘法傳授者, 281,289,290

十一畫

張陵, 258
張天師, 258
陳涉, 110
莊子, 232,244,255,256,271,386,390-1
莊宅, 17,22,117,162,332,349
莊園領主制, 97,129-30,137,143,146,
　150,154,316,352,355
崔寔, 231
荷馬, 88,114,179,241,242
寇勒, 165
商鞅, 105,133,365
商人, 107,184,200,262,269,302,305,
　310
商人基爾特, 78
陶模, 204-5,373
教育: 110,199,218
　中國, 218-9,253-4,272,295,297,
　　313
　德國, 186-7,314
　希臘, 188,192,313

梵文, 174
類型, 184-92
教化, 280
教派, 281,283,289,291
教士階層, 186,207,243,244,260,266,
　270
教權制, 207,258,268,271,279,285,
　291
異端, 265,279 ff
清教: 226,272,274,293,299,305-6
　人格, 307,311,314
　信賴, 308,312
　不二價原則, 164
救贖:
　宗教, 290,294,296,300
　基督教, 275
　與儒教, 221-2,295
　與道教, 243,251
救世論, 243,289,290-1
專業化, 13,185,203,225
莫斯科, 77
基督教, 191,192,212,243,275
　傳教士, 284,287,295,298,392
　迫害, 284
　與太平天國, 285-8,291
婆羅門, 104,173,174,187,192
　導師, 200
陰與陽, 92,197,227,268
理念型, 6,7
理性化:
　行政, 101,109,125
　財政, 76
　法律, 213-5
　巫術, 13,262 ff
　經濟, 125
　科學, 215

民間信仰, 209
　與官僚制, 216
　與戰爭, 168
　的阻礙, 304
理性主義:
　經濟的, 315
　實踐的, 216,217
　官僚體的, 160,182,208,244,273
　的限制, 229
　基督新教與儒教的, 226,293,315
貨幣制度, 5,67-76
專管部門, 114,183,348
乾隆皇帝, 234

十二畫

絲, 69,101,134,136,162,349
堯, 180
雅典, 78,144
焚書, 108,229,270,344
無為, 246,248,300
勞工(動):
　階級, 163-4
　學徒, 162
　紀律, 160
　工藝, 147,155,314
　強制性,69,114,135,138,282,286,
　　305,348
　市場淘汰, 160
　被歧視的, 163,182
　氏族與部族工業, 81,83
猶太教, 87,179,187,192,220,287,366
　在中國, 284
喇嘛教, 282,284
黑人王國, 97
馮埃斯特, 308
富蘭克林, 311

斯多噶主義(學派):
　中國, 105
　儒教徒, 214,273
　羅馬, 214,242,280

十三畫

會, 163,360,391-2
　兄弟會, 82
道, 54,56,92,217,246-8,251,253,256,
　295,336
道教(徒), 72,110,207,220,232,247,
　258,259-62,266 ff,278,283
道德經, 246,251,254,256,386
詩經, 145,179,228,285,298,380-1
農民, 100,109,115-6,128,147,227
　與布爾雪維克主義, 159
　西班牙傳統, 301
農奴, 130
衙門, 112,123
楊朱, 231
愚民, 211
禁慾: 252,268,289,315
　與儒教, 296
　與清教, 304,305,307,314,315
　修道僧的, 271,282
　太平天國的, 286,289
運河, 79,84,115
盟書, 227
慈善, 275-6
徭役, 100,102,109,114-7,131,137,
　139,195,282,286
賄賂, 81
聖諭, 210,261,280
鹽稅, 117,245-6
葛魯柏, 189,259,301
達文西, 216

藥劑學, 263
達賴喇嘛, 108
資本主義, 76,161,168,203,214,309,
　310
　經營, 168,315
　商業的, 167
　工業的, 164,167,216,310
　政治的, 76,150-1,167,309,316
　掠奪的, 19,151,168
　理性的, 150,168,314-5
　的萌芽, 164,298,304-5
　的阻礙, 20,169,265,294,311
　中國近代, 18,147,310
　中世紀的, 84,164
　官僚體與法律, 167-8,215
傳統主義: 17,76,113,160,166,178,
　203,229,242,271,274,275,300
　與知識分子, 176,229,271
　與貨幣改革, 70
　與貨幣經濟, 124,147
　與家產制國家, 125,165,242
塔西圖斯, 242
詩篇吠陀: 174
慈禧太后, 103,197,204-5,260,269,
　339,396
福利國家, 201,213,250
經濟決定論, 88,124-5,262,270,290,
　304-5
試主門生關係, 194

十四畫

銀, 5,67 ff,82
銀行本位, 71,74-5,326
磁器, 69,349
廣州, 79,118
實驗, 215-6

榨取, 147
漢朝, 71,100,109,116,123,181,197,
　229,232,234,259,349
　武帝, 68,109
漢撒, 81,82
榮譽:
　封建的, 195-6,222,233,242
　儒教徒的, 274
　身分的,177
管仲, 256
語言, 189-90
　與文字, 262
　與演說, 193,313
滿州(王朝): 75,117,135,136,205,
　217,260,261
　軍隊, 252
　官員, 346-7,367
蒙田, 273
蒙古人, 68,69,71,74,90,115,132,
　180,190,282
赫勒斯, 233
種姓制度, 81,162,177
奧菲斯教, 290,296,396
圖騰制(信仰), 152,334,352
葵丘之會, 84,103,333
遠程商隊貿易, 162

十五畫

劉邦, 109
盤古, 259
墨翟, 227,231,276
論語, 190
廟宇, 86,156,260
賦役制, 13,15,83,157,201
賦役義務, 17,19,115,116,117,137,
　162,212,353

賦役國家,138,332
僵硬化, 124
衛斯理, 312
熱內亞, 77
儀式(主義), 268,288,289,350,358
穀神祭典, 270,390

十六畫

儒教: 93,178,209,232-4,278-9
　本質, 217-20
　首德, 249,256,295-6
　平等, 211-2
　倫理, 294-5,303-4
　功能, 253,302
　精神, 269
　與傳統主義, 266
　對宗教, 210-1,221-2
　奧義, 272
儒教徒:
　與巫術, 220,260,265-6
　反對王安石, 141
　典型生活方式, 314-5
曆書, 174,262,336
學校, 183,191-2,195
歐洲, 125
戰舞, 91,188
戰爭, 87-8,101,104,168,205
　與財政, 132,201,203
　與理性化, 125,177
戰國時代, 100,106,125,173,191,217,
　230,305,344
獨裁政治,106,108
翰林院, 182,204,269
龍華會, 289

十七畫

禮(禮節), 104,180,192,221,227-8,
　246,249,296,301
禮記, 182,278,333
總督, 107,111,119,120
戲曲, 82,224
隱逸者, 244,298

十九畫

藝術:
　佛教, 72
　中國, 162,216
　文藝復興, 216
羅馬:
　帝國, 69,168,280
　法律, 145,213,215
　官僚貴族, 100,211,247,300
懲罰, 166-7,183,195,234,339,358,
　379
　鞭笞, 100,163,195,276

二十畫

警察, 84,156,158,280
繼承, 108,180,204,340
競爭:
　官吏之間, 122-3,216
　哲派之間, 230,255
蘇丹制, 108,203,204,260,261,345

二十二畫

驅魔者, 280
驅邪解厄, 200,262

西中名詞對照表

Abaelard	阿貝勒德
Aberglauben	迷信
Abgaben	土貢
Abschreckungstheorie	權勢理論
Achilles	阿奇里斯
Ad nutum amovibel	隨意免職
Ahnenpietät	祖先孝道
Ahnenprobe	祖譜證明
Allmende	村落共同地
Allseitigkeit	通才
Almosen	施捨
Analects	論語
ancestor worship	祖先崇拜
ancestral spirits	祖靈
ancestral temple	祖廟
anchoret	隱逸者
Anglican High Church	英格蘭高教會
animism	泛靈論
Annals	史書

anthropolatry	人類崇拜
anti-chrematism	反貨殖
anti-chresis	典當(當質契約)
apathische Ekstase	出神忘我
apotheosis	人的神格化
apotropaic	驅邪解厄
archery	弓射
asceticism	禁慾
Assignat	法國革命紙幣
astrology	占星術
astronomy	天文學
Ataraxy	不動心
Atharva-Veda	呪文吠陀
Athens	雅典
Auguren	占卜師
Baal	巴爾神
Babylon	巴比倫
Bachelor house	
（Männerhaus）	男子集會所
Banko-Währung	銀行本位
Bereitschaft	覺悟
Berufsmenschentum	志業人
Beneficia	俸祿

Bettel	托鉢乞食
Billet de géminance	單契
bjednata	村落貧民
Boniface VIII	包尼法斯八世
bonze	佛教僧侶
Boxers	拳匪
Brahman	婆羅門
Buddhism	佛教
bureaucracy	官僚制
burning of books	焚書
Cadi justice	卡地裁判
caesaropapism	政教合一制
calendar	曆書
Camorra	卡摩拉
canals	運河
Canton	廣州
capitalism	資本主義
capping ceremony	冠禮
caravan trade	遠程商隊貿易
cartellization	企業聯合壟斷
caste	種姓制度
castration	宮刑
Catholicism	天主教

Chang Ling	張陵
Chang T'ien Shih	張天師
Chang Yang	仲雍
chariot combat	車戰
Charisma	卡理斯瑪
charity	慈愛
Ch'en She	陳涉
Chi	稷
Ch'ien Lung	乾隆
Ch'ien-shui-fa	均輸法
Ch'in dynasty	秦朝
Chou dynasty	周朝
Chou Li	周禮
Christendom	基督教王國
chronomantics	時占術
chthonischen Mythologeme	大地神話信仰
Chuang-tzu	莊子
Chu Fu-tzu	朱夫子
Chün tzu	君子
Cleisthenes	克萊斯提尼斯
clientele	客,賓客階層
club association	會
Compagna Communis	軍事誓約團體
concubines	妾

Confucianism	儒教
Confucius	孔夫子,孔子
contra legem	抗拒法律
cortegiano	扈從
cosmogony	宇宙創成論
Cromwell	克倫威爾
Dalai Lama	達賴喇嘛
De Groot	狄格牢特
deities	神祇
democracy	民主
Dharma	法
Dies fasti et nafasti	吉日與凶日
disenchantment	
（Entzauberung）	除魅
Demos	聚落區
Douceur	賄賂
economic determinism	經濟決定論
emotional ecstasy	感性的忘我
ecclesia pura	純粹信徒團
Egypt	埃及
Eigengesetzlichkeiten	內在固有法則性
Eleusian mysteries	穀神祭典

Ephebe	壯丁
Ergasterion	公共作坊
Erstarrung	僵硬化
Erwerbstrieb	營利慾
eschatology	末世論
esoterics	奧義
eucharist	聖餐式
eunuch	宦官
euphoria	狂喜
exorcist	驅魔者
exploitation	榨取
Fatum	命數
Faust	浮士德
Feldgemeinschaft	耕地共同體
fêng-shui	風水
festishism	拜物信仰
feudalism	封建制
feudal vassals	封建家臣
feudal fiefs	封建采邑
Fideikommiss	信托遺贈
firma burgi	包稅市鎮
Francke,Otto	法蘭克
Franklin,Benjamin	富蘭克林

Freiheitsrecht	自由權
Gabelle	塩稅
Ganerbschaft	共同遺產
Geisterglauben	鬼神信仰
Geldsteuer	貨幣稅
Gemeinwessen	戰士敎團
Gentes	氏族
Genoa	熱內亞
geomancer	風水師
Geschlechterstaat	氏族國家
Gewerkschaft	勞動組合
gilda mercatoria	商人基爾特
Glaubenskampf	宗敎聖戰
Gnadenstand	恩寵狀態
Gracchi	格拉古
Great Wall	長城
Grube, W.	葛魯柏
Guild	行會
guru	導師
Gymnastik	導引
Han dynasty	漢朝
handicraft	手工業

Hanlin Yüan	翰林院
Hansa	漢撒
Hantgemal	自由人世襲財
harem	後宮
Hart, Sir Robert	哈特爵士
Hausmacht	家內領地
Heiligung	聖化
Hellenic man	希臘人
Héloise	赫勒斯
heresy,heterodoxy	
(Ketzerei)	異端
heroism	英雄主義
herolatric belief	英雄敬拜
hierocracy (Hierarchie)	教權制
Homer	荷馬
hoplite	重裝步兵
Hsiao	孝道
Hsiao Hsüeh	小學
Hsiung Nu	匈奴
Hsün-tzu	荀子
Hui (religious fraternity)	兄弟會
India	印度
indoctrination	教化

Indolenz	呆板
Innenheraus	內在核心
Islam	伊斯蘭
Jen Yen	任安
Jesuits	耶穌會士
Judaism	猶太教
Kaisertum	皇權
kaiserliche Bodenregal	皇權土地所有制
K'ang Hsi	康熙
K'ang Yu-wei	康有爲
Kismet	宿業
Kirchendisziplin	教會規律
Kohler,J.F.	寇勒
Kolonat	小農作制度
Konfessions Begriff	宗派概念
Konfessionszugehorigkeit	宗教歸屬
Kuan Chung	管仲
Kuang Wu	光武帝
Kublai Khan	忽必烈
kuei	鬼
Kulaki	庫拉吉
Kultivationspädagogik	陶冶教育

Kulturexamen	文化檢驗
Kulturkampf	文化鬥爭
Kultverband	祭祀團體
Kurie	教廷集會
Lamaism	喇嘛教
landlordism	莊園領主制
Lao-tzu	老子
Lebensführung	生活態度(樣式)
Legge, James	李格
Leichtglaubigkeit	輕信
Leidenschaft	激情
Leonardo, da Vinci	達文西
lex agraria	土地法
Liebensakosmismus	無差別主義之愛
Li Chi	禮記
Li Hung-chang	李鴻章
Li Pang	劉邦
Li Ssu	李斯
liturgy	賦役制
Leiturgiestaat	賦役國家
Lung-hua sect	龍華會
macrobiotics	長生術

Magazinpolitik	倉儲政策
Magic	巫術
Magna Charta	大憲章
major domo	宮宰(霸主)
Manchestertum	自由放任主義
Manchu (dynasty)	滿洲(王朝)
Mandarin	士大夫
Marco Polo	馬可波羅
Massa perditionis	被貶凡塵的大衆
matriarchy	母權制
Ma Tuan-lin	馬端臨
medicine	藥劑學
Meng Tzu	孟子
mercantilism	重商主義
Mesopotamia	美索不達米亞
Middle Realm	中央王國
Ming dynasty	明朝
mir	俄國共產村落
Mjestnitshestvo	品位秩序
Moira	命運
Mongols	蒙古人
Montaigne	蒙田
Moscow	莫斯科
Mo Ti	墨翟

Mystagog	秘法傳授者
Mysteria	宗教劇
Mysticism	神秘主義

Nadjel	份地
Narses	納爾塞斯
Negro Empires	黑人王國
notables	名門望族
Nüchternheit	清醒
Numina	努米那

öffenlichen Lasten	公共負擔
officialdom	公務系統(官僚體系)
oikos	莊宅
Oikenwirtschaft	莊宅經濟
orgiasticism	狂喜陶醉
Orphic	奧菲斯崇拜
ossification（Erstarrung）	僵硬化

pacifism	和平主義
pacification	和平化
P'an Ku	盤古
paradigm	典範
patriarchialism	家父長制

patrimonialism	家產制
Pennalismus	試主門生關係
pentatonic music	五音元音樂
Peripetien	命運急轉
Personalismus	人際關係本位
persecution	迫害
petty bourgeois mass	小市民
piety（Pietät）	恭順
Plato	柏拉圖
pneuma	聖靈
polis	城邦
Pontifex	最高祭司長
porcelain	磁器
praefecti praetorio	羅馬近衛長官
praktische Rationalismus	實踐理性主義
praeter legem	超越法律
prebend	俸祿
priesthood	教士階層
prophecy	先知預言
propriety（Schicklichkeit）	禮
Puritanism	清教
Ptolemies	托勒密王朝
rationalism	理性主義

rationalization	理性化
Rechtsfindung	法發現
regalia	王權
renaissance	文藝復興
Ressort	專管部門
Reziprozität	互惠精神
Rig-Veda	詩篇吠陀
ritualism	儀式主義
river control	治水
ruach	氣息
salvation	救贖
Samurai	日本武士
sanction	懲罰
satrap	總督
Schwurbruderschaft	誓約兄弟團體
secret society	秘密幫會
sects	教派
self-goverment	自治
Seelsorge	信仰監督
Sektentum	教派精神
Selbstherrschaft	獨裁政治
Semite	閃族
serfdom	農奴制

sexagenarios de pon +	六十回橋
Shang Yang	商鞅
She	社
She-chi	社稷
Shen	神
Shih Ching	詩經
Shih Huang Ti	始皇帝
Shu Ching	書經
sib	氏族
sin	原罪
socialism	社會主義
Son of Heaven	天子
(sophrosyne)	
sorcerer	巫師
sordida munera	卑下的勞動
soteriologischen Religiosität	救世論宗教信仰
specialization	專業化
Ssu-ma Ch'ien	司馬遷
Staatswessens	國家制度
status group	身分團體
Steuergemeinschaft	納稅共同體
stoicism	斯多噶主義
subsistence economy	(糊口式)自足經濟
substantive justice	實質公道

sultanism	蘇丹制
Sung dynasty	宋朝
synoecism	聚落
Tacitus	塔西圖斯
T'ai P'ing rebellions	太平天國之亂
Tang dynasty	唐朝
Tao	道
Taoism	道教
Tao Mo	陶模
Tao Teh Ching	道德經
texes	租稅
temples	廟宇
theatre	戲曲
thaumaturgist	方士
theocracy	神義論
Tolstoy	托爾斯泰
Totemismus	圖騰制
traditionalism	傳統主義
Tsui shui	崔寔
Tz'u Hsi	慈禧太后
Tzu Ssu	子思
Ungebrochenheit	純眞

Unio mystica	神秘的合一
Universismus	天人合一觀
utilitarianism	功利主義
vanaprastha	印度隱逸者
Vertrauen	信賴
Verprüfung	俸祿官職制
village	村落
Virtuosenreligiosität	達人宗教
Volksreligiosität	庶民宗教信仰
Wang An-shih	王安石
Wang Ch'ung	王充
Wang Mang	王莽
war dance	戰舞
warfare	戰爭
Warring States	戰國時代
well system	井田制
Wesley, John	衛斯理
White Lotos	白蓮敎
wrath (ch'i)	氣
wu-wei	無爲
Yahwe	耶和華

Yamen	衙門
Yang Chu	楊朱
Yao	堯
Yin and Yang	陰與陽
Yü	禹
yü min	愚民
Zarlino,Gioseffo	查琳諾
Zeus Erkeios	宙斯神祭祀
Zwangsrobot	強制徭役